U1016450

高等院校新闻传播学系列教材

营销传播经营实务

夏晓鸣　夏颖　杨婷　编著

WUHAN UNIVERSITY PRESS
武汉大学出版社

图书在版编目(CIP)数据

营销传播经营实务/夏晓鸣,夏颖,杨婷编著.—武汉:武汉大学出版社,2012.3
高等院校新闻传播学系列教材
ISBN 978-7-307-09485-7

Ⅰ.营…　Ⅱ.①夏…　②夏…　③杨…　Ⅲ.市场营销学—高等职业教育—教材　Ⅳ.F713.50

中国版本图书馆 CIP 数据核字(2012)第 009506 号

责任编辑:高　璐　　　责任校对:黄添生　　　版式设计:支　笛

出版发行:**武汉大学出版社**　(430072　武昌　珞珈山)
(电子邮件:cbs22@whu.edu.cn　网址:www.wdp.com.cn)
印刷:武汉中科兴业印务有限公司
开本:720×1000　1/16　　印张:21　字数:385 千字
版次:2012 年 3 月第 1 版　　2012 年 3 月第 1 次印刷
ISBN 978-7-307-09485-7/F·1632　　定价:34.00 元

版权所有,不得翻印;凡购我社的图书,如有质量问题,请与当地图书销售部门联系调换。

目　录

第一章　营销传播经营概述

第一节　营销传播及其经营

一、营销传播及营销传播经营的概念

营销传播是为直接或间接促进产品销售以实现企业营销目标，针对目标消费群体，通过人员或非人员媒介，合法进行的产品或企业信息的传达活动。营销传播活动是随着新媒介的产生和传播技术的进步而不断发展的，由于通信与交通的发达，商品市场不断扩大，企业之间的竞争日趋激烈，“酒好不怕巷子深”的时代已经不复存在，好产品也需要宣传，有时还更需要宣传，与目标消费者的沟通是企业营销成功的必由之路。当今世界，传播已成为营销的利器、争胜的法宝。

被誉为整合营销传播之父的美国学者唐·舒尔茨认为，进入20世纪90年代以后，传播在企业营销中的地位变得越来越重要。他说：“科技进步，使得竞争者时间的筹码都大同小异，产品的差异化能在最短的时间内被抵消。”“一些配销的方式及通路的特点，也很容易遭到竞争者抄袭与效仿。而市场效率增强后，大部分的制造商与零售商利润均将调降到底线。所以，价格上已不具弹性与机动性，使得在定价策略上能获取的优势也不如往昔。”“对厂商而言，在均势的商场上，真正能够产生差异化利益的行销手段，只有流通（logistics）或传播（communication）而已。”① “流通是20世纪90年代的主要战场，20年代中期以后的主角就是‘传播’了。”② “在20世纪90年代，行销即传播，传播即行销，二者密不可分。”③ 大家都知道“营销”和“传播”两个词的含义不能等同，但可以这样来理解舒尔茨这句有所缩略的话：企业营销

① 舒尔茨著：《整合行销传播》，第64页，中国物价出版社2002年版。
② 舒尔茨著：《整合行销传播》，第65页，中国物价出版社2002年版。
③ 舒尔茨著：《整合行销传播》，第68页，中国物价出版社2002年版。

离不开营销信息的传播，传播营销信息也就是在进行企业营销活动。

由于营销传播活动策划与实施的专业性、技术性很强，所以绝大多数企业都委托外部的营销传播机构来代理或配合自己做这项工作。随着企业营销传播意识的增强，社会对营销传播服务的需求越来越大，从事营销传播服务的机构也就有了迅猛的发展。

营销传播经营是为企业提供营销传播服务以换取报酬或收取费用的赢利活动。营销传播服务的内容主要包括市场调查、广告策划与创意、广告设计与制作、广告发布、营销公关、促销活动策划与实施、直接营销策划与实施、整合营销传播策划与实施、企业形象设计等。在我国，从事营销传播经营的机构主要有营销传播公司、广告公司、公共关系公司、活动行销公司、市场调查公司、CI设计公司，以及各种媒体的广告部门等。营销传播经营活动主要涉及机构设置、业务运作、财务管理、人事管理等方面。

二、营销传播经营机构的部门设置

无论什么样的营销传播机构，为了使其经营活动有序、高效地进行，都必须让每一个员工明确自己属于哪个部门，听从谁的指令，承担什么工作，各部门的工作如何配合协调等。公司的最高主管由于时间与精力的限制，不可能事无巨细，事必躬亲，因而必须委托一定数量的干部去分管不同部门的工作。营销传播经营机构一般根据工作的种类、业务和人员的多少等来设置部门并将员工分配到不同的部门中去，指定负责人并规定其权力与责任。比如广告公司一般都有业务部、创作部、调研部、媒介部、财务部、人事部、后勤部等。各部都有经理或总监等。

公司规模大，员工数量多，业务范围广，则设置的部门相对较多，否则就要归并性质相近的工作，少设一些部门，以节省开支。在公司规模一定的情况下，主管直接有效地指挥和监督下属的人数与管理的层次成反比，也就是说，他直接管理的下属多，部门之间的层次就比较少；直接管理的下属少，部门之间的层次就比较多。

三、营销传播经营机构的业务运作

营销传播机构用以与客户进行交换的商品是营销传播服务，因此，为客户提供优质的服务就是搞好营销传播经营的第一要素。这里的优质服务指能给客户带来销售增长和信誉提高的各种信息传播活动：对营销传播的策划与制作机构来说，就是做有实效的广告、有实效的公关、有实效的活动促销、有实效的直接销售、有实效的企业形象设计等。对营销传播的发布机构来说，就是提供有价值的营销信息传播媒介，也就是通过办好报纸，办好杂志，办好广播，办好电视、办好网络等，使媒介拥有尽可能多的，与客户的目标消费者重合面较大并且具有较强购买能力的受众。在以消费者为导向的今天，营销传播机构也要站在客户的立场，根据客户的需要，提供为其量身定制的优良服务。

在营销传播机构多如牛毛，营销传播服务供过于求的今天，即使能够提供优质的服务，也不能坐等客户上门，而要主动寻找新客户，此外还要维系老客户并从老客户那里挖掘新业务。有充足的业务，营销传播机构才有可能生存、发展；业务量不足，营销传播机构就难以为继。拓展业务是营销传播经营者不得不经常考虑的重要问题，它应由营销传播机构的主要负责人亲自抓，或者委托专人抓。在推行广告代理制之后，营销传播的策划与制作机构要盯紧企业；媒介要盯紧代理公司。无论什么类型的营销传播机构，搞好自身宣传，创建传播品牌，都是赢得客户、赢得业务的重要保证。营销传播的策划与制作机构要有品牌服务，营销传播的发布机构要有品牌栏目、品牌节目等。

四、营销传播经营机构的财务管理

既然是经营，就不能不讲赢利，只重视服务质量，不讲投入与产出是不可能提高经济效益的，所以搞好营销传播经营不但要向客户提供有特色和高质量的服务，还要在保证服务质量的前提下，尽可能地降低成本，增加收入。为此，需要做好各项服务的预算并监督预算的执行，制定合理的服务价格，及时收取各项费用，努力避免盲目参加比案、代理业务、垫付资金等财务风险；同时努力降低购买材料和支付给外部协作单位的费用，控制工资总量，节省行政开支，维护好设备以延长其使用的寿命等。由此可见，财务管理也是搞好营销传播经营重要的一环。

五、营销传播经营机构的人事管理

营销传播经营机构是技术和人才密集的地方，营销传播经营机构之间的竞争主要是人才的竞争。营销传播服务是由人提供的，服务质量的好坏不仅因提供服务人员的不同而不同，而且因同一个人的状态不同而不同。人事管理的宗旨就是要最大限度地调动员工工作的积极性，以为公司创造最大的经济效益。人事管理的内容主要包括人员的招聘、培训、考核、付酬、奖惩、解聘等。营销传播经营机构人事管理的核心是对技术或业务人员的管理，在管理工作中要特别注意创造性地运用物质和精神激励来调动他们的积极性。要善于发现人才，培养人才，使用人才，留住人才。著名的奥美广告公司就是一个以注重人才培养著称的营销传播机构，它的人员评估系统值得同行借鉴。

第二节　以策划制作为主的营销传播经营机构

营销传播经营机构可以粗略地划分为以策划制作为主的机构和以信息发布为主的机构两大类。以策划、制作为主的营销传播经营机构名称很多，常见的有广告公司、公共关系公司、活动行销公司、CI 设计公司、市场调查公司、营销传播公司等。

需要注意的是，在现实中，公司名称所提示的服务内容与其实际提供的有时并不完全对应，虽然从公司的名称可以看出其主要的业务，但多数情况是公司实际的服务范围大于名称的提示。有些名为广告公司的组织，实际上是一个能够提供多种营销传播服务的大公司，而有些名为营销传播公司的组织则只是一个提供比较单一服务的小公司。

一、广告公司

广告公司是以为广告主代理广告业务，从事市场调研、广告策划、设计、制作、发布为主业的营销传播机构，按其服务的功能，大致可以分成全面服务型和部分服务型两大类。全面服务型广告公司能够为广告主提供全过程、全方位的广告服务，有的服务范围甚至涉及企业营销传播的所有领域，如公关、直销、活动促销等。部分服务型广告公司只能提供一方面或几方面的广告服务，如只做媒体策划和执行，只承接影视广告，只制作发布户外广告等。

李奥贝纳全球公司成立于 1935 年，总部设在美国芝加哥，1979 年在上海设立办事处，1994 年成立上海李奥贝纳广告有限公司，并在北京、广州设立了分公司。它主要为客户提供全方位品牌策略和传播服务，此外也帮助客户开展直接营销、数据库营销、网络营销、活动促销和公关活动。上海李奥贝纳广告有限公司目前拥有的跨国与本地客户主要有：麦当劳、李宁、通用汽车、可口可乐、立邦漆、浙江移动、南京菲亚特、中国银行等。

1979 年成立的广东省广告公司号称“中国广告业的扛旗者”、“中国本土最大的广告公司”。该公司服务体系独特：设有品牌专户组、策划创意组、市场营销研究中心、媒介中心等，经营范围是：广告策划、广告制作、广告代理、广告发布、公关策划、形象策划等，主要客户有广州本田、中国联通、中国电信、快译通、中国银行、海天味业、水井坊、合生、创展等，服务的楼盘主要有：星河湾、奥林匹克花园、丽江花园、逸景翠园、华景新城、帝景苑等。

在我国，广告公司现在仍然是营销传播服务机构中为数最多的一类，这是因为广告服务是营销传播服务中的传统项目，而且至今仍是主要的项目。不过，由于企业用于销售促进活动和直接营销活动的费用逐年增加，过去用于广告的费用发生了部分转移，为了弥补广告业务的不足，广告公司不得不发展新的业务。

随着企业营销传播方式的改变，有一些广告公司已不再只是为客户提供广告服务，而是以提供广告服务为主，同时也为企业做活动行销、直效行销、公关活动等。

二、公共关系公司

公共关系公司是专为客户策划并实施与公众沟通的活动，以争取获得其理解和支持的营销传播服务机构。其具体业务包括为客户撰写并争取在新闻媒介上发表文章，正面宣传企业和产品，或消除对企业和产品不利的传言；向媒体介绍客户及有关产品的信息，争取获得媒体采访企业的机会；为争取媒体报道或造成社会影响，策划、组织有一定声势的事件，包括企业迁址活动、公司成立周年纪念会、新闻发布会等；帮助企业建立或维持与立法机关、政府机关、金融机构及其他与企业有关人员的关系等。

中国环球公共关系公司是中国大陆成立的第一家专业性公共关系顾问公司，它隶属于中国国家通讯社——新华社，1986 年经中华人民共和国对外经济贸易部批准成立，总部设在北京，在中国的省会及重要地区均设有分支机构。其主要服务项目有：长期客户服务、新闻发布会、新闻介绍会、新闻专访、媒介培训会、专业研讨会、新闻中心服务、大型晚宴、大型酒会、媒介联谊会带媒介出访、组织媒介采访企业、新闻稿全国发布、专稿发布、剪报服务、新闻图片发稿、制作并发放企业通讯、制作专题节目等。

与有的广告公司现在也做公关一样，有的公关公司现在也做广告，也就是说虽然起点不同，但它们都在向着多种营销传播经营的方向发展。

三、活动行销公司

活动行销公司是专为客户开展销售促进活动的营销传播服务机构。它为企业确定销售促进目标，如促使消费者购买，增加经销商存货等；针对消费者或经销商选择合适的销售促进工具或手段，如样品、赠券、抽奖、竞赛、折让、展会等；制定活动计划，预测结果并组织实施。

在我国，专门提供活动营销服务的公司比较少，大多数的广告公司和营销传播公司都可以为企业策划和实施促销活动。

长沙美丽人生活动营销策划有限公司，专为广大企事业单位提供活动策划、执行及礼品制作等一站式全程服务。活动的具体内容涉及开幕式、周年志庆、文艺演出、奠基仪式、楼盘推广活动和氛围装饰、促销活动、订货会、研讨会、新闻发布会、嘉年华酒会等。

四、CI 设计公司

CI 设计公司是专为企业设计形象识别系统的营销传播服务机构，它为企业设计独特的经营理念、经营行为和视觉识别系统。经营理念包括企业宗旨、企业精神、企业文化、企业经营策略等。经营行为包括对外的调查、促销、公关、咨询、售后服务等；对内的产品开发、生产运作、质量控制、干部教育、员工培训等。视觉识别系统包括企业名称、企业标志、产品商标、标准字、标准色、办公用品、服装样式等。

上海复为品牌策划有限公司是一家集品牌与企业形象策划、设计、传播、咨询为一体的专业品牌策划机构，服务项目主要有企业形象策划、品牌战略策划、企业文化策划等，曾为国家体育总局、上海市人民政府、宝钢冶金、光大证券、中铁铁龙、菲律宾 KINSTON、韩国 SOPO、德国 RICKMERS 等国内外 200 多家企事业单位做过企业形象策划或品牌战略策划、企业文化策划、大型活动策划等。

北京水木盛世品牌设计公司是一个专业化的设计公司，它为企业提供全方位的企业形象设计，致力于企业形象的建立和品牌的包装与推广，其具体业务包括：公司标志设计、商标设计、徽标设计、企业 VI 设计、CI 设计、画册设计、包装设计、POP 宣传设计、网站形象建设、环境导视系统设计、店面形象设计、连锁店形象设计等。

五、市场调查公司

市场调查公司是专为企业经营决策提供依据，而就某一类产品或服务进行调查研究的营销传播服务机构。其调查的内容主要有企业情况、产品情况、消费者情况、媒体情况、广告情况、销售与市场情况、民意状况等。此外，企业外部的市场调查机构还有政府经济管理部门设置的调查组织、大专院校和科研单位设立的调查组织等。有一些调查机构定期收集消费者和贸易信息，有偿供企业使用。在美国，企业通常将市场调查预算的 1/2 到 3/4 用于自身开展的调查研究，其余部分用于向外部市场调查机构购买信息资料。

我国名列前茅的市场调查公司有益普索（中国）市场研究咨询有限公司、上海 AC 尼尔森市场研究公司、盖洛普（中国）咨询有限公司、华南国际市场研究公司、央视市场研究股份有限公司、央视-索福瑞媒介研究有限公司、北京慧聪国际资讯有限公司、广东现代国际市场研究有限公司、北京环亚市场研究社、新生代市场监测机构有限公司等。

成立于1975年的益普索市场研究咨询有限公司是一家独立的由专业研究顾问人员管理的全球性的上市公司。集团旗下的Ipsos-ASI是世界上最大的提供广告投放前测试的专业公司，在全球35个国家拥有下属公司，业务涉及100多个国家。拥有Ipsos-ASI（品牌与广告研究）、Ipsos-Insight（营销研究）、Ipsos Loyalty（满意度和忠诚度研究）和Ipsos FMC（预测、模型和咨询）4个专业品牌。

央视-索福瑞媒介研究有限公司（CSM）1997年由央视市场研究公司与世界著名的市场研究集团TNS合作成立。该公司主要致力于专业的电视收视市场研究，拥有世界上最大的电视观众收视调查网络，样本总规模达到3万户，覆盖全国近800个主要电视频道，是中国规模最大、最具权威的收视率调查专业公司。

六、营销传播公司

在我国直接叫“营销传播公司”的营销传播服务组织相对较少，在网上可以查到上海“大众营销传播有限公司”（其宗旨是开展媒体代理及户外广告发布业务，帮助客户树立良好的企业和品牌形象）、广州“爱达营销传播有限公司”（其宗旨是以市场占有为目标，以营销传播为手段，综合提升客户的品牌素质）等。

营销策划公司一般也就是营销传播公司，比如我国著名广告人叶茂中就创办了“北京叶茂中营销策划有限公司”，其强项是企业整体营销策划和广告运动策划。有一些名为文化传播公司、信息传播公司的组织，也主要或者兼做营销传播服务工作，比如湖北“天瑞信息传播有限公司”实际上是一个集市场调研、广告创意、形象策划、媒体代理、平面设计、户外广告为一体的综合性广告公司。又比如福建红河谷文化传播公司在公司简介中就称自己“是一家集企业形象策划，演艺活动组织、策划，品牌推广，展会设计制作为一体的专业广告公司”。

我国叫营销传播公司的一般也还是广告公司，不过是有开展广告之外多种营销传播服务的意向。

七、整合传播集团

自20世纪90年代以来，整合营销传播理论大行其道，一些有实力的广告公司顺应这种潮流，通过购进、兼并或机构改革，把业务扩大到了包括公共关系、活动营销、直接营销在内的广阔领域，这样就能使企业在委托外部机构帮助开展营销传播活动的时候，不再需要分别去寻找多家公司，而可以一站购齐。改组后的营销传播机构即使仍然叫广告公司，实际上也已经变成了整合营销传播公司，而有的则更名为整合传播集团。

"奥美"是世界最大的营销传播集团之一，其主要成员有奥美广告（在上海、北京、广州和福州共有300名员工）、奥美顾客关系行销（在北京、上海、广州分别设有办公室）、奥美行动行销（在中国设有16个地区办公室及4个区域分公司）、奥美公共关系（在北京、上海和广州都设有办公室）、扬特品牌识别咨询（一个著名的品牌视觉识别设计咨询公司）、传立媒体（在北京、上海、广州和深圳的办公室共有200多名员工）、奥美公共形象品牌塑造项目组（它致力于城市品牌的塑造）。

"奥美"在120个国家设有474个办事机构，在北京、上海、广州、香港以及台湾，共有2000多名员工。它为客户提供全方位的营销传播服务，包括广告、直效行销、互动媒体、媒介计划与购买、数据库管理、电话行销、公共关系、促销、图文设计等。奥美运用360度的品牌管家工具，将所有的营销传播服务整合起来，通过每一个接触点来为客户建立品牌。

在整合营销传播的理论风行的背景下，我国以"整合营销传播"冠名的营销传播服务组织也开始出现，比如成立于1997年的广州市"达生整合营销传播广告有限公司"（Dawson）由管理顾问公司、广告公司、演艺营销公司、终端行销公司、制作印刷公司组成，其中广告公司是该机构的主体。Dawson整合营销传播广告公司下属广州、上海、武汉、成都、北京5个分公司。Dawson从事全方位、以消费者为导向的整合营销传播服务，服务范围涵盖六个领域，包括组织效能管理、广告传播、公共关系、终端营销、直效行销等，是一个把顾问公司、广告公司、公关公司、市场营销公司整合在一起的营销传播机构。

2005年10月，原以经营户外广告为主的南京大贺传媒股份有限公司成立汉威整合传播集团，号称中国人自己管理和营运的具有国际化水准和本土特色的新型营销传播企业。该集团由"WE Global Group"、"大贺传媒集团"和德国广告传播业资深"独立投资人"投资设立，高层均来自于国际著名4A公司的成功广告人。汉威在香港、北京、上海、南京四地设有公司，它为客户提供以品牌为核心的整合营销策划和执行服务，其业务以市场咨询和广告业务为主，此外还进行公关策划执行和顾客关系管理等。

第三节 以信息发布为主的营销传播机构

以信息发布为主的营销传播经营机构一般指媒体广告部门。完全实行广告代理制的媒体广告部门，只发布而不直接承揽制作广告，如中央电视台广告部；没有完全实行广告代理制的媒体广告部门，除发布广告外，也提供策划和设计服务，如部分业务量不足的地方报纸。以信息发布为主的营销传播经营机构主要有报社广告部门、杂志社广告部门、广播电台广告部门、电视台广告部门、网站广告部门等。

一、报社广告部门

广告运作实行完全代理制的报社，其广告由若干家广告代理公司代理，报社广告部总体上不直接与广告客户打交道，只是处理日常版面安排、审稿、收费等事宜。

有的报业集团将下属各报的广告经营权收归集团统一管理，专门成立经营管理委员会统一管理，并成立报业集团经营总公司，广告实行公司化经营。总公司分设若干个工作室，负责各报的广告接洽、收费、制作、版面安排及服务工作。各报根据核算，将报纸版面按底线价格卖给总公司，公司实行二级核算。

2010年全国报业集团总收入前十名依次为：广州日报报业集团（39.1亿元）、成都传媒集团（31亿元）、解放日报报业集团（26.8亿元）、南方报业传媒集团（24.5亿元）、山东大众报业集团（20.2亿元）、浙江日报报业集团（20亿元）、重庆日报报业集团（17亿元）、杭州日报报业集团（17亿元）、河南日报报业集团（15.9亿元）和深圳报业集团（15.2亿元）。

创刊于1952年的《广州日报》目前日均发行60大版、185万份，是广东省发行量第一、订阅量第一、零售量第一和传阅率第一的报纸，其发行覆盖华南，辐射全国。2009年广告经营总额达到21.5亿元，连续16年位居全国平面媒体之首。此外，《广州日报》在2006年中国纳税百强系列排行榜上以1.4423亿元税费位居中国报业之首，其品牌价值于2009年增至72.26亿元，连续五年在“中国500最具价值品牌”排行榜上名列中国报业三甲、华南地区之首。

1995年创刊的河南《大河报》，日出四开80版，其中全国版64版，省会郑州市区版16版，全国日发行量达100万份，郑州市日发40万份，年广告收入4.5亿元。作为中原报业市场第一品牌，先后5次入选世界日报发行百强、

3次入选中国晚报都市类报纸综合竞争力20强。

《大河报》广告部1995年8月成立，下设创意部、客户服务部、营业部、信息专版部、市场策划部，各部实行分部主任负责制，分别处理创意设计制作、客户服务、上门业务办理、信息广告编排、省内外广告市场拓展等工作。该报1999年全面推行广告业务授权代理制，2004年广告中心实行公司化运作，成立房地产、健康、旅游、汽车、教育等7个工作室，并对周末信息栏目广告进行了买断代理招标。

二、杂志社广告部门

我国各杂志社都设有广告部，而且都非常重视广告经营，在网上经常可以看到杂志社高薪招聘广告人才的信息。目前我国发行量较大、广告营业额较高的期刊出版单位是：《读者》杂志社、《家庭》期刊集团、《知音》杂志社、《瑞丽》杂志社、《时尚》杂志社和上海文艺出版总社。

《读者》是我国改革开放以来诞生的第一批社会综合类文摘期刊之一，现为半月刊，《读者》杂志社还陆续出版了《读者》（乡村版）、《读者欣赏》、《读者》盲文版和维文版等系列杂志及《读者》精华本和合订本等。《读者》最高月发行量达到858万册，创造了中国期刊发行的奇迹。

《家庭》创办于1982年，现为半月刊，以恋爱、婚姻、家庭为主要内容，其发行量居文化综合类期刊前列。2000年，家庭期刊集团创办系列刊《家庭博览》，2001年更名为《风韵》；2001年7月，推出新系列刊《孩子》。2002年1月25日，《家庭》期刊集团在广州成立，这是我国首家期刊集团。

《知音》杂志创刊于1985年，现在的发行量已达到450余万份，同时下属《好日子》、《商界名家》、《财智》、《良友》、《打工》5种子刊，以及广告、发行、印刷等4个子公司，成为一个“准期刊集团”。

《瑞丽》是中国女性时尚潮流的引领者。从1995年创刊至今，已经由原来一种刊物——《瑞丽服饰美容》衍生出现在的四种刊物：《瑞丽可爱先锋》、《瑞丽伊人风尚》、《瑞丽家居设计》等。

《时尚》创刊于1993年，现在杂志社旗下已拥有《时尚·伊人》、《时尚家居》、《时尚旅游》、《好管家》、《座驾》、《华夏人文地理》、《男人装》等十四种刊物，在期刊编辑、广告、出版、印刷、发行等方面形成了较强的规模。

上海文艺出版总社的《故事会》连续20多年发行量名列全国前茅，列世界综合类期刊第6位，成为中国百年期刊史上的一大奇迹。20世纪90年代后，该社又开辟了《秀》、《HON》、《上海壹周》等时尚刊物。

在我国的各类期刊中，时尚类、财经类、生活类期刊的广告收入位居前三位。时尚类和生活类期刊上广告投放的重点是化妆品、日用品和服装服饰行业，财经类期刊上的广告则以机动车和计算机行业为主。

三、广播电台广告部门

2010年我国地方广播电台广告收入10强单位依次是：北京人民广播电台7.1亿元，上海人民广播电台4.55亿元，江苏人民广播电台4.14亿元，天津人民广播电台4.1亿元，广东人民广播电台3.79亿元，深圳人民广播电台3.45亿元，浙江人民广播电台2.89亿元，黑龙江人民广播电台2.83亿元，陕西人民广播电台2.5亿元，山东人民广播电台2.4亿元。下面以北京人民广播电台为例，介绍一下广播电台广告部门的基本情况。

北京人民广播电台创办于1949年，现有工作人员700多名，设有城市服务广播、新闻广播、音乐广播、交通广播、文艺广播、首都生活广播、体育广播、外语广播和爱家广播九套开路广播。该台近年来还投资兴办了国有独资的北京广播公司，北京同步广告传播有限公司是其下属的八个二级公司之一。

北京人民广播电台自2000年以来，广告经营业绩在全国电台中一直遥遥领先，广告收入连年增长，从2001年的1.8亿元上升到2007年的5.5亿元，翻了3倍之多，而且每年以10%以上的速度增长，现已跻身全国前50大媒体的行列。2003年以前，北京人民广播电台采取的是“统一管理，分散经营”的经营政策，总台设广告部，统一管理全台的广告经营与管理工作，各专业广播都有一支广告经营队伍，负责本专业台广告的承揽，各专业台作为一级核算单位，但是不设独立账号，所有收入由总台财务分别记账。2003年北京人民广播电台提出了新的经营方针：“统一管理，分散经营、集中操作、分别核算”。“集中操作、分别核算”是全台分行业代理的具体体现。在推行新的经营政策的同时，北京人民广播电台还分别成立了广告管理部和广告经营部两个部门，而且广告管理部作为总台的九个职能部室之一，负责全台的广告管理工作，广告经营部则负责全台的广告经营工作。

四、电视台广告部门

我国所有的电视台都设有广告部门，中央电视台广告管理中心则是这些广告部门中绝对的龙头老大。在我国电视广告的竞争格局中，中央电视台在金字塔的顶端，省级卫视在中间，省级非卫视和城市电视台，则在金字塔的底端。中国广告协会公布的《2010年中国广告经营单位排序报告》显示，在媒体单位广告经营额排序中，中央电视台广告经营管理中心以188.4亿元稳居第一。2010年我国地方电视广告收入10强单位依次是：上海广播电视台45.52亿元，湖南广播电视集团 42.73 亿元，浙江广播电视集团 32.1 亿元，北京广播电视集团 30.5 亿元，江苏广播电视总台 30 亿元，安徽广播电视台 21.38 亿元，深圳广播电影电视集团 20.1 亿元，南方广播影视集团 16.95 亿元，山东广播电视集团 16 亿元，天津广播电视集团 13 亿元。

中央电视台广告部成立于 1987 年 7 月，其前身是 1979 年 10 月成立的广告科。广告部全面负责中央电视台商业广告的销售、播出、管理工作，同时还承担公益广告宣传任务。成立之初，广告部下设业务科、资讯科、推广科和办公室，同时还设有策略研究、品牌管理、公益广告、广告监播等小组。其中，业务科主要负责广告段位的日常销售，资讯科主要负责广告带的审查、播出以及各项技术保障工作，推广科主要负责广告资源的市场推广和客户服务工作。

后来，为适应市场环境的变化，广告部根据新的广告经营策略，调整了内部结构，在原业务科、资讯科组织机构不变的情况下，成立了推广科，以加强与客户的直接沟通和零距离服务。同时还成立了策略研究、品牌管理、广告监播、公益广告四个小组，使央视广告经营在专业、创新、科学、权威方面迈上了新台阶。

很多电视台的不同频道都设有相对独立的广告部，比如浙江电视台的经济生活频道、钱江都市频道、公共频道等就都设有广告部，并且都单独做自己频道广告部的宣传。

浙江电视台经济生活频道在其广告中说："经济生活频道的节目皆为浙江省最具人缘与口碑的独家播映内容，广告收入年年翻倍，呈现良好的增长势头。频道收视观众轮廓据权威部门调查，具有以下三点优势：（1）拥有高学历的收视群；（2）经济收入最高的所占收视份额最大；（3）经济生活频道男女比例相当。

浙江电视台钱江都市频道在其广告的"广告政策"一栏中写道：《汽车时代》栏目逢周六 12：20 开播，代理费：冠名 4.5 折，全年广告为冠名+2 次 15" 广告+5 次 4～5 分钟专题+1 次大型活动报道……

浙江电视台公共频道广告部每年进行广告招标，在网上登出电视剧剧前广告、电视剧插播广告、电视剧冠名广告、电视剧和电影挂角广告、电视剧和电影开关板广告、《气象》栏目广告、《公共新闻网》栏目广告、《公共关注》栏目广告、《收视指南》栏目广告等不同标准的全年代理费。

五、网站广告部门

因为网络广告是互联网公司最主要的赢利方式之一（此外还有短信、网络游戏等），所以很多网站都设立了广告部门，该部门的主要职能是从事网络广告销售和网络广告的渠道开发及客户关系管理。新浪网的广告业务部现已迁至北京朝阳区，其研发中心则仍然留在中关村。从新浪的网络广告报价单看，该网站提供的网络广告类型有：旗帜广告（banner）、按钮广告（button）、浮动标识广告（moving icon）、画中画（pip）、通栏广告、全屏（full screen banner）、文字链接（text link）、直邮、弹出窗口（pop up）、嘉宾聊天室赞助（vip chat room）等。

中国广告协会公布的《2010年中国广告经营单位排序报告》显示，百度居第6位，新浪居第10位，搜狐居第12位，腾讯居第13位，网易居第30位，优酷居第43位，凤凰居第57位，网络媒体整体排位靠前，其广告价值得到进一步彰显。据工商部门统计，2004年至2010年，我国网络广告经营额增长了8倍。预计2011年我国的网络广告经营额将首次超过报纸，届时在我国网络将成为仅次于电视的第二大媒体。

2002年新浪与慧聪成立合资的北京新浪慧聪广告公司，在新合资公司中双方各占50%的股份，公司董事长由新浪派出，总经理由慧聪派出。该公司为广告主提供市场调研、广告整体策划、创意设计与制作、互动媒体投放与效果监测等服务，全力打造新浪分类广告，通过与各级广告代理商以及传统媒体合作，在全国各主要省份十多个城市和地区开辟了分类频道，共20余种行业，占据中国网络分类广告最大市场份额。比如，上海译港网络科技有限公司就是新浪网旅游频道上海地区的广告代理商。

与新浪合作的慧聪网（www. hc360. com）是北京慧聪国际资讯有限公司（集团）（HK8292）旗下的一家互联网商务应用网站，现已开通包括汽车、家电、通信、钢铁、医药等60余个报道中国重要经济产业资讯的行业频道，拥有了包括产经要闻、热点专题、行业搜索引擎、企业管理等精品频道，并创建了中国覆盖行业最广、信息量最大的网上交易采购平台——慧聪网交易市场。

2005年12月，作为窄告联盟的创始成员之一的国内最大门户网站新浪网又正式推出窄告服务，从而在门户网站新一轮的广告战中赢得先机。

第四节　营销传播经营机构的服务对象和服务方式

一、营销传播经营机构的服务对象

1. 企业对营销传播服务的需求

营销传播经营机构的服务对象是对营销传播服务有所需求，并愿意购买且有支付能力的企业。

在市场经济条件下，没有一个企业可以不重视营销和营销信息的传播，没有一个企业可以不设置营销或营销传播部门。虽然不同的企业的营销或营销传播机构名称不同、规模不同、结构不同，但它们服务于企业营销的本质是一致的。

有的企业只设销售部，企业的直销、广告、公关、人员推销、活动促销都由销售部负责；有的企业设有与销售部门并列的广告部门，两个部门都直属企业主管领导。

有的企业自行开展营销传播活动，有的企业委托外部的营销传播机构开展营销传播活动。从目前的情况看，完全依靠自己开展营销传播活动的企业很少，绝大多数企业都将营销传播活动的一部分或全部交由专业的营销传播机构完成，企业营销传播部门只进行审查和监督。这些需要向企业外部购买部分或全部营销传播服务的企业就是营销传播经营机构的服务对象。

2. 营销传播经营机构与其服务对象之间的关系

购买营销传播服务的企业是营销传播经营机构的客户，在客户至上的时代，企业是营销传播经营机构的“衣食父母”，没有客户的业务，营销传播经营机构就不能生存，更谈不上赢利。因此，保持与现有客户的良好关系，不断寻找新客户，是任何营销传播经营机构都不可须臾放松的大问题。

营销传播经营机构得到客户信任的办法主要有三个：一是提供高质量的营销传播服务，使客户在营销传播上的投入能在产品的销售上得到回报；二是经常与客户沟通，使双方在营销传播的策略上取得共识；三是尊重客户，为客户保守商业秘密。

二、大众媒介广告部门的服务方式

以策划制作为主业的营销传播机构是直接为客户服务的，而以信息发布为主业的大众媒介广告部门则一般通过广告代理公司来承揽发布业务，特别是已经全面实行广告代理制的媒介单位。大众媒介广告部门要努力寻找代理能力强的广告公司为其承揽广告业务，有一个好的广告代理就意味着有一群广告客户。

《3周刊》、《时尚佳人》、《嘉儿嘉儿 Claire Claire》、《君子杂志》、《车王之王》就是由北京富盛广告有限公司代理的，该公司还曾在中华传媒网·传媒社区·传媒合作论坛上发帖，诚征上海、广州、福建、浙江、江苏、湖南等地的广告代理公司，希望有化妆品、汽车、家居、电子产品、食品、建材等广告资源的代理公司与其建立长期的业务关系。

北京韵洪广告有限公司独家代理北京人民广播电台，包括北京交通台

(FM103.9)、北京音乐台（FM97.4)、北京文艺（FM87.6)、北京新闻台(FM100.6)、北京经济台（FM107.3)、北京体育台（AM927)、首都生活广播(FM89.1）共七家专业频道的广播广告。

浙江江南长城广告有限公司曾独家代理浙江电视台公共气象节目广告时间。

第五节　营销传播的合法经营

一、经营权与经营资质

为客户提供营销传播服务的机构都必须向工商行政管理机关申请，分情况办理审批登记手续，在取得工商行政管理机关发给的营业执照或经营许可证，即取得合法经营权之后，方可为客户提供营销传播服务。未经批准而进行营销传播服务的，皆属非法经营，一经查出，将予以取缔。

不同类型的营销传播机构，在从业资质标准上有不同的要求，但一般而言，都必须有与其经营规模或范围相应的经营机构、注册资金、从业人员、经营场所、管理制度等。

二、对营销信息的审查

为了使企业的营销传播活动守法、公平、诚信，营销传播经营机构在为客户提供营销传播服务的时候，必须对客户提供的信息进行真实性与合法性方面的审查，凡不真实、不合法的信息不得予以传播。

对于通过大众传播媒介发布的信息来说，审查应该更加严格，因为通过大众媒介传播的信息范围广、影响大，虚假、违法的信息一经传播，就会损害消费者的利益或对社会风气和道德带来不良的影响。

《中华人民共和国广告法》第二十七条规定：广告经营者、广告发布者依据法律、行政法规检查有关证明文件，核实广告内容。对内容不实或者证明文件不全的广告，广告经营者不得提供设计、制作、代理业务，广告发布者不得发布。

第二章　广告公司概况

广告公司是专门从事广告经营的商业性服务组织，具体地说，是介于广告客户和广告媒介单位之间，专门从事广告策划、设计、制作、代理、咨询及发布活动，并具有企业法人地位的经济组织。

从经济学的角度来讲，广告活动是一个市场过程，广告主、广告代理公司、广告信息、广告媒介、广告受众是五个最基本的市场要素，广告活动即是通过这五者之间的互动展开的。广告主就好比是原材料供应商，它为广告公司提供企业、商品等相关信息；广告代理公司是生产者，它把原材料进行加工，生产出能满足消费者需要的产品，即广告信息；这些信息通过“分销渠道”——广告媒介，到达最终的广告信息消费者——广告受众，由此可见，广告代理公司作为广告活动的承办者，是广告主和广告媒介之间的中介和桥梁，它起着协调广告市场正常运转的作用。

广告公司在广告活动中具有重要的地位和功能。从广告主的角度看，广告公司充当着广告主的市场信息咨询者与广告信息加工者的角色。通过市场调查和预测，广告公司为广告主提供产品的市场目标战略咨询和营销策略咨询；并根据广告主最终的营销计划制订广告计划，制作出可以帮助广告主推销产品或劳务的广告信息形式——广告文稿及设计；通过选择和运用合适的媒体，把广告信息传递给消费者，从而为广告主完成整体的广告运作，协助其营销传播策略的执行。

从媒介角度看，广告公司可被称为媒介经济收入的“把关人”。广告公司制定出的广告计划一旦得到广告主认可，广告公司就具有执行广告计划的权力，因而，它对广告量在广告市场上的分配具有相对的决定权。也就是说广告公司可以调节广告在不同媒介的分配份额，间接地调节和影响媒介的广告量和广告收入。

从广告受众的角度看，广告公司可以针对消费者的需要，从市场上杂乱无章的商品原始信息中提炼出简洁的、有价值的广告信息，从而有助于消费者对信息的选择与接受，提高消费质量。

广告公司的经营是以提供广告服务来获取经济收入的活动。广告公司的经营管理是涉及广告公司经营活动各个环节的管理工作，其主要内容包括广告公司的机构设置与职能划分、行政管理、人事管理、财务管理和广告业务管理等。这些管理工作的好坏，关系到广告公司的机构是否健全、运转是否正常、业务是否稳定、信誉是否优良、企业是否具有整体竞争力等。因为这些都是关系到企业生存发展的大事，所以广告公司的经营管理，必须运用科学的理论和方法，只有科学的管理才能使企业的竞争能力不断增强，经济效益不断提高。

目前，我国本土广告公司面临着来华国际广告公司的严峻挑战。《现代广告》杂志社社长陈永说：如果我们没有足够的警觉和危机意识的话，不出三年，我们的广告产业将丧失生存空间。能否度过这一劫，要看我们广告业界，甚至包括政府、行业、企业、媒体等乃至全社会的努力。2005 年广告公司营业额排名前 20 名的大型广告公司情况调查显示，我国的外商投资广告公司几乎垄断了所有的国际品牌在华广告业务，而国内的广告公司只占有很少的份额。与此同时，我国本土的一些品牌以及一些广告大户也在广告公司的选择上发生了变化，外资广告公司代理其广告业务成为他们的首选。自 2005 年底中国完全开放广告市场以来，一些跨国广告及媒体集团纷纷加强整合在华传播力量，实现它们“得中国市场者得天下”的市场策略，并对一些本土公司开展收购。据统计，截至 2006 年 5 月，五大广告集团在华合资公司有 38 家，其中 WPP 集团 19 家，IPG 集团 6 家，奥姆尼康集团 5 家，阳狮集团 5 家，电通集团 3 家。仅 2005—2006 年，WPP 集团就增加了传立媒体成都分公司、精信环球公司、北京华扬联众广告公司等 4 家合资公司。

在这种情势下，本土广告公司必须在经营管理上努力创新才能生存与发展。中国的广告市场正在趋向成熟，我们已经积累了一大批广告专业人才，借着行业组织的作用和民族文化积淀的优势，中国的广告产业有望实现新的腾飞；另一方面，媒体的成熟为提升广告产业构建了宽广的平台，中国广告市场存在巨大发展空间，这种空间为我们提供了回旋余地和缓冲地带，使我们有机会赢得未来。

第一节 广告公司的类型

我国的广告业市场越来越繁荣，国际 4A 加上本土的大、小广告公司已经达到七万多家，并有逐年递增的趋势。为了更好地探测整个广告市场，可以从独立性角度把广告公司分为两大类：独立的广告公司、非独立的广告公司。

一、独立的广告公司

独立的广告公司指经营权和所有权都属于公司法人，因而可以不受广告公司所属组织或机构的左右，而自主地为广告主服务的广告经营机构。其主要特征有两个：第一，独立；第二，代理，即接受广告主的委托，为广告主提供服务。按照经营服务的功能和范围，独立的广告公司又可分为综合代理型广告公司和专业代理型广告公司。

（一）综合代理型广告公司

综合代理型广告公司，即全面服务型广告公司，是指有经营、代理国内外各类广告业务的经营权，为广告主的广告活动提供全过程、全方位服务的广告公司。它不仅使用报纸、杂志、电视、广播这四大传播媒体，也使用促销（SP）等工具。其服务内容包括市场调研、广告策划、广告创意、广告制作、媒介计划与购买、广告监测与效果评估等。具体而言，它包括所有媒体广告的策划与制作、举办活动、开展市场调查、促销、公关等，此外，还提供市场营销领域里的所有服务。目前，这类广告公司是我国广告经营业的主要形式，它们的规模一般较大，对于整个广告活动具有较强的运筹把握能力。对各种专业人才的拥有，是广告公司具备这种能力，得以维持全面服务机制的基础。衡量这种公司的素质和竞争能力，可以从多方面入手：资信、人才、业务管理、责任感、媒介知识、职业道德、创造能力等，只有在这些方面都具有相当水准的广告公司才具有市场竞争力。广告公司对于自身竞争优势的解读呈现多元化态势，而“专业服务能力”和“代理经验和业内声誉”是目前综合代理型广告公司最为看重的竞争力。

综合代理型广告公司，其服务能力和服务内容如下：

1. 商品研究

广告公司通过搜集广告商品和与其同类或可替代商品的有关资料，分析广告商品在性能、质量、外观、包装、价格、形象、寿命周期、发展动向和市场状况等方面的优势和不足，明确它在该产品市场中的地位，为广告客户制定营销或广告战略提供事实上的依据，为广告客户提供制定广告计划所需的商品资料。

2. 市场调查与预测

市场调研的任务之一，是查明商品或服务的购买者和使用者，弄清他们是什么类型的群体、分布在什么地区、数量有多大、他们的购买有没有季节性或其他特点等。其二是调查与广告主一起切分这块市场的竞争对手有多少，他们采用了哪些营销和广告策略、投入有多大，效果如何等。此外还要对广告商品的销售渠道、销售网络等商品流通系统进行了解和分析。通过分析市场的规模、竞争的态势以及影响该市场的各种环境因素，并通过科学的预测，就可以为广告主描述它在该市场发展的前景，帮助他们作出正确的营销或推广决策。

3. 商品销售分析

了解广告主销售渠道的类型、结构、同类型销售渠道的数量、对于经销商的销售政策等，分析销售渠道是否畅通、销售政策是否合理，消费者购买广告商品是否方便，经销商销售广告商品是否有积极性等，在此基础上，广告公司可以为广告主提出改进现有销售渠道和销售策略的方法。企业在销售渠道或销售策略上的改进与广告活动相配合，也会使广告活动产生更好的效果。

4. 媒介分析

对不同种类、不同国家或地区的广告媒体从质与量两个方面考察了解其特点、影响力、覆盖面、物理要求、受众状况、使用成本等情况。广告公司为客户进行媒介分析的目的，是为了帮助客户选择最适合的广告媒介或媒体组合。所谓最适合的广告媒介，就是能将销售信息最迅速地送达尽可能多的目标消费者，且又相对便宜的媒介；最适合的媒体组合，就是通过媒介的相互补充，能覆盖最多目标消费者或能通过多种途径的信息传播产生最大影响的，数种媒介同时或交替使用的方案。为了提高媒介策略的科学性，广告公司的媒介人员必须掌握各种媒介的特性，并对目标消费者或广告受众接触媒介的特点和习惯进行深入的研究。

5. 提出广告计划

对广告客户提出的广告目标和确定投入的广告费进行分析，确定广告活动的具体行动步骤，包括为客户提供有关确定商品市场、改进销售网点、改变价格策略、创造广告作品、应使用的广告媒体、广告诉求主题、广告信息内容、广告预算和广告活动内容的建议，以达到最佳的促销效果。也就是在对广告产品、目标消费者、竞争对手进行全面分析的基础上，为客户提出有关广告目标、广告对象、广告主题、广告创意、广告媒体、广告预算、广告效果测定等方面的一揽子计划。

6. 实施广告计划

广告公司与广告客户及广告媒体分别签订合同，并按照合同的规定，把广告计划付诸实施，负责到底。将客户认可的广告计划付诸实施，包括撰写广告文案，设计、制作平面、影视或网络广告，购买媒体，监测发布，评估效果等。

7. 提供与营销或广告相关的其他服务

对广告客户除了在广告活动方面提供咨询服务外，还可配合客户为其商品设计、包装装潢、营销活动等提供信息咨询服务和市场活动服务。这里所谓"与营销或广告相关的其他服务"主要包括为客户提供直销、公关、人员推销和销售促进活动的计划，并付诸实施。此外，还有包装、产品手册或企业形象设计等。配合客户的其他市场活动，可使广告活动发挥最大的效益。

8. 制定整合营销传播方案

综合代理型广告公司是能够为广告主提供全面服务的公司，在整合营销传播被企业看好的今天，广告公司除要能够为客户提出广告、直销、公关、人员推销和销售促进活动的单个方案外，还要能够提出将广告主的各种营销活动整合起来、协调完成的方案。整合营销传播方案不仅考虑到了各种促销工具的配合使用，甚至可能包含了产品策略、价格策略和分销策略。

（二）专业代理型广告公司

随着广告业的日益发展，行业内的竞争也日趋激烈。同时，广告主对广告公司的需求也变得多样化。广告业市场的细分化是整个行业发展的必然趋势，各种专业代理型广告公司应运而生。随着市场的发展成熟，专业广告代理公司已逐渐在广告市场中独树一帜，抢夺了相当部分的市场份额。

专业代理型广告公司是指只有一项或几项服务功能、经营范围有一定限制的独立广告公司。这种类型的广告公司依靠其某方面的专门能力，承担部分拥有其特长优势的广告经营业务，如只承接市场调研、活动策划；只做产品样本、招贴等印刷品广告；只承接某一种媒体广告，如报纸、杂志、广播、电视、路牌、邮寄、交通、楼宇广告等，它们的活动只是帮助企业广告部门解决某些特殊需要。这类广告公司的特长是在某一方面具有优势，其专业化、细致化的服务能达到很高的水准。按照其承担具体业务的不同，还可以细分为以下三种类型：

一是媒介策划购买/销售公司：根据产品特点、市场情况、品牌影响力、媒介特点等因素进行综合分析，制定科学的媒体购买策略，曾经是由广告公司的媒介部承担的。1996年，国际4A广告公司盛世长城和达彼思、智威汤逊和奥美的媒介部门合并，分别组成了实力传媒和传力传媒。从此，中国就刮起了一场媒介集中购买之风，本土的兆力媒体、未来广告、海润广告等公司从事专业媒介购买。这些公司依靠其强大的信息占有和专业的分析能力，不仅能够为客户提供详尽的媒体资料和媒体策略，同时有可能依靠自身实力、信誉和客户优势，以独家代理、买断经营等手段介入媒体广告资源的营销，它可以买得到需要的广告时段和版面，对一些弱势媒体的广告资源进行控制。一项专业调查显示：未来中国广告业媒介业务发展的趋势是媒介集中购买。这里的媒介不仅包括四大传统媒体，还包括户外广告媒体、交通（公交、地铁）媒体、网络媒体等新型传播媒介。

二是创意、制作型公司：这类广告公司一般只承担广告作品的创作和制作业务，包括影视广告、广播广告、平面广告等，而不承担广告策划、代理及发布工作。因为它们在专业广告制作方面具备人才、设备等优势，对客户的特殊要求很有吸引力，同时也经常成为全面代理型广告公司或媒体单位的合作对象。

三是制作代理混合型公司：这类广告公司有的以创作、制作为主，兼做简单的广告调查、策划或代理联系媒体；有的以代理联系为主，兼做设计制作业务。这类公司的特点是规模较小，经营灵活，主动性强，对于推动广告客户与媒体之间的联系，强化企业的广告经营意识能起到一定的辅助作用。

除综合代理型广告公司和专业代理型广告公司外，独立的广告经营者还有以工作室形式出现的广告制作机构、兼做广告业务的美术社、摄影社、装潢社等，它们只负责广告的设计和制作，而不负责广告的策划和发布。广告代理商即广告经纪人也是独立的广告经营者，他们本身不承担广告的创作和制作任务，只是负责为广告主寻找广告媒介，或为广告媒介寻找广告主，他们是广告主与广告媒介之间的掮客，是从媒介买卖中收取佣金的人。

二、非独立广告公司

与独立性广告公司不同，非独立性广告公司是附属于某个组织机构的广告公司，它主要为其所属的组织机构服务，这种广告公司主要有两种：企业广告公司和媒体广告公司。

（一）企业广告公司

企业广告公司即广告主自行设立的广告公司。少数规模较大的企业为了顺应广告在营销中地位日益凸现的潮流，专门设立了广告公司来负责本企业的广告活动。在奉行整合营销概念的今天，企业广告公司不但要承担企业广告宣传的任务，进行从广告调查到策划、创意，直到制作、发布和效果测定等一系列的工作，还要参与企业的整个营销活动，比如承担企业对内对外的公关工作，策划企业的销售促进活动等。有余力的企业广告公司也对外承接广告业务。

如果企业广告公司的规模不大，无力承担企业所有的营销传播或广告制作工作，也可以把大型调研、电视广告制作等委托给企业外部的专业广告代理公司去做，这时，企业广告公司的任务就是要选择合适的广告代理公司，提供策划与创意，监督指导执行，控制其费用支出等。

（二）媒体广告公司

它是媒体自设的媒介代理公司，如电视台、报社、杂志社等媒体自办的广告公司。主要从事发布广告、设计制作广告、收集广告反馈等工作。它们在接受广告任务时，一部分广告已制作成广告作品，只是负责安排版面或时间。但有的广告客户只提供广告资料和广告要求，须由广告部门负责策划、设计和制作。如报纸、杂志、广告的文稿撰写、美工设计；电台、电视广告的脚本撰写、演员排演、录音录像、拍摄、剪辑等。

（三）非独立广告公司所面临的问题

1. 广告代理制使非独立广告公司失去了存在的理由

广告代理制是国际上通行的广告经营机制，即企业的广告宣传和媒介的业务承揽皆由广告公司代理的广告经营机制。在实行广告代理制的情况下，企业不再自行设计、制作广告，也不能直接找媒介发布广告，而是将这些工作全都委托给广告公司去做；媒介也不能越过广告公司直接向企业出售时间或版面，而是通过广告代理公司来承揽广告业务，并返还给广告代理公司15%的代理费或媒介佣金。

1993年7月，我国工商行政管理局制定了《关于加快广告业发展的规划纲要》提出在我国实行广告代理制的两个步骤："第一步，统一代理权归于广告公司，将媒介发布广告、承揽广告、代理同类媒介广告改为媒介承揽、发布广告，不再承担同类媒介代理业务；同时将媒介直接承揽外商广告权归于具有经营外商广告资格的广告公司。第二步，实行承揽与发布分开，媒介专职发布广告，广告公司承担广告承揽和代理，从而在广告公司与媒介之间形成分工合理、运行高效畅通的经营机制。"

广告代理制使广告代理公司成为企业和媒介的中介，成为社会分工中专门从事广告策划、设计、制作的经营单位，在这种情况下，企业广告公司和媒介广告公司的存在就失去了理由。

2. 实行广告代理制的好处

实行广告代理制对企业、媒介和独立的广告公司都有一定的好处。对企业来说，实行广告代理制后，它不再自行设计、制作广告，而是把人、财、物力全都集中到生产和销售上去，广告则交给有专业经验的广告代理公司去做，这样不但有利于促进生产的发展、提高产品的质量，而且也可以保证广告的水平和宣传的效果。

对媒介来说，不设计、制作和承揽广告，只做广告的发布工作，可以使其集中精力办好栏目或节目，实现媒介宣传、教育、娱乐和服务大众的基本功能。

对独立的广告公司来说，企业、媒介都不设计、制作广告了，这方面的业务就全部集中到了广告公司，广告公司的业务量大了，经验更丰富，专业性更强，策划制作水平更高，经济效益更好，这无疑将促进我国广告业的发展。

3. 推行广告代理制的困难

虽然我国工商行政管理局早在1993年就正式颁布了《关于进行广告代理制试点工作的若干规定》，以及试点地区名单，但由于遇到多方面的阻力，除中央电视台等少数单位较好地实行了广告代理制，专职发布，不再承揽和制作广告以外，试点省市的大多数广告主和广告经营者都没有按广告代理制的规范去做。其原因主要有3个。

第一，少数规模较大的企业，自身的广告业务量比较多，于是产生了"肥水不流外人田"的思想，认为自己做广告，既可节省开支，又因为自己最了解自己的产品，做起广告来也更得心应手，而没有全面地考虑问题，没有看到精力分散带来的影响，也没有看到企业人士广告理论和经验的缺乏，以及广告代理公司专业化的长处。

此外，有的企业越过广告公司，直接委托媒介设计、制作和发布广告，认为这样做，可以从媒介那里得到回扣或节省广告发布费用。这个问题是媒介不实行广告代理制，用低价招揽广告业务造成的。

第二，我国的大众媒介都是国营的，在广告市场具有垄断地位，为了保障媒介自身的经济利益，它们往往不愿意通过广告代理公司承接广告业务而付给广告公司代理费。很多媒介有自己的广告业务员，他们越过广告代理公司，直接去企业拉广告，利用版面或时间的价格优势与广告公司争夺客户，造成广告公司和媒体之间严重的不平等竞争，迫使广告公司低代理，甚至零代理，影响了广告公司服务水平的提高。

第三，很多广告代理公司自身的业务水平不高，企业不放心把广告交给它们去做，而宁可求助于媒介，或干脆自己做。因此，实行广告代理制还有待广告代理公司自身业务水平的提高。如果广告公司能够为广告主提供一流的广告代理服务，推行广告代理制也就有了坚实的基础。

综上所述，在我国推行广告代理制还任重道远。

第二节　广告公司的组织

一、广告公司的组织原则

任何一个单位，为了使各项工作有条不紊、高效优质地完成，就必须按照分工合作、协调一致的原则设置机构或部门，让每一个员工都归属于一个承担一定工作任务的部门，每一个部门都有专人责任，而且各部门之间都规定有纵向的指挥、服从关系，或横向的衔接、配合关系。只有单位中的每一个人都明确在实现单位整体目标的过程中，自己所要完成的工作、所应承担的责任，这个单位的工作才能忙而不乱，才能有很高的工作效率。

广告公司的组织建设或机构设置程序大致如下：先将公司的各项工作分类，类别的粗细可根据工作量的大小和公司人数的多少；量大的工作，分类可以细一点，人数少的公司，可以把相关的工作适当地归并；然后按不同类别的工作设置不同名称的部门，并将全体员工划归到各个部门；再任命部门主管，明确主管的权力、责任，以及该部门与其上下级和平级单位之间的关系。

虽然不同的广告公司由于业务、规模、历史等方面有所不同，其组织结构也会有相应的差别，但它们在设置其机构或部门时，都必须遵循目标一致、保证效率、权责相称的基本原则，因为只有这样才能保证组织的高效运转。

（一）目标一致原则

目标一致原则，是指广告公司建立的组织或设置的部门，要有助于公司目标的实现，要有利于员工在这种组织结构中为实现组织目标做出最大贡献。为此，广告公司在设置机构的时候，首先要明确公司的目标，然后围绕如何最好地实现这个目标来划分工作类别，设置公司部门，规定各部门之间的关系。公司的目标不同，工作类别不同，部门的设置和部门之间的关系也会有所不同。

（二）保证效率原则

保证效率原则，是指广告公司建立的组织或设置的部门，应该使员工在实现公司目标过程中，能够用较小的代价来取得较大的成效。也就是说，遵循保证效率原则建立的组织，在实现目标的过程中没有人力资源的浪费。

（三）权责相称原则

权责相称原则，是指在任命部门负责人或安排一个员工的工作时，既要让他们明确自己工作的责任，又要给予他们执行工作任务所必要的权力和利益，同时还要注意责任与权力的相称性；既不要让权力大于责任，也不要让责任大于权力。只有这样，才能充分调动组织成员的工作积极性。

二、广告公司的组织结构

纵观我国的广告业市场，广告公司的组织类型大致可以分为 4 种：职能细分型组织、职能归并型组织、职能细分与职能归并结合型组织、部分职能按地区分设型组织。

（一）职能细分型组织

职能细分型组织是综合代理型广告公司最常采用的组织结构。因为这类公司的广告业务涉及多方面，整个作业流程非常复杂，所以需要按照不同类型的工作或职能划分部门。这种组织结构可以充分运用公司的人力、物力资源，使整个作业更加规范化、专业化，从而便于公司的有效管理，提高工作效率。虽然由于实际情况不同，各广告公司的部门组织会有所差异，但大致可以分成三大块：业务部门，一般包括客户部、创作部、媒介部；支援部门，一般包括市场部、公关部、促销部，支援部门不仅为客户部、创作部的业务提供支援，也为广告主的公关活动提供支援；管理部门，一般包括人事部、财务部、行政部（见图 2-1）。

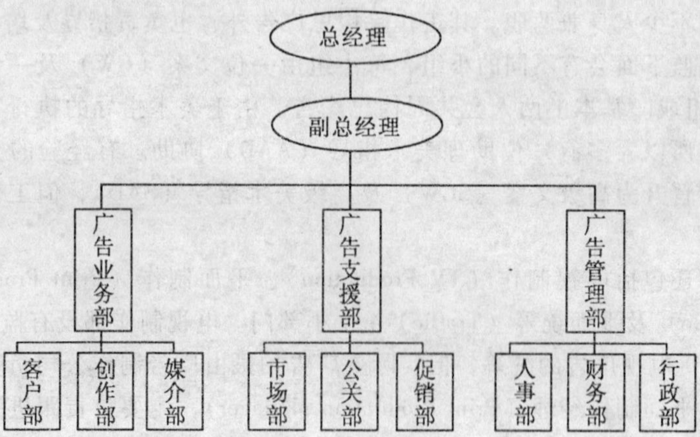

图 2-1 职能细分型组织

1. 客户部

客户服务部，又称营业部，也有叫业务局的。该部门主要负责与客户联络，获取广告业务，并加以维持、扩大，为公司谋求利润。在客户部起主要作用的是业务主管 AE，他们在广告客户面前代表公司，不仅要负责游说客户把广告业务交给本公司，还需要把广告作业的整个进程对客户进行汇报、咨询；在公司内部则代表客户，把客户的要求、搜集的必要信息传达给公司相关部门，通过充分协调、支配本公司的资源，使广告作业在顺利进行的同时，制作出符合客户的状况和要求的、有效的广告作品。所以，客户部是联系广告客户与公司各部门的桥梁，它们负责监控、协调广告运作的全过程，被称为广告公司的“龙头”。客户服务人员本身又可以分为三个层次：客户总监（Account Director），客户经理（Account Manager）和客户执行（Account Executive）。

广告业务量大，客户较多的广告公司，还可以对客户部或营业部再进行细分，比如中国广告联合总公司就把客户部分成国内客户部和国际客户部，北京广告公司也把营业部分成国内部和国际部，而在这两个部下面，还各分一至五部。广东省广告公司则把业务局分为十个局。

2. 创作部

创作部负责构思及执行广告创意、设计与制作。创作人员从营业部那里了解到广告活动的目的及要求之后，不但要进行创意构想，产生针对受众的有效的广告信息，还要通过合适的表现形式制作出广告作品。其重点人物是执行创意总监（ECD），他下面会视人手而分为若干组，每组由一至两位创意总监（CD）或副创意总监（ACD）带领，其中一位是文案出身，另一位是美术出身，但也有不少人身兼两职。其工作除构思广告外，也负责指导及培训下属。

创意总监下面会有不同的小组，每小组由一位文案（CW）及一位美术指导（AD）组成。基本上两人会共同构思广告。由于美术指导的执行工作一般都较繁复，所以大多有一位助理美术指导（AAD）协助。有经验的文案及美术指导将会晋升为高级文案（SCW）及高级美术指导（SAD），但工作与以前大同小异。

创作部还包括电视制作（TV Production）、平面制作（Print Production）、画房（Studio）及平面统筹（Traffic）4个小部门。电视制作部设有监制（Producer），负责电视广告的统筹，但实际上广告拍摄由广告制作公司负责。平面制作部设有平面制作经理（Print Production Manager），主要负责跟进平面广告的印制工作。画房设有绘图员（Visualizer）、计算机绘图员（Computer Visualizer）、正稿员（Artist）等职位。平面制作统筹（Traffic Coordinator）则负责统筹平面制作事宜。具体的工作步骤如下：

（1）根据广告总体策划的要求，讨论确定广告创意及文案，提供广告平面设计稿或影视广告脚本；

（2）按照广告脚本完成拍摄、冲印、编辑、配音、合成等工作，提供影视广告作品；

（3）负责其他与广告有关的装潢、包装、商标、印刷品的设计、制作工作。

广告创作部在本身不具备制作条件时，可委托社会上的专业制作单位进行制作，然后交媒体部。该部门由艺术指导、广告撰稿人员、影视媒体策划人员、设计人员等各种直接从事广告制作的人员组成。

在规模较大的广告公司，创作部还可以细分，比如北京广告公司的创作部就细分为创意部、设计制作部和电脑制作部，广东省广告公司将策划创意局分为文案创意部、平面设计部、影视创作部、电脑制作部等。

3. 媒介部

媒介部为客户开展媒介调查，按照广告策略为客户制定并实施最有效、最合理的媒介计划，包括建议合适的广告媒体（如电视、报章、杂志、海报、直销等），为客户联系媒介单位，购买媒介，并为客户争取最合理的收费，监测媒介的广告发布等。媒介部的重点人物是媒介主管（Media Director），下设媒介主任（Media Supervisor）及媒介策划（Media Planner）等，其具体工作是：

（1）了解各种媒体的传播效果、特点、受众分布、影响力和收费情况，以作为制定媒介策略的依据；

（2）根据客户服务人员、市场调查人员及媒介调查人员提供的信息制定有利于品牌或企业传播的媒介发布策略；特别要根据目标消费者的媒介接触习惯和广告主所能够或愿意承担的媒介费用，来确定广告媒介的选择与搭配，制定高效的媒体组合方案。

（3）负责购买选定媒介的版面或时间，并监督有关媒介按与公司签订的协议准时发布广告，以避免因漏播误播而给客户造成损失。

（4）代媒体单位向客户收取广告费。

目前，能否落实有效的广告媒体发布广告，往往成为衡量一家广告公司服务能力的重要标志和关键因素。很多广告公司的媒介部门都针对各种媒体设立了单独的业务分工科室，各科室的负责人与所对应的媒体公司负责人保持联系，及时对业务进行调整。有时该部门也与媒体公司在共同进行策划后提出广告计划书。媒介人员也分为三个层次：媒介总监（Media Director），媒介主管（Media Supervisor）及媒介执行人员（Media Buyer&Media Planner）。

在自己拥有户外媒介比较多的广告公司，往往单独设立一个户外广告部，中国广告联合总公司把它叫做媒介一部，广东省广告公司则把它与各业务局并列。广东省广告公司的媒介部门叫“大网媒介有限公司”，其下分媒介策划中心、资讯计划部、媒介拓展部、媒介购买部和网络广告部。

4. 市场部

市场部也叫调研部或市场调研部，它主要根据广告客户的需要，实施市场调查分析，为制定广告计划提供依据。其业务领域主要涉及：搜集、整理、分析广告客户需要的各种情况资料，如竞争对手、消费者、市场需求等状况；开展专题调查，包括广告刊播后的效果测评调查；参与制定广告计划，为职能部门的业务工作提供调查资料和参考意见。虽然许多广告公司都设置了市场部，但遇到繁杂的实地调研工作，还是经常转交给专业调研公司去做。

广东省广告公司负责市场调研的部门叫“市场研究营销咨询中心”，其下设市场研究部、营销咨询部、市场资讯部。

5. 公关部

公共关系部是指协助广告主进行公关宣传、制作需要发布的新闻、与媒体公司进行交涉的部门。在我国现有的广告公司中设立公关部的公司比较少，而且正在组建单独公关部的公司也不多。但是即使公司内没有单独的公关部，也总会由某个部门来制定公关计划、进行公关宣传等。从具体的业务执行情况来看，广告公司有时也向专业公关公司委托业务。在不设公关部的广告公司里，公关工作通常是由公司内部的媒体部门来完成的。

6. 促销部

促销部是指提出促销计划（如策划活动、展览会、有奖销售、比赛等）、为广告主的销售活动提供支援的部门。该部门成员有产品设计人员、促销宣传活动设计人员、售点广告（POP）设计人员、店铺活动设计人员等组成。这项业务在很多广告公司已经成为部门的业务，而且不同的公司有不同的称呼，如促销部、销售信息部等。也有一些广告公司不设促销部。

在广东省广告公司，促销部和公关部是合二为一的。公司简介中说："促销公关部依据企业和市场的结合点，进行市场营销的策划，并把 SPC（促销）、PR（公关）和 EVENT（事件）等现代行销传播的手段运用到整个行销传播之中，配合大众媒介的传播，形成整合性传播合力。"

7. 人事部

人事部，有的广告公司叫人力资源部，负责公司员工的招聘、培训、调配、考核、奖惩、任免、工资、福利、安全保卫等工作。

8. 财务部

财务部负责公司往来账目及现金的管理，进行财务预、决算，核算公司经营活动的成本，纳税，做公司的财务分析等。

9. 行政部

行政部负责公司文秘、档案、收发工作，完成公司领导交办的事务，检查公司规章制度及政策落实的情况。不设后勤部门的广告公司，其行政部还兼管公司的房屋、车辆、其他物资以及各种后勤保障工作。

（二）职能归并型组织

职能归并型组织，也叫团队制组织或小组式组织，是很多小型广告公司采用的结构形式。在这种组织结构中，客户经理、创意人员、设计师等不同的专业人员共同开展广告策划、创意、制作、联系客户等业务。

之所以要归并某些职能，是由于公司人员少、某些类别的工作量也比较小，所以不可能或不必要设立太多的部门，为了节约人力，提高效率，公司需要根据具体情况适当地将不同的职能归并。比如把客户、市场、媒介、公关、促销工作归并到一个部门，把人事、财务、行政归并到一个部门，创作部则单独设立；也有将客户联络和文案撰写职能合二为一的。这样，一个员工较少的公司，机构虽少，也可以具有大、中型广告公司所有的各种职能。最小的广告公司甚至可以由经理亲自跑业务、做调研、媒介购买和公关，另聘一个财务人员，或者再聘一个创作人员就可以运转了。

这种组织结构的优点是：有利于公司内部的意见交流和信息流通，增强了工作的弹性和灵活性，使各阶段的工作能够有效地衔接、配合。但是，由于权责不明确，也会产生相互推诿，工作效率低下等问题。因此，这种组织结构只适合于小型的广告公司，并不适用于人员较多、分工较细的大、中型广告公司。

（三）职能细分与职能归并结合型组织

有些规模较大的广告公司虽然主要采用了职能细分型组织结构，但由于有较大的、稳定的客户，它们也把为这些客户服务的具有不同技能的人组合成团队或工作小组，其目的是为了更好地与客户沟通，及时满足它们的需要（见图 2-2）。比如，广东省广告公司专设了为本田汽车服务的业务局，还有专门做房地产广告的业务局，虽然它们相当于一个客户部，但却配备有除客户代表以外的文案人员、设计人员和公关人员。美国 BBDO 广告公司有上百人为克莱斯勒汽车公司服务，日本电通广告公司也有一百多人为丰田汽车公司服务。

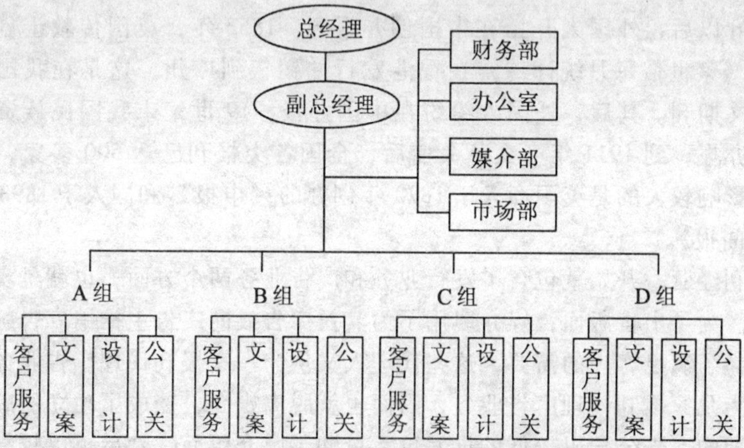

图 2-2　职能细分与职能归并结合型组织

（四）部分职能按地区分设型组织

广告公司除以上3种主要的组织结构以外，还有少数规模较大、业务分布地区较广的广告公司，为了更好地为分布在不同地区的重要大客户服务，它们会将客户部分别设置在数个重要大客户所在的不同城市。比如“盛世长城”把“宝洁”客户服务部设在广州，把“西安杨森”客户服务部设在北京。

也有把创作部和其他部门不设在同一个城市的，这多半是因为一个大公司在另一个城市成立新的合资公司后，认为那里的创作力量薄弱，所以创作任务仍然交给另一个城市原有的创作部去做。

第三节 我国广告公司的历史和现状

一、我国广告公司的历史

一般认为，自1800年英国人詹姆斯·怀特在伦敦创立世界上第一家广告公司——White & Sun以来，西方的广告公司大约经过了版面销售、版面经纪人、技术服务和全面代理服务4个发展时期。

我国广告公司产生的时间虽然晚于西方，但经历的发展阶段却与西方大体相同，只是国情的差别也带来了一些特殊性。

（一）版面销售时期

我国早期的广告经营活动是与我国早期的报刊经营紧密联系在一起的。19世纪中叶以后，外国人开始在中国创办报刊。1853年，英国传教士创办于马来亚的《察世俗每月统计传》在香港发行并销售到广州，这是在我国发行最早的中文期刊。其后，外国人纷纷在中国办报，19世纪末我国民族资产阶级也开始办报，到1911年辛亥革命前后，全国各类报刊已达500多家，其中发行量和影响较大的是英国商人于1872年创办的《申报》和国人于1893年创办的《新闻报》。

报刊经营一开始就包含了发行业务和广告业务两个方面，也就是卖报纸和卖版面。为了出售版面，媒介雇用了为其拉广告或向广告主推销广告版面的代理人。为了满足客户的需要，这些代理人又从为一家报刊代理广告业务，发展到同时为几家报刊代理广告业务，因而也就脱离媒介，变成了独立的版面经纪人。早期的广告公司以较低的批发价大量购买媒介版面，然后再以较高的价格零售给广告主，从中赚取利润。

（二）技术服务时期

20 世纪 20～30 年代，我国的广告公司为满足企业的要求，开始承接广告设计、制作广告的业务。30 年代，上海已有近 20 家现代广告公司，其中规模最大的是 1926 年成立的华商广告公司和 1930 年成立的联合广告公司。1933 年成立的“上海市广告业同业会”（1946 年改为“上海市广告商业同业会”）有会员 80 家，这些公司都有一定的专业水平和专业人才。随着企业广告活动的发展，它们不仅为客户制作广告，也为客户在选择媒体、广告创意方面提供建议，其服务范围逐渐扩大。

（三）公司衰减期

中华人民共和国成立以后，我国对资本主义工商业实行社会主义改造，通过“公私合营”，解放前留下来的分散私营广告公司被合并成为数量较少、规模较大的专营广告公司。比如上海的 100 家广告公司被合并成 5 个广告公司和 1 个广告美术社，北京、广州等城市也都成立了美术广告公司，并由它们负责全市的广告业务。20 世纪 50 年代中期后，这些原来由商业部门管理的广告公司划归文化部门管理，广告公司的业务范围日益缩小，除生产资料广告外，主要是做书籍、电影、展览会等文化类广告。

在计划经济的体制下，由于实行统购包销，也由于商品匮乏，供不应求，企业一般不需要考虑销售问题，也用不着做广告，所以，除了一部分国际贸易广告以外，广告公司的国内业务锐减，到 1966—1976 年的文化大革命期间，广告公司已经基本上不做国内商业广告，而只是制作政治宣传牌和设计画稿了。报纸、杂志不再刊登广告，广播电台的广告节目也被取消了。据统计，到 1978 年，全国广告经营单位已经只剩下 9 家。

（四）迅速发展期

十一届三中全会以后，我国开始步入市场经济的轨道，广告业也开始全面复苏。1979 年 1 月 28 日，上海电视台播放了我国第一条电视广告，1979 年 4 月 17 日《人民日报》恢复广告发布业务，北京和其他大城市的霓虹灯和路牌广告也开始出现。1979 年，北京广告公司成立；1980 年，长沙广告公司成立；1981 年，中国广告联合总公司成立。据统计，1983 年我国有广告经营单位 2340 家，广告营业额 2.34 亿元，广告从业人员 3.48 万人，广告经营单位中含广告公司 181 家；到 2004 年底，我国的广告经营单位已经发展到 113508 家，比 1983 年增加 111168 家，增长 475 倍；广告营业额达到 1264.6 亿元，比 1983 年增加 1262.26 亿元，增长 539 倍；广告从业人员增至 91.38 万人，比 1983 年增加 87.9 万人，增长 25 倍；广告经营单位中含广告公司多达 76210

家，比 1983 年增加 76029 家，增长 420 倍。

从 1986 年开始，国际上的跨国广告公司纷纷来华成立合资公司或办事处，其中著名的有盛世长城国际广告公司、麦肯·光明广告有限公司、北京电通广告公司、上海奥美广告有限公司、智威汤逊-中乔广告有限公司、上海李奥贝纳广告公司、精信广告有限公司等。跨国广告公司先进的管理模式和业务水平成为本土广告公司的借鉴，激烈的广告市场竞争也推动了本土广告公司的发展。

一些大型的本土广告公司学习并采纳了国外广告公司先进的经营理念和经营模式，提高了全面服务的能力，为客户服务的内容除广告设计、制作、发布外，扩大到提供市场调查、营销策略、广告策略、广告创意、广告效果研究等方面。

二、我国广告公司的现状

自改革开放以来，我国的广告业得到了迅猛发展，在过去的 30 年间，我国广告营业额以两位数的年增长率高速发展。随着中国广告市场的不断扩大和越来越多的外国品牌来到中国，中国本土广告公司所面临的竞争也会越来越激烈。

（一）广告公司快速增长

1978 年，我国的广告公司不过 9 家，到 2008 年年底，已发展到 11.72 万家，是 1978 年的 13022 倍。其持续快速增长的原因主要有：

（1）我国经济连续多年平稳、快速的发展，提高了企业对广告的有偿付费能力的欲求，广告投入连年增加，这促使更多的投资者看好广告市场，纷纷建立广告公司。

（2）我国实行国民经济宏观调控政策，使第二产业、第三产业持续快速发展，而这两个产业需要做广告的企业又比较多。

（3）广告公司不断开拓整合营销传播、广告代理、包装设计、技术服务、信息服务、业务咨询等新业务，刺激了企业对广告需求的增长。

（二）合资公司优势明显

目前，全球前 10 名规模较大的综合性跨国广告代理（4A 公司）全部在中国设立了合资公司，如盛世长城、麦肯·光明、智威汤逊-中乔、上海李奥贝纳、北京电通、上海奥美、上海灵狮等。这些公司凭借经营实力强、营业规模大、专业水平高、客户资源广的优势，在中国发展非常迅速。除服务于跨国企业外，它们也纷纷争取本土大品牌客户，经营额每年稳定增长，增长幅度远高于全国广告公司整体的增长水平，在与中国本土广告公司的竞争中处于绝对优势，比如在我国2009年广告公司营业额排名中，前5名均为国际广告集团下属企业（见表2-1）。

表2-1　**2009年中国广告公司营业额前10名**　单位：万元人民币

序号	单位名称	营业额
1	智威汤逊-中乔广告有限公司上海分公司	566800
2	上海李奥贝纳广告有限公司	496205
3	盛世长城国际广告有限公司	421895
4	麦肯·光明广告有限公司	368590
5	北京电通广告有限公司	367416
6	北京恒美广告有限公司上海分公司	225596
7	广东省广告股份有限公司	205024
8	上海广告有限公司	131815
9	中航文化股份有限公司	111718
10	福建奥华集团	100000

（三）竞争格局基本形成

从近几年的广告公司业绩排序可以看出，排名前几位的广告公司或服务于大的国际客户，或经营大的媒体代理与投放业务，或拥有稳定、多元的本土大客户，或持有大量的优势媒体资源，它们通过对这些资源的开拓性创新形成了在一定时间内难以逾越的相对优势，继而在广告业务竞争格局中形成了较为稳定的地位。

2009年，广告公司营业额之间的距离进一步拉大，排名第一的智威汤逊-中乔广告有限公司上海分公司年营业额达到566800万元，比第十位的福建奥华集团多出466800万元，约为后者的5.6倍。（见图2-3）2010年排名前10位的广告公司营业额总和为3644414万元，占我国广告公司经营额总和的比例从2009年的35%上升到39%，综合型代理公司的整体优势越发明显，优势资源正在向大型广告公司集中，呈现出“强者愈强”的趋势。从营业额排序前100名的广告公司中也可以看出，大中型广告公司之间的竞争异常激烈。

（四）媒介代理成为广告公司营业额增长的重要方面

调查显示，营业额与税后纯利润增幅较大者普遍存在于媒介代理额占营业额比重高的公司中，而这些广告公司在做媒介代理的同时也强调提供策划咨询服务，以整合传播为手段，帮助客户达到更好的投资效果，力求争得更大的市场。

（五）广告公司在不同地区的发展程度差别很大

在营业额上榜的广告公司中，上海、北京、广东的公司居多，表明媒体业发达的程度随地区经济发展程度不同呈现不平衡发展的趋势，上述三地区已成为广告公司竞争的焦点。

2010年，中国广告经营额达到2340.5亿元，广告经营单位24.3万户，广告从业人员148万人，中国已进入世界广告大国前四位，广告业进入黄金发展期。目前，中国已建立与国情相适应的“政府监管、部门配合、行业自律、社会监督”的广告管理模式，广告监管法制化和制度化建设成效显著，为广告业的健康发展营造了一个良好的市场环境。在目前的中国广告业和广告公司的发展过程中，虽然还存在一些问题，但是可以相信，中国广告业和广告公司的发展前景光明。中国确立了建设小康社会的目标，改革开放将继续深化，中国经济的巨大发展潜力将不断展现出来，同时具有充满活力的市场也将为中国广告业发展提供巨大的机会。具备了这些有利条件，中国广告公司就可能在未来一个时期内获得进一步的成长。

第三章　广告公司的经营原则与战略

广告公司的经营必须遵循依法经营、人才经营、优势经营、非业务冲突的原则，同时还要依据一定的经营战略，公司定位和经营理念则是经营战略制定和规划的核心所在。

每一种经营都需要以某种战略作为依据。战略是公司前进的方向，是公司经营的蓝图，公司依此建立其对客户的忠诚度，赢得一个相对于竞争对手而言持续长久的竞争优势。战略的目的在于建立公司在市场中的地位，有准备地同对手进行竞争，满足客户的需求，获得卓越的公司业绩。

所有的经营决策都是战略性的。每个公司都必须根据自己在行业中的市场地位以及它的市场目标、市场机会和可利用的资源确定一个最有意义的经营战略。广告公司也不例外，著名的广告公司各有不同，但共同的是，每个著名的广告公司都有一套自己的经营战略。

第一节　广告公司的经营原则

一、依法经营的原则

依法经营是广告公司生存的前提，或者说是广告公司的生命，这是任何一个广告公司在从事广告经营活动时所必须坚持的第一位的原则。

广告活动是以法律为前提的活动，依法经营包括两个方面的意思：一是广告公司要符合广告管理法律、法规，尤其要遵守《中华人民共和国广告法》(以下简称《广告法》)。《广告法》规范了广告主、广告经营者和广告发布者之间的行为和准则，既是对广告公司的限制，又是对广告公司的保证，即保证了广告公司存在和活动的合法性。广告公司的权利、义务和责任在法律、法规中的明确规定，使广告公司在广告活动中有法可依。二是广告公司的活动还要符合国家其他相关的法律规范，如《民法》、《反不正当竞争法》、《消费者权益保护法》等。

二、人才经营的原则

广告公司是属于知识型、智能型、技术型的企业法人组织。广告公司经营活动的开展是以高素质、高能力的广告专业人才作保证的。广告公司向客户提供的服务是智慧，是思想，是创意，而不是固体产品。广告公司的工作不属于简单操作或重复操作性工作，而是具有独立性、创新性、技能性的工作，它完全是依靠广告公司中人员的智能与创造来维持其存在和不断发展的。“广告公司的财富随员工下班而消失”道出了广告公司与其他公司的显著性差异。

奥美广告公司如果没有大卫·奥格威，洛德暨托马斯广告公司如果没有约翰·肯尼迪和克劳德·霍普金斯，DDB 广告公司如果没有威廉·伯恩巴克，想必不会出现那个时代广告的辉煌。

广告业之间的竞争，归根结底是人才的竞争，因此公司对员工的学历、智力、工作经验、发展潜力和沟通技能都应有所了解，对员工的素质要有正确的评估，聘用员工应有明确的标准、程序与方法。

三、优势经营的原则

优势经营是指公司根据自己的具体情况而确立自己的发展战略，形成自己的经营特色。广告公司要根据自己的具体情况，选择经营优势，发展经营特色，推动公司获得较大的经济效益和社会效益。

四、非业务冲突的原则

广告公司只能为某一类产品的一个客户服务，以防止形成“业务冲突”的出现。一般情况下，广告公司应该十分珍惜与代理客户之间所形成的信任关系，不应该再接受与该企业有着直接竞争关系的广告业务，这已经成为美国、英国等国家广告行业的惯例。

1973 年，美国广告公司协会发表了一份题为《关于业务冲突理想的政策》的指导性文件。文件建议：“广告公司与广告客户界定业务冲突，最好以各个产品类型为基本界线，而不以整条产品线为划分准绳。”

在国际上，除日本之外（1992 年 1 月之前，电通广告公司同时作为丰田轿车和日产轿车的广告代理，而后，日产转为由博报堂代理），美、英等国广告公司在经营过程中大多避免出现“业务冲突”现象。在我国广告公司迅速发展时，只有逐渐与国外经营惯例、原则相适应，才能与国际广告经营接轨。

第二节　广告公司的定位

1981年，美国的艾·里斯和杰·特劳特合著的《广告攻心战略——品牌定位》一书出版，该书对他们十年间对定位理论的探讨作了一个总结。作者认为："定位从产品开始，可以是一件产品、一项服务、一家公司、一个机构，甚至于是一个人，也许可能是你自己。"广告公司经常会碰到为客户的产品或者为客户本身定位的问题，其实广告公司自身也存在一个定位的问题。艾·里斯说过："定位并不是要你对产品做什么事。定位是你对你未来的潜在的顾客心智所卜的工夫，也就是把产品定位在你未来潜在的顾客心中。""定位并不是不涉及改变。但改变的是名称、价格及包装，实际上对产品则完全没有改变。所有的改变，基本上是在作着修饰自己，其目的是在潜在顾客心中得到有利的位置。"从这句话的意思看，艾·里斯说的是就一个给定的产品，确定应该对消费者宣传什么利益点的问题，也可以说是为产品做广告定位。如果只是给一个广告公司做宣传，也可以说定位并不需要广告公司做什么，需要做的只是让客户和潜在客户知道或熟记该公司是一个什么样的广告公司，它擅长哪一方面或哪些方面的广告业务。

如果把为广告公司定位理解为确定把它办成一个什么样的广告公司，那么就可能涉及公司的某些改变，定位就会包括对广告公司做什么和对客户和潜在客户说什么两个方面，就是先把公司改变成自己所希望的样子，再把公司的这个形象根植到客户和潜在客户的心中。这样，客户在有提供服务的广告业务时，就会想到或联系该广告公司。

也许在广告业发展之初，广告公司的定位并不很重要，但是随着广告业竞争的愈演愈烈，以及行业内部各领域的专业化发展，"定位"也就随着产品细分的广告战略浮出水面，成了广告公司谋生存求发展的一个需要认真面对的现实问题，广告公司的定位、风格或个性已成为营销的重要手段。不同的客户或同一客户在不同的时期对广告公司有不同的要求，有的需要擅长拍摄某种广告片的广告公司或工作室；有的需要平面设计一流，交货速度迅速的广告公司或设计公司；有的需要掌握行业状况和市场动态，擅长营销策略和广告策略的广告公司；有的需要熟悉媒介业务，懂得媒介分析，善于媒介创意的公司；有的需要善于组织促销活动的公司；有的需要能给企业提供公关策略的公司，等等。因此，广告公司根据自身的特点和优势给予准确的定位就成为必然的趋势。

广告公司的定位是要在广告现有客户、潜在客户、员工和公众中建立其独特的形象。在国际上，许多知名广告公司都给予自身非常简单、准确的定位。奥美广告公司在客户和潜在客户心目中是品牌管家的形象，在员工和广告同行心目中是注重培训、重视人的发展的公司；智威汤逊强调自己的作业系统和操作模式能给客户建立最有效和区别力的广告；Grey 建立起自己是有很强的策略性和执行力的广告公司的形象；杨·罗比肯公司和 BB DO 则建立起用有效的创意组合传达很强的市场观念的形象；李奥贝纳认为自己擅长产品定位并予以强调。这些广告公司的定位都是通过长期努力和摸索之后才得以确定的。在实际操作中，广告公司定位需要考虑许多具体问题。

一、与广告公司定位相关的问题

（一）广告公司自身处在何种发展阶段

广告公司定位要"量体裁衣"，即根据实际情况，依据自身所处的发展阶段来定位。一个广告公司的发展基本上要经过以下三个阶段：起步阶段、扩张阶段和国际化阶段。在激烈的市场竞争中，也会有许多广告公司夭折在某个阶段上。广告公司的定位和经营思路必须与广告公司的发展阶段相协调。

1. 起步阶段的广告公司定位

广告公司在起步阶段的首要任务是积累，有客户关系资源的积累，也有公司经验和资本的积累，在这个阶段，广告公司的业务一般做得比较宽，各种类型的客户和服务都可以尝试；其次是尽量专心于大客户，争取早出好作品，着眼长远定目标。

2. 扩张阶段的广告公司定位

广告公司在扩张阶段的经营思路应该是把公司扩张到大城市，且具有一定的发展空间的地方，因此，应注重寻找扩张的核心竞争力和资本支持；其次必须创造本公司的企业文化，并且对公司要有规范的管理制度。

3. 国际化阶段的广告公司定位

国际化阶段的广告公司定位就是要追随客户国际化的脚步、追随资本国际化的脚步、追随市场国际化的脚步，用合资、兼并和独资等形式达到国际化。

广告公司的各个发展阶段、发展水平直接影响到广告公司的定位。广告公司想要明确自己的发展阶段、发展目标，一是要知道自己是什么；二是要知道自己能做什么。

（二）广告公司能够为客户提供什么样的服务

一个企业不论规模有多大，不可能不需要外部的资源，广告公司是为企业提供知识服务的行业，它能够提供企业自己做不到或做不好的营销信息传播服务，这可以从全世界的广告代理关系中得到验证。广告公司为企业提供的品牌管理、策略建议、创意执行等，一般来说都比靠企业自身来完成要专业、有效得多。

现在的广告公司除能提供调研、策划、创意、媒介等以传播为主的基本服务外，有的还能提供直销、促销、公关、企业诊断、企业形象设计等专门服务。特别是在营销或广告界盛行的整合营销传播，更是涉及营销传播的多个侧面和多种工具。

虽然越来越多的企业想要寻找能够为它们提供整合营销传播服务的公司，但现在还很少有单个的广告公司能够满足企业营销传播活动所包含的多种多样的需要。从目前的情况来看，要为客户提供理想的整合传播，广告公司还有很长的路要走，原因是实施整合营销传播对绝大多数广告公司来说，在人才、经验和管理上都很欠缺。在中国传媒大学所作的“中国广告业生态调查”中，有关广告业三大支柱相互关系的调查数据显示，大多数广告主认为，目前广告公司服务水平、人员素质、代理费用三个方面都存在问题。近九成的广告主认为广告公司专业水平低，只有不到一成的广告主认为广告公司已经能为客户提供全面服务；认同广告公司人员素质普遍较高的广告主只占2.9%，97.1%的广告主认为拉客户仍是广告公司生存的必要手段。

很多广告公司现在已认识到这一问题的严重性，也认识到，在为客户提供的服务不可能面面俱到的情况下，为自己准确定位，明了自己具有哪个方面的特色，发掘自身为客户服务的优势，找准市场切入点已成为关系到公司生存和发展的关键。

广告公司定位要考虑自身的服务能力。在广告经营过程中，广告公司能够提供什么样的服务，决定了广告公司最合适的客户类型以及向客户提供服务时所需员工的类型。这里所讲的服务并非谁想干都可以干的一般性服务，而是专业的设备、专业的人才、专业的服务，它需要以独特的方式解决客户所需解决问题的技能。广告公司的服务态度、服务质量和专业化水平是客户需要的，也是广告公司在市场定位中必须考虑的。

（三）广告公司最适合什么类型的客户

广告客户的类型很多，它们分别从属于不同的行业，如饮料、食品、服装、家电、医药、旅游、汽车、化妆品、房地产、办公设施等。不同行业的客户对广告服务有不同的需要，反过来说，也就是广告公司所能够提供的服务决定了该公司最合适的客户类型。广告公司必须有计划地争取合适的广告客户，以求得广告业务的发展。

广告公司可以根据自己擅长的服务、现有的资源来确定所要争取的主要客户类型，也可以根据现有的主要客户类型或想要得到的主要客户类型来提高自己在某个方面的服务能力。公司具有的特别适合某类企业的服务特色一定要通过修饰和宣传，使目标客户知晓和确信。假如一个广告公司现有的客户大部分是家电企业或者希望更多的家电企业成为自己的客户，该公司就应把自己定位成最擅长为家电企业做营销沟通的广告公司，并使家电企业确信该公司能为它们的产品提供优质的广告服务。

广告公司要知道自己最适合什么类型的客户，这些客户有哪些特别的要求，这些要求与自己的所长是不是相吻合，广告公司应该主动对客户的类别和客户提出的服务需求进行分类归纳和定位分析，尽可能地建立起一套规划业务的客户档案。客户类型不同对广告公司的服务要求也不同，广告公司可以根据自己的所长来选择客户和争取业务，从而做出特色。

（四）广告公司有无实现发展目标的能力

广告公司决定其定位还应考虑实现发展目标的能力，它包括基本的广告服务，如调研、策划、创意、媒介；还包括专项营销传播服务，如直邮、促销和公关等。一个广告公司在确定自己的发展方向时，要根据自身的情况，充分发挥自己原有的资源和客户优势，在这个基础上确定公司应当提供什么样的服务。许多广告公司在创业初期均无清晰明确的发展规划、发展方向，而是在成长的历程中从无意识到有意识，从局部到整体，从低级到高级地为自己量身定做发展规划、发展方向。

国内广告界普遍存在着这样一种奇怪的现象，越小的公司越要搞综合化经营。中国广告协会学术委员会调查发现，现有的广告公司中全面服务型的广告公司占了绝大多数，比例达到了50%。事实上，不少声称全面服务型的广告公司实际上并不具备全面服务的能力，只有少数大公司能把自己定位成面向所有客户的广告公司。小公司或大公司的分公司必须考虑自己的能力做定位决策。抛弃“全面服务”定位，发掘自身优势，找准市场切入点，准确定位是立足竞争的必然选择。只有建立起完善的规范和长远的规划，广告公司才能立足，才能发展。公司在为自身定位时，要结合其发展方向，有了明确的方向，才能有明确的定位。公司的发展规划、发展方向与广告公司定位有着十分密切的内在联系，明确的定位决定了公司的发展方向，而发展方向又使得定位准确有效。

（五）广告公司应该把自己的活动限定在什么范围之内

长久以来，为广告公司排名，都是依据营业规模和综合实力，甚至存在将规模与实力画等号的现象，这自然就会引发广告公司都想成为大规模、国际化、全面代理、全方位服务型广告公司的现象。如果广告公司都这样给自身制定蓝图，而不顾及市场的需求和公司本身的特点，就会力不从心，名不副实，损害形象。

广告公司无论是提供策略，进行创意、选择和组合媒介，还是做其他业务，其实质都是为客户提供服务，客户更看重的是服务的质量而不是公司的规模。广告公司的规模一般都不大，全球最大的广告公司电通广告公司也就是一万多人。理性的广告主在市场营销过程中，自己管理其核心部分，而将那些自身做不好，成本较高的环节分包，或寻求代理。如果一家企业要永远依靠广告公司制定营销策略，则说明这家企业不成熟，尚不具备在市场上抵御打击的能力。同样，一家企业如海尔、娃哈哈、宝洁等成为行业的佼佼者时，企业的营销策略已相当成熟，尽管这些公司也需要广告公司的专业服务，但不是大策略，而是小策略和策略的执行，其中广告公司执行的小策略要服从企业营销的大策略。从这个角度看，就不难理解为什么跨国公司在国内的代理商不追求才华横溢的广告公司，而是寻找能很好理解企业意图并能严格地执行企业国际路线的公司。

每个公司的资源和活动能力都是有限的，同样，其工作经验也是有限的，广告公司过分地扩张会使它精疲力竭，所以，一个广告公司在业务上欲求扩张时，务必仔细地考虑。

（六）广告公司有没有独特的历史或文化

广告公司的历史或文化在定位时也会起到重要的作用，有时甚至是主导性的作用。奥美广告公司的定位就受其创建人大卫·奥格威的影响。他给奥美奠定了一个普通而又崇高的原则：奥美最宝贵的资产，就是赢得客户以及所有商业团体的尊敬。奥格威认为：在今天，广告公司显然不能凭专业才能，就能受到外界的尊敬。的确，大型广告公司之间所呈现的专业能力，并没有明显的差异。造成差异的是广告公司的所有人员，在代表公司与客户及同业相处时，所显露的人格气质。奥美公司无论在业界还是在员工心目中，都是一个非常重视人的广告公司。尽管大卫·奥格威已经离任，但公司的后继管理层都没有背离这个原则。

（七）广告公司所处的外部环境

广告公司在给自身定位时，要了解研究自身所处的文化环境、地理环境、投资环境、资源环境、市场环境以及综合环境，定位要与其所处的环境相适应。环境的差异直接影响到公司的发展成长，影响到为自身的定位成功与否。

为此，公司必须结合实际，因地制宜，对所处环境做出全面、透彻的了解、掌握，才能制定出使公司迅速发展的准确定位。

就市场经济发展的今天而言，各广告公司都会有不同的服务特长，有的专门为媒体服务，有的专门为企业服务，有以设计、制作为主，有以搞促销活动、展示会为主，等等。

定位也并非是一成不变、不可更改的，它可以随着公司的发展壮大，或者根据市场需求的变化更新，调整、突破和再定位。但是，公司一旦给了自己一个明确的定位，在一个相对稳定的时期内就不宜轻易更改，而应该竭尽全力地将其强化。定位是一项方针，而不是权宜之计，它不能仅仅停留在口头和书面上，而需要采取一系列行之有效的方法来加以实施和贯彻。

二、广告公司定位的方法

一个广告公司在广告市场上究竟应该占据一个什么样的位置，怎样确定这个合适的位置，这是需要运用科学的公司定位方法来解决的问题。给一个广告公司定位，实际上就是使公司的员工和客户都明确地知道该公司是一个以什么样的广告业务见长的公司，它的服务特色在哪里，它在客户和潜在客户的心目中应该具有什么样的形象或地位。这种形象和地位不是公司一相情愿的，而是得到客户和社会公众认可的。在某种意义上说，定位是去发现一个已经存在的事实，并对其加以突出和强调，即通过包装或宣传使其在公司内、外部的公众心目中凸现。因此，寻找或发现这个位置的最基本的方法就是考察公司员工、客户和其他社会公众对公司服务特长的评价。

（一）了解内部员工对公司的看法

员工天天在公司工作，对公司的情况有最直接的了解，因此评价也比较客观真实，公司真实的现状是为其合理定位的基础。员工对公司业务能力和服务特色的看法可以通过访谈、问卷等方法获得。需要向员工了解的问题主要有：

(1) 本公司哪个或哪些部门的业务最重要?

(2) 本公司哪个方面的业务能力比较强？哪个方面的业务能力比较弱？比如市场调研、客户服务、营销策略、广告创意、平面设计、影视广告制作、直接营销、活动促销、公共关系等。

(3) 本公司具有什么样的文化特征？比如创造性、敏感性、坚定性、策略性、自信心、活力、智慧、专一、进取等。

(4) 本公司哪些方面的工作需要改进?

通过对员工的调查，既清楚地把握了公司的现状和既有的资源，又有利于员工了解公司发展的基础和方向。

问卷是对员工进行调查的一种常用的方式。调查结束后，应与所有的员工一同分享调查的结果，这样不仅能集思广益，使大家充分了解有关公司的各项认识，而且能使员工感到他在公司的运行中扮演着重要的角色，公司的成功是全体员工共同努力的结果，同时，员工也会因为公司的成功而获得相应的益处。定位是与告知性行为形影相随的，定位能使公司的员工能团结起来朝着一个明确的目标努力。

（二）考虑外部公众对公司的评价

不识庐山真面目，只缘身在此山中。从看问题的客观性上讲，员工对本公司的了解有时候会受到视角的局限，所以正确地评价一个公司，还需要考虑公司外部公众的意见，特别是接受公司服务的客户和与为公司发布广告的媒介。

1. 客户的认知

客户是广告公司服务的对象，公司服务的好坏，长处和短处，客户最了解，也最有发言权。既然定位是对潜在客户心智上所下的工夫，那么为一个广告公司定位就不能不考虑潜在客户对公司形象的认知。为了了解客户对广告公司的认知或评价，广告公司在为自己定位时，除需要对本公司的员工进行调查外，还应该对现有的和潜在的客户进行调查，只有这样才能对自己的形象作出正确的判断。广告公司的定位只有得到客户认同，符合了客户对其服务的需要，才具有实际的意义，否则就是自说自话。

客户对广告公司评价的客观性还表现在，它可以通过被评价公司与接触过的其他公司进行比较，来发现被评价公司的业务强项和服务特色。综上所述，请客户定期或不定期地对广告公司作出评价是很有必要的。

2. 媒介的意见

媒介在发布广告的过程中接触的广告公司比较多，因而容易通过比较，较快地形成对某一个广告公司的印象。此外，它还可以传递其他广告公司对被评价的广告公司的看法。基于以上原因，广告公司在给自己定位的时候，有必要认真听取媒介的意见。

对一个广告公司的客观评价，在一定程度上决定了广告公司目前的定位，如果这个广告公司想要为自己重新定位，也就是想要改变自己在员工、客户和公众心目中已经形成的印象，那就不只是需要传播公司的信息，而且需要改造公司本身的人员结构、部门设置、服务范围、设备设施等。

第三节 广告公司的经营理念

一、经营理念的含义与重要性

经营理念是企业的经营哲学、经营观念和行为规范，也是系统的、根本的管理思想。管理是方方面面的事，产品要管，服务要管，人员调动要管，财务制度要管……但在具体进行这些管理活动时，都必须协调进行，管理之法需得系统一致。公司就像人一样，人作为一个自然的机体，有五脏六腑，心、肝、脾、肺、胃一样也不能少，且工作要配套。假若心脏有问题，其他的机能就开始衰退；胃肠有问题，肝脏就受到动摇；所有这一切器官的正常运作，都必须由一个中枢进行协调。管理也一样，所有具体的管理活动都要有一个根本的原则，一切的管理都需围绕一个根本的核心思想进行。这个核心思想就是经营理念。

不论是营利组织，还是非营利组织，不论是企业，还是机关团体，任何一个组织都需要一套经营理念。事实证明，一套明确的、始终如一的、精确的经营理念，可以在组织中发挥极大的效能。

IBM 的前任总裁小托马斯·沃森曾说："我坚定地相信，为了生存下去并取得成功，任何一个组织都必须具备一整套健全的信念，来作为它一切政策和措施的前提。其次，我还认为，公司取得成功的唯一最重要的因素是忠实地严守这些信念。最后我认为，公司在它的生命历程中，为了迎接瞬息万变的环境的挑战，它必须做好改革自身的一切准备，唯独不能改变它的信念。换句话说，一个组织的基本宗旨、精神和驱动力跟它所取得的成就的关系，要远比技术或经济资源、组织结构、革新和时机选择等这些因素与成就之间的关系密切。"

广告公司的经营必须讲求效率，讲求效率最要紧的是做好管理工作，做好管理工作的前提是有正确的经营理念。理念是最根本的东西，是一个企业发展的智慧源泉，是在洞悉之后的精到见解，是企业愿景的集中体现。理念具有支配性、先导性、战略性和前瞻性。理念创新是任何企业生生不息的源泉，也就是企业的血液的再造，没有它，企业就缺乏原始驱动力。

广告公司的经营理念能够明确地阐明什么是重要的，什么是不重要的。经营理念是公司的信条，它必须诚实地反映公司的目的、人员、文化和抱负。要用经营理念来建立公司的价值观，来建立公司优越的信念，使公司的每一个员工认同这种信念。假如公司的每一个员工认同一个观点，每一个员工认同一个信念，就会孕育出行为模式，这个行为模式就是公司独特的文化，公司文化对外就是公司的形象。

一套经营理念，能造就一个公司独特的文化，这个公司就会和别的公司不同；这个公司的思考方式就会和别的公司不一样。一个公司做的事跟其他公司不同，行为跟别人不一样，才能超越别人。另一方面，公司只有具有优良的价值观，全体公司人员、公司的全部行为才能围绕这一思想良性运转。

二、广告公司经营理念的确立

广告公司经营理念的形成至少源于对以下三个方面的认识：一是对广告公司所处环境的基本认识，包括社会及其结构、市场、顾客及科技情况的预见；二是对广告公司特殊使命的基本认识；三是对完成广告公司自身组织经营目标的核心竞争力的基本认识。经营理念是经过日积月累的思考、努力及实践之后才最终形成的。

那么，如何确立广告公司的经营理念呢？企业的经营理念是企业的经营宪法，不能随便更改，因此，广告公司在制定企业的经营理念时首先要了解并分析既存的经营理念构成要素，如企业使命、行为准则、企业文化、视觉系统、经营方针等内容。清楚把握经营人士的意图，也就是要了解广告公司到底要成为怎样的企业；其次要分析时代潮流的趋势，了解社会、主要客户以及传播界对于本广告公司的认识、评估、期待；再次还要了解企业内部对于企业的要求、前途与希望，了解企业的长处、短处、弱点、需要加强的地方，尤其是广告公司的策划与创新能力。理念创新是广告公司发展和竞争的原点，无论是智威汤逊的“洞察力”和多元化、李奥贝纳的能够“预测未来”、灵智的永远看着未来，还是电通的不按规则出牌和“鬼才十则”、实力传播的跨越采购和策划，无不倡导或遵循着一个理念。可以说，没有理念或理论上的创新，就没有今天这些顶级的4A广告公司。

不是所有的广告公司都在一开始就有一套非常明确的经营理念，只有少数广告公司才是这样。有些公司，是在彻底渡过初创阶段之后才确定经营理念的。但要想成功，当然是越早有核心经营思想越好。

三、广告公司经营理念举例

跟做广告一样，广告公司在书写经营理念前要进行调查研究和策略分析。管理层只有仔细考虑了公司经营理念的诸要素之后，才能写出切合实际的经营理念。因为经营理念是现在和将来激励员工的永久性文件，它必须用明了、简洁和具有挑战性的语言写成。所有的大广告公司对自己的经营理念都很重视。

以下列出的是部分著名广告公司的经营理念：

盛世长城国际广告公司：绝不妥协的服务标准，创作出最好的广告，世上无事不可为

麦肯·光明广告有限公司：善诠涵意，巧传真实

上海奥美广告有限公司：客户至上、服务第一、创造性地为客户提供全面和最佳服务

北京公交广告责任公司：信誉第一，客户至上，真诚合作，共同发展

智威汤逊-中乔广告有限公司：全方位创建品牌

上海李奥贝纳广告公司：我们创造能建立恒久信念的创意

上海美术设计公司：以人为本，诚信为准，开拓创新，追求卓越

北京未来广告公司：服务精益求精、合作诚信长远

广东省广告公司：粤广——品牌导航

上海广告有限公司：我们的成功源自于客户的成功

第四章　广告公司的业务管理

良好的客户资源是广告公司的生存之本，开发和维系广告客户是保证广告公司业务来源和持续经营的前提。一方面，广告公司的业务管理水平决定其开发客户的能力；另一方面，广告公司的业务管理又是建立在为广告客户服务的基础之上的。总之，广告公司的业务管理体现在广告公司的内部管理和客户管理中，贯穿于广告公司业务的开发、运作及客户维系的整个过程里，是广告公司经营运作的重心所在。

第一节　广告公司的业务开发

"问渠哪得清如许？为有源头活水来。"新业务的拓展正是对广告公司的这种"活水"资源的开发。开发新业务是广告公司生存和发展的必需，客户不断增多的广告公司经济效益好，在行业中的知名度高，公司的员工也会安心、积极地工作。反之，则客户不来问津，员工丧失信心，公司岌岌可危。因此，广告公司的高层领导必须把拓展公司的新业务作为自己的首要任务，并亲自筹划这项重要工作。

一、广告公司业务拓展的途径

广告公司业务的拓展具体可以通过以下三个途径来实现。

（一）挖掘现有客户业务资源

挖掘现有客户业务资源的优势在于，老客户对广告公司已有一定的认同度，因而已存在业务联系的广告公司在业务争取上相对于其他广告公司来说，处于一种先入为主的有利位置；并且之前已有的合作使得双方已经有了很好的默契度，这就使得新业务的提案比较容易获得客户认可。挖掘现有客户的重点在于这种业务的挖掘是否充分，以及广告公司自身能否跟上客户发展的步伐，甚至超越它，高瞻远瞩地向客户贩卖其解决市场问题的方案。

业务挖掘应该是建立在广告公司实力的基础上，做自己能力范围之内的业务。既然是"挖掘"，就不能坐等客户提出要求，广告公司应及时地根据客户发展的状况对客户提出专业化的建议，并积极推动建议的实施。这就要求广告公司对现有客户所处的行业，所经营的业务有深入细致的了解。通常的做法是建立客户发展报告制度。

现有客户报告一般由最熟悉客户情况、和客户打交道最多的 AE 填写，其内容包括：广告公司还能为客户提供哪些其他服务；客户的新产品计划分析；同时为客户服务的其他广告公司服务项目分析；客户业务可能的增长点在哪里及如何实现等。AE 应根据客户所属的行业及业务类型的不同而提供差异化的报告。现有客户发展报告一般一年填写两次以上，它可以更充分地挖掘现有客户的潜力，增加公司的业务量，并且使广告公司与客户间的关系更加牢固。

（二）行业内部兼并收购

1. 兼并收购的意义

兼并和收购可以使广告公司的服务更加多元化，并且改进服务内容，为广告公司提供更广阔的地域发展，当然最主要的是可以快速增加客户资源，实现财务增长。

英国萨奇兄弟广告公司是查尔斯和莫里斯兄弟二人靠借来的 6 万美元，于 1970 年在伦敦成立的。到 1991 年，该公司的下属公司和分支机构已遍布全球 60 多个国家和地区，雇员总数多达 15000 人，全球广告总收入超过 17 亿美元。该公司在发展过程中经历了一连串的兼并收购活动，它于 1974 年购进康普顿公司英国分公司的大部分股份，其后又接连吃进几家英国广告公司，于 1979 年成为英国最大的广告集团。1981 年，它买进伽洛特控股公司、1982 年买进纽约康普信息公司、1983 年买进麦克加弗利公司、1984 年兼并扬克洛威公司和海伊集团、1985 年购进一家公共关系公司和两家销售公司、1986 年购进贝克—斯皮沃格公司和美国的特德—贝茨公司，从而成为当年世界上最大的广告公司。

2004 年 6 月，国际传播巨头奥美集团由奥美（中国）公司成功收购了福建奥华广告有限公司 51% 的股权，随之该公司更名为福建奥华奥美广告公司，跨国广告公司借此以比较低的成本进入京、沪、穗之外的二线城市，获得当地的客户资源。这样利用手中掌握的超大型资本有效整合市场资源，通过兼并重组等手段将市场纳入少数寡头的控制范围内，凭借对市场资源的控制能力取得高额垄断利润，正是跨国广告集团真正的优势所在。以并购为主体的资本运营使广告产业驶入高速集团化之路，造就了广告巨头。

2005 年底中国完全开放广告市场以来，一些跨国广告及媒体集团纷纷加强整合在华传播力量，并对一些本土公司开展收购。据统计，截止到 2006 年 5 月，五大广告集团在华合资公司有 38 家，其中 WPP 集团 19 家，奥姆尼康集团5家，IPG集团6家，阳狮集团5家，电通集团3家。其中，仅2005—2006年WPP集团就增加了传立媒体成都分公司、精信环球公司、Neo@ ogilvy、北京华扬联众广告公司4家合资公司。2006年3月，国际4A广告公司智威汤逊（JWT）宣布收购中国本土最大的促销网络之一——上海奥维思市场营销服务有限公司；当月，Omnicom也斥资控股了另一中国本土营销巨头——尤尼森（上海）营销咨询有限公司。

2. 兼并收购应该注意的问题

（1）选择合适的对象

广告公司并购的对象一般为与本公司业务性质类似或接近的公司，如广告调查公司、广告制作公司、广告媒介公司，以及为企业做直销的公司、做公关的公司、做销售促进活动的公司等，比如，萨奇集团并购的除广告公司外，还有市场调研公司、公共关系公司、销售公司、管理咨询公司等。

对被列为并购目标的公司，还要慎重考察其经营现状与发展潜力，要买回一只会生蛋的鸡，而不能背上一个包袱。萨奇集团选中的并购目标都是经营状况良好、收益丰厚的公司，而且它通常采用的都是"借钱买鸡，下蛋还钱"的办法，即先付一笔订金，其余部分分期付款，并将付款与所购买公司的利润挂钩。

（2）考虑自身的实力

兼并收购虽然有利于公司新业务的拓展，但是，在并购的过程中也存在较大的风险。并购首先要考虑收购公司自身的实力，包括自身资本存量与融资能力、组织管理能力等。业绩越优秀、规模越大的目标公司并购成本就越高，风险也越大。对并购后的大型广告集团来说，如何让集团既保持稳定的营业规模又具有竞争灵活性是一个必须面对的重大管理创新难题，毕竟让"大象"灵活跳舞非同寻常。因而，这种业务拓展的方法风险比较高，使用范围比较有限。

（三）开发更多新的客户

新的客户资源意味着新的业务资源，吸引新的客户以发展业务是广告公司最常用、最有效的方法。

"达高美"进入中国之初，主要客户都是外商，比如宝洁、德芙巧克力等，但它一直在努力把具有一定实力的中国企业从潜在客户变成实际客户。"达高美"北亚业务发展总监陈仲翰认为，以"达高美"办公室为中心的300公里以内，都是他们发展的地区。他还说："我们会一直关注一个企业，如果我们认为这是一个值得争取的好客户，我们就会盯住他们，说服他们，直到我们得到这样的客户。"2002年，上海"达高美"的本土客户已经占到90%，广州和北京也将近占到50%。①

二、广告公司争取新客户的方法

（一）缜密分析，选择客户

广告公司在创立之初，对客户的选择余地较小，但在逐渐走上正轨之后，就必须在客户开发和选择中保持明确的原则性和方向性，因为只有选择适合公司经营的客户才能为公司的良性运转提供保障。

1. 选择新客户的程序

（1）收集潜在客户的信息

有关潜在客户的信息可以通过查阅工商社团成员目录、行业目录、报纸专版广告、杂志广告、商贸统计以及公司与潜在客户的往来信函等途径得到。

（2）初选合适的客户

广告公司可以从上述材料中收集自己感兴趣的潜在客户的名单，并建立客户档案。客户档案应包括潜在客户的名称、地址、业务、相关人员的姓名和职务、现在的代理广告公司及相互关系等。在归档的时候，最好根据潜在客户对本公司重要性程度的不同，分成一级客户、二级客户，如有必要，还可分出三级客户。

在选择客户的时候，也可以听取与本公司关系友好的媒介的意见，以补充被自己忽略的重要客户，或得到更准确、更详细的客户信息。

（3）排除不合适的客户

有些客户虽然属于广告公司熟悉的行业，广告公司也能满足其营销信息传播的需要，但如果经过调查，了解到这个客户存在下列问题之一，则它仍然属于不合适的客户，可以考虑将其从客户名单中排除出去。这些问题主要有：客户的产品存在较严重的质量问题；客户的信用存在问题；客户的广告支出太少，致使广告公司无利可图；客户历来与广告公司不能很好地合作；潜在客户的产品与公司现有客户的产品雷同，公司若接受潜在客户的业务将遭到现有客户的反对，而且现有客户对于公司来说又比潜在客户更重要。当然，如新客户的业务比老客户更有利可图，也可以考虑放弃老客户，接纳新客户。

2. 选择客户的原则

广告公司选择待开发的客户应注意以下原则：

（1）选择有市场潜力的客户

---

① 参见《广告大观》2002年第4期。

有市场潜力的客户，就是其产品市场容量大，市场对其产品的需求呈增长趋势的企业。广告公司可以通过研究商业、经济类媒介的报道、股市行情、政府的产业政策等判断哪些客户是有市场潜力的客户。客户如果是朝阳产业，即使现在规模小一些也是值得开发的。大卫·奥格威曾经犯过一个错误，拒绝了一家生产商用机器的小公司。多年后，这家公司成为世界著名的跨国公司 Xerox（施乐）。

在一项名为广告公司眼中的十大潜力行业的调查中显示，通信产品及服务、房地产、食品饮料三大行业被认为是最具潜力的行业，提及率最高，分别为 38.9%、33.8% 和 31.8%。另外，机动车（24.2%）、酒类产品（21%）、家电（20.4%）等行业的选择率也超过了总样本量的 1/5。就未来具有开发潜力的客户领域而言，除了公司现在拥有的机动车行业的客户以外，其他主要还有以下几种：一是医疗器械，由于受到法令限制现在的广告量较低，但将来一旦开放，发展势头看好。二是银行等金融保险业，目前国内的银行广告行为还处于较低层次，缺乏品牌建设意识，仍然单纯以名称提示性广告为主，具有开发空间。三是航空业，目前竞争非常激烈，未来经过内部整合，管理机构下放到地方政府，则有一定的发展潜力。除了对企业客户资源进行开发以外，广告公司还应逐渐将服务触角延伸到较有发展潜力的媒体、政府、社会团体等领域，提供诸如媒体品牌形象传播策划、媒体经营策略咨询、地方宣传活动规划、政府机构新闻发言人培训等服务。

（2）选择自身有经验的行业或相关领域

如果一家广告公司曾服务过银行方面的客户，那么去开发银行业或者相关的金融行业比如证券公司、抵押公司、保险公司之类的客户会相对容易，而且以后合作的时候进入状态也比较快。不仅是广告公司所拥有的经验，其业务人员到公司之前所积累的行业经验也会给公司的服务带来帮助。如果新客户是广告公司或公司员工熟悉的，广告公司的能力和资源也足以胜任新客户的业务，那么，这样的客户应该成为广告公司选择的对象。

（3）选择重视品牌建设的客户

谈到对合作伙伴的选择，奥美说："我们希望合作伙伴对品牌有一定的投入，而不是单单打广告，促进销售。需要与企业的管理层交流，讨论品牌的发展方向"，"也让他们了解奥美的观点和品牌的建设，看看他们有没有一些最基本的认同。"

（4）选择有支付能力和商业信用的客户

目前，广告公司在与广告主合作的过程中，客户欠款现象十分普遍。调查表明，47.8% 的被访广告公司强调服务中常遇到"广告主不能及时付款"的问题，选择率位居第二。客户由于各种原因拖延付款，导致广告公司不得不为客户垫资。广告公司对此十分无奈，陷入两难困境：一方面，在巨大的竞争压力下，如果拒绝垫资可能影响与广告主的合作关系，甚至导致客户流失；另一方面，一旦垫资就必须面对艰难的催款问题，坏账过多将严重影响公司整体的资金运作，一些实力较为薄弱的广告公司往往因此面临倒闭的局面，某些跨国广告公司则凭借其在全球范围内代理品牌的优势以及全球广告集团背景的支持，能够暂时不顾利润摊薄的压力为广告主垫资，以争夺客户资源，或是通过零代理来累积大买单获取与媒体的谈判优势。

只有经营状况良好，企业才会有较强的支付能力，广告公司最好选择资金实力雄厚的客户。除支付能力外，了解客户的信用也很重要。奥美曾经谈道："中国本土广告客户有拖欠广告费用的情况"，"有的不付钱，有的以商品抵押"，"我们在选择客户上是非常小心的"，"我们有一些限制条件，防止再有同样的遭遇。"① 通过一些途径了解待开发客户已往的信用状况很有必要，毕竟广告客户赖账或恶意拖欠费用对广告公司的发展是不利的。

对于广告主欠款问题，广告公司可以考虑以下几种应对方式：一是甘冒流失客户的风险，坚决拒绝垫资，以保证自身形成健康、安全的资金流；二是考察客户资金、规模等各方面的实力，进行风险评估，视评估情况决定是否为其垫资；三是以客户利益为先，为广告主垫资，与其共渡难关。

（5）开发广告需求潜力大的异地客户资源

一般来说，广告公司选择客户时，会考虑客户所在地的远近。如果客户的业务量不大，所在地离广告公司又很远，客户代表不能在一天之内往返，就会增加成本。但是，近年来一些发展中的省份和地区随着经济的不断发展，涌现了一批不可忽视的生力军品牌，成为广告市场的后备力量。在这一形势下，为了更好地拓展客户构成，构建健康的盈利模式，广告公司逐渐打破地域限制，通过设立异地分公司、并购或是联盟的方式，整合客户资源。许多广告公司已经逐渐不满足于只据守在京、沪、穗三地，比如一些大型的广告公司开始通过与本地广告公司合作，进行区域结盟，或者采取直接并购的方式，积极向二线城市渗透，开发新的客户资源。本地广告公司也通过区域化经营拓展客户结构，比如一些本来据守北京、上海或者广州一个城市的广告公司开始逐渐向其他两个城市扩张，在当地建立分公司或办事处；而一些比较有实力的二线广告公司则根据业务的发展，向离它们最近的京、沪、穗三地扩张。

（6）拓展中小客户，降低对大客户的依赖程度

---

① 参见《广告大观》2002 年第 4 期。

近年来，广告公司除了调整不同行业、规模、地域等方面的客户分布以外，还进一步优化客户结构，减轻其对大客户的依赖程度，从而分散投资经营的风险。调查显示，广告公司最大客户带来的营业额占公司总营业额的比重有所下降。此外，跨国广告公司对大客户的依赖程度一般高于本土广告公司。

（二）自我推介，影响客户

广告公司对自身的宣传、推介主要有以下几种方式：

1. 通过广告创造公司自身的良好形象

如同企业的形象推广一样，广告公司也应充分利用公司宣传册、广告媒介投放、CIS 系统等广告形式，全面展示公司的形象，多种途径地宣传自己的卖点，达到推广自己的目的，让客户自己找上门来。在广告公司自我推介的广告中，应留下免费的电话号码、地址、邮编和客户反馈卡等。

2. 向潜在客户寄发邮件

寄给客户的宣传材料可以是介绍公司业务骨干和主要客户的手册、讨论客户所在行业市场营销的简报或内幕新闻报道。

3. 展示公司的成就或荣誉

把曾经做过的有效、精美的广告印制成专辑送给潜在的客户，把以往获得的荣誉，如奖品、获奖证书等用橱窗陈列或墙上悬挂的方式向客户展示，以实力和服务品质赢得客户的信赖。

4. 开展公关活动

广告公司应积极出席一些重要会议，如行业、媒介、政府的会议等，主动寻求与公众、媒介的沟通，获得好感，公关活动可以提升公司在客户、媒介、政府中的知名度和美誉度。

（三）主动联系，争取客户

虽然对于某些中小规模的广告公司，AE（客户代表）个人的业务能力在很大程度上左右了广告公司的业务来源，但在通常情况下，广告公司多采用集合了创意、策划、媒介，由 AE 领导的团队作战方式。

客户服务人员开发新客户的方法主要有：

（1）在电话黄页、报纸广告（尤其是招聘广告）、竞争对手的广告、展览会、网上（行业网站或地区性入口网站）等找到目标客户资料及联系方式，然后通过多次拜访取得业务。

（2）扫楼，即在写字楼挨个拜访客户。这种客户开发方式已经被一些小广告公司滥用，虽然在公司业务开发初期可以取得较明显的效果，但是对于长期业务管理不利。

(3) 通过现有客户或同事朋友的介绍联系客户。

(四) 做好提案，争取客户

广告提案是将广告策划方案介绍给客户，以期得到广告主的认可，从而确立双方的合作关系。提案给客户印象的好坏，对于争取新业务至关重要，所以广告公司必须予以高度重视。

1. 选好提案会议的参加者

为了开好提案会议，广告公司应针对听众选择合适的提案小组成员，并指定小组负责人。最好是广告公司的经理亲自参加提案会议。经理亲自出席会议，表现了公司对此项业务的重视。经理应主持会议，宣布议程，介绍参加提案的公司人员，在会议结束时总结提案的内容等。

提案人员应该是口才好、形象好、精通广告策划业务的专业人员。

其他人选是正在或将要成为客户服务的人员，如客户代表、调研人员、创作人员、媒介人员等。与业务无关的人员最好不要参加。

2. 做好提案准备工作

(1) 选择地点和时间

地点可以在广告公司的会议室，也可以在客户的办公室。如果在广告公司的办公室，则要把办公室布置得让客户感到舒适，并具有让客户兴奋起来的氛围；若在客户的办公室，则要事先检查一下设备是否完好、齐全，还需要自带些什么。

提案的时间要避开客户的繁忙期，以保证提案在正常的、不慌乱的气氛中进行，强调会议的重要性，切忌匆忙召开会议，以给客户留下工作认真的印象。

(2) 联络感情，取得信任

争取客户的工作应该在提案之前就开始。为了使提案在会议上顺利通过，会前与客户建立感情，取得信任很有必要。具体做法是，摸清客户参加提案会议的名单，打电话询问客户的情况和需要解决的问题，如果能约请他们吃饭，则气氛会更加融洽一些。写信、发邮件、登门拜访、送小礼物等都是可以选择的与客户联络感情的好方法。如果广告公司的相关人员能成为客户的朋友，提案的通过就有了很好的基础。

(3) 做好提案内容和物质方面的准备

提案的内容包括广告公司简介和广告策划方案两个部分，广告公司简介的内容不要太多，重点应放在广告策划方案本身的准备上。《广告代理公司经营实务》的作者尤基尼·汉默夫认为应该把95%的内容集中在客户的业务上，介绍广告公司的内容只占到整个提案的5%。

关于公司简介，需要向客户介绍的主要有：公司成立时间、办公地点、规模（员工数、营业额等）、骨干力量（包括个人的能力与经验）、公司擅长的领域或熟悉的行业、现有客户名单以及为其服务的项目、成功的广告策划案例、公司的设备和设施、获得的奖励、做过的公益活动等，这些都有利于增进客户对广告公司的了解和信任。

物质方面的准备包括视听设备和图文资料。提案过去常用的视听设备有幻灯机、录像机、扩音机、话筒等，现在通常用多媒体设备演示。图文资料一般有广告公司简介、为该客户做的市场调查、广告或营销策划方案、合同或协议书草案等。凡在提案时需要用到的设备都要事先检查其是否完好，在提案中发放或会议后留给客户的图文资料也都要事先印制出来。

3. 运用好提案的技巧

提案人除事先要熟悉策划方案，并反复演练外，还要在提案时注意运用提案的技巧。

（1）要站在客户的立场上作提案

不是为了表现自己的公司作提案，而是为解决客户的问题作提案，关心他们的产品、关心他们的销售，以这种立场提案能设身处地为客户着想，也能使客户感到亲切。

（2）把局部的方案和客户的整个营销活动联系起来

即使广告公司为客户做的仅仅是一个广告活动的方案，也不能把它作为一个孤立的项目来讲，而应该让客户看到它与企业整个行销活动的关系，看到它在企业竞争中的作用。

（3）围绕主题或目标提案

不要跑题，也不要被客户牵着鼻子走，要始终围绕主题或目标进行提案，为了做到这一点，提案人员在提案前最好浏览一下打算要讲的内容，做到心中有数。

（4）注意和客户的交流

在提案的过程中，与客户交流可以引起他们的注意、提高他们的兴趣、增加提案获得通过的几率。提案人要用自己的目光注视客户，特别是对可能支持该提案的客户。如果提案人能用自己的神情举止让某个客户感觉到他正受到重视，并且也用目光注视提案人，那么他有可能对提案人形成比较深刻的印象。

提案时可以就一些自己有把握的措施征求客户的意见，以求得肯定的回答。要耐心听取客户的发言和提问，并灵活地、有针对性地回答他们提出的问题。

（5）运用各种方法来表现和强调自己观点的正确性

提案介绍的目的就是要让客户认可公司提出的方案，以在竞争中得到客户的业务，因此，必须充分运用各种手段来使客户了解并赞同公司提出的方案。比如，用视觉手段来表现公司的观点，容易被理解和记忆；用错误的主张作铺垫，可以显出本公司意见的高明。

(6) 不要在提案前或提案过程中发放材料

为客户准备的材料应留到提案结束之后发放，否则客户在提案过程中翻阅材料，会分散对提案人发言的注意力。

(五) 锲而不舍，追踪客户

提案会议结束之后，不要以为争取客户的全部工作已经完成，追踪客户的工作不可缺少。公司要及时追问客户的决定，可以通过电话询问留给客户的协议书是否签订，或者是否需要修改，如果公司高层领导能与客户方面的决策者见面当然更好。

即使在此案中失利，方案没有被客户采纳，也不要立刻就放弃这个客户。尤基尼·汉默夫认为："6个月是一个'神秘时期'，在这期间客户可能最终变得对已经选择的广告公司不满并准备改变选择。如果你在这个阶段在为新业务所作的努力上仍表现得很积极，你将极有可能成为被选中的公司。"因此，在提案被否定之后，还要追踪客户一段时间。

第二节　广告公司的主要业务与管理

一、广告公司的主要业务

广告公司的业务范围很广，不同类型、规模和发展阶段的广告公司的业务也不相同，现代综合性全面服务型广告公司的主营业务包括广告创意、设计制作、媒介计划、媒介广告代理及销售、媒介购买等。

广告公司生态研究表明，整合媒体资源成为广告公司提高利润的关键因素之一，尤其是以媒体为主要业务的公司。部分广告公司通过争夺媒体资源、开发自有媒体等方式展开媒体代理、媒体销售业务，维持了相对可观的营业利润，在危机四伏的广告行业中独领风骚。现代综合性全面服务型广告公司业务代理的主要内容一般有以下几个方面：

(一) 代理市场调查研究业务

广告客户作为社会的生产经营性组织，一般都会将市场调查和研究作为自己的一项常务性工作，并由专职机构完成，目的是为管理部门提供决策的依据。需要利用市场调查的部门是企业、公司、团体或企事业单位的管理决策层或个人，这些都是广告公司的主要客户。市场调查的目的可能是为了制定长远的战略性规划，也可能是为制定某阶段或针对某问题的具体政策或策略提供参考依据，而在把市场调研与广告活动结合方面，广告公司的市场调研更具优势和针对性。广告公司通过对市场进行调查研究，系统地收集市场从生产到消费全过程的有关资料，经过分析提炼，确定广告对象，明确广告的诉求重点，有效地运用广告表现手法和广告活动策略，不断创作出高水平的广告作品，在此同时，也提高了自己的广告经营能力。

（二）代理广告创作业务

广告创作是广告公司业务活动中最富创意、最富智慧的部分。广告公司拥有一批文案创作、设计、美工等专门人才从事广告创作设计工作，他们将广告客户的广告意图创作成可供发布的、能为公众接受的广告作品，这是现代社会分工赋予广告公司的一项专门职责。广告公司代理广告客户的创作业务，不仅有助于提高广告作品的水准，而且也可以使广告客户与广告媒体单位节省更多的时间、精力和人力，用于它本身所承担的生产经营任务或广告发布效果的研究与开发。广告公司要履行好广告创作的职责，必须强化现代广告创作设计的主体意识，提高自身的创作水平，以吸引受众眼球和具有促销效果的广告赢得客户的信任。

广告创作可以细分为广告主题确定（又称广告定位）、广告表现形式构思和广告制作三个部分。广告创作的核心是广告主题的确定和广告表现形式的构思，它们也常常被统称为广义的“创意”。在广告创意中，卖点鲜明的主题、新颖独特的表现形式，都是为了打动消费者的心，进而激发其购买欲望以达到促进销售的效果。

广告主题一般而言就是产品的卖点，也称消费者利益点，能否为客户的产品找到准确的消费者利益点是广告成败的关键。即使是著名的跨国公司，有时也难免在这个方面出现失误。例如 1998 年上海奥美公司为重庆“奥妮”代理“奥妮皂角洗发浸膏”广告时就是如此。奥美在欧美国家服务了大量的大型跨国公司和著名品牌，并且取得了很大的成功，但是与重庆奥妮的合作却不能不说是一个失败的案例。

奥妮是我国本土洗发水市场的一支生力军，1997 年，成功推出“百年润发”洗发水后，产品的年销售收入达 8 亿元，市场占有率为 12.5%，仅次于宝洁。一时间，奥妮成为业界和媒体心目中倡导草本洗发的“黑发美”概念的扛旗者。为了乘胜追击，奥妮与上海奥美公司合作，希望能够一举重新包装推广“皂角洗发浸膏”，使它成为“百年润发”后的又一个胜利。奥美为重新包装后的新奥妮皂角洗发浸膏提炼出“不腻不燥，爽洁自然”的核心价值。然而，它却明显地与中国女性消费者对洗发水的核心需求产生了错位。作为洗发水产业排头雁的宝洁，在洗发水领域的定位可谓是业界的风向标。潘婷定位于“养”，飘柔定位于“顺”，海飞丝则定位于“爽”。所谓“养”就是护理滋养，也称为“护理专家”；所谓“顺”就是不打结，飘逸柔顺一梳到底；所谓“爽”则是指没有头屑，爽洁轻松。可以说宝洁公司的这三个定位涵盖了中国女性消费者的几大核心需求，而奥美所谓的“不腻不燥，爽洁自然”的核心价值并未准确击中消费者的核心需求。

从1998年3月开始，在不到半年的时间里，“皂角洗发浸膏”密集投放了约8000万元广告（电视广告和户外广告），同时开展了一项名为“奥妮带你去看瀑布”的行销活动，在全国7～8个主要目标城市，把小袋装的产品（6毫升）免费发给消费者试用。大肆广告投入的结果是，“皂角洗发浸膏”当年的销售收入只有1亿多元，而广告费用反而投入了上亿元。奥妮的资金链条承受不住这样大规模的投入，不得不停止一切广告与促销，奥妮持续了多年的高速增长也戛然而止，销售收入开始逐年回落，市场占有率也从12.5%跌至不足4%。

广告公司在代理广告创作业务时应从以上案例中吸取教训。

（三）代理广告发布业务

广告公司的代理发布业务通常与代理创作业务结合进行。广告公司作为广告客户和媒体发布单位的中介人，一方面向广告客户提供广告媒体使用策略的建议，介绍、选择并推荐媒体；另一方面也向广告媒体单位介绍广告客户，使广告能在合适的媒体上用适当的方式或版面、时间、频道顺利地发布出来，以实现广告的目标。广告公司从中收取占广告费一定比例的费用作为代理费。代理费的标准按国际惯例是收取广告费的15%；我国的广告管理法规定的比例额是广告费的10%，承办外商来华广告按国际惯例收取广告费的15%作为代理费。

广告代理是广告公司一项基本业务，广告公司也正是从代理发布广告业务的活动中逐步发展起来的。随着广告业的不断发展，这项业务已从最初的购买媒体的时间和空间，发展到代理在广告公司的非自有媒体上发布广告的业务活动，全面制定和实施广告战略的新阶段。因此，各广告公司都在注意研究媒体的发布效果，努力探索媒体组合效果的策略和技巧，建立广泛的媒体网络，并与媒体单位保持良好的合作关系。

（四）品牌管理业务

为客户进行品牌管理就是用有逻辑的思考方式，根据客户的商业目标，为其制定系统的品牌管理模型，帮助它们更清晰地规范品牌管理运作。管理品牌最重要的就是给企业一种理念、一种语言，使企业内部达成共识。

广告公司应该很有逻辑性，起源方面怎么定义，用什么方法来探索和分析市场，策略怎样定位，然后到实现。也许有的企业自己已经制定清晰的品牌管理蓝图，但因为国内很多企业没有这样做，所以广告公司应该根据自己的经验和能力，并结合企业本身的方法来帮助它们做。如果企业没有统一的口径，就会发生混乱。不同的企业有不同的做法，所以广告公司要根据企业的阶段，行业的不同来改变做法。每一个部分谁负责、谁参与，都必须有一个明确的责任分工。精信的品牌管理模型可供我们借鉴（见图 4-1、图 4-2）。

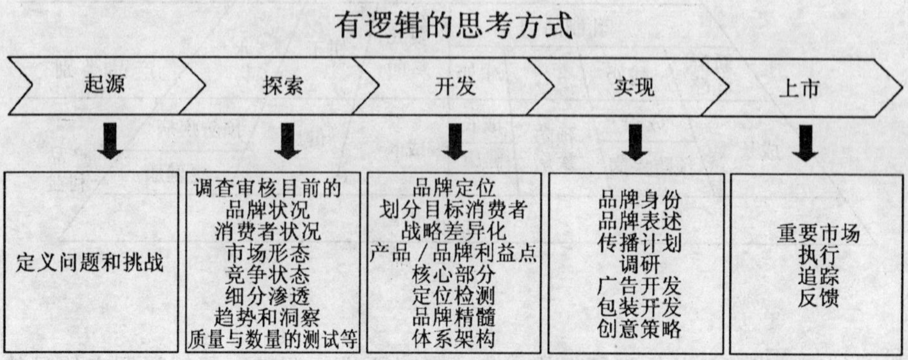

图 4-1

市场调研、广告创作和广告媒介代理构成了广告业务活动的主干，随着广告业的发展，广告公司的业务范围也呈现不断拓展的趋势，如进行广告咨询、广告策划、广告效果测定，以及为广告客户进行品牌管理、举办各种促销活动和公共关系、公共事务活动等。广告公司只有不断拓展自己的业务范围，才能在激烈的市场竞争中胜出。

二、广告公司主要业务的管理

（一）市场调研管理

市场调研是广告公司一切活动的基础，通过调研可以确定产品的定位，确定目标受众，这对于媒介的选择与组合以及广告预算等都有重大的影响，它贯穿于广告公司业务流程的始终。

在与客户接触前，公司需要对客户整体的状况，包括产品、品牌、经营等做大致的调查；客户说明会后，广告公司的市场调查部门通常要求客户提供的

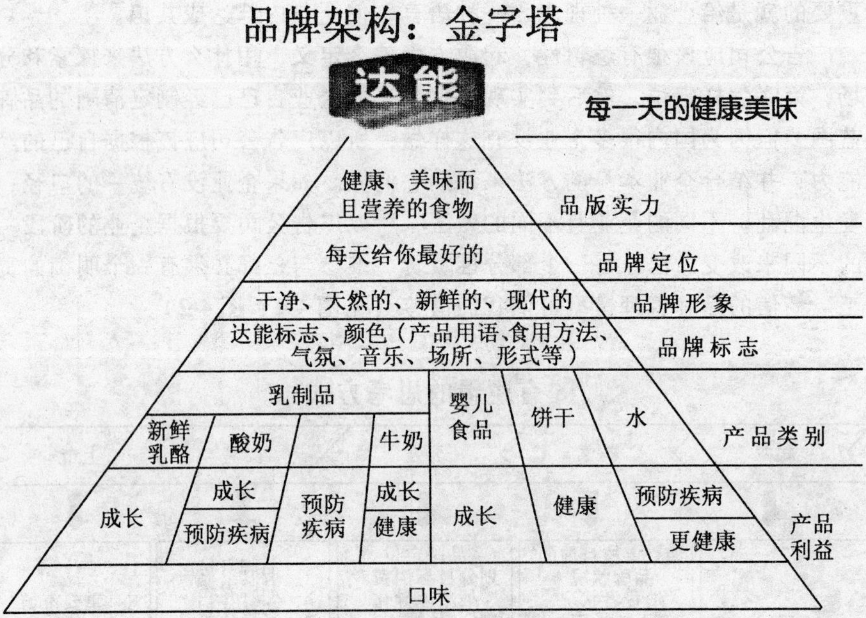

图 4-2

信息包括：说明是什么问题促使广告主考虑要进行调查，即解释调查的目的；说明解决问题所需信息的类型，即解释需要什么样的数据；说明依据调查的结果可能要做的决策、选择或行动，即解释调查结果的作用。另外，在考虑潜在危险或花费的基础上，估计所获信息的价值；说明项目完成的时间要求及可能提供经费的一般水平。这样，广告公司才能根据客户的委托或业务的需要，由自己或委托调查公司进行市场调查，系统地搜集、分析相关产品及服务的营销资料。在广告策略形成的过程中，要对广告受众和媒介进行调查，多方了解消费者及媒介的特性。广告制作和发布后，则要对其效果进行调查。

广告公司市场调研的一般流程如下：

（1）确定实施调查计划的预算；

（2）调查方法的确定；

（3）问卷的拟订；

（4）实施访问；

（5）数据分析；

（6）解释并做出结论；

（7）提交调研报告。

广告公司市场研究的经费预算一般包括以下几个方面：

(1) 总体方案策划费或设计费；

(2) 抽样方案设计费（或实验方案设计费）；

(3) 调查问卷设计费（包括测试费）；

(4) 调查问卷印刷费；

(5) 调查实施费（包括选拔、培训调查员费用，交通费，调查员劳务费，管理督导人员劳务费，礼品或谢金费，复查费等）；

(6) 数据录入费（包括编码、录入、查错等费用）；

(7) 数据统计分析费（包括上机、统计、制表、作图、购买必需品等费用）；

(8) 调研报告撰写费；

(9) 资料费、复印费、通信联络等办公费用；

(10) 专家咨询费；

(11) 劳务费（公关、协作人员劳务费等）；

(12) 上交管理费或税金；

(13) 鉴定费、新闻发布会及出版印刷费用等。

广告公司在接手市场调查项目开始之前最好要有书面方案（标书）或合同。要以可靠的法定手续合同为依据。

(二) 广告创作管理

广告创作除了创意本身以外，还需要健全合理的广告创作管理机制。一家制度健全的广告公司，会制定出基本的作业程序以保证创作人员完成任务。其基本流程为：首先 AE 向创作人员提供创意简报，并组织创意交流会，以便创作人员全盘了解整个工作的内容；然后创作人员开始工作，由创意总监领导创意审核小组评估创意。创意完成后由 AE 向客户提案，与客户沟通修改后定稿，然后进行广告制作。设计制作人员完成设计制作后，应将所使用的客户的全部资料完整地存档，同时将所设计的全部内容刻盘存档。

广告创作应综合考虑广告风格和客户要求，为客户提供高质量的创意设计，并在规定的时间内完成。

(三) 广告发布管理

广告发布的重点在于媒介计划的制订，所谓媒介计划就是针对客户的广告预算设计一个可以有效地完成客户品牌目标及策略的媒体发布计划。

媒介计划的工作流程一般为：相关客户代表 AE 根据客户要求，开出项目工单，提交媒介部，并做出媒体简报说明。随后，媒介人员根据工单和简报开始收集媒体对象资料，评估媒介，做出媒介计划。由AE向客户提交此计划，根据客户意见、要求修改、完善计划，直至客户批准后，执行媒介购买。在媒介计划的执行过程中或计划完成后，媒介人员还将对投放效果进行评估，向客户部及客户提交分析报告。

1. 媒介简报

只有依据好的媒介简报才能做出一个好的媒介计划。做媒介简报的目的就是为媒介企划人员提供所必需的资料，来完成媒介建议书及媒介计划。媒介简报的核心内容包括：

(1) 目标受众概述：人口统计，生活方式，产品使用/态度；

(2) 覆盖面、频次；

(3) 预算：媒体、制作、除媒体广告外的其他促销活动和赞助；

(4) 可用的研究结果：季节性、地区性、销售数据、消费者态度、心理图案；

(5) 营销目标、广告目标；

(6) 计划周期：日程表、客户财政年度起止等。

2. 媒介购买

媒介计划执行的关键在于媒介购买，即广告主委托广告代理公司代为向媒体定购广告单位，并负责广告刊播。媒介购买应注意的是集中购买、分散投资，尽可能充分发挥媒体的广告效益。

一般收视率较高或受众关注度较高的媒介，价格也会比较高。但不同的产品面对不同的受众，不同的受众特性使得昂贵的媒介时段不一定会收到好的效果。只有充分整合多种媒介资源，才能以最经济的方式取得较好的广告效益。

第三节　广告公司的作业流程与管理

一、广告公司的作业流程

（一）广告公司作业流程概述

不同的广告公司规模不同、机构设置不同、业务内容不同，其作业流程也会有所差别，这里勾勒一个较为正规的作业流程供广告公司业务管理人员参考，在实际操作中，流程中的步骤可以根据需要增减。

1. 客户介绍

经过客户代表的工作，客户与广告公司之间有了一定的了解和好感，这时广告公司可以召开客户介绍会，由客户代表说明客户情况，主要涉及客户产品的特点、销售渠道、营销目标、竞争状况等。参加人员一般有客户部、调研部、创作部人员及总经理或业务经理等。

2. 工作讨论

客户部、调研部、创作部相关人员首次集中讨论新客户的业务，根据经验，检查现有的客户资料还有哪些欠缺，还需要进行哪些方面的调查，确定下一步的工作内容和进度，并指定项目负责人。

3. 营销研究

在市场调查的基础上，研究客户的产品、目标消费者、销售渠道、竞争对手等，并在广告、公关、直销、人员推销、销售促进活动中，选择合适的营销传播手段。客户部、调研部、创作部的相关人员都应参与营销研究。

4. 广告策划

为营销建议中的广告宣传部分制定切实可行的方案，其中涉及广告对象、广告目标、广告主题、广告媒介、广告发布、广告预算、广告效果测定计划等。

5. 方案审查

将广告策划方案交由公司有关上层领导或策略委员会审查。

6. 创意形成

创作部相关人员根据经审查通过的广告策划方案，主要是其中的策略，构思广告作品的具体表现形式，它可能涉及电视、广播广告的脚本，报纸、杂志广告以及 POP 草图等。详细的创意也可以在提案之后进行。

7. 准备提案

提案的准备工作包括组织提案小组、确定主持人和提案人、选择时间和场地、准备设备和资料、拟写提案并预设问题和答案、提案人反复演练、布置提案会场等。

8. 正式提案

正式提案是此前一切调研策划工作的总结，公司应予以高度重视。广告公司参加正式提案会议的，除客户部、创作部、媒介部的相关人员外，还应有高层主管和业务经理。如有可能，最好在客户认可策划方案后，当场签字；如客户还需回去研究，则要注意追踪。

9. 广告制作

创作部相关人员根据创意完成广告作品的制作。一般平面广告由广告公司自己制作；广播、电视广告由公司委托专门的制作公司制作。没有条件的可以全部委托制作公司制作，有条件的则可以全部由本公司制作。凡委托协作单位制作的，本公司要有专人负责与其沟通并监督它们保证作品的质量。

10. 作品修改

在广告作品完成之后，有必要对其进行发布前的效果测定，并根据测定的情况，对效果不理想的作品进行修改，以避免发布无效或弱效广告造成的损失。

11. 广告发布

根据媒介计划，订购版面、时间等，要落实广告刊登的日期和位置、播出的时段和频率等。最好作出让人一目了然的广告发布流程图。此外，还要监测广告是否在预定的时间，按预定的内容发布。

12. 效果测定

在广告刊播一段时间，一般是 3 个月或半年以后应进行广告效果的测定，这是对前一阶段广告活动的评价或总结。广告效果主要包括社会效果和经济效果两个方面。广告效果测定对下一轮广告策划的改进具有指导意义。

（二）广告公司作业流程实例——智威汤逊广告公司的作业流程

智威汤逊广告公司始建于 1868 年，是美国一家历史悠久的大型广告公司，其广告作业流程值得我们借鉴。

智威汤逊广告公司的作业流程可以简要地归纳为以下 4 个步骤：

1. CAMPAING PLANNING（广告运动计划）

这里的“广告运动计划”，实际上是指为制定广告计划进行市场调查，收集与广告产品或服务相关的信息，为企业营销策略和广告方案的制定提供事实上的依据。

2. BRAND STRATEGY（品牌策略）

“品牌策略”，指根据一定的规律或运用一定的方法来发现广告产品在营销中存在的问题，并提出解决问题的办法。智威汤逊广告公司运用的方法就是依次回答以下 5 个问题，这 5 个问题组成一次循环，当回答第 5 个问题的时候，也就是进入了下一次策划的第一个问题。

（1）Where are we?（我们在哪里?）

（2）Why are there?（我们为什么在这里?）

（3）Where could we be?（我们要到哪里去?）

（4）How do we get there?（我们如何到达那里?）

（5）Are we getting there?（我们正在去那里吗?）

以上问题都是形象的说法，它们的实际意思是：

（1）广告产品在市场上的销售现状和在消费者心目中的地位如何?

回答这个问题需要通过调查，了解与企业相关的社会因素和经济因素；了解市场状况，包括市场本身、市场上的产品状况和市场上的人；了解竞争性的定位，包括市场上的成绩、产品和人员；了解企业的政策等。

(2) 导致这种现状，企业营销和广告方面存在的问题是什么?

回答这个问题，需要对过去的品牌和竞争性的广告进行分析，对产品进行描述和评估，了解消费者的态度和感觉，了解影响产品销售的各种因素。

(3) 企业想要达到的广告目标和营销目标是什么?

回答这个问题，就是要确定企业的营销目标和广告目标。企业的营销目标可以是产品的市场占有率或销售量，广告目标可以是使用者的变化、用法的变化等。此外还要为产品定位，提出品牌策略。

(4) 用什么行营销组合和传播手段可以帮助企业实现广告目标和营销目标?

回答这个问题，就是要提出营销传播活动的建议，它可能涉及广告、公关、直销、人员推销、促销活动等，在广告方面主要是创意和媒介建议。

(5) 现在所使用的营销组合和传播手段是否正在引导企业实现目标?

回答这个问题，需要对营销传播活动的效果进行测定。测定一般在营销传播活动开展6个月后进行。在策划方案中应安排效果测定的日期，测定的方法是拿实际的销售成绩与目标相比较，也可以对消费者进行调查。

3. THE T-PLAN（创意简述）

这里的“创意简述”，就是供创作人员使用的创意大纲，是广告创意的依据，它指导同时也限制广告创意，使创意服从策略而不致天马行空。

4. THE IDEA（创意）

这里的“创意”，就是根据创意大纲来构思广告作品的具体表现形式。

二、广告公司作业流程的管理

（一）流程管理的作用

随着广告客户的数量和广告发布的次数大幅度增长，广告制作和审查的工作量增大，出现广告质量问题的几率大大增加，从而加大了广告管理工作的难度。为规范广告经营活动，按时完成各项工作而不致造成混乱，提高广告经营的规模和效益，就需要对广告作业的流程进行控制或管理。流程管理能避免在预定完工的最后时刻，因赶工而影响质量或产生差错。流程管理能节约时间，因而也就能节约金钱。广告公司的作业流程每一个环节都对广告的质量起着重要作用，广告合同、广告制作、广告审查与广告发稿等环节管理的好坏将直接影响广告质量。为此，必须有的放矢地制定详细且行之有效的管理办法。

对流程管理有需要的广告公司可以设流程主管。流程主管应该精通业务，对各种媒体广告的设计、制作过程都有全面的了解；知道公司里谁在负责哪项工作，这项工作如何完成，需要多少时间等。因为流程主管要监督客户代表、调研人员、创作人员、媒介人员等，所以他必须既有原则性又有灵活性；既要坚持计划，又要协调好人际关系，尽量避免造成业务人员的抵触情绪。

（二）流程管理的方法

1. 制订可行的时间表

公司每接一项业务，都要确定完成这项业务的步骤，如调研、策划、文案、设计、制作等，并测算正常完成这些步骤所需要的时间。公司测算的正常完成的时间加上客户同意的额外宽限的时间，就是这项业务项目完成的期限。需要注意的是，时间表是动态与静态相结合的。制订时间表的目的是为了有效控制业务项目的进展，因此时间表一旦制订出来，就不能轻易改变(项目有重大调整的情况除外)，所以说时间表又是静态的；另一方面，业务项目在执行过程中又常常会发生各种各样的问题，从而影响预先制定好的时间步骤，不能完全严格按照时间表规定的时间执行，因此在执行过程中需要时时对各步骤进行时间上的调整，所以说时间表又是相对动态的。制订时间表时，要充分考虑到项目小组的工作量以及每个成员及配合的相关部门能投入的时间关系，同时需要预留出一定比例的缓冲时间，防止意外事件导致的拖延。

流程主管在制订作业时间表时，要与公司内部相关人员及公司委托的外部调研或制作机构商讨，以便得到一个参与者都能够接受的、切实可行的时间表，也就是说，时间表是各相关部门沟通与平衡的产物。项目各相关部门在讨论、确定时间表时，会从本部门的角度考虑可行性，因此通过时间表可以确定各部门为本项目投入多少资源。时间表一旦确定，会成为项目与各相关部门之间的沟通桥梁和制衡工具。这个时间表要用标准的形式印发给所有相关的人，并严格要求他们按此时间表来完成自己所承担的那部分工作。最后，时间表的制订需要突出业务项目进行的关键路径，同时需要标明关键节点。

2. 建立完备的作业记录

对每一项业务的进度都要有完整、详实的记录，这要形成公司的制度。作业进度可以记录在公司印制的专用表格中，也可以存放在电脑里。为了让公司的员工都及时了解并关心公司的业务进展，最好的方法是用挂图来显示每一项广告业务的进展情况，挂图的内容有每一个步骤计划完成的日期和实际完成的日期，它应该挂在公司里所有员工都能看到的地方。

流程主管应根据作业记录来发现或预见作业中的问题，作出自己的工作计划，决定是否需要重新分工，是否需要加班，是否需要延长某一个工序的时间等。

（三）流程管理的工具

1. 作业流程单在流程管理中的作用

广告公司的作业流程单是一个部门传递给作业流程下一个部门的表格，该表格填写的是由上一个部门完成的，供下一个部门参考的，作为广告作业依据的基本情况。

在广告公司的业务管理中，作业流程单发挥着重要的作用。也许在小型广告公司里，由于职能合并，一个人可以兼做几项工作，所以用不着作业流程单。但在规模较大、分工较细的广告公司里，作业流程单是衔接相关部门工作必不可少的纽带。它可以使下一个部门在不参加上一个部门工作的情况下，完全享有上一个部门工作的成果，以继续其后的工作。

作业流程单不但便于公司相关部门情况的沟通，而且便于业务管理。管理人员通过检查作业流程单，可以发现哪个环节做得不好或者出现了问题。作业流程单上一般都设计有部门负责人签名和交接的日期，这就有利于对广告作业的计划和控制。

2. 广告公司常用的作业流程单

在不同的部门之间有不同的作业流程单，在不同的广告公司里，相同性质的作业流程单也会有不完全相同的设计。下面列举盛世长城国际广告有限公司的几种作业流程单，作为设计广告公司作业流程单的参考。

（1）由客户部提交创作部、媒介部和财务部的客户背景材料

<table>
<tr><td rowspan="2">CLIENT:
客户:</td><td rowspan="2">BRAND:
品牌:</td><td colspan="2">SWO　No:
工作编号:</td></tr>
<tr><td colspan="2">Date:
日期:</td></tr>
<tr><td>Account Group:
客户部:</td><td>Creative Group:
创意部:</td><td>Media Group:
媒介部:</td><td>Controller:
财务部:</td></tr>
<tr><td colspan="4">Job Title:
任务题目:</td></tr>
</table>

续表

KEY CHARACTERISTICS OF THE BRAND Physical and emotional	产品主要特点 功能上的，情感上的
MARKET AND BRAND PERFORMANCE And reasons fro performance	产品在市场上的表现及原因
COMPETITIVE ANALYSIS Who are they? How are they positioned? How are they different? (Remember to show competitive ads.)	竞争对手分析 他们是谁？他们的位置如何？ 差异何在？ （请记住展现竞争对手的广告）
PREVIOUS ADVERTISING ACTIVITY When, where, how much, for us and competitors	先前的广告活动 包括何时，何地，做过多少，我们的和竞争对手的
GOVERNMENT AND OTHER RESTRICTIONS	政府限制

（2）CREATIVE BRIEF 创意简述（创意大纲）

CLIENT: 客户:	BRAND: 品牌:	SWO No: 工作编号:	
		Date: 日期:	
Account Group: 客户部:	Creative Group: 创意部:	Media Group: 媒介部:	Controller: 财务部:
Job Title: 任务题目:			
CAMPAIGN REQUIREMENT: Campaign, one off ad., no. of ads THE TARGET AUDIENCE:		广告计划要求: 配套广告，单次性广告，版本数目 目标观众:	

续表

Demographics, lifestyle, product Usage/attitudes:	消费者层次类别比例统计 生活方式，产品使用/感受	
WHAT IS THE ADVERTISING INTENDED TO ACHIEVE?	广告预期达到什么目的?	
ACCEPTED CONSUMER BELIEF:	消费者现有的信念:	
THE SINGLE MINDED PROPOSTION:	传达给消费者的单一承诺:	
SUBSTANTIATION FOR THE PROPOSITON:	支持单一承诺的论点:	
MANDATORY INCLUSIONS: Stockists, logos, phone numbers, etc.	必须包括的内容: 经销商，商标，电话号码等	
DESIRED BRAND IMAGE: Friendly, sophisticated, contemporary, etc.	设定的产品形象: 友好，高品位的，现代化等	
TIMING OF CREATIVE WORK: 创意时间表: To Creative Director: To Account Group: To Client: 提交创意总监:　提交客户部:　提交客户:		GROUP ACCOUNT DIRECTOR SIGNATURE: 客户部总监签字:

（3）MEDIA BRIEF 媒介简述（媒介简报）

CLIENT: 客户:	BRAND: 品牌:	SWO No: 工作编号:	
		Date: 日期:	
Account Group: 客户部:	Creative Group: 创意部:	Media Group: 媒介部:	Controller: 财务部:
Job Title: 任务题目:			
TARGET AUDIENCE SUMMARY: Demographics, Lifestyle, Product Usage/attitudes		目标观众: 消费者层次类别比例统计 生活方式，产品使用/感受	

续表

SUGGESTED MEDIA: (and agreed with Media Dept.) Medium, length/size, Number of executions	建议媒介: (经媒介部同意) 媒体，广告片长度/广告尺寸， 有多少版本	
BUDGET: Media, production, Below-the-line And sponsorship	预算: 媒介，制作 推广宣传活动 和赞助	
RESEARCH AVAILABLE: (Please attach) Seasonality Regionality Sales Data Consumer attitudes Psychographics	可用的调查报告:(请附上) 季节性 地区性 销售数据 消费者态度 心理图案	
MARKETING OBJECTIVES:	市场推广目标:	
ADVERTISING OBJECTIVES (What is this advertising intended to achieve)	广告目标（广告预期达到什么目的?)	
PLANNING PERIOD: Calendar, Client Fiscal Other, Please Specify	计划周期: 日程表，客户财政年度从哪个月开始 其他，请详细说明	
DATE OF PRESENTATIONS: To A/C Group To Client:	提交日期: 提交客户部: 提交客户:	GROUP ACCOUNT DIRECTOR SIGNATURE: 客户部总监签字:

第四节　广告公司的客户维系

一、客户维系的意义

(一) 客户维系的长期性

广告公司生存的基础在于现有客户的稳定，要长期留住现有的客户，就要求广告公司在业务管理中做好客户关系的经营与维系。所谓客户关系的维系，就是公司维护、保持与客户良好的沟通关系。维持这种关系不是通过一次活动企划就能够完成的，成功的客户关系应该始终如一，让广告公司的服务团队喜欢客户，同样，让客户喜欢广告公司的服务团队；服务得好，合作得长久，这才是关键。

对于广告公司来说，重新去开发新客户，永远比维护一个老客户更花时间。有人认为，“我们通常需要努力获得 3 ~ 8 个新客户甚至更多才能弥补因丢失一个长期合作的客户所造成的损失”，也是强调了维系老客户的重要性。

客户与广告代理公司建立牢固关系的好处有很多，如可以提高工作质量和工作效率，有效控制成本，可以获得知识积累，创造和谐的氛围等。但现实情况是，在中国，客户与广告代理公司的合作关系非常短暂，平均几个月，最多一年，超过一年的极少。客户频频比稿，只是找广告公司做一些概念，没有长期合作的意向。它们不愿告诉广告公司企业的真相，经常与广告公司争吵，甚至拖欠账款，最可怕的是双方没有互相的信任。

有很多主观和客观上的原因导致了广告公司与现有客户的关系紧张，虽然大环境的影响短期内无法改变，如中间商业环境变化过快给企业与广告公司合作带来风险，但是主观影响是可以避免的。为了防止危机的发生，广告公司必须事先知道导致广告公司与现有客户关系紧张的各种可能的原因。

（二）影响广告公司与客户关系的原因

1. 客户对广告效果不满意

广告之后，客户产品的销量没有明显增加甚至回落，这会使客户怀疑广告的效果，特别是广告投入占销售额比例较高的客户，比如生产化妆品、洗涤用品、食品和家电的企业。

2. 竞争对手给客户更优惠的条件

当另一家广告公司在同样的价格条件下，给客户更多的承诺；或者在承诺相同的情况下，给客户更低的价格，这可能使该客户移情别恋。

3. 广告公司与客户缺乏沟通与信任

如果广告公司和客户对广告策略持有不同的意见，而双方又缺乏很好的沟通，很可能会导致关系的紧张。

如果广告公司对客户的营销缺少关注，或者业务人员对客户疏远、冷漠，客户就有可能在感情上与广告公司产生隔膜，以至另寻代理。

4. 广告公司与客户发生冲突

广告公司为了发展新业务，承接了与老客户销售同类产品的新客户，老客户很可能认为广告公司不宜同时为两个竞争对手服务，这种业务上的冲突会影响老客户和广告公司的关系，甚至另寻广告代理。

广告公司因违反了客户的有关规定或约定而引起客户的不满，比如因文件保管不善或发表言论不慎，将客户经营方面的情况暴露给外界。

5. 企业文化不相融合

客户与广告公司的风格、组织结构和运作方式不相称，客户对广告公司的角色也有不同的认识和理解，这也导致很多时候广告公司很被动。

由于上述种种因素的存在，使得客户关系需要广告公司持续经营才能得以维系。

二、良好客户关系的衡量标准

成功的客户关系是每家广告公司都梦寐以求的，中国精信整合传播集团与“史克”的广告合作关系是50年，与“宝洁”的合作关系是49年，而与“英美烟草”的合作关系也是49年，“大众汽车”、“康师傅”、“万科”、“箭牌”、“猫人”等都是“精信”的长期客户，合作多年。万科董事长王石这样评价与“精信”的合作：“在与‘精信’的接触中，我们欣赏他们所追求的全球视野和对中国国情的深刻领悟，欣赏他们对自身品牌策略构建和创意能力的展现。”相信这是广告主对一家资深的广告公司最深刻的评价，也是广告公司着力打造的最成功的客户关系。

广告公司与客户的关系是否良好，可以用以下几条标准来衡量：

(1) 客户对广告公司有高度的认同感——确立彼此共有的价值观与共同目标，并让客户与广告公司一起为这个目标工作。

(2) 客户了解服务人员的工作及努力，能够深切感受到广告公司在不断尝试给予重要的、新颖的、有执行力的广告与市场营销方面的意见。

(3) 客户把公司当做朋友，愿意配合广告公司开展创意、媒介、调研等方面的工作，而且更愿意参与广告公司真诚的定期交流——而非单纯出于业务需要。

(4) 客户对广告公司抱有发自内心的信任，信任广告公司的承诺及忠诚。

(5) 客户能感觉到自己的重要性，并随时感受来自广告公司的支持。

三、如何建立良好的客户关系

(一) 尊重客户

良好的客户关系是建立在双方平等、尊重、共识基础上的，广告公司应该尊重客户的有关原则，当客户认为广告公司违反了这种原则时，客户关系就会受到影响。比如，P&G 不允许自己的代理公司代理其他洗涤用品公司的业务，不允许广告公司将其业务文件放在公司员工的桌面上，不经许可广告代理公司不能就其经营状况向外界发表意见等。如果代理公司在这些问题上稍不注意，就会给客户关系蒙上阴影。

（二）加强沟通

在广告活动中，广告公司要注意提高工作效率，多与客户沟通，因为公司与客户关系破裂的一个常见原因是双方意见相左。如何让客户信服，这需要广告公司建立一个有效的决策系统和对其能够付诸实践的坚定信心。

维系客户关系不只是客户经理或 AE 个人的责任，而是所有与客户业务相关的部门——客户部、创意部、媒介部、市场调研部以及上层领导都应该关心的事。公司的上层领导要有计划地接触客户，重要的客户要有专门的领导负责联系。除定期联系之外，专程拜访，坐在一起共同讨论客户的营销传播问题也很有意义。

作为团队领袖的项目经理应当是公司内部担当重任的人，他要对客户全权负责，统筹创意、媒介等团队内部人员的工作，协调公司各部门的关系，对与客户接触最多的 AE 提供各种支持。

除业务上的沟通外，还要注意感情上的沟通。如果广告公司的某些领导和员工与客户建立了个人之间的感情联系，成了可以相互信赖的朋友，那么公司就可能与客户保持良好的关系，客户也会愿意把业务留在该广告公司。

（三）努力成为客户品牌及市场的专家

只有成为客户品牌及市场的专家，成为让客户信赖的权威，成为最了解客户品牌的人，才能为牢固的客户关系打下坚实的基础。

要了解客户的品牌及市场，最重要的是资料收集研究工作。其内容包括访问店铺，访问消费者；参观客户的工厂，了解其销售渠道；让客户提供尽可能多的资料，将资料整理成册，建立客户档案。

客户项目的 AE，应努力成为客户品牌的推动者。其具体工作包括：在公司中代表品牌，守护品牌，在客户面前代表消费者，体现消费者的需求；对自己公司的想法充满信心，并热衷于向客户推荐；牢记自己的使命——建立强大的品牌，成为客户品牌建设的伙伴。

（四）与客户共同成长

广告公司除了要着力创作与客户有共同理想、共同理念和相同文化的广告作品，还要与客户共同成长，开拓共同的发展空间。广告公司要跟上客户发展的步伐，在老客户那里不断开拓新业务。建立良好的客户关系，保持彼此需要状态的最好办法就是与客户一同成长。

广告公司应特别注重与客户高层的沟通，因为一个企业的远景一定是由企业的 CEO 决定的，创造良好的客户关系就一定要抓住决策人，这样才能达成共同的理想。为此，广告公司通常要做的工作是：与客户一起做一个品牌的未来计划、一个远景，为品牌绘制一个可持续发展的蓝图，由这个蓝图来指导所有的发展、商业焦点、新产品开发、销售策略等，建立与客户市场目标一致的工作目标，有了这些远景目标，广告公司就能与客户一道为实现这个目标而共同努力。

其次，时时展现广告公司较之其他竞争对手的优势，潜移默化地影响客户的认知；了解客户对每个环节的满意度；建立客户档案，定期提交客户发展报告等。

定期填写客户发展报告，是检查与客户关系，及时发现问题和解决问题的可行办法。客户业务报告一般每半年一次，由负责联系该客户的管理人员或客户代表填写，填写时要与客户进行讨论，报告的内容主要有：

(1) 客户与公司双方负责业务联系的人员名单及其职务；

(2) 客户的业务；

(3) 客户眼里的双方关系；

(4) 客户业务的收支和利润；

(5) 从客户那里可能得到的新业务；

(6) 客户与公司关系可能出现的问题。

(五) 不能无原则地迁就客户

良好的客户关系不是以纵容客户为前提的，取悦客户不能以损害广告公司的利益为代价。很多广告公司在处理客户关系时，会通过从其代理费中拿出大比例的折扣返还客户、给客户管理层提供非广告业务的利益来维持与客户的关系。这种做法也许在短期内可以取得一定效果，但成功的客户关系应该是长期的。从长远的观点看，这样做不仅会影响广告公司的专业性、广告的效果和工作态度，也会使广告公司在客户关系的建立中处于劣势，客户会认为把自己的业务委托给广告公司是一种恩赐，这样，双方就不能建立起平等、尊重的伙伴关系。

广告公司应改变无原则迁就客户的做法，认识到自己在为客户提供了最佳的作品后，理应得到最好的报酬。要让客户明白一定的广告投入是必要的，如果客户付给广告公司的费用太少，就会限制广告公司为客户提供进一步的服务，就会影响广告的质量。广告公司不应该通过减少业务开支来保证盈利，而应该开诚布公地向客户讲明广告公司合理的盈利问题。

广告公司对业务的推介要有力度，尽可能使客户一次性接受建议，以减少无谓的开支。AE 应保持对自己公司或团队的信任，尽力坚持正确的立场。

要对客户务实，不能答应不合理的要求，不能向创作部提交的都是“紧急件”，这在表面上看来是满足客户要求，其实是盲目纵容客户，反而不利于长期关系的培养，因为这样做的后果是影响广告效果。

第五章　广告公司的人事管理

企业的经营管理，无论涉及的内容多么广泛，但集中起来，主要是对人、财、物和信息的管理，是四者的有机结合，而人事管理，又是管理的主要内容。没有人事的有效组织和管理，其他管理内容就无法实现。

广告公司是向社会提供特殊性服务的机构。这种服务的特殊性是以广告公司创造性的工作为基础的。广告产业，作为知识密集、技术密集、人才密集的“三密集”型产业，人才问题尤为重要。这就决定了在对广告公司实力的衡量中，人才是最重要的因素，而广告公司间的竞争，则归根结底是人才的竞争，广告经营企业的优势，主要来自人才的优势。

广告经营企业的管理者与领导者，最重要的职责无过于人才的选拔、培养与合理使用了。广告公司要根据自身的特点制定人事管理制度和人才培训计划，根据公司的性质与功能，招揽和吸纳众多的专业人才，要不断提高他们的专业水平和服务能力，充分发挥他们的智能潜力和群体优势，使他们具有较强的事业心和成功欲，把个人的发展目标与公司的目标、成就紧密地联系在一起。

人事管理是现代广告经营企业经营管理的核心，人事管理工作的好坏是广告公司的兴衰所在。只有优良的人事管理，才能事得其人，人尽其才，最大限度地发挥广告公司的人才优势。

本章主要阐述广告公司人事管理可借鉴的理论、方法，以及员工的招聘、培训、考核、奖惩、解聘或退休等一系列人事管理方面的具体问题。

第一节　科学管理与激励理论的运用

一、科学管理及其在广告公司人事管理中的运用

（一）科学管理的长处

科学管理作为一种工作设计方法，强调为了达到工作效率的最大化，应把各项工作标准化、专门化和简单化。科学管理的方法也可以在广告公司的人事

管理中发挥作用，这主要表现在以下3个方面：

1. 便于对员工进行考核和奖惩

科学管理能将广告工作的复杂程序分解，划分出业务职能部门，并制定各专业人员所做的具体工作的准则和标准，打破“大锅饭”，消除滥竽充数的现象，使员工的工作有一套科学的量化指标，使公司可以从“能”、“勤”、“绩”三个方面对员工进行考核，掌握员工的业务、技术、管理能力和完成本职工作的实际情况。依据员工履行岗位责任和完成经营任务的实际情况决定对他们的奖励和惩罚，可以调动员工的积极性和创造力，增强公司的向心力和凝聚力。

2. 避免用人不当或人浮于事的现象

科学管理还能将广告公司的工作任务要求明确化、具体化，使选择专门人才与工作任务的要求相配套，避免用人不当或人浮于事的现象。广告公司的工作任务要求各方面专业人才有效集中与配合，因此必须依据公司业务开展的要求去招揽有用的专门人才，同时也使专门人才在广告公司的业务开展中获得用武之地。因此，科学管理可以使广告公司的组成精干而富有实效。

3. 有利于员工的培训与成长

科学管理工作设计方法对工作任务的分解，可以使广告公司对员工的要求专门化，这将有利于员工的培训和成长。随着科学技术日新月异的进步，广告公司不仅需要招揽自己所需的人才，也需要根据时代的发展和工作任务的要求，不断地对员工进行培训，为人才的成长和发展创造有利的环境。广告公司根据需要进行专业培训，这种教育方式既有利于广告公司的发展，也可以激励员工的学习欲望，是一种工作与学习相结合的培训机制，是“在干中学，学了干”的教育方式，它不仅有利个人的成长，也有利广告公司在激烈的人才竞争中立于不败之地。

总之，科学管理的工作设计对于广告公司是非常有用的，它将工作划分成简单而专门化的任务，并且训练和挑选员工以最快的速度完成这些任务，从而提高广告公司的整体效率。这种方法也适应了技术发展和市场竞争加剧的趋势，强调使员工与工作相配类的重要性。奖赏与绩效挂钩，具体实际而又有刺激的绩效目标对于激励员工能产生积极的作用。

（二）科学管理的不足

虽然科学管理有很多长处，但也存在一些不足。它注重人的“经济人”特性，忽视人的“社会人”和“文化人”特性；强调管理者的权力，忽视员工的自我控制，使工作突出了简单化和程式化的方面，忽视了广告公司工作的创造性和艺术特性。这种管理对于广告公司这样的专门人才较为集中的智能型经济组织，对于广告公司业务开展及广告作品创作空间的发挥，都存在严重的不足。因此，必须要在广告公司的科学管理的基础上，再加上人才的文化管理的内容。

二、激励理论及其在人事管理中的运用

广告公司人事管理的一个重要目的，就是要充分调动每一个员工的积极性，同时限制其不利于组织的行为，以实现公司的目标，为了做到这一点，运用激励手段是非常必要的。

(一) 激励理论概述

激励是管理心理学研究中的一个重要课题，在全部管理心理学的文献中，有关激励的研究几乎占了1/4。管理心理学一个常用的公式是：绩效=能力×激励。员工能力的提高有待于培训，在员工的能力还没有发生改变的情况下，公司仍然可以通过激励来提高员工工作的绩效。下面简要介绍几个著名管理心理学家的激励理论，供广告公司的管理者在广告公司的人事管理中，结合行业的实际灵活地运用。

1. 伏隆（又译弗鲁姆）的期望理论

伏隆1964年在《工作和激励》一书中提出了激励理论，他认为，个体从事某种活动的动力的大小，取决于他对行动结果的预期价值的估量，乘以能达到目标要求的概率的大小。由此可以知道，如果广告公司的管理者能够让员工感觉到他们努力工作就能完成任务，而且完成任务就能够满足自己的需要，那么，他们工作的积极性就高，反之积极性就低。如果他们认为交给他们的工作根本无法完成，或者能够完成，但完成任务与满足自己的需要毫不相干，他们就会完全丧失工作的积极性。

伏隆进一步指出，目标有组织目标和个体目标之分。个体努力工作一方面是为了实现组织目标，另一方面也是为了实现个体目标，而实现组织目标是达到个体目标的工具或手段。由此可知，如果广告公司的员工完成了公司交给的任务，公司就满足其个人的需要，那么，员工的积极性就可以持续或提高；反之，员工帮助实现了广告公司的目标，却得不到自己认为合理的奖励或报酬，那么，员工的积极性就会受挫或下降。

2. 豪斯的激励力量公式

豪斯的激励力量公式是对伏隆期望理论的补充和修正。概括地说，豪斯认为，激励力量的大小等于3个要素之和，这就是任务本身的激励、任务完成的激励和完成任务后获得报酬的激励。这3个要素的后面两项，相当于伏隆的期望概率和预期价值，而第一个要素——任务本身的激励则是豪斯增补的。也就

是说，豪斯认为，除完成任务的可能性和获取报酬的可能性会影响员工的积极性外，对工作本身的兴趣也有激励作用。由此可知，让广告公司的员工做他们感兴趣或认为有意义的工作，也能调动他们的积极性。

罗彻斯特大学的爱德华·德赛通过许多次实验证明，只有当人们认为某一任务本身是值得去从事的，他们才能真正视其为己任。国外著名的广告公司也总是利用工作本身的价值作为激励员工的力量。

3. 赫茨伯格的双因素理论

双因素理论是“激励因素——保健因素”的简称，该理论是赫茨伯格在《工作的激励》、《再一次，你如何激励职工》等著作中提出的。赫茨伯格把影响人工作的因素归结为两大类，一类叫保健因素，另一类叫激励因素。所谓保健因素，就是没有它就会引起员工不满，但有了它也不能对员工起激励作用的因素，赫茨伯格认为保健因素是由工作环境引起的，它包括政策制度、工作条件、人际关系、工资奖金等；所谓激励因素，就是有了它就能对员工起激励作用，没有它就不能调动员工积极性的因素，赫茨伯格认为激励因素是由工作本身引起的，它包括在工作中取得成就、得到发展、担负责任、受到赏识等。

赫茨伯格指出，不是所有的需要得到满足都具有激励的作用，只有那些被称为激励因素的需要得到满足才能使人的积极性得以调动。保健因素就是因为它们的存在可以避免挫伤员工的积极性并将激励维持于“零状态”而得名的。赫茨伯格还修正了“满意”的对立面是“不满意”的传统观点，认为对于激励因素来说，“满意”的对立面是“没有满意”；对于保健因素来说，“不满意”的对立面是“没有不满意”。

赫茨伯格所说的工作本身引起的成就感、成长感、责任感、受尊重感、自我实现感都属于精神需要的满足，双因素理论使管理者看到了精神激励的重要作用。广告公司在人事管理方面，不但要注意满足员工物质上的需要，更要注意满足他们精神上的需要。

4. 斯金纳的强化理论

美国心理学家斯金纳通过实验发现，人的行为可以分成两类，一类是应答性行为，另一类是操作性行为。应答性行为是由环境刺激引起的反应，操作性行为是为达到某种目的而作用于环境的行为。如果人们的操作性行为的结果能使他们的需要得到满足，这种行为就会重复产生；反之，如果这种行为的结果不能使他们的需要得到满足，这种行为就会消失。斯金纳把能够满足员工的需要，因而使操作性行为重复产生的事物叫做强化物。强化物可以是物质的，如工资、奖金、奖品等；也可以是精神的，如认可、表扬、荣誉、责任、权力等。管理者可以通过控制强化物来控制员工的行为。也就是说，当员工的行为或工作符合公司的要求时，公司的管理者可以通过给予物质或精神满足的方法来强化其行为，斯金纳把它叫做正强化；当员工的行为或工作不符合公司的要求时，公司的管理者可以通过不满足其物质或精神需要的方法来制止其行为，斯金纳把它叫做负强化。

斯金纳的强化理论既包含了激励，也包含了惩罚；既包含了物质奖励，也包含了精神激励。这些，在广告公司的人事管理中都可以得到应用。

第二节　广告公司人员的聘用、培训与解聘

一、广告公司人员的聘用

在竞争日益激烈的市场环境中，企业在引进人才上是否成功，将直接关系到企业的生存与发展。企业间的竞争最终将是人才的竞争，而人才的获取必须经过招聘与选拔，由此可见人员招聘选拔工作的重要。

广告公司因其工作特性，人员的流动率相当高，因此，新职员的录用就是一项为维持公司业务水平稳定和发展必不可少的重要工作。

一般来说，在招聘新人时，企业人事部门应根据具体的业务需要，会同有关用人部门对应聘者进行考核，并根据考核结果和各有关用人部门的意见，决定是否录用。对业务人员的录用更要慎重。在新人录用之后，一般企业都实行试用期制度。在试用期内，对新人实行实际业务考核，试用期满后再根据实际情况对新人决定是否聘任。只有特别突出的业务人员，才有可能直接进岗任职。

（一）聘用的原则与标准

1. 人员聘用的原则

满足广告公司业务工作与行政管理的实际需要，为这些部门输送能胜任其工作的人才，是广告公司人员聘用的基本原则。

不同的广告公司定位不同、规模不同、发展目标不同，其所需要的人才也有所不同；同一家广告公司，部门或岗位不同，它所需要的人才也不一样。广告公司在聘用员工之前，先要根据公司的定位、现有的规模和发展的趋势，摸清哪些部门、哪些岗位缺人，缺乏具有什么能力和特长的人，缺多少，然后再进行人员招聘。

广告公司的员工大致可以分为业务人员和行政人员两大类；业务人员主要有客户服务人员、调研人员、文案人员、平面设计人员、影视制作人员、媒介人员、公关人员等，行政管理人员主要有人事管理人员、财务管理人员、行政

管理人员、后勤管理人员和秘书等。若根据职务，广告公司的管理人员还可以分为主管、经理、总监、总经理等。

不同的广告公司、不同的部门岗位所需要的人才是不同的，所以不能用一成不变的标准选择聘用员工。

2. 人员聘用的标准

广告公司人员聘用的标准可以分为各部门、各岗位都要求的基本标准和不同部门、不同岗位各不相同的特别要求。

（1）基本标准

其一，为人诚恳。广告公司的员工是为公司、为客户，也是为消费者服务的，所以他们必须对公司忠诚、对客户负责、对消费者诚实。

其二，聪明好学。广告行业是知识密集、技术密集的行业，所以在这样的行业工作必须有较高的悟性，并且有不断进取的精神。

其三，尽职敬业。要做好广告就要爱好广告事业，在工作中要有热情和积极性。

其四，有一定的知识和学历。一定的文化水平和专业知识是做好广告公司工作的基础，一般来说，学历与知识有相应的关系。

其五，有工作能力。这里主要指分析和解决问题的能力。工作经验在一定程度上也代表了一个员工的工作能力。广告人员的从业经验是其不可多得的人生财富。对客户而言，找有经验的广告公司和服务人员意味着承担较小的风险。客户不希望自己是第一个试验品。因此，广告公司应有合理的人员梯队，招聘有经验的员工，培养有经验的员工，留住有经验的员工。

其六，能与人共事。广告是由若干部门和具有不同专长的人协作完成的活动，所以在广告公司工作需要有团队合作精神。

（2）特别要求

这里列举广告公司几个主要部门或岗位对聘用员工的特别要求。

客户服务部：

客户服务部要求其员工具有很强的沟通能力和表达能力。客户服务人员要做好客户与公司之间的沟通工作，努力把公司介绍推销给客户，使客户对广告公司为其服务的结果感到满意，并且愿意及时付款。对客户服务人员而言，拥有良好的书面沟通和口头沟通能力是赢得客户信任的必备条件。

营销分析和广告策划能力也是客户服务人员必备的。客户服务人员是最早将客户及其产品或服务介绍给公司的人，他要向创作部和媒介部提供广告创意和媒介计划的基本材料或依据，因而他要有洞察力和判断力。

市场调研部：

市场调研部要求其员工掌握现代调查分析的方法，能为客户的营销策略找到科学、缜密、翔实、可靠的依据。市场调研人员要有科学的态度、严谨的作风和吃苦耐劳的精神，此外，为了调查工作的顺利进行，市场调研人员也需要较强的人际沟通能力。

创作部：

创作部要求其员工具有很强的创新能力。广告创作是一种充满艰辛的创造性劳动，所谓“创意就是生命，创意就是一切”正说明了创新是广告生命的源泉。因而，广告创作人员必须具有创新的热情和能力。

专门从事某种类型广告设计和制作的人还必须具备特别的技能，比如文案写作的技能、绘画的技能、摄影的技能、电脑平面设计和三维动画设计的技能等。

媒介部：

媒介部要求其员工对媒介，如报纸、杂志、广播、电视、网络等都有一定的了解。此外，媒介人员还要善于公关，能与媒介单位保持良好的关系，能高效率地预定和购买媒介的时段和版面，并落实广告的投放。

管理人员：

不同部门的管理人员除应具有所在部门所需的专业知识外，更需要相应的管理能力和经验。他们应有对于全局的了解，有远见和魄力，能与上下级、平行部门进行很好的沟通，以有利于本部门工作的完成。

（二）招聘的程序和方法

1. 寻找潜在的员工

寻找潜在的员工主要有以下途径：

(1) 在职业介绍所、职业介绍网站或报纸、杂志广告上寻找广告人才的求职信息。

(2) 从因为财务状况不好或公司合并需要裁员的广告公司寻找本公司需要的广告人才。

(3) 直接刊登招聘广告，让求职者与广告公司联系。

为了寻找和选择到优秀的广告人才，各广告公司在媒体上的招聘广告可谓各显神通，煞费苦心，以引起富有潜质的广告人才的共鸣和反应。奥美广告公司征求号角鹊的招聘广告就是一个很好的例子。

号角鹊是产于北美的一种鸟，其叫声特别洪亮，奥格威认为这种鸟“具有天赋异禀的创意才华和振奋人心的领导能力”，于是奥美广告公司以号角鹊为比喻刊登了一则著名的招聘广告，以征求“号角鹊”式的人物。全文如下：

在我的经验中，广告界的创意指导有五大类：

A. 精通策略，拙于执行。

B. 优秀的经理人，凡事不会出错，但他不会创造出杰出的广告活动。

C. 无药可救的一群。

D. 才华横溢，但却是一败涂地的领导人。

E. 号角鸽——天赋异禀的创意才华，并且具有振奋人心的领导能力。

我们的海外分公司已有一个空缺等待这种稀有鸟类去栖息。

（4）在设有广告专业的大学挑选优秀毕业生。

挑选优秀毕业生有3个途径：

一是人事部派人到大学毕业生供求见面会或人才交流会上设点收取学生投递的求职材料，从中挑选较好的进行考核；

二是人事部门负责人直接到学校去面见，并书面考核愿意来本公司工作的广告专业毕业生，有的还要求初选合格的人到广告公司参加复试。广东省广告公司几乎每一年都由人力资源部部长亲自带人前往北京、武汉、西安等地招收广告专业毕业生，近几年聘用人数较多的学校有中国传媒大学、清华大学、武汉大学、武汉理工大学、西北大学等。初选合格的学生都要到广州公司本部参加复试，前些年是考试一周，现在是在实际工作中观察一个月左右。

三是在来公司实习的学生中发现专业知识扎实、有发展前途的人，约请他们毕业后来公司工作。广东省广告公司用这种方法招收了一些大学毕业生，该公司招收的学生不全都是广告专业的，也有学中文、哲学、营销、会计、管理的。

2. 约见应聘者

应聘者把自己的简历或自荐材料呈交或邮寄到广告公司以后，人事部门要安排与应聘者见面的时间。对不拟见面的应聘者，公司也应给一个书面的回答。

（1）面试。约见应聘者的同时进行面试，也就是通过谈话，测试应聘者是否符合公司用人部门或岗位的条件，具体可参照上文提到的聘用员工的基本标准和特别要求。

（2）公司介绍。约见应聘者时，如有必要，还需介绍本公司的概况和优长，以吸引优秀的广告人才。此外，公司参加招聘工作的人员还要注意自身的形象，因为在应聘者的眼里他们就是公司形象的代表。

3. 作业考核

对应聘者的考核除面试外，一般还有笔试。笔试的内容根据用人部门或岗位的不同而异，比如调研部用人主要考分析能力和调查技术，创作部用人主要考想像力和设计技能等。具体内容有广告策划案撰写、电视广告脚本撰写、平面广告设计、电脑广告设计等，有的广告公司还要书面测试外语水平。

4. 作出评价

由人事部门会同具体用人部门，根据求职材料、面试和笔试的情况，对应聘者作出综合评价，并决定录用与否。

5. 岗前教育

新聘员工在正式上岗之前，还要接受岗前教育，其主要内容如下：

（1）公司基本情况介绍

让新员工了解公司的基本情况，如公司定位、经营状况、规章制度、人事政策、福利待遇等，这样可以使他们较快地适应新的工作环境，产生归属感，并明白自己在新的工作单位应该如何处理与自己相关的事务。

（2）公司领导介绍

安排新员工与高层领导和部门主管见面，能使员工对公司产生更加感性的认识。知道谁对什么事情负责，这对加强公司管理，提高工作效率是很有必要的。

（3）相关业务介绍

由新员工所在部门的主管介绍本部门的工作性质、内容、流程、新员工的职责等，以便让新员工较快地进入临战状态，并作好上岗的心理和技能准备。

二、广告公司人员的培训

（一）培训工作的意义

广告行业是提供策略和创意的服务性行业，它必须依赖个人的能力为广告主提供优良的服务才能得以生存和发展。优秀的广告人才不是天生的，即使禀性聪明、具备基本的素质，也还需要在实践中经受培养和锻炼。对于新录用的员工更是如此。有计划、有目的地培养和训练能使员工的技术更熟练、程序更清楚、信心更充足。这无疑将有利于其能力的充分发挥，广告公司也会因为人才辈出而变得更加强大。

（二）培训工作的要求

广告公司要高度重视员工的培训工作，要有专门的机构和人员来计划并执行。培训工作一般由人事部门负责，具体工作还要落实到个人。员工培训计划要根据实际需要年年更新。计划要具体到次数、目的、时间、地点、形式、内容、费用、参加者、负责人等。

（三）员工培训的方法

奥美广告公司是一个注重培训、重视人才发展的公司，它有专门的培训部负责员工的培训。奥美的培训方法值得其他广告公司借鉴，这些方法主要有集中培训、专业培训、岗上培训和出国培训。

集中培训，就是让员工暂时离岗一段时间，到公司外的一个地方去听专家和优秀的员工授课。同时让不同部门的员工互相交流，以增强员工的全局意识和整体服务观念。我国本土的广东省广告公司也在顺德设有专门的培训中心。

专业培训，就是各业务部门或行政部门为提高本部门员工的业务水平或工作能力在人事部门的统一安排下，单独进行的培训活动，其专业性较强。

岗上培训，就是员工不脱产，在工作岗位上接受公司安排的培训，比如在午间观摩电视广告作品或讨论广告创作、客户关系、行业动态等与公司生存发展相关的问题。

出国培训，就是派遣对公司忠诚、有培养前途的员工出国深造，以便把国外广告公司的好经验带回来。

（四）员工培训的内容

广告公司员工培训的内容主要有3个方面，包括专业知识、专业技能和公司文化。

专业知识，包括广告学、传播学、营销学、心理学、美学、统计学、管理学等。广告公司各部门所需要的专业知识不尽相同，培训时应针对受训者的工作性质和需要来选择。

专业技能，包括市场调研的技能、策划创意的技能、设计制作的技能、谈判的技能、公关的技能、提案的技能等。这些技能的掌握必须经过反复的训练。

公司文化，包括公司历史、公司定位、公司宗旨、公司的规章制度和各项政策等，这对增强公司的凝聚力很有必要。

三、广告公司人员的解聘

广告公司是以人的创造性劳动来赢得客户的，广告公司服务的这种特殊性带来了广告公司人员的高流动性，也就是说，人员的更换是一个非常普遍的现象。为了保证广告的高质量和工作的高效率，广告公司在不断寻找、引进高素质人才的同时，也不得不解聘不能创造经济效益或严重违犯公司纪律的员工。

然而，如果解聘员工不注意方法，又可能挫伤在职员工的积极性，因为相同的员工的地位，会使他们产生一种同样的事情也可能发生在自己身上的感觉。

辞退员工应该做到人性化、合法化。所谓人性化，就是要尊重其人格，即使他能力不行，甚至犯过错误，也要礼貌对待并为其着想，比如提前打招呼，让其有心理准备和重新寻找工作的时间；又比如，合理地付给被辞退人员的工资等。所谓合法化，就是解聘员工不能违反国家的法律和政策。比如《劳动法》和《保护妇女和儿童权益法》中规定不能因年龄、性别原因辞退员工，也不能在员工工伤或在其怀孕、哺乳期间辞退员工。

一个广告公司完全不解聘员工是不现实的，但少解聘员工却是可能的。如果公司在选择和聘用人员的时候就严格把关，在员工进来之后又能够对其进行有针对性的培训，定期评估，运用激励机制就可能使他们提高效率，少犯错误，不会轻易落到被解聘的地步。

第三节　广告公司人员的评估与激励

一、广告公司人员的评估

（一）人员评估的意义

对企业工作人员的考核，是人事管理中一项经常性的工作。人事考核的内容主要包括人员的思想素质、业务素质和工作成绩 3 个方面。

广告人员的业绩能否被正确地评价，是判断一个广告公司人事管理工作好坏的一个重要因素。人事考核的结果是决定企业的人员使用、定级和晋级的客观依据。通过客观和公正的评估，广告公司可以检查所有员工的工作情况，排出从最好到最差员工的顺序，这不但有助于公司的提升和奖励，也有助于在特殊情况下的裁员。国外一些广告公司对人员发展潜力的评估，已经成为人事考核的一项重要内容，我国的广告公司也必须认真对待，建立一套正规化的考核标准和考核制度，并严格执行。

通过评估，员工也可以知道自己在公司所处的位置、公司对自己的看法及期望、自己在工作中的差距等，这对于他们自身的发展也是很有帮助的。

（二）评估工作的要求

要使评估真正起到促进公司工作的作用，首先必须针对各部门或各岗位的工作制订合理的评估标准，标准太低，起不到促进作用；标准太高，员工会因为实在达不到而丧失达标的积极性。合理的标准应该是经过努力可以达到的。标准制订以后，应该公开，最好是将印制好的评估表发给员工看。只有人人都明确评估或考核的标准，大家才能有目标地朝着公司的要求去努力。人员评估是一项长期的需要周期性进行的工作，人事部门每年至少应该组织一次。

（三）评估工作的程序

进行人员评估的第一步是通过开会宣布、张榜通知等途径把公司开展评估活动的时间、要求告诉员工，并发给他们公司印制的年度工作评估表或年度工作考核表，该表应包括员工的自我评价、部门主管的意见以及高层主管的签字等。也有把自我评估和主管评价分成两张表来印制的。

在发给员工评估表一段规定的时间（一般为一周）以后，收取评估表，由员工所在部门的主管或其委托的评估人填写意见。为了公平、公正，部门主管或评估人应与被评估人谈话，公开对被评估人的评价，并允许被评估人发表不同意见。

为慎重起见，部门主管或评估人的意见要得到公司上层主管的认同，并在评估或考核表上签字。评估表应由人事部门回收并归档妥善保管。

对公司管理人员的评估，其程序与对普通员工的评估大致相同，只是评价他们的人还有其管辖部门的员工，他们的意见可以通过会议和个别谈话收集，经公司委托的评估人整理后填入干部评估或考核表。

二、广告公司人员的报酬与激励

（一）需要与激励

按照等价交换的原则，员工为广告公司付出了劳动，就应该从公司那里得到相应的报酬。如果员工感觉其贡献与报酬不平衡，他们工作的积极性就会受到挫伤。如何用满足员工需要的办法调动员工的积极性，是广告公司人事管理工作中一项重要而又复杂的任务。没有合理的报酬，纵使是一位最佳的广告人，恐怕也不会有什么优良的表现。公司与员工应该是共存共荣的，公司必须对员工有所要求，同时也应满足员工的需要。

按照马斯洛的层次需要理论，人有5个层次的需要，按照从低级到高级的顺序排列，它们是：生理需要、安全需要、社交需要、尊重需要和自我实现的需要。

生理需要，指衣、食、住、行、性等维持人类生存的基本需要。

安全需要，指得到生命、财产、职业、收入等方面保障的需要。

社交需要，指与人交往，找到归属，得到友谊，关心他人也得到他人照顾的需要。

尊重需要，指独立、自由，自信，有能力并受到他人的承认、赏识和得到名誉、地位、权力等的需要。

自我实现的需要，指能力在工作或事业中得到充分的发挥，并且取得成功或成就的需要。

马斯洛认为，生理和安全的需要属于低级需要，它们侧重于物质的需要；社交、尊重和自我实现的需要属于高级的需要，它们基本上是精神的需要。一方面，只有在较低一级层次的需要得到基本的满足之后，才会转向较高层次的需要；另一方面，就现代社会的生产和生活水平而论，人的物质需要比较容易得到满足，而精神需要则较难得到满足，并且人在这一方面的需要是没有止境的。

通过满足员工物质和精神上的需要来调动他们工作的积极性，是所有组织激励员工的基本办法。广告公司要根据自身的条件和员工的特点来考虑如何满足员工物质和精神需要的问题。当然，这种满足要与员工对公司的贡献对等，要真正起到激励的作用。

（二）满足员工物质需要的激励方法

1. 基本工资

基本工资也叫底薪或固定工资，它通常是广告公司支付给员工薪酬的主要部分，因为固定，所以它可以给员工带来职业上的安全感。广告公司底薪的发放是根据员工的岗位和等级来确定的。以美国广告公司为例，不同岗位员工的年平均基本工资水平是有差别的：①

总经理	131830 美元
创作总监	85716 美元
美术监导	48448 美元
首席撰稿员	54193 美元
媒介主任	50637 美元
高级业务经理	59325 美元
业务员	39820 美元

确定员工的工资既要依据员工为公司所做的工作，也要参考公司所在的城市的平均工资水平，特别是当地其他广告公司的标准。一般来说，如果一个广告公司的工资水平超过了同类企业，则可以吸引广告人才为本公司效力，但最好不要太多地超出一般标准。一般来说，底薪是公司付给员工报酬的一部分，但它不能占总报酬的比例过大，否则员工就可能因为它总是可以得到，而不通

① 资料来源：《广告时代》1992 年 12 月公布的调查报告。

过努力工作去争取。所以还有一部分报酬要以按业绩提成的方式付给员工。

2. 提成

提成是企业从员工创造的毛收入中拿出一定的比例付给员工作为报酬。比如从客户代表经手的业务中提取15%的毛收入作为客户代表的报酬。这也叫做以佣金方式付酬。用这种方式付酬的好处是对员工有较大的物质刺激性，但其弊端是会使公司各部门的员工只想提高自己的业绩，而不关心公司其他相关部门的工作，忽视了广告公司的业务是靠团队协作完成的事实。此外，只顾眼前业绩，不考虑以优良的服务来赢得客户长期的信任，也会妨碍公司的长远利益。

鉴于上述情况，现在许多广告公司采用底薪加提成的方式付酬。希望员工有更多安全感的广告公司则会把底薪的比例定得高一些，希望对员工激励作用更大的广告公司则会把提成的比例定得高一些。也有的广告公司没有底薪，全部用提成作为报酬。

3. 奖金

作为报酬的一种，奖金是工资的补充。在国外广告公司中，各级别员工都有相应的奖金，如美国广告公司给员工发放的奖金与工资的比例是：①

总经理	19.11%
创作总监	10.33%
美术监导	4.85%
首席撰稿员	4.89%
媒介主任	5.84%
高级业务经理	7.39%
业务员	5.08%

(1) 年终奖金

年终奖金是年终按统一标准发给所有员工的酬劳（不同的职务或岗位有不同的标准，相同的职务或岗位标准一致）。年终奖金的多少或有无是根据公司当年的财务状况决定的，所以必须让员工知道，年终奖金是额外的，它不属于日常工资。大家干得好，公司挣了钱，年终奖金就多；业务不景气，公司没赚钱，就可能没有年终奖。

(2) 特别贡献奖

特别贡献奖不是面向全体员工，而是发给在工作中为公司作出特殊贡献的人。特别贡献奖最好不要每年都发给同一个人，因为额外的奖励才具有较大的

① 资料来源：《广告时代》1992年12月公布的调查报告。

激励作用。如员工把获得奖金当作常规，认为总是可以预计的，那么，当公司没有发给他奖金的时候，就会打消他们的积极性。

4. 养老保险

养老保险金是企业向劳动和社会保障部门交纳的、供员工退休后用于养老的费用。它是按员工的年龄、服务期和工资计算的，不管公司盈利与否都必须按期交纳。

5. 分给股份

对忠诚于公司并且能力很强的员工，可以分配一定的股份给他们，有了股份，这些资深的员工就成了公司的所有者之一，他们可以分享公司的红利，得到的报酬更多。

6. 小额福利

小额福利主要有各种保险，如医疗保险、伤残保险、人寿保险等。公司可以出全资为员工购买上述保险，也可以为他们购买上述保险承担一部分费用。

此外，借给员工部分购房款，让员工借用公司的汽车，使用公司的娱乐、健身设施等也都是对于他们努力为公司工作的奖赏。广告公司灵活地、创造性地运用各种适合员工需要的小额福利，将增加公司的凝聚力，使员工更加愿意努力地为公司工作。

当公司为员工提供各种福利的时候，应该通过开会讨论等方式让员工知道公司为提供这些福利所动的脑筋和花费的金钱，而不要让人觉得这是理所当然应该得到的。只有当员工明白这是公司给予他们额外的报偿时，奖金和福利才能起到激励的作用。

（三）满足员工精神需要的激励方法

员工不但有物质方面的需要，也有精神方面的需要。所以除了基本工资、奖金、养老金、股份、小额福利外，公司还应该运用各种满足员工精神需要的方法来调动他们工作的积极性。这些方法主要有以下几种：

1. 给予权力

在组织中权力是随职务而来的，给予权力就要提升优秀员工的职务，比如让其担任副总监、总监、部门副经理、部门经理，副总经理、总经理等。从另一个方面看，权和利是联系在一起的，当职务提升的时候，工资、奖金也会相应地提高，所以职务的晋升不但能使人感受到公司的器重，而且伴随着实实在在的物质利益，所以它能产生很大的激励作用。

2. 给予荣誉

荣誉称号、荣誉证书、公开表扬等都能给员工带来荣誉感，它们能满足人们对于尊重的需要。公司的管理者不要小看这些几乎不需要花费金钱的褒奖，赞扬和认可常常是物质奖励所不能替代的。

3. 给予信任

让员工参与决策，采纳他们的合理化建议，是对他们的信任和能力的认可。下放一定的权力，让下级主管或员工在一定程度上能用他们自己的办法去完成工作任务，可以加强员工和管理人员的积极性和主动性，这样做往往比微观的管理更能产生效率。

4. 安排感兴趣或具有挑战性的工作

尽量安排员工做他们感兴趣或认为有意义的工作，因为这样的工作本身也具有激励作用。人们常说的专业对口，在某种意义上也是强调要为专业技术人员安排他们感兴趣或认为有意义的工作。

因为人有自我实现的需要，所以具有挑战性的工作对那些自我实现愿望强烈的人特别具有激励作用。美国管理心理学家麦克里兰认为，有强烈成就需要的人喜欢从事有一定难度的工作，有一半成功机会的工作最能激励起人们的奋斗精神和获取成就的愿望。完成任务的把握太大或太小，都会降低激励的水平。

最后需要说明的是，无论物质奖励还是精神鼓励，都应跟员工的工作表现和工作成效对应起来，所以激励应该与对员工的评估工作结合起来，以评估为依据的奖励才具有真正的激励作用。

第四节　广告公司人事管理的特点

一、广告公司的人事管理主要是对专业人才的管理

广告公司出售的“产品”是以策划与创意为核心的广告作品，其生产依靠的是具有智慧和技术的人。广告公司是知识密集、技术密集、人才密集的地方，所以广告公司的人事管理，主要是对专业人才的管理。

广告公司的特点、性质和功能，使广告公司的人事管理也具有明显的智能型特色。在管理上既有与一般生产经营性社会经济组织相同的地方，又有不同于一般经济组织的特点，研究它的特点，不仅对广告公司在激烈的市场竞争中的发展具有实践意义，而且对所有技术和人才集中的智能型经济组织的管理都具有启示作用。

广告公司有哪些方面的专业人才呢？看看广告公司的业务部门，就可以知道一个大概。

(1) 客户部有负责与客户沟通并为其提出初步策划概念的 AE，即客户代表或客户执行。

(2) 创作部有具备创意、设计、制作才能的文案人员、美工、影视制作人员、电脑广告设计人员等。

(3) 市场调研部有懂得营销、掌握调查、分析方法，并具有实际操作能力的调研人员。

(4) 媒介部有掌握媒介的特点和受众的接触习惯，能为广告主进行媒介策划，并具有媒介购买、监督经验的人才。

除此而外，有的广告公司还有公共关系人员、网络营销人员、销售促进活动策划人员等。

二、对广告公司主要人才的素质要求

(一) 客户代表

如前所述，客户代表也被称作 AE，是广告公司中专门与客户沟通，对外代表公司意见，对内传达客户要求，促成双方合作关系的建立，并维持这种关系，确保合同履行的专业人才。客户代表的工作是广告公司业务的开端，同时又贯穿始终，所以非常重要。

客户代表要具备丰富的营销和广告知识；口才好、沟通能力强；熟悉公司情况，并善于把自己推销给客户；不怕挫折，有吃苦耐劳的精神。台湾地区学者樊志育把客户代表应该具有的精神概括为“5A”：

Analysis（分析）：能够透彻分析商品、市场及客户情况；

Approach（接触）：善于与公司客户接触，很快达成沟通；

Attach（联系）：积极、热情，不断发展业务的联系能力；

Attack（进取）：强烈的进取心，主动向客户提供策略和建议；

Account（利益）：争取获得量大利益。

(二) 创意总监

创意总监是创作部广告创意、制作的组织者和把关人。他对广告质量的好坏负有重要的责任。创意总监指导文案人员、美工、影视制作人员等协调工作，以完成广告的策划与创意，并在广告设计与制作中贯彻既定的策略思想。创意总监在某种意义上说是一个通才，他必须具备以下多方面的素质：

(1) 有广告策划、创意、设计、制作的知识和经验；

(2) 对文案、美工、影视制作、印刷业务都比较精通；

(3) 能很好地把握评价广告作品的标准；

(4) 善于发现人才和调动下属的创造热情；

(5) 有组织、指挥、协调的能力。

（三）文案人员

无论报纸广告、杂志广告、路牌广告、电视广告、广播广告还是网络广告，绝大多数都离不开文案。文案不单是广告的文字表达部分，它还指导和限制视觉形象的表现，所以文案人员实际上担负着广告创意的重任。一个优秀的文案人员一般应具备以下几种能力或特长：

（1）有非凡的文字表达能力，语言准确、精练、生动；

（2）熟悉各种媒介的语言表达特点，能写各种媒介的广告文案；

（3）有敏锐的观察力，能较快地抓住产品或服务的特点；

（4）掌握消费者的心理，了解他们的需要，能以消费者的立场思考问题；

（5）富于想像力和创造能力。

（四）美工

这里的美工指平面设计人员，他们的工作是把广告的主题用视觉形象表现出来。为此，他们应该懂得广告策略，并能把它贯彻到形象设计中去。广告设计人员应具备如下能力或素质：

（1）有绘画能力，能形象生动地用线条和色彩来表现商品或生活画面；

（2）有想像力，能用新颖独特的手法表现广告主题或消费者利益；

（3）有策略思想，能让形象为表现主题服务，而不至天马行空；

（4）有整体观念，能使形象部分与文字部分相互照应，做到二者有机地统一；

（5）掌握新技术、新手段，懂得喷绘技术，能用电脑进行广告设计等。

（五）媒介人员

媒介人员的主要任务是负责广告的刊播，其具体工作有媒介调查、媒介计划、媒介购买、媒介监测等。他们要为广告作品寻找最合适的传播媒介，以便把产品或服务的信息，最迅速、最广泛地传送到目标消费者那里去。媒介人员应具备的能力或素质是：

（1）掌握各种媒介传播信息的特点，擅长媒介组合策略；

（2）熟悉不同媒介的价格；

（3）了解消费者接触媒介的习惯；

（4）善于交际和公关，与媒介保持良好的关系；

（5）责任心强，对媒介刊播广告的监测有力。

三、管理广告公司专业人员的方法

广告公司中的大部分员工是专业人员，无论客户服务、市场调研、广告创作还是媒介策划，都是值得骄傲的专业人才。广告公司员工高智能、高教育水平的特点，使他们不仅是“经济人”，即为满足生理需求和物质需求而工作的人，而且还具有“社会人”和“文化人”的特点。他们在满足物质需要的同时，更注重社会对自己工作成就和个人业务水平的认定，更注重个人才能的展示和发挥。在人的心理需求层次上，他们更倾向于满足自我实现的需要；在工作中，他们一般不会满足于或仅仅满足于物质的奖励，而更倾向于社会对自己工作意义和价值的肯定。这就是当今社会上广告公司专门人才流动频繁的一个根本原因。因此，广告公司对人才的管理，必须关注他们的思想、感情和行为的价值取向，为他们高水平地工作提供必要的条件和强大的动力。

公司对专业人员的管理，需要注意以下几个方面的问题：

1. 让专业人员有用武之地

专业人员有自己擅长的专业，他们希望在公司工作能够发挥自己的一技之长。公司一定要根据其专业特长及其兴趣所在来安排他们的工作，使他们学有所用，在实现公司目标的同时也能够实现个人的目标。否则，专业人员就会觉得英雄无用武之地，不安心工作，随时准备跳槽。

2. 让专业人员得到晋升的机会

专业人员尊重的需要一般都比较强烈，他们希望自己的成绩和能力得到公司的认可，所以公司应该设法满足他们晋升的期望。杰出的专业人员可以晋升到副经理或经理的岗位上。但仅仅这样做还是不够的，公司还应仿照大学专业职称评聘那样，让专业人员的专业水平得到正式的认可，并且使工资、奖金与职称挂钩。

3. 让专业人员得到公平的报酬

广告公司应给予专业人才与其贡献相对应的报酬。如果专业人员的报酬低于当地广告公司的平均水平，他们就可能感觉到待遇不公。此外，对于特别优秀或公司特别需要的员工，可以付给其高于一般员工的工资，以便留住人才。

4. 给专业人员一定的个人空间

在完成公司工作的前提下，应给予专业人员一定的自由，以便让他们从事其感兴趣的研究，体现自身的价值。如允许一些专业人员到大学讲课，参加学术团体的活动等。

专业人员是广告公司的宝贵财富，能否留住人才是衡量广告公司人事管理工作好坏的一个标准。唯有尊重人才，才能留住人才，很多著名的广告公司都有用委以重任和给予高薪来留住人才的佳话。早年，詹尼芙·莱恩曾是萨奇兄弟广告公司的设计员，有一次，她要辞职到另外一个公司去工作，就在准备离开公司的头一天，当她走出家门时，发现一辆红色的费拉里小轿车停在门口。

这时司机走过来对她说，这是老板送给她的告别礼物。经过反复考虑，詹尼芙·莱恩最后还是决定留在萨奇兄弟广告公司工作。由于工作出色，她后来升任副经理，并于1992年到中国与中国长城工业总公司协商成立了盛世长城国际广告公司。

第六章 广告公司的财务管理

所谓财务管理，是指企业利用价值形式，对企业活动各项资金的筹集、使用、收入和分配，进行预测、计划、控制、核算、分析的经济活动。财务管理的目的，是以最少的资金占用，取得最大的经济效益。广告公司同样属于企业，对广告公司的经营者而言，获利是最重要的，没有盈利，公司就无法生存。广告公司财务管理的目的、原则与一般工商企业大致相同。广告公司财务部门应根据国家有关规定，结合广告公司的实际情况，制定切实可行的公司财务管理制度。

第一节 广告公司的收入

一、广告公司的收入来源

广告公司收入的 3 个主要来源是媒体佣金、服务费和附加费。

（一）媒体佣金

媒体佣金也叫媒介代理费，是广告公司为媒介承揽广告发布业务，或者说帮助其出售版面或时间等，而从媒介那里得到的报酬。国际上通行的媒体佣金是 15%，而我国通行的媒体佣金多为 10%。就一般广告公司而言，其 80% ~ 90% 的收入来自媒体佣金，因而这个收入来源不可忽视。

媒体佣金制始于美国库蒂斯出版公司实行的一条规定，即该出版公司同意在广告公司负责为其向广告主收取全额刊登费用的情况下，向广告公司支付佣金，同时要求广告公司不得把这笔佣金返还给广告主。1917 年，美国广告公司协会成立，呼吁把广告公司的代理佣金固定为 15%。同年这一建议被美国报纸出版商协会采纳，逐渐推广，形成制度，沿用至今。

客户租用媒介的全额费用减去付给广告公司的媒介佣金，是媒体的实际所得，通常被称作媒体净价，如果按媒介租用费总额的 15% 向广告公司支付媒体佣金，那么媒体佣金就是媒体净价的 17.65% （$15 \div 85 \approx 17.65\%$）；如果按媒介租用费总额的 10% 向广告公司支付媒体佣金，那么媒体佣金就是媒体净价的 11.11%（10÷90≈11.11%）。所以，如果广告公司按交给媒介的净价计算自己应得的媒介佣金，那么将媒体净价乘以 17.65% 或者 11.11% 就可以了。

有一些地方的行业惯例是，广告公司不是从媒介那里收取 15% 的媒体佣金，而是从客户那里收取媒体净价的 17.65% 或者 11.11%。媒体租用全价的 15% 和媒体净价的 17.65% 数额相当，但两种收取方式对于广告公司却有不同的意义。如果媒介总是付给广告公司 15% 的媒体佣金，那么，采用两种收费方式的结果并没有什么不同。但是，在媒体版面或时间紧俏的时候，广告公司从媒介那里往往拿不到 15% 的媒体佣金，这样广告公司的收益就会受到影响；而向客户收取媒体净价的 17.65%，则可以保证广告公司得到稳定的收益，而不会受到媒介紧俏与否的影响。

还有一个现实的情况是，在恶性竞争的压力下，许多广告公司为了从客户那里得到业务，不惜把媒体佣金的大部分返还给广告主，广告公司反而只能拿到一小部分。这样做会减少广告公司的收入，以致影响广告的效果，但一些广告公司也只好不得已而为之。

（二）服务费

服务费是广告公司为广告主提供广告调研、策划、创意、设计、制作等服务，而向广告主收取的费用。

服务费一般是根据参加广告主业务的所有员工花费的时间来计算的，这种计费方法，也叫做按工时收费。工时单价的计算方法如下：

先算出参加该项目的每一个员工的纯小时工资，计算方法是用年薪除以年工作时数。

然后用员工的纯小时工资加上员工的日常开支，则为实际成本。员工的日常开支包括公司的房屋设备费、行政管理费等的分摊，约为员工纯小时工资的 1.2 倍。

再在实际成本的基础上加收利润（比如利润为实际成本的 25%）。

这样计算出来的工时单价大约是员工纯小时工资的 2.75 倍。

$1+1.2+(1+1.2)\times25\%=2.75$

2.75 是一个供参考的系数，实际计算小时收费标准的时候，可以根据工作的难易程度，按纯小时工资的 3～5 倍计算服务费。

假设一个员工的年薪是 80000 元，年工作时数是 2000 小时，那么其纯小时工资是 40 元，加上 1.2 倍的日常开支，实际成本是 88 元，再加上 25% 的利润，工时单价是 110 元。简单的计算就是：40 元×2.75＝110 元。实际收费可以在 40 元的 3～5 倍，即可以按 120 元到 150 元收费。

（三）附加费

附加费又叫加佣或加价，是广告公司将广告主业务的某一个部分委托给外部协作单位去完成的时候，按外部协作单位收费的一定比例，向广告主收取的佣金。

附加费一般是参照媒体佣金的收取比例计算的，即用外协单位的实际收费乘以 17.65%（占客户付费全额的 15%）或者 11.11%（占客户付费全额的 10%）。也就是说，如果广告公司把客户业务的一部分交给外部协助单位去做，外部协作单位向广告公司收取 8500 元，广告公司就应该向客户收取 10000 元，其中 1500 元留作佣金。

对仅代广告主在媒体上发布广告稿的，则只向广告主收取媒体净价 7.5% 的服务费。

需要向客户收取附加费的项目主要有：广播广告制作、影视广告制作、电脑平面设计、影像合成、扫描、印刷以及购买广告制作必需的材料等。

二、广告公司的收费方式

广告公司在代理广告业务时采取什么样的收费方式，是广告公司和客户谈判的焦点问题，这直接涉及双方的利益。因此在广告公司的财务管理中，加强广告收费的管理尤为重要。

（一）收取媒体佣金

收取媒体佣金是国外广告公司过去基本的取酬方式，我国的广告代理商目前仍然比较普遍地采用这种方法。收取媒体佣金的广告公司一般都不再向广告主收取广告调查、广告策划、文案撰写、广告创意、设计等费用，也就是说，上述费用包含在媒体佣金中，这已经成为惯例（广告制作要按服务费方式另行收取）。

在经营成本增加，仅靠媒体佣金难以为继的情况下，有些广告公司也设法在媒体佣金之外加收其他费用，比如电脑设计费。

还有一些与媒体佣金和附加费无关的服务项目也要另行收费，比如广告公司单纯地为客户设计产品目录、宣传册（不负责印刷），做专门的市场调查广告策划、公关或销售促进活动（不负责广告制作和发布）等。

传统的媒体佣金制虽然使广告公司的收入有了一定的保障，但它也存在一些弊端。其重要问题之一就是，广告代理商在自身利益的驱动之下，可能不适当地追求媒体投放量的扩大，过多地使用价格昂贵的大众媒介，因为媒介租用费越高，广告公司按比例收取的媒体佣金也越多。另一方面，即使广告公司提出的媒体投放计划是合理的，客户也有可能怀疑广告公司是想多赚佣金，而不是为达到广告效果而提出的合理建议，特别是在广告公司建议客户增加媒体投放量的时候。由此可见，收取媒体佣金的取酬方式很容易引起广告主和广告公司之间的意见分歧。

传统的媒体佣金制的另一个缺陷是，广告公司获得的收入和它们为广告客户提供服务的成本之间不存在对应关系，因而它收费的合理性可能遭到客户质疑。而且广告主付给广告公司的报酬不与其提供的服务挂钩，也就不能对广告公司的服务起到奖惩或激励的作用。

（二）收取服务费

有一些广告公司不向广告主收取媒体佣金，而是根据为客户提供的服务项目向客户收取费用，通常是每月一次。这种收费方式也叫实费制，是 20 世纪 60 年代，由奥美广告公司总裁大卫·奥格威率先实行的。

收取服务费比收取媒体佣金来得公平合理一些，因为这时广告公司的收入不是由客户媒体投放量的大小来决定的，而是根据公司为客户提供的服务，规范地计算出来的，它包括了实际成本和利润。

收取服务费的好处是，当广告公司建议客户增加媒体投放量时，客户不会怀疑公司是想多赚媒体佣金。此外，由于使用这种方式收费，要对每一项服务的收费情况都作详细的计算，这就使得广告公司能够清楚地知道从每个客户那里盈利多少，而不会像收取媒体佣金那样，对公司赚钱的客户与不赚钱的客户混淆不清。

收取服务费是一种比较理想的收费方式，但它的不足之处是操作起来比较麻烦，因为需要每一个参与客户项目的员工都认真记下为客户工作的时间，然后计算小时标准价格，还要加上客户认可的利润等。此外，在同一个广告公司里，不但不同类型业务人员的工时单价不同，而且相同类型业务人员的工时单价也可能不同。比如在美国，有些大广告公司的高级撰文员工时单价约为 150 美元，中级撰文员约为 100 美元，初级撰文员约为 50 美元。

（三）收取附加费

当广告公司为客户制作广告需要向外部购买服务或材料时，就需要向客户收取附加费。

传统的做法是，凡对外委托的项目，都收取同样的附加费，即收取付给协作单位实际费用的 17.65%，但很多广告公司认为这个收益偏低，所以将佣金比例提高到 20%～30%，甚至 40%。也有的广告公司不收附加费，而是代以各种手续费。

还有按不同服务项目收取不同附加费的。其具体做法是，对有媒体佣金作保障的广告制作，收取 17.65% 的附加费；对没有媒体佣金作保障的广告制作，收取高于 17.65% 的附加费。

（四）收取聘金

聘金是广告主就广告公司为其广告活动提供的全部服务，向广告公司支付的总酬金。也就是说，广告主支付了聘金，就不需要再向广告公司交纳任何费用。聘金是广告公司与广告主在预估的基础上共同商定的，所以这种收费方式也叫议定收费制。

聘金的估算，是对媒体佣金、本公司员工服务费和外部委托服务附加费的综合考虑。在确定具体数额的商谈中，广告公司应向客户出示事实和数据，以说明收费的合理性。

估算聘金应考虑的主要因素有：

（1）参与客户项目的员工的工资；

（2）与员工工资相应的企业日常开支；

（3）加班费；

（4）年终利润。

在美国，有的广告公司为了保证实现利润目标的实现，往往会在合同中加入一个调价条款：各项收费应保证广告公司获得总价款 20% 的税前利润。如果利润超过 20%，超出的部分返还给客户一半；如果低于 20%，不足部分的一半由客户补交。

聘金一般是按合同规定的一段时间定期收取的，比如按月或按年。

（五）收费方式的发展趋势

由于传统的媒体佣金制存在着一些明显的弊端，比如有导致广告公司过量使用大众传播媒介的可能性，广告公司的收入没有与其提供的服务挂钩，因而不具激励作用等。20 世纪 80 年代以来，欧美的广告公司逐步摒弃了传统的媒体佣金制，转而采用具有奖励作用的服务费制，这一趋势对我国广告行业也产生了深远的影响。

据调查，美国使用具有奖励成分的新报酬制度的广告主逐年增加。例如，通用汽车公司就不再付给广告代理商媒体佣金，而是通过其他奖励来鼓励它扩大传播视野，在大众传媒广告之外，开发其他与消费者沟通的传播方式。

有的广告主根据广告的销售效果向其广告代理商支付报酬，即将广告分为 A、B、C 3 个等级，A 级佣金为 16%，B 级为 13.5%，若连续被评为 C 级，则意味着有可能与广告代理商结束合作关系。采用这种收费制度的目的，是为了减少或消除固定比例佣金制度的弊端，使广告公司的收益与双方协商的绩效标准挂钩。

调查表明，我国广告主采用项目服务收费方式的比例也有逐年上升的趋势。此外，在媒体购买和策划业务从广告公司分离出去的情况下，传统的媒体佣金制已不为这样的广告公司所采用。还有一个趋势是，随着广告专业分工的细化，广告公司为客户提供的服务正在由传统的"统包式"向"零售式"转变，也就是按客户的需要提供单个项目服务，并收取该项目的服务费。

三、广告公司的收款工作

广告公司为客户提供了服务，就应该及时收取酬金，否则就等于是在为客户垫资，这会影响公司资金的周转，甚至可能拖垮资金不足的小公司。就广告的发布而言，如果媒介先刊播，后付款，广告公司若因客户拖欠而迟迟不能将刊播费付给媒介，也会影响广告公司的信誉。

（一）收费标准

广告公司在向客户收费的时候，应该让客户明确知道广告公司的收费标准。通常这个标准是在与客户签订合同的时候就已经协商好了的。广告公司应事先把印制好的价格表发给客户，让客户对可能要交的费用一目了然。如果客户事先不知道哪些项目要收费，收费金额是多少，那么，等到收费的时候就可能发生争议。

价格表一般应该包括以下内容：

（1）收费项目。如广告制作与发布、销售促进活动、公共关系活动、市场调查研究等（要细化到使用的材料和服务的细节）。

（2）计费方式。如收取媒体佣金，收取服务费、材料费和手续费，只收成本费等。

（3）不同员工的工时费。

（二）收款方式

1. 广告制作费的收取方式

（1）分期付款

大型广告制作，可能需要几周甚至几个月的时间，如果等到全部制作完成并经客户验收后才付款，就会占压广告公司过多的资金，因为广告公司必须先自己掏钱购买材料或付钱给协作单位。在这种情况下，广告公司可以在签订合同的时候，要求客户同意分期付款，以减轻公司垫资的负担和风险。比如，议定在合同签订后先付全部款项的1/3；工作基本完成后再付1/3；全部完成并验收合格后，付清余款。

（2）按月收款

按月收款就是在广告制作过程中，每月一次向广告客户收取费用。具体操作是每个月末列出一份清单，在清单上写明广告公司本月已为客户向委托单位或供应商支付的款项，然后在下个月初，把这份清单交给客户，请客户照单付款。

如果客户觉得一个项目几份账单很麻烦，广告公司可以采用开支清单的方式解决账单过多的问题。具体操作是：先让客户在广告公司的户头上存一笔用于支付各种项目的钱，广告公司则每月一次，从中支取该月的实际花费。采用这种方式收款，也还是要每个月末向客户发一次支取通知，告诉客户到这个月末为止，广告公司累计收取了客户多少钱。

2. 广告刊播费的收取方式

广告公司为客户预定了报纸、杂志的版面或者广播、电视的时段后，就要给客户发一份账单，在账单上写明某年某月的广告刊登或播出费是多少。通常到广告公司发出账单的下个月 10 号之前，客户就应该按账单上的金额付账。客户付账以后，如果广告公司收到媒介开列的广告账单，经审核与客户付账的金额相同，则广告公司还要再发一份详细账单给客户，说明广告费已经付清；如果经审核发现媒介取消了某些版面或时段，广告公司则应该按一定的比例向客户退费。

（三）催款办法

当客户不按时付款时，广告公司就应该向其催款。催款一般有以下几种方法。

1. 耐心劝说

一般出面催款的是负责联系客户的客户代表，也有广告公司是由财务人员或经理亲自催款的。催款可以打电话，也可以登门拜访。催款时要以友善的态度说明客户欠款的情况以及欠款给广告公司造成的负担。催款工作要不厌其烦，一直坚持到欠款入账为止。

2. 对按期付款给予奖励

为了促使客户及时付款，广告公司可以考虑用现金折扣给予鼓励。比如，规定某年某月某日之前付款的客户可以享受 2% 的优惠。

3. 对不按期付款给予惩罚

也有一些广告公司用惩罚的手段来迫使不守信誉的客户付款。比如，规定对延期付款的客户，处以每月 2% 的罚款。同意使用这种方法的人认为，这是合理的，它实际上相当于客户向广告公司借款的利息；也有人认为最好不要用这种方法向客户催款，理由之一是，可能会因此伤了客户的感情；理由之二是，可能这样做的作用并不大。

四、广告公司的营业额、毛收入和纯利润

（一）营业额

广告公司的营业额指广告公司从广告客户那里收取的全部费用，它除了广告公司可以用于自身经营的开支以外，还包括要付给媒介和外部协作单位或供应商的费用。如果除去后面两项广告公司的过手钱，剩下的毛收入就比营业额少了许多。在一般情况下，广告公司的营业额看起来很高，但纯利润并不一定丰厚，因为广告公司的营业额、毛收入、纯利润之间的差距远远高于其他行业。

在很多广告公司的营业额中，绝大部分是媒介租用费，如果按10%～15%的媒体佣金计算，即使广告公司的年营业额达到1亿元，毛收入也不过1000万～1500万元，减去工资、日常开支等各项成本和税费以后，年纯利润不到100万元，即毛收入只占营业额的10%～15%，纯利润更不到营业额的1%。

当然，不同的广告公司，毛收入占营业额的比例是不一样的，举一个极端的例子，自己拥有大量交通广告媒体的公交广告公司，其毛收入几乎等于营业额。还有一些广告公司主要从事广告制作，并向客户收取高额的服务费，其毛收入占营业额的比例也很高。如果广告公司的主要营业额来自媒体佣金，而媒体又把佣金压得很低，那么，这个广告公司的毛收入占营业额的比例就很低。

（二）毛收入

广告公司的毛收入是减去支付媒体的佣金和支付外部协作单位或供应商的费用以后剩下的部分，它是广告公司用于自身经营的开支，如支付员工工资、补贴福利、交房租水电费、购买公司的设备和办公用品等。

广告公司毛收入主要来源于4个方面：

（1）媒体佣金，是由媒介按媒体全额租用费的一定比例（一般是10%～15%）返还给广告公司的代理费（有的广告公司按媒体净价的11.11%～17.65%向广告主收取）。

（2）服务费，是广告公司为客户提供服务而向其收取的，按参与员工的工时费和一定比例的公司利润计算出来的费用（如果收取了媒体佣金，一般就不再收取广告设计及与之相关联的策划、创意费，但电脑设计、广告制作等还是要另行收费）。

(3) 附加费，是广告公司向客户收取应该支付给外部协作供应商的费用时，按这个费用的一定比例收取的加价，比例一般相当于媒体佣金。

(4) 手续费，是附加费的替代或补充。有的广告公司不收附加费，而代以各种手续费；有的广告公司在收取附加费的同时，再加收手续费。

(三) 纯利润

广告公司的营业额（也可以叫做销售额）减去向媒介和外部协作供应商的付款就是毛收入，毛收入减去员工工资和日常经营开支就是毛利润，毛利润减去奖金和分红就是税前利润，税前利润减去税金才是纯利润。我国广告行业的综合税率约为6%。

第二节　广告公司的支出

一、广告公司支出的分类

广告公司的支出也就是成本，根据不同的需要主要有两种分类方法，一是按是否用于工资支出分类，二是按是否直接用于为客户服务分类。第一种分类方法是广告公司做预算时使用的，这样分类有助于控制公司财务；第二种分类方法是广告公司做成本核算时使用的，这样分类有助于管理客户业务。

(一) 工资支出与非工资支出

1. 工资支出

广告公司是人才密集的地方，公司为了留住人才，往往会制定较高的工资标准，因此，广告公司的工资支出占毛收入的比例比较高，大约是毛收入的50%。

若把工资分为直接成本和间接成本，即业务人员的工资和行政及管理人员的工资，则直接成本约占工资总数的70%（客户服务人员约占29%，文案、设计人员约占24%，广告制作人员约占17%），间接成本约占工资总数的30%（行政及管理人员的工资约占14%，新业务拓展费用约占16%）。

2. 非工资支出

广告公司的非工资支出一般占毛收入的30%，主要用于3个方面：

(1) 场地设备费：房租、水电费、电话费、邮资、设备折旧费、购买设备与办公用品的费用等，它们约占毛收入的17%。

(2) 公司开支：公司用于自身的广告、捐赠等活动，以及订购书刊、支付利息等方面的费用，它们约占毛收入的7%。

（3）客户服务费：用于客户服务工作的招待费、差旅费、传真费、复印费等，它们约占毛收入的6%。

以上各项支出占毛收入的比例都只是约数，仅供广告公司作为财务预算的参考。在实际预算中，广告公司可以根据需要，对这个比例进行调整，即在支出总量不变的情况下，调整各部门的工资水平，甚至调整工资支出与非工资支出的比例，只要这种调整有利于服务的质量和公司的效益。

（二）直接支出与间接支出

1. 直接支出

直接支出也叫直接成本，就广告公司而言，是指直接用来为某一广告客户服务的支出。它既包括客户服务、文案、设计、制作等人员的工资，也包括客户服务费、部分设备费等非工资支出。

2. 间接支出

间接支出也叫间接成本，就广告公司而言，是指用于维持广告公司正常经营的支出。它既包括行政及管理人员的工资、新业务拓展费等工资支出，也包括公司开支、场地费、部分设备费等非工资支出。

二、广告预算

（一）广告预算的含义与意义

广告预算是广告公司为客户委托的广告业务所做的经费匡算及使用计划。它规定了一个广告或广告活动所需要的费用总额及各项支出。

广告预算是广告客户资金投入和广告公司财务执行的依据。广告预算支撑着广告计划，它关系到广告计划能否落实、预期效果能否达到。但也不能简单地认为，广告投入越多，取得的效果越大。大量的研究表明：当广告投入达到一定规模的时候，其边际收益呈递减趋势。美国广告学家肯尼斯·朗曼（Kenneth Longman）也认为，任何品牌产品的广告效果都只能在临界（Threshold，即不进行广告宣传时的销售额）和最大销售额之间取值。因此，广告投入的大小应以能够实现广告目标而又不致造成浪费为宜。广告预算的意义之一，就是确定合理的广告投入。

（二）广告预算的内容

广告预算的总额一般是由广告主提出的，广告代理公司则做出与预算相适应的支出计划，进行合理的预算分配。

在确定广告预算总额的时候，广告公司一般只扮演次要的角色。在客户确定预算总额的最后阶段，广告公司很少直接参与其中。但作为广告主信赖的伙伴，广告公司有义务，也有能力帮助客户确定恰当、有效的预算。广告公司能为客户提供市场状况、媒体走势方面的信息，对确定实现广告目标所需要的成本提供参考性的意见。

广告预算的分配，就是广告公司对广告预算总额做具体支出的计划，分配的恰当与否，直接影响到整体广告计划的实施和效果，因此，广告公司的财务管理部门应当把广告预算的分配与支出放在日常财务管理工作的重要位置上。

广告公司为客户所做的广告预算一般应包括以下几个方面的支出：

(1) 媒体租用费，约占广告总费用的80%；

(2) 广告设计制作费，约占广告总费用的10%；

(3) 广告调研费，约占广告总费用的5%；

(4) 行政费用，约占广告总费用的5%。

以上只是就媒体广告而言的，各项支出的比例也只是一个参考，而且就某一个具体的广告而言，策略不同，支出比例也会有所不同。

广告公司为客户做的预算分配要详细，比如每一种媒体的租用费是多少，甚至报纸、杂志、广播、电视每刊播一次需要多少费用都要写清楚。广告预算一般分条列款拟写，如有必要，也可设计成表格的形式。

(三) 广告预算的要求

1. 预算合理

广告预算的合理性主要表现在两个方面；一是总量合理，二是分配合理。总量合理就是，既不能因额度过大而造成资金的浪费，又不能因额度过小而达不到预期的效果。分配合理就是，各项支出的比例恰当，能在总额一定的情况下产生最佳效果。

2. 慎重核准

如果广告预算由客户提出，广告公司核准，则广告公司应对其预算，包括费用细目，一一加以重新估算，核准金额。对入不敷出的预算项目，必须提出调整的理由和具体的建议。

如果广告预算由广告公司提出，客户核准，广告公司也应小心谨慎，因为预算由公司提出，执行中超出预算的部分只能由自己负责，广告主不会对超出预算的部分予以补偿。

(四) 广告预算的执行

广告费的使用要严格按照预算来执行。也就是说，总金额和细分项目的费用支出都必须严格地控制在广告预算的额度内。如果广告活动持续时间较长，在广告预算中列出了各阶段的支出计划，那么，每一阶段的支出也必须严格控制在广告预算的额度内。只有严格的分项管理和分阶段管理，才能对广告预算进行有效的控制。广告预算在任何一个部分的突破，都要由广告公司承担责任，都会给广告公司的财务增加负担，因此，严格广告预算的执行，也是广告公司财务管理的一项重要内容。

另一方面，在实际的广告活动中，经费的支出和预算完全吻合也是不大可能的。由于客观情况的变化和突发事件的产生，某一项目或某一阶段的支出超过预算在所难免。因此，广告公司的财务主管在执行上还要有一定的灵活性，在控制总量的前提下，在各项目、各阶段的支出之间作适当的调整。某一项目或某一阶段超出了预算，可以通过紧缩其他项目或其他阶段的开支来弥补。

对于广告运动必需而又没有事先列入预算的项目，广告公司必须事先向广告主提出费用估算，经广告主同意后，方可实施。未经许可就实施计划中没有的项目，会造成客户的不愉快，如果因此与客户发生争执，更会严重地影响与客户的关系，甚至可能失去客户。

第三节　广告公司的财务控制

一、广告公司的盈利状况

广告公司的营业额可能很高，但利润却不一定丰厚，因为就一般情况而言，交付媒介的费用就占去了营业额的85%～90%。进入21世纪，中国的广告业告别了“黄金岁月”，广告业的增长速度从20世纪80年代的20%～50%滑落到14%～16%。企业在广告投入上越来越理性，媒介在全国范围内的竞争日趋白热化，许多广告公司经营难以为继，利润逐年降低。

广告公司的固定投资虽然比较低，但人员费用的投入却比其他行业要高得多。因为拥有优秀的广告人才，广告公司才能招揽到客户，才能为客户提供优质的服务，并使公司获利。为了吸纳或留住人才，广告公司或者提供较高的月薪，或者采用提成的方式，这都会提高公司的成本。

从国外一般情况看，在广告公司100元的营业额中，毛收入约为15元，其中人员工资和相关费用约占8.2元，日常经营开支约占5.2元，利润约占1.6元。由此可知，对广告公司的盈利状况不容盲目乐观。

广告公司利润的产生，在很大程度上取决于对服务成本的管理，所以控制成本在广告公司的财务管理中具有十分重要的意义。广告公司财务管理的根本目的，是最大限度地实现经营利润，而实现利润的主要方法就是控制经营成本和降低经营风险。

二、广告公司成本支出的控制

企业增加利润的办法就是开源节流，如果单从财务管理方面看，经营利润的实现则是建立在对经营成本的有效控制上。只有降低成本，才能增加利润。

广告公司的经营成本可以分成外付成本和内付成本两个部分。外付成本指向广告公司以外的媒介单位、调研机构、制作机构等支付的费用，如调研费、制作费、刊播费等。内付成本指员工工资、各项管理费用、日常行政费用、各种设备的折旧费用等。

（一）外付成本控制

严格控制外付成本的支出，使其限制在广告预算的额度之内，是成本管理的首要内容。

由于外付成本的支付对象在收费标准上存在着一定的松动余地，因此，极易诱发交易双方的个人行为，造成广告外付成本支付的漏洞，这就在一定程度上使广告公司对外付成本的管理陷入两难境地，如果统得过死，将失去许多节省费用支出的机会。如果放松管理尺度，则易出现财务管理漏洞。因此，广告公司必须制定出灵活有效的财务纪律和制度，尽可能规范经办者的个人行为，以争取尽可能合理、低廉的广告制作、刊播、发布费用，强化外付成本的管理。

（二）内付成本控制

广告公司内付成本管理的任务则更加复杂艰巨。因为内付成本包括工资、行政管理费用和设备折旧费等，所以对内付成本的管理也就是要加强对这几个方面的控制。

(1) 严格控制工资总额。广告公司的工资支出通常占毛收入的一半左右，如果工资占毛收入的比例过高，利润占毛收入的比例就会降低。广告公司员工的工资总额应该随毛收入的多寡而相应地浮动。如果毛收入减少，工资总额不变，公司的利润必然下降。当然也不能为了增加利润而减少工资总额，因为降低工资，会打击员工士气，挫伤员工工作的积极性，甚至造成人才的流失。所以增加利润的根本办法还在于拓展业务，增加收入，节约开支只是一个辅助的办法。

(2) 严格控制日常行政管理费用。广告公司对人事、财务、行政等非业务部门的支出，也应作出预算，并按月度、季度进行检查和监督。日常行政管理开支的浪费也会影响公司的利润。

(3) 加强各种设备的保管，延长设备的有效使用期。这样可以减少购买设备的费用，减轻实现利润目标的压力。

为了对内付成本进行有效的控制，广告公司还应该在制度和方法上有所作为。

第一，制订计划，建立制度。

广告公司应制订包括公司年度、季度、月度的财务计划，检查收支情况，并将其汇总列表；要建立有效的财经纪律和财务制度，以监督公司各部门资金的使用；要运用计算机软件系统对广告公司的财务进行核算和管理；此外还要建立物资进出、管理和使用的保管和入库制度等。这些都是成本控制的重要依据和保障。

第二，分项、分段管理。

广告公司的业务，是由一个一个代理项目构成的。一个项目又可以分成若干阶段，所以也可考虑采取独立核算，分项目、分阶段管理的办法，依据各项目、各阶段利润实现和成本控制的情况，予以适当的奖励或处罚。比如将年度利润指标分别下达各分公司、各部门或各小组，年终结算，视完成情况给予奖罚。这种财务管理方法，为各类广告公司经常采用，尤其适宜于小组制组织类型的广告公司。

三、广告公司财务风险的控制

广告公司的财务风险，主要来自 3 个方面，即比案投入、广告代理效益和垫付资金。所谓财务风险控制，也就是要尽量避免或降低上述 3 个方面的风险。

（一）比案投入风险控制

所谓比案，就是广告主邀请进入预选名单的广告公司参加竞争性的广告方案说明会，并通过对不同广告公司方案的比较，来确定哪一家胜出，即决定把广告交给哪一家广告公司做。

比案投入风险，是指广告公司参加竞争性的广告方案说明会，以接受广告客户挑选所存在的或者胜出、或者落选的情况。

就广告公司而言，比案并非情愿，因为投入可能没有回报，但由于广告市场激烈竞争，大广告客户或大广告业务一般都是通过比案来选择广告公司的，为了争取新业务，广告公司常常不能不参加。

比案的方式一般有两种，一种只要求广告公司宏观地提出广告活动的策略，广告公司的投入不是很大；另一种则要求广告公司提出完整、详细的广告计划，广告公司参加这种比案就得花费相当多的人力、财力和物力。一旦落选，先期投入就付之东流，所以有人说，比案是让广告公司破产最快的方法，这也是广告公司要慎重对待比案的原因。

在比案时遇到的另一个棘手的问题就是预算。虽然在比案过程中，广告预算额并不是唯一的选择尺度，但却往往成为一个广告公司能否在与同行的竞争中胜出的重要因素。过高的预算一般难以入选，但广告预算总额过低，中标后又可能因为超支而致使广告公司陷入财务困境。

综上所述，广告公司比案投入的风险一般表现在两个方面：一是如果广告方案不能中标，广告公司为编制方案的先期投入就会打水漂，因为这种投入一般由广告公司自己承担；二是预算额必须实行紧缩，才能在“物美”的前提下体现“价廉”的优势，这就必然增加广告预算在实施中的资金紧张程度和对利润实现的影响程度。

不参加比案，就不可能争取到广告代理的机会；参加比案也不一定能获得预期的回报，甚至还会带来亏损。广告公司应该怎样应对这种两难的局面呢？为了避免或降低比案投入的风险，广告公司应加强以下 3 个方面的工作：

(1) 在慎重分析中标的可能性之后再决定是否参加。需要考虑的因素有：本广告公司是否受到客户的主动邀请，客户是否属于本广告公司所了解的行业等。

(2) 加强对广告客户需求层次的调查，制定符合广告客户需要的广告方案，力求中标，减少风险。

(3) 科学合理地估算广告预算总额，列明支出细目，取信客户，争取理解。

（二）广告代理效益风险控制

广告代理效益风险，指广告公司根据客户的要求，采用销售效益分配制而带来的，广告服务得到回报或得不到回报的两种可能性。

销售效益分配制与常规的广告付费方式不同，广告主不是根据广告公司提供的服务付酬，而是按照广告促成的销售效益的一定比率进行利润分成，这样，广告公司的收入就失去了固定的保障，而完全建立在广告主的销售效益上。如果广告主的销售效益不佳，广告公司的服务就得不到回报。需要说明的是，这种代理方式并不要求广告公司承担成本风险，因为所有广告成本还是由广告客户支付，广告公司所承担的只是服务报酬的风险。

为了避免或降低广告代理效益风险，以下两种措施可供广告公司选择：

(1) 慎选广告客户，慎选代理业务，对难以实现效益分成的广告业务不予代理。

(2) 提高财务管理水平，扩大财务管理范围，对代理广告产品的销售实行有效的监督和核算，以保证效益分成的实现。

（三）垫付资金风险控制

垫付资金风险，指广告公司如果为客户垫付媒介租用费或其他广告费用，所垫资金可能收得回来，也可能收不回来。

广告主委托广告公司为其开展广告活动，活动的费用当然应该由广告主来付，但广告主与广告公司签订合同时，对付款方式的规定却有较大的灵活性和机动性，既可以先期支付，也可以分期支付或在广告活动做完之后支付。然而，广告公司在为广告主发布广告时，必须向媒体单位先期付清媒体发布费用，这个在媒体收费和广告客户付费之间出现的时间差，就成了广告公司垫付资金的风险所在。此外，广告公司在客户付款以前，为其垫付印刷、材料购买等费用，同样存在资金回收的风险。在广告公司的经营中，因客户破产而造成垫付资金无法回收的情况并不少见。

在广告公司经营的所有财务风险中，垫付资金的风险最大，造成的后果也最严重，所以必须引起足够的重视。为了避免这种风险，广告公司可以考虑采取以下措施：

（1）最好的办法是不为广告主垫资。比如，在客户未交纳媒介租用或产品目录印刷等费用之前，不向媒介或供应商支付媒介或制作等费用。但这样做往往会影响客户关系和广告业务。

（2）对委托广告业务的客户，进行切实的资本信用调查，不受理资本信用极差的广告客户的业务，以减少广告客户迟付或拒付的风险。

（3）广告公司在与广告客户签订合同时，明确双方的责、权、利，对收费方式和收费时间作详细的约定，以法律保障来降低风险。

（4）按期收取费用，防止客户滞纳费用的现象发生，避免公司资金周转困难，防止客户因种种不测而“倒账”。

总之，广告公司的财务管理因其经营的特点，而具有独特的管理内容。现有的制度和方法还必须在广告公司的运作实践中加以不断完善。另一方面广告公司与企业单位的财务管理也有共性，涉及财务管理的一般原则和方法，可以参照一般企业财务管理的办法执行。

第七章 公关公司的经营与管理

第一节 我国公关行业的历史与现状

一、我国公关行业的产生

（一）我国公关行业产生的背景

我国公关公司的产生，主要源于企业特别是外资企业和合资企业对公关活动的需要。自实行改革开放政策之后，外国企业纷纷进入中国。由于对中国政府、媒介、企业和公众都缺乏了解，这些外企迫切需要专业公关公司为其开展公关工作，以利于它们在中国的生存与发展。有些驰名国际的品牌企业或品牌产品在当时的中国还不为人知，它们也需要专业公关公司帮助其与消费者建立联系。

当时中国还没有公关公司，无法满足外企进入中国的需要，而已有几十年历史与经验的国外公关公司看到了在中国开辟公关市场的商机，开始在中国设立办事处，或与中国媒体合作为外企开展公关活动。而某些在媒体工作或对外国公关公司有所知晓的中国人也开始尝试开办公关公司，于是本土公关公司应运而生。

20世纪80年代初，深圳、广州、北京的一些宾馆、饭店开始设立公共关系部；1982年深圳竹园宾馆成立公共关系部，1983年北京长城饭店成立公共关系部。1984年4月28日，北京长城饭店在其美籍公关部经理的策划下，成功地将美国总统里根访华的答谢宴会从人民大会堂宴会厅搬到了刚刚开业的长城饭店，上演了一场成功的大型公关活动，来自全世界的500多名记者把长城饭店“推销”到了全世界。1984年，广州白云山制药厂率先挂出了国内第一块国有企业公共关系部的招牌，并注资120万元，开展公共关系活动。国内企业公关意识的建立与加强，也对我国的公关行业起到了催生的作用。

可以作为我国公关业产生背景的还有以下几件大事：1986年11月，中国社科院编著的《塑造形象的——公共关系学概论》正式出版；1989年1月25

日，中国第一份海内外公开发行的公共关系行业杂志《公共关系》在西安创刊；1987年底国家教委将公共关系学列为若干专业的必修课或选修课之后，深圳大学率先开设了全国第一个“公共关系”专业；1991年4月，中国国际公关协会成立，宣告中国公共关系研究开始与国际理论研究接轨。

（二）我国公关公司的建立

20世纪80年代中期以后，我国的专业公关公司纷纷兴起。世界上两家最有影响的公关公司——伟达公关和博雅公关先后进入中国。1985年，后来被媒体誉为“中国公关之父”的法国人，25岁的杜孟在中国创办了第一家中外合资的公关公司——中法公关。1986年，中国第一家本土专业公关公司——中国环球公共关系公司成立。

1. 伟达公关

伟达公关（Hill & Knowlton，简称H&K）1927年成立于美国俄亥俄州克里夫兰，现隶属WPP传播集团。伟达在全球37个国家有31个办事处，其全球性客户包括惠普、美国运通、PG&E、宝洁、可口可乐、阿迪达斯、摩托罗拉、安永与福特等。

伟达公关是第一家在中国开设分公司的国际公关公司，它于1984年率先在北京设立办事处，1993年又在上海设立办事处，目前伟达中国已在40多个城市开展工作，提供从宣传活动设计到政府关系和危机管理的全方位服务。

伟达来到中国所做的最主要的一件事情就是把跨国公司带到中国。很多跨国公司来到中国，都是找伟达为它们提供公共关系服务，比如麦当劳在中国开店、比尔·盖茨来华访问等。1984年IBM在天安门广场举办的第一家办事处的开幕典礼，1990年中国第一家麦当劳餐厅在深圳开业剪彩等都是由伟达公关执行的。

伟达公关1991年受中国政府聘请，负责在美国国会游说，争取美国给予中国最惠国待遇，从而成为第一家被中国政府聘用的外国公关组织。1999年10月，伟达被中国石油总公司聘请为公关顾问，为该公司在纽约和香港两地上市、成功集资29亿美元铺平了舆论道路。2005年百度在纳斯达克上市后股票迅速上涨了350%，这也是伟达中国和伟达美国合作的成功案例。

2005年5月，伟达（中国）公司被“国际商业大奖”评委会评为“全球最佳传播机构”。

2. 博雅公关

美国博雅公共关系有限公司成立于1953年，是全球最大的公共关系和传播咨询公司之一，总部位于美国纽约。博雅隶属于全球最大的整合传播集团——WPP集团。博雅在全球五大洲35个国家共设有76家服务机构。就分公司数量和营业额而言，博雅公司是世界上最大的一家单一品牌的公关公司，其专业咨询专家的数量超过2000名。在美国《财富》杂志评选的世界500强企业中，75%都是博雅的客户。

1985年，博雅公关进入中国市场，与新华社下属的中国新闻发展总公司建立合作关系，并协助成立了我国第一家公共关系专业公司——中国环球公共关系公司，以这种形式向中国拓展公关业务。1994年合同到期后终止合作。

1992年博雅在中国成立合资企业——广东博雅公共关系有限公司，并在北京、上海、广州和香港特别行政区设有办事机构，到2005年中外员工已达125人。目前，博雅中国通过其在大中华区内的北京、上海、广州和香港办事处，为客户提供公共关系与传播方面的全方位咨询和服务。

3. 中法公关

中法公关公司于1985年由25岁的法国人杜孟在北京创立，它是当时中国第一家中外合资公关公司。该公司曾为许多知名企业提供高层次的咨询服务，其中包括玛氏Mars、柯达、耐克、英特尔、ABB、拜尔、麦肯希斯、肯德基、克里斯汀罗伊斯、美国西北航空公司、德国汉高、沃尔沃等。1993年，中法公司整体转让给世界上最大的独立公关公司——美国爱德曼国际公关集团。杜孟则成为该公司董事会的成员之一，直接向公司董事长兼创始人Daniel J. Edelman汇报工作，同时，他还被任命为爱德曼亚洲事务的总裁兼首席执行官，负责主要客户的管理和发展，并通过并购不断开拓公司业务。

杜孟将公关风潮带入中国，也将众多世界品牌带入中国市场，他因此被称为“中国公关第一人”。在1996年的某媒体上，当时只有36岁的杜孟被称为“中国公关之父”。杜孟对中国古代文化很感兴趣，他的名字是挑选杜甫和孟子的开头一个字组合而成的，既有中国文化底蕴，又与外文发音相近。杜孟说：“同中国文化接近，就更能同中国人接近。”他还说：“北京是我的第二个家，和许多外国人喜欢上海不同，我觉得北京的文化、历史是别的城市没有的。”

4. 中国环球

中国环球公共关系公司1986年7月3日经中华人民共和国对外经济贸易部批准宣布成立。该公司是中国第一家本土专业公关公司，隶属于中国国家通讯社——新华社，是中国新闻发展公司下属的一个专业公关公司，其前身为中国新闻发展公司公共关系部。该部在1985年8月就同美国最大的公共关系公司——博雅公共关系公司签订了合作协议，互相代理公共关系业务。中国环球公共关系公司总部设在北京，在若干省会及重要地区均设有分支机构。新华社的官方背景，使它拥有国内同行所无法比拟的信息、人才、技术优势及业务网络，也使它与政府、传媒、社团及同行保持着良好的关系。中国环球在最初的7年里，一直都只是代理博雅公关的在华业务，相继接受了美国、加拿大、英国、瑞典、新加坡以及世界银行所属的国际金融公司等20多家大公司、大企业的委托，为它们在中国提供了各种各样的公关服务。1992年，双方合同到期，博雅退出了环球公关。也正因为早期和博雅公关的合作关系，环球公关的职员都曾经在世界一流公关公司接受过系统公关业务培训。中国环球曾经服务过的重要国际客户包括可口可乐中国有限公司、德国汉诺威展览公司、瑞士欧米茄公司等。1987年，中国环球还在我国第一个提出了“新闻软文”这个创意。

中国环球从1986年成立至今大体经历了三个发展阶段：第一阶段从1986年至1992年，环球与博雅合作，认识了公关，学会了如何搞公关，并得到了规范化操作的培养。第二阶段从1993年至1996年，因为与博雅的合作终止，只有自己到市场上去找客户。这也使环球产生了强烈的市场意识、客户意识和服务意识。第三阶段从1997年至今，环球的业务发展基本上进入了良性循环。

5. 路村咨询策划

1993年，路村咨询策划公司成立。这个公司虽然只存在了3年，但它却在中国公关公司发展史上占有独特的地位，有人把它称作“中国本土专业公关公司的摇篮”。“嘉利”的李铬、“蓝色光标”的赵文权、“西岸”的黄勇、“时空视点”的刘方俊、“易成集纳”的黄新金、“致蓝经纬”的吴哲飞等今天仍活跃在公共关系市场第一线的老总级人物，都曾经是路村咨询策划公司的成员。他们先后各自创办的公司已成为本土公关公司的重要力量。

二、我国公关行业的发展

改革开放以来中国经济的持续增长带动了企业的发展，同时也刺激了给企业提供咨询服务的公关公司的发展。中国本土公关公司的迅速成长，得益于对国际公关公司经验的借鉴，这些本土公司大多是由在海外或者是在外资企业有过成熟的培训和经验的人员作为核心管理团队的。随着中国公关业的日趋成熟，本土公关公司已对国际公关公司形成很大的竞争压力，因为本土公关公司借助对中国政治、文化和媒体特点的了解以及服务价格的优势取得了很大的发展。

（一）本土公关公司发展的两个阶段

中国本土公关公司作为一个群体的崛起始于20世纪90年代中期，其发展大致经历了两个阶段：从1994年到2000年的草创阶段和从2001年到现在的壮大阶段。

促使中国本土公关公司崛起的主要因素是互联网经济大潮。当时有些 IT 记者参加了国际公关公司组织的活动以后，突然发现了向企业提供新闻宣传服务来收取劳务费用的生财之道。凭借着对中国传媒状况的了解和对中国 IT 圈子的熟悉，一些笔杆子和嘴皮子比较过硬的记者抢得了先机。由于公关行业进入的门槛不高，不少公司在一夜之间诞生。今天在公关行业内颇具影响力的蓝色光标、海天网联、道康（Dotcom）等公司都是在这种情况下产生的，仅从公司的名字上也可以看出互联网大潮留下的鲜明痕迹。

在草创阶段，公司数量不多，规模也比较小，公司所在地多数设在北京，业务主要集中在 IT 行业。本土公关公司努力说服国内客户接受公关概念，说服有公关概念的跨国公司逐步了解和信任本土公关公司。随着本土公司竞争优势的显现，IT 行业中最显赫的企业，如 IBM、INTEL、CISCO、HP、联想、方正等纷纷选择与本土公司进行合作。

在壮大阶段，中国经济的持续高速增长为本土公关公司的发展提供了强有力的支撑，一批本土公关公司开始向汽车、消费品、地产、金融、医药等行业进军，国际公司也开始调整策略，希望重新夺回丢失的客户和市场份额。

现在，虽然本土公关公司在人员和收入规模上已经超过国际公司，并且这种情况还将继续下去，但是在专业声望和人均收益上，本土公关公司与国际公司还存在相当的差距，这种差距还会持续很长一段时间。有人认为今天本土公关公司立足的新闻宣传服务，只是西方公关公司业务之中技术含量最低的基本业务之一。中国现在的公关行业还只是相当于西方公关发展史上的幼年时期。

（二）“西岸”的成长

1994 年 6 月，当国内的公关公司还主要是合资公司（如环球）和国际公司（如伟达、爱德曼），而完全的本土公关公司几乎还没有的时候，黄勇用 1 万元资金在中关村注册了“北京西岸咨询策划公司”——第一家完全本土的公关公司。在其后的几年里，随着 IT 行业的发展，蓝色光标、海天网联等一大批本土公关公司也相继成立。

黄勇原为《科技日报》记者。早在 1992 年，他在香港地区偶然参观了博雅公司在香港的分公司后，就萌发了改行做公关的念头。由于这个想法是在旧金山的一个酒店里产生的，他后来成立的公司也因此而取名“西岸”（西海岸）。因为做记者时对中关村的长期跟踪报道使他对 IT 行业了如指掌，并且与柳传志等业界名人有很好的交往，人脉资源丰富，所以西岸咨询策划公司在很长时间里只做 IT 的客户。公司成立之初，“西岸”基本上只有 AST 一个客户，1995 年 4 月，西岸咨询策划公司成为当时全球第一大 PC 厂商康柏公司的公关代理，不久之后，微软与“西岸”签约，随后，康柏又介绍了思科。到 1997

年，“西岸”开始为英特尔提供长期公关服务，进一步拓宽了商业视野，整个公司的品牌和盈利又迈上了一个新台阶。

（三）奥美的本土化

2002年6月，奥美公关与“西岸”联手宣布：以各自占股60%和40%的比例合并，成立奥美-西岸合资公司。原“西岸”所有人员和业务全部转入合资公司，其管理团队保持不变，独立负责公司的运营；“奥美”则以现金和部分业务注入新公司。新公司在全国3个城市拥有6家办事处，总员工130余名，成为当时中国公关业内最大的公关集团。

奥美公关1980年成立于美国纽约，它和奥美广告等姊妹公司分享同一企业品牌。奥美隶属于WPP集团，该集团是世界上最大的传播集团之一，它拥有60多个子公司，其中包括智威汤逊、Hill and Knowlton、奥美公关、Millward Brown、Research International、传立传媒和Enterprize IG等。

奥美公关1995年进入中国市场，先后在北京和上海成立分公司，并于次年开拓业务至广州，在与“西岸”联手之前，奥美公关（中国）分公司员工已有70余名，是国内最大的国际公关企业。正是因为奥美公关国际经验的优势，国外品牌抢滩中国时，很多都选择了奥美公关作为自己的公关代理，比如BMW、IBM、诺基亚、辉瑞、亚信等世界著名企业都是奥美公关在中国的长期客户。

奥美公关一直打算收购一家中国本土公关公司，以便更好地利用本地资源。并购“西岸”是其在本土化策略上迈出的重要一步。奥美公关把拥有95%的中国员工和一个绝对的中国伙伴，并争取客户中的40%是中国企业作为其本土化目标，它一贯声称自己是“最本地化的国际机构，最国际化的本地代理商”。2003年，“奥美”一手推广中国移动“动感地带”广告公关联动，可谓整合营销传播的范例。

三、我国公关行业的现状

（一）我国公关行业的近况

2011年1月18日至3月10日，中国国际公共关系协会（CIPRA）开展了2010年年度中国大陆境内公关行业调查。调查内容涉及公司运营、公司业务和市场发展三个方面。调查结果形成了《中国公共关系业2010年年度调查报告》，并于2011年4月11日在北京发布。

调查显示，随着全球经济转暖和我国经济快速增长，2010年公共关系市场再次迎来了快速增长的发展势头，整个行业年营业额估测为210亿元人民币，年增长率为25%左右。

汽车、IT、快速消费、医疗保健和金融位居市场份额的前五位，分别为24.3%、16.2%、14.8%、8.3%和4.1%，其他如通信、房地产、制造业、旅游、体育、文化等占32.3%左右，“汽车”重新夺回第一的位置。

网络公关、事件营销、危机管理、世博公关以及CSR等成为2010年增长最快的业务，城市营销业务开始受到普遍关注。统计数据表明，2010年网络公关业务取得了长足的进步，绝大多数公司均涉足该服务领域，在进入年度排行榜的40家公司中，14家公司的网络公关业务规模超过1000万元人民币(比2009年增加5家)，其中7家公司超过3000万元人民币。

中国国际公共关系协会常务副会长兼秘书长赵大力认为，我国公关行业的“勃勃生机”主要表现在3个方面：

其一，2010年上海世博会、广州亚运会两大盛事的举办，为公共关系行业的发展提供了极好的舞台，带来了良好的机会。根据调查报告，事件营销、世博公关是2010年增长最迅速的公关业务之一，是2010年公共关系行业发展的直接动力。

其二，2010年又是微博元年，在新媒体蓬勃发展的环境下，信息传播的快速性、互动性、创新性对品牌、声誉、危机管理提出了更高的挑战、更多的课题，也大幅度地拉动了网络公关业务的发展。

其三，2010年是政府采用公共关系服务越来越娴熟的一年，最明显的例子就是现在城市营销越来越红火。

近10年来，我国公关行业一直保持着良好的发展势头。2000年我国公关行业年营业额约为15亿元人民币，2005年约为60亿元人民币，2010年约为210亿元人民币，10年中增长了13倍。我国公关行业的市场规模不断发展，需求领域逐步扩大。

2000年我国居公关市场份额前三位的行业是：IT、一般消费品和医疗保健品；2005年居前五位的行业是耐用消费品（汽车、家电）、IT（计算机软硬件及其外设）、快速消费品、通信（手机等通信类产品）和医疗保健；2010年居前五位的行业是汽车、IT、快速消费、医疗保健和金融。由此可见，10年来IT、一般消费品、医疗保健行业一直是我国公关行业的主要服务对象，汽车行业则后来居上，金融业也在近年跻身到了前五位的行列。

（二）我国公关行业的格局

虽然我国的公关公司的数量也在增长，但这些公关公司的规模与服务水平却参差不齐。2010年我国20强公关公司的平均年营业收入已达2901万元，其中6家超过1亿元，年平均员工数为271人，年平均工资水平为月薪8181

元。相比之下，我国大多数的本土公关公司还只是几个人凭关系拉来一两个客户做起来的小公司，至今仍然是为生存而挣扎的小作坊。

一般认为，目前中国的公关市场可以分为三个层次：居于第一层次的只有少数几家有国际背景的公关公司。这些公司收费相对昂贵，因为它们能够提供高附加值的战略性咨询。在第二层次也有很多国际公关公司，它们能够想出很有创意的点子并能付诸实施，在项目执行方面非常出色。在这一层次也有一些很好的本土公司。第三层次则基本上是本土公关公司，业务主要集中在媒体关系上，竞争的主要优势在于执行，价格战也是发生在这个层次。

我国的公关公司可以分为国际公关公司和本土公关公司。国际公关公司大多具有国际大财团背景和数十年的历史，其成功的案例都和国际大企业相关，而且公关活动合乎国际规范。相比之下，本土公关公司则创立时间不长，财力、经验不足，经营活动也还有待规范。

1. 国际公关公司

目前，国际公关公司在中国公关业市场中仍占据着主导地位，并引导着中国整个公关业的发展，这是因为它们具有雄厚的经济实力、先进的技术设备和丰富的从业经验。

这些公司的大部分客户是外国企业，特别是北美和欧洲的公司。在未来几年内，这种状况还会持续。其原因主要有两个：一是大多数外国投资商认为国际公关公司在提供专业服务和使用先进技术上具有明显优势，它们可以利用公司总部的资源和关系。二是大多数国内企业还没有认识到公关公司的作用，即使有些企业意识到了，也面对国际公关公司昂贵的服务费用望而却步。但是，中国公关市场的快速增长使得国际公关公司对本土客户越来越重视。比如，虽然“万博宣伟”目前的客户 90% 都是外国企业，但该公司中国区董事、总经理刘希平说：“我们的目标是本地客户占到一半。”

国际公关公司普遍接受总部的调控，其运作方式和公司员工更多地受到公司文化的影响。大多数国际公关公司认可并遵循 IABC（国际商业交流者协会）的职业道德标准和 PRSA（美国公关协会）的职业道德标准。它们认为这些标准也同样适用于中国。

许多国际公关公司都考虑到本土化的问题，它们都聘用了相当一部分中国员工，有些中国员工还占据着公司管理层的重要职位。奥美公关有 95% 的中国员工，12 人的管理层中有一半是中国大陆人。福莱—灵克公司的管理队伍中有 20 个中国大陆人，占其管理者总数的 86%。

2. 本土公关公司

中国公关公司在公关业的标准和职业道德上一般较多地受到国际公关公

司的影响，国际公关公司服务的规范化和开拓客户的系统方法常为本土公司所借鉴。在国际公关公司追求本土化的同时，许多本土公关公司也在追求国际化。

虽然国际公关公司在中国公关市场仍然处于领先地位，但一些本土公关公司的老总认为，外资公司的优势是暂时的，未来中国的前10大公关公司都将是中资公司或合资公司。与国际公关公司相比，本土公关公司的优势是：熟悉当地政治文化，收费低廉，并且可以更方便地利用媒体等。

目前，在本土公关公司中比较突出的是蓝色光标、海天网联和嘉利公关。

（1）蓝色光标

蓝色光标公关顾问公司1996年在北京创立，目前在上海、广州、成都、西安等20多个城市拥有分公司或办事处，连续多年在中国国际公关协会评选的中国10大公关公司中位居前列。蓝色光标从2002年开始正式进入IT之外的新行业，目前在消费品、汽车、金融、医药等领域初步奠定基础，除了公共传播和媒体关系管理之外，蓝色光标在危机管理、活动管理、专业咨询和培训、政府关系等方面也具备了强大的专业服务能力。其成功运作的案例有2001年北京申奥政府公关、新联想企业形象推广、微软产品发布、迪士尼中文网站开通等。该公司2010年营业收入超过2亿元人民币，居当年我国公关公司20强之首。

（2）海天网联

海天网联公关顾问有限公司1995年1月成立于北京。现设有客户部、市场部、会务部、创意部、多媒体部、IT部、行政部、财务部与人事部，同时全资拥有海天网联彩色印刷有限公司。海天网联公关顾问有限公司在上海、广州等地建立了分公司，从而形成了以北京总部为中心辐射全国的服务体系网络。此外，海天网联还同一些著名的跨国集团建立了合作关系。海天网联的核心业务是为客户提供整合的营销传播服务，其中包括市场营销传播咨询、市场营销活动的开发设计与实施、公关战略与计划的开发与运作，以及在企业营销过程中所涉及的多媒体、交互式网站开发和相关营销工具的服务。其服务的行业包括IT、通信、汽车、电子消费品等多个领域。公司连续几年保持着年营业额不低于50%的增长率。在2002年第五届中国最佳公共关系案例大赛中，该公司的“IBM蓝星计划”获整合营销传播类金奖。代表案例有品牌魅力驾驭时尚——POLO赞助2002年上海国际女网赛等。

（3）嘉利公关

嘉利公关顾问公司成立于1996年，曾为一百多个企业和单位提供过公共关系服务，2002年以来一直被中国国际公关协会评选为中国10大公关公司之一，其业务涉及电信、IT、汽车、房地产、大众消费品、机构推广、时尚娱乐、体育旅游、医疗健康、传媒出版等产业以及政府、非盈利性机构等。

2003 年 9 月，嘉利公关成功并购了业内著名的博能公关公司，开创了本土公关公司资本运作之先河。

2004 年初，嘉利公关在英国伦敦开设海外分公司，以加强与国际客户的沟通能力，开始本土公关公司国际化的尝试。同年 4 月，推出中国第一套海外版权公关系列丛书，在 6 月的中国国际公共关系大会上获得国际公关协会颁发的特殊贡献奖，这也是中国公关公司第一次得到来自国际权威机构的认可与奖励。

现在嘉利公关已拥有北京、上海、广州三家分公司，除英国伦敦外，又在日本东京设立了办事处。

（三）我国公关行业存在的问题

虽然我国的本土公关公司在短短 10 余年内有了长足的进步，但就其服务的专业质量而言，还是与我国经济的发展存在一定的差距，管理水平低下、合格人才匮乏、综合资源不足等都是突出的问题。

1. 经营规范化问题

西方公关业的历史比较长，许多公关公司在其发展过程中逐步形成了比较规范的运作模式。而本土公关公司大多是仓促上阵，因而管理水平还比较低下。许多公关公司对建立规范的运作模式还没有足够深刻的思想认识，当然也就没有研究，更谈不上建立和实行。公司骨干在业务运作过程中，各自凭借自己的知识和思维行事，而且只重操作，不作总结，因此规范的运作模式难以形成。

2. 行业操守问题

有的公关公司只顾眼前利益，为了赚钱，违背职业道德，不惜毁掉自身的声誉和形象。一些本土公关公司在业务运作过程中，屈从于客户的压力，利用各种渠道给媒体安排大量的公关稿件，致使媒体传播向“新闻购买”改变。有的公关公司靠红包搞定新闻发布会，这也是违背公关职业道德的一种表现。在国外，记者是不能为企业发稿收取红包的。公关公司邀请记者出席新闻发布会，有一半人来，客户就已经很满意了，因为不能给记者费用，如果给了，就是商业贿赂。

在我国，人们经常埋怨说，在专业公关公司的操作下，企业给予公众的永远是“高大全”的形象。当然，中国的公关业毕竟刚刚起步，美国的公关业也是在经历了“新闻揭丑运动”之后，在像艾维·李这样杰出公关人士的推动下，才进入良性的发展时期的。

3. 收费标准问题

这也可以说是行规缺乏的一种表现。以日常公关代理业务为例，公关公司通常是按字数收费，但实际上这种收费标准双方都不满意。就公关公司而言，在写稿和发稿之前需要给客户提供市场分析、品牌定位、竞争对手分析、市场调查等，这些远远超出稿件撰写的范围，按字收费反映不出这些方面的服务；就客户而言，发稿量并不等于服务的质量，因为还有宣传报道是否针对目标受众，传达的信息是否准确，宣传频次是否合适，文章的影响是否正面、积极等因素需要考虑。

4. 人才培养问题

由于我国的很多公关从业人员是半路出家，进了公司之后，每天都要疲于应付写不完、发不完的稿件，大多数老板也以短期生存利益为重，无暇顾及员工的个人成长，员工们没有时间和机会去学习一些基本的公关知识，掌握一些基本的作业方式。因此系统和规范的培训体系还有待于建立。

四、我国公关行业的前景

（一）公关服务需求增长

我国稳步发展的经济和稳定的政治环境给公关业的进一步发展提供了良好的条件。在未来一段时间内，中国作为世界的投资热点，将会有更多的国际企业涌入，它们在进入中国市场时特别需要公关服务，而且仍然会多半选择国际公关公司。

随着我国市场经济的渐趋成熟，国内企业也越来越多地认识到公关的作用，并需要公关公司为它们提供服务。中国正在形成一个对公关业来说极有希望的潜在市场，我国不断壮大的公关队伍也反映了对公关服务需求的不断增长。

中国经济持续的强劲发展以及 2008 年奥运会对经济的拉动，使整个中国公关业变得越来越重要。在未来的 5 到 10 年，我国的公关市场将会继续扩大，企业对于公关公司的要求也会越来越高。一些从前未用或少用的公关手段和服务正逐渐受到关注，例如危机管理和投资者关系等。

目前，八大国际公关公司中已有六个在中国设立总部。随着对外开放的深入和国际交流的发展，西方的商业概念和公关行业标准将会更多地引入中国。同时，公关业在全球范围的发展，也会促使中国公关业更快采用符合国际标准的从业规范。中国公关业将与国际公关业接轨，并朝着健康的、符合职业道德的方向发展。

（二）本土公关公司分化

从近年公关行业发生的一些变化看，目前本土的公关公司可能会朝三种不同的方向发展。第一种是向国际公关公司的标准靠拢；第二种是维持以新闻宣传为主业的现状；第三种是转化为营销咨询公司。

（1）历年被中国国际公共关系协会评选为“十强”的本土公关公司，和其他有一定实力和进取心的本土公关公司，将努力学习国际公关百年来积累起来的行业经验，逐步熟悉并采用符合国际标准的行业规范，与国际公关公司在国内市场同台竞争，并尝试着走向世界。

（2）一些目前以新闻宣传为主要业务的本土公关公司，继续靠发稿盈利。它们谋生的主要手段就是稿件质量和发稿渠道。为了保证渠道的畅通，有的公司依然违背行业准则，向媒体发起金元或红包攻势。因为它们在公关策划和执行上缺乏足够的竞争力，所以规模难以扩大。

（3）还有一些本土公关公司随着企业对营销策略服务需要的增加，将原来作为副业的营销咨询业务发展为主营业务，而原来的新闻宣传业务则逐渐为营销策划和实施所取代。这些公司会随着营销咨询业务的成熟而壮大。

（三）总体发展趋势

中国国际公共关系协会的调查报告认为，2011 年我国公共关系服务市场将继续保持25%以上的年增长速度，快速消费、汽车、IT、医疗保健、金融等业务市场仍将是主要服务领域，网络公关、事件营销、城市营销、CSR等新兴服务将获得更大的市场份额，未来政府、非营利组织，特别是城市的公共关系服务需求将形成新的增长点，公共关系行业将迎来又一轮井喷式的发展。同时，随着公共关系行业的资本运作和业务整合不断加剧，更多的投资和机构进人这一服务领域，促进行业向更大规模发展。公共关系公司将继续加大整合和转型力度，由大到强、由沿海城市向中心城市、由单一服务向整合服务发展。

媒体环境、市场环境和人才资源仍将是制约我国公关行业发展的主要因素。今后，我国的公关公司应特别注重业务建设和人才培训，进一步建立和完善符合公关咨询业的规范管理模式。行业组织应该继续在“指导、服务、协调、监督”等方面发挥更大作用，推行并完善行业服务规范，培训专业人才，进一步改善当前的市场环境和媒体环境，促进业内的交流与合作。

第二节 公关公司的功能与组织

一、公关公司的服务功能

（一）公关公司服务的行业领域

调查显示，耐用消费品（汽车、家电）、IT（计算机软硬件及其外设）、快速消费品、通讯（手机等通信类产品）、医疗保健等企业传播和产品传播服务占据公共关系服务市场的前五位，其中快速消费品和医疗保健增长明显，尤其是快速消费品服务市场份额增速更快。此外，文化娱乐、体育运动、公用事业在新的服务领域中名列前三位。

在我国，最早和最广泛开展公关的是IT行业，但汽车、家电行业后来居上，快速消费品和医疗保健行业的公关需求也迅猛增长。

1. IT行业

IT行业，也有的公关公司称“科技领域”。鉴于中国互联网公司的蓬勃发展和对中国IT行业未来发展规模的考虑，绝大多数公关公司都组建了一支特别团队，为IT行业提供信息技术领域的专业服务，为系统运营商、服务提供商、硬件制造商和软件供应商提供公关策略和实施方案，向市场介绍新技术、新产品，为客户进行市场定位和市场开拓，帮助客户IPO（公开招股），为客户提高网页浏览量等。该团队成员最好包括前IT记者、具有媒体经验的前信息产业部门官员和工程师等。

2. 医疗保健领域

有些公关公司考虑到中国医药市场的发展，特别组建了医疗保健服务团队。该团队随时了解中国医保政策的变化，以帮助外国企业进入中国医疗保障系统，团队成员最好具有医药专业背景以及市场营销和新闻工作的相关经验，并与国家食品药品监督管理局和医药行业保持良好的关系。

3. 文艺体育领域

举办文艺、体育赛事，发挥体育明星效应以吸引消费者，将赞助与其他推广活动相结合以取得最好的效果。具体服务一般包括：名人到访活动安排、举办大型活动、媒体授权、新闻中心、媒体关系、产品发布、赞助活动、票务销售等。比如国际环球举办过的这类活动就有：巴黎时装展、张学友演唱会、555香港-北京汽车拉力赛、沙龙网球公开赛、中国杯体操赛等。

4. 一般企业事务

对于那些寻求建立公司声誉和品牌形象的企业来说，公关公司主要围绕

“企业声誉管理”和“品牌成长”开展公关活动。公关公司的企业事务团队通过传播活动接触到员工、媒体、政府、投资方、用户和公众，让目标受众了解企业和它们的业务，帮助客户树立及维护公司品牌。帮助企业进行公司定位、产品发布、宣传资料创意和市场推广。具体服务一般包括：广告活动、宣传画册、庆典活动、路演、媒体分析及竞争者监测、媒体关系、网上促销等。

（二）公关公司服务的内容

公关公司服务的内容很广，它可以为企业做新产品推广，如组织巡展活动等；可以帮企业办典礼，比如请名人参加餐厅开业庆典，以带来客流量的增加；可以给公园等娱乐场所做推广，虽然不像推广产品那样直接有助于产品销售，但可以建立企业形象；可以做城市形象推广，比如让人们知道××是一个适于海滨度假的城市；可以做国家形象推广，比如让外国人知道中国是一个有着悠久文明的历史，值得前往旅游的国家；还可以做政党宣传，在国外大多数政党参加竞选都是聘用公关公司的。由此可见，小到一个具体的产品，大到一个国家都是需要依靠公共关系去帮助人们认识和接受自己的。而我国的公关还停留在主要是做产品推广的阶段，并且公关服务的形式还是以发稿为主。品牌定位、公共事务管理、危机管理、企业内部关系管理等还做得很少，其实这些都属于公关的范畴。

目前我国十强公关公司所提供的服务主要有媒介关系、活动管理、营销传播、企业传播、政府关系、危机管理以及媒体监测和评估等服务。以“国际环球”为例，其对外公布的服务内容有：企业发展战略顾问咨询、长期公关代理、企业定位、市场沟通计划、员工关系计划、新闻宣传与有效媒介关系、财经传播与投资者关系、公共事务与政府关系、大型活动策划与实施、市场调查、议题管理、危机预警和危机处理等。对于大多数公关公司来说，目前主要提供媒体传播、活动管理和营销推广服务。

目前，从各公关公司对服务内容的介绍来看，服务分类的标准不一，叫法也五花八门。这里根据公关对象的不同，把公关公司的服务内容分为媒介关系管理、政府关系管理、投资者关系管理、消费者关系管理、雇员关系管理等。此外又根据公关目的不同，把公关公司的服务内容分为企业品牌管理（企业公关）、营销沟通管理（营销公关）、财经管理（财经公关）、危机管理（危机公关）等。按不同标准分出的类型可能交叉，比如，投资者关系管理与财经管理的内容差不多。

下面介绍几种主要的公关服务：

1. 媒介关系管理

媒介关系管理是最常见的公关服务内容之一。一个组织如何与各级各类媒体建立良好的沟通关系，通过借助策略性的媒体关系来建立良好声誉，已成为组织发展的一个关键问题。公关公司一般都有广泛的媒体沟通网络，在多个城市，与多家媒体建立了良好的关系，并保持与媒介高层的策略性沟通。发新闻稿、召开新闻发布会是公关公司最常用的媒体传播手段。

在中国公关业的发展过程中，有的公关公司曾纯粹通过相互交换好处来建立媒介关系，但国际公关公司禁止这样做（与媒介人员共进工作餐除外）。

2. 政府关系管理

与中央及各级政府建立良好的沟通与合作关系，对国内外企业在中国的发展至关重要。公关公司与各级政府职能部门一般都保持着良好沟通关系，同时还与一些重要组织机构建有坚实的合作平台。国际公关公司一般认为在其从事的公关业务中，最困难的业务就是建立、维护和发展政府关系。

也有的公关公司把政府关系归到更广泛的"公共事务"中，公关公司的公共事务团队应能提出让客户与公众、政府或非政府机构共赢的策略，以专业的方法使公众、政府或非政府机构就各种各样的议题与客户进行沟通。这个团队的成员最好有过供职于政府部门的经验，并具有突破困难达成目标的能力。

爱德曼（中国）曾在短短的两年半时间内帮助纽约人寿（New York Life）提升了在中国的知名度，获得了中国政府发放的非常有限的经营许可证就是一个很好例子。

3. 投资者关系管理

20年前，投资者关系管理在中国闻所未闻。如今，一部分中国公司已经开始建立投资者关系。奥美公关公司是帮助中国公司建立投资者关系的跨国公关公司之一。投资者关系正在受到中国企业越来越多的关注。投资者关系管理是较难开展的公共关系之一，也是公关公司不大经常开展的业务。

有的公关公司也把协调投资者关系称为财经或金融服务。公关公司的金融服务团队，负责面向投资者的公关活动，着重于企业上市、并购重组所需要的传播，以及日常投资者关系协调。IPO咨询和路演等是投资者关系服务的一部分。

伟达公关曾为中国石油公司在纽约和香港两地上市、成功集资29亿美元铺平舆论道路就是一例。

4. 企业品牌管理

公关公司的品牌管理团队致力于为客户打造品牌，策划和实施旨在建立品牌知名度和偏好度的公关活动，这种活动应该新颖刺激并与企业或产品具有关联性。团队最好具有政府、媒体或公关方面的背景，以及在大型活动管理和公关方面的经验。

5. 营销沟通管理

营销沟通管理在多数情况下就是产品推广。比如国际环球比较成功的新产品推广就有和路雪新标识新产品推广、中华中草药牙膏上市推广、博士伦“抛弃型”隐形眼镜宣传推广、迪士尼新片《花木兰》、《人猿泰山》等首映推广宣传等。

6. 危机管理

当危机发生时，企业的言论及表达方式都将对组织产生持久的影响。在正确的时间通过合适的途径传达准确的信息，是危机中传媒计划成功与否的关键所在。公关公司的危机处理团队为企业提供危机预案的准备，以及24小时危机处理支持。具体服务一般包括：24小时危机支持、危机模拟、危机防范材料准备、内部沟通、全球情报监测与搜集、沟通信息的确立、危机相关网页建立等。

（三）公关公司服务的具体项目

公关公司为企业提供服务的形式一般有两种：代理制和项目合作。细分的项目主要有：CEO或名人访问、公司定位、企业形象建设、企业发言人培训、品牌咨询、第三方证实、市场进入策略、产品发布、新闻宣传、媒体监测及分析、简报分析、政府沟通、庆典、路演、广告活动、赞助活动、宣传画册、网络传播、股东跟踪、危机模拟、危机防范材料准备、危机处理等。

不同公关公司的具体服务项目会因为各有所长或称谓不一而有所区别，以“国际环球”为例，其对外公布的业务项目如下：长期客户服务、新闻发布会、新闻介绍会、新闻专访、媒介培训会、专业研讨会、新闻中心服务、大型晚宴、大型酒会、媒介联谊会带媒介出访、组织媒介采访企业、新闻稿全国发布、专稿发布、剪报服务、新闻图片发稿、制作并发放企业通信、制作专题节目等。

二、公关公司的组织结构

（一）机构设置与机构职能

规范的、有一定规模的公关公司，其机构设置大致可以分为业务、支援、管理三大块。

1. 管理部门

各公关公司管理部门的结构大体相同，它包括人事部、财务部和行政部。规模较小的公司会适当地归并上述三部，比如将人事和财务并为一部，或将财务和行政并为一部，或把三种职能归并到一个办公室。不管机构如何设置，公关公司的人事、财务和行政工作都应有专人或专门的机构负责。

2. 支援部门

公关公司的支援部门是公司各业务部门资源共享的平台，是协助或配合各业务部门开展公关工作的，它一般包括媒介部、公共事务部、市场调研部等。以上各部都可设经理、总监等职务，比如媒介部有媒介代表、媒介经理和媒介总监。

3. 业务部门

不同的公关公司，业务部门的设置会有一定的差异，这是因为业务部门的机构一般是根据客户和业务的多少，以及主要的服务领域和服务内容来设置的。小公司客户少，业务量也小，分工就不必那么细，只设一个客户部就可以了。这样的客户部通常只管承揽业务，不管创意和执行，所以还要设创意部或创作部等。

大公司客户种类多，业务量也大，为了实现专业化服务以提高服务质量，就需要为专业性强，业务量多的客户设置专门的业务部门，比如，IT 行业业务多的就设 IT 部，医疗保健行业业务多的就设医疗保健部；企业财经服务内容多的就设企业财经部。有的公关公司还把业务量大的某种服务分给一个专门的团队去做，比如会务活动服务多的设会务部，事件营销服务多的设事件营销部等。

业务部门的一个部就是专门为某一类客户服务或专门提供某一类型服务的团队，如果一个公司有较多的专业团队，为了简化其称呼，可以把它们分别叫做第一事业部、第二事业部、第三事业部等。

迪思公关是根据客户来组建团队的，比如，有做清华同方的团队，有做雪花啤酒的团队，有做摩托罗拉的团队，有做 TOM 的团队，这样，公司的业务就有了明确的分工。

在奥美公关，工作也以团队为单位，每一团队全权负责一个或几个行业的客户，从前期接洽、策划，到方案制定、组织、执行、反馈，再至突发事件的紧急处理，团队成员的工作几乎涵盖了公关管理的方方面面。每个团队都有客户主任、高级客户主任和客户总监。

国外的公关公司一般是没有 BD 部门的，而我国本土公关公司则有的设置了 BD 部门，比如嘉利公关。BD 是对客户起咨询作用的一个部门，这个部门的人精通公关行业，当客户有问题求教的时候，他们能很快给以解答，帮客户分析问题，并让客户相信本公司的能力。BD 部门是公关公司的门面，也相当于一个顾问部。

（二）公关公司的组织结构图

1. 嘉利公关顾问公司的组织结构（见图 7-1）

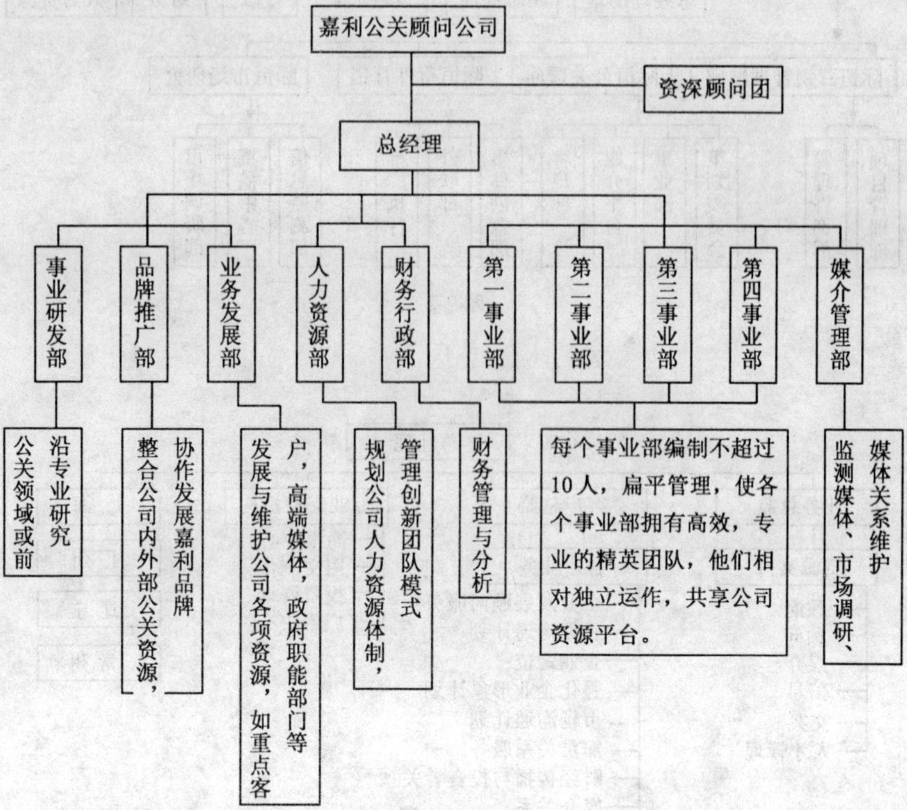

图 7-1

2. 际恒公关的组织结构（见图 7-2）

3. 中国环球公共关系公司的业务与支持部（见图 7-3）

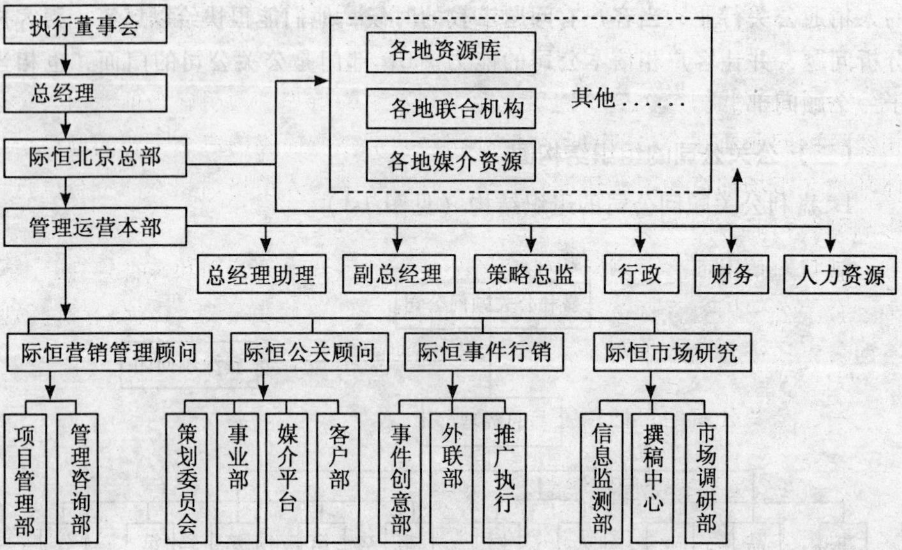
执行董事会
总经理
际恒北京总部
管理运营本部
各地资源库
各地联合机构
各地媒介资源
其他……
总经理助理
副总经理
策略总监
行政
财务
人力资源
际恒营销管理顾问
际恒公关顾问
际恒事件行销
际恒市场研究
项目管理部
管理咨询部
策划委员会
事业部
媒介平台
客户部
事件创意部
外联部
推广执行
信息监测部
撰稿中心
市场调研部

图 7-2

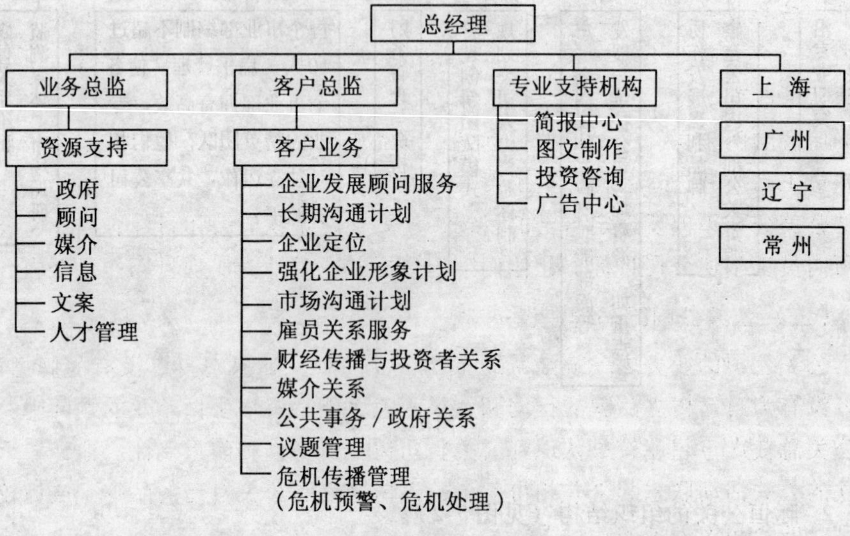
总经理
业务总监
客户总监
专业支持机构
上 海
资源支持
政府
顾问
媒介
信息
文案
人才管理
客户业务
企业发展顾问服务
长期沟通计划
企业定位
强化企业形象计划
市场沟通计划
雇员关系服务
财经传播与投资者关系
媒介关系
公共事务／政府关系
议题管理
危机传播管理
（危机预警、危机处理）
简报中心
图文制作
投资咨询
广告中心
广州
辽 宁
常 州

图 7-3

第三节　公关公司的业务运作与经营策略

为了提高我国公关公司的经营能力和水平，首先必须明确当前我国公关公司经营的问题所在。当前我国公关公司经营活动所面临的三个主要问题是：媒体环境、市场环境和团队建设，此外，管理水平、人员培训和流动资金也直接影响到公司业务的发展。

就目前情况而言，国际十大公关公司更加强调关系管理和声誉管理，本土十大公关公司则更强调流程管理和知识管理，二者经营管理的重心有所区别。下面着重谈谈我国本土公关公司的经营管理问题。

一、公关公司的目标确立与品牌建设

（一）公关公司的目标确立

每一个公关公司都应该制定公司发展的长远目标和阶段目标，同时还要让公司领导和员工经常温习公司目标，以强化达标的执行力度。没有目标就会不思进取，得过且过；有了目标才能明确方向，力争上游。

蓝色光标在公司成立之初，董事会就确定了企业的发展战略：以公共关系为唯一核心业务，围绕公共传播业务打造核心竞争力，在行业、区域和专业服务内容三个方向上不断发展。这个发展战略后来虽然几经修正、完善，但核心思想从未改变。

博睿顾问公司一个时期的目标是：以品质树品牌，以品牌求发展；服务品质和员工品质并进，公司和员工发展双赢。

公关公司不但要设定自己的目标，还要让员工认同公司目标，因此，公司必须向员工阐述公司目标，让他们牢记目标并自觉地为实现目标作出努力。

（二）公关公司的品牌建设

公关公司的业务之一就是帮助企业树立品牌，如果它自己没有品牌意识，或者没有为自己树立品牌的行动和效果，怎么能有资格去做企业的顾问呢？嘉利公关总裁庞卓超就较早认识到公关公司树立自身品牌的重要性。他让一个个孤立的公关活动联系起来并相得益彰，以树立嘉利公关自己的品牌，成为较早为自己的公司做公关的践行者。

每一个公关公司都应该有自己擅长的服务领域、服务内容和服务项目，树立公关公司的品牌，首先要为公司定位，即确定本公关公司是一个什么样的公关公司。

海天网联的定位是：一个具有国际化特色、立足于中国市场的、值得信赖的市场营销服务合作伙伴。

嘉利公关的定位是：能为客户提供策略思考并根据策略创造轰动性新闻事件的公司。

此外，公关公司还要有自己独特的经营理念或宗旨，现在很多公关公司都明确提出了自己的经营理念或宗旨，并公之于众，让员工和客户都知道。下面是一些公关公司的经营理念或宗旨：

凯旋先驱的经营理念：对客户需求的倾力投入，以及在客户预算范围内提供最佳服务。

海天网联的经营理念：市场导向，客户至上，人才为本。

灵思传播机构的经营理念：推动客户成功，为合作伙伴提供具价值典范的品牌生态管理与传播服务。

中国环球的宗旨：开拓创新、艰苦奋斗、团结协作、止于至善

科闻 100 的宗旨：为客户所作的每一件事、所花的每一分钱都是为了支持一项或多项高层商务目标；为客户提供高度透明的、可衡量的公关结果。

为了提升公司形象，蓝色光标出版了周期性刊物《蓝色印象》，举办了一年一度的公关经理和媒体人员的交流大会，还和中国国际公关协会合作，在“非典”期间组织了行业捐赠。

二、公关公司的管理模式与业务运作体系

（一）公关公司的管理模式

目前，我国的公关公司多数实行“以客户服务为中心的项目管理模式”，也有一些公司在发展到一定规模以后，开始采用“以利润为中心的事业部管理模式”。那么，什么样的管理模式是最好的呢？实际上并没有一种模式是适合所有的企业或者放之四海而皆准的，适合自身的就是最好的。

1. 以客户服务为中心的项目管理模式

以客户服务为中心的项目管理模式，就是围绕客户，特别是长期客户委托的服务项目设立专门的客户服务小组，各小组以市场咨询、活动管理、媒介关系、创意制作、互动营销等多个职能部门为依托，向客户提供市场活动、公关传播、渠道营销、互动营销和设计制作等专业服务。公司以客户服务小组作为其基本单元和利润核算单位。

2. 以利润为中心的事业部管理模式

以利润为中心的事业部管理模式就是设立具有行政职能的财务、人事、行政部门，具有业务支持职能的媒介、活动管理等部门，以及按客户行业划分的

若干业务部门——可以称为第一事业部、第二事业部、第三事业部等，最基本的单位还是客户服务小组。业务部门是利润中心，业务从成本核算到结算都应有健全的IT系统。目前，多数公关公司的事业部和一般企业的事业部还有一定的差别，比如，有的公关公司把财务和人事归并在一个部门，有的则把财务和行政归并在一个部门，嘉利公关就设有"财务人事部"。

3. 公关公司管理模式的选择

公关公司采用何种管理模式，是以客户为中心还是以利润为中心，这主要取决于所服务的客户和公司自身两个方面的因素。就客户而言，要看客户企业的性质、所在的行业、所需服务的类型；就公关公司自身而言，要看其核心业务的类别、所处的发展阶段、管理人员及服务人员的水平等。对于小公司，简单的项目管理就可以了，对于存在长期客户和项目合作两种服务模式的规模较大的公关公司，则应该同时重视项目管理和利润管理，使客户、员工、公司三方的价值最大化。总之，对一个公司而言，什么样的管理模式能最有效地整合公司内外的相关资源为客户提供优质的服务，就采用什么样的管理模式。

蓝色光标从1996—1999年的初创阶段，采用的是最简单的客户加媒介的管理模式；从2000年开始过渡到以客户为中心的项目管理制；2004年，由于公司业务和人员规模扩张，开始采用事业部模式。

迪思发展的初期服务人员比较少，服务相对比较单一，客户以IT为主，业务大多是以项目为主，管理模式也主要是以客户服务为中心的项目管理。迪思现在已经拥有一大批高质量的客户群，且客户来自不同的行业，因此采用了以客户群服务为中心的事业部管理模式。

海天网联在其10多年的发展过程中，也曾先后采用过项目管理模式和事业部管理模式，但在实际工作过程中，它更多的是采用二者交叉的形式，即所谓"以项目管理为指导的事业部模式"或"事业部形式下的项目管理模式"。对于海天网联这样一个以市场营销服务为主营业务的专业公司来说，有效的项目管理一直为公司所注重并贯穿于日常工作之中。

我国的公关公司普遍重视团队建设和项目管理。

（二）建立规范的业务运作体系

1. 为什么要建立规范的业务运作体系

公关公司项目经理接到客户的电话后，应能对客户提出的要求作出快速反应。为了迅速制定出应对客户竞争对手的对策，公司必须尽快查到近期客户对手有关服务的所有剪报、投放量、投放比例、侧重媒体等详细的数据，并通过分析提出相应的建议。此外，还要尽早安排客户与有关媒体的沟通，以便在最短时间内传递自己的诉求。

公关公司如果没有良好的监测与分析体系，就不能在第一时间向客户反馈其所需的各项数据；如果没有良好的知识管理与业务运作体系，就不能在最短时间内为客户提供适合的应对方案；如果没有良好的媒体沟通和管理体系，就不能迅速为客户创造良好的媒体沟通环境。所以，为了更好地满足客户的需求，公关公司必须建立规范的业务运作体系。

随着企业对整合营销传播理念的了解和接受，客户对公关公司服务的要求更高了，许多客户希望能够实现新闻宣传、事件营销、广告活动等诸多传播元素的整合，要求公关公司能够提供全面而有效的策略与执行。公关公司承接的服务项目规模越来越大、环节越来越复杂，因此，只有那些业务运作规范的公司才能胜任。在客户需求越来越专业化和规范化的今天，公关公司若要适应当今的客户要求，就必须建立规范的业务运作体系。

缺乏规范的业务运作体系，是我国本土公关公司与国际公关公司的一个重要差距，实现规范化运作已经成为本土公关公司打造核心竞争力的关键，为了推动我国公关行业的健康发展，所有公关从业人员都要认真对待业务规范化问题。

2. 怎样建立规范的业务运作体系

本土的公关公司如何才能建立规范的业务运作体系？一要借鉴国际公关公司的惯例，二要结合我国公关行业的实际。建设的标准应该是既有利于自身的发展又满足客户的需要。一些本土公关公司正在探索与实践，它们的经验值得借鉴。

(1) 业务体系规范化

每个公关公司都应该有自己擅长的服务领域、服务内容和具体的服务项目，也应该有一定的服务方式、交付形式等。如果公司对上述内容作出明确的规定，将各类服务落实到部门和个人，并且让公司员工和客户都知道，那么公司的业务体系就清晰、规范了。

(2) 知识管理规范化

公关是需要创意的，但这决不意味着公关人员可以天马行空。员工从事公关工作应该具备哪些知识，会用哪些工具，一般用什么样的方法思考、判断和选择等，公司都应该有明确的指导性意见。此外，还要有一定的方法和制度来提高员工的知识水平，并保证公关经验和教训的分享。只有这样，才能使公司的知识管理规范化。知识管理的规范化有助于公司人才的培养和团队的成长，有助于提高企业的核心竞争力。

(3) 业务流程规范化

一项业务从承揽、策划、执行到效果反馈，需要经过多道工作程序的流转，这就是业务流程。为了确保最终的效果，应该把公司的业务运作分成不同的阶段，对每一阶段的工作都进行严格的质量控制，并规定各阶段工作之间的承接关系和配合方法，这就是业务流程的规范化。只有让参与业务的所有员工都理解并遵循统一规范的流程，才能保证业务运作的效率和效果。

公关公司的业务流程管理应该遵循以下原则：

第一，组织结构以产出为中心，不以任务为中心；

第二，统一沟通接口，让需要得到流程产出的人自己执行流程；

第三，集中提供平台支持。

虽然对公关工作的过程和结果进行量化和监控是个有一定难度的工作，但还是有越来越多的公关公司致力于制定公关工作的客观标准，使公关工作更加规范。

业务体系规范化、知识管理规范化、业务流程规范化，这三个方面是相互关联的，不能将其割裂开来各设计一套规范，否则会使流程僵化，效率降低。因此，公关公司要从业务出发，根据人员与流程的关系来建立规范的业务运作体系。

3. 灵思传播机构规范业务运作体系的实践

灵思传播机构是一家整合营销与公关推广服务提供商，它成立于1997年，公司总部设在北京，在上海等一级城市设有办事处。该公司在建立规范的业务运作体系方面做过一些尝试，收到了不错的效果，其经验值得借鉴。

在日常流程管理上，灵思较早使用MIS系统、文档管理体系进行了信息化管理的尝试。在MIS系统中，客户需求从发起（项目立项），到处理、反馈（项目执行），到最终完成（项目关闭），都有明确的流程和管理节点，资源、人员、计划、结果都做到了可控、可检索和有记录。

该公司还较早地进行了系统的知识管理，将知识分为两种：一种是直接的可视化的文档（已有知识），比如以往做过的个案研究或者市场调查研究；另一种则是需要经过总结和归纳的创新知识，需要落实成为可视化的文档。为了传承这两个方面的知识，公司一方面建成了内部文档管理系统，使各种信息可以及时得到梳理和共享；另一方面又专门成立了一个由公司骨干组成的知识管理团队，定期举行各个层面的培训并形成文档。知识分享在灵思内部已经成为一种很重要的企业文化。

在作业体系的规范化方面，灵思在执行任何一个项目之前，都会在沟通基础上确立服务内容、双方项目组、时间点及例会制度、反馈—执行闭环机制等，并形成专门的文字（合作备忘录）；在日常的作业体系中，文档的模板、标准，人员的沟通方式和互动规范，执行的反馈方法、手段、时间点、内容等都是规范化、系统化的，这赢得了许多客户的认可和好评。①

三、公关公司几个主要业务部门的经营

（一）公关公司客户部门的经营

1. 如何满足客户需求

（1）客户对公关公司的选择

客户希望选择一个懂得客户行业，并且在专业方面值得信赖的公司为其提供公关服务。公关公司的专业能力主要表现在策略能力和执行能力两个方面。一个公关公司对于客户是否有价值，首先要看它有没有很好的行业洞察力，能不能为企业提供与其发展要求相应的公关策略；其次要看它是否有足够的资源保证策略的执行。策略很重要，创意很重要，执行同样很重要。公关是一个特别需要执行力的行业，从某种意义上说，各公关公司之间水平的差异就主要体现在团队的执行力上。

（2）企业对公关服务需求的变化

"博雅"亚太地区总裁比尔·瑞兰斯（Bill Rylance）认为，公关公司的服务经历了三个阶段的变化。起初，公关人员通常被看做是舞文弄墨、撰写新闻稿的人。他们所做的是帮助客户解决如何对公众说的问题。第二阶段，公关人员为客户制定传播信息的咨询或建议。他们所做的是帮助客户解决对公众说什么的问题。现在发展到了公关服务的第三阶段，公关人员应该为客户提出做些什么的建议，因为比起说些什么来，做些什么更重要。

（3）不同企业对公关服务有不同的需求

国际公司往往有自己的企业或产品策略，包括市场策略和传播策略，它需要公关公司去做的只是公关的传播计划，而且多半是考虑一个品牌的本地化和品牌本地的持续传播问题。本土企业则由于自身水平不齐，有的只需要公关公司做很专业的公关服务，有的则需要公关公司帮助其完成从企业或产品策略的制定，直到传播计划的确立与执行。

（4）为客户提供有价值的服务

什么服务对客户最有价值，完全取决于客户的具体情况，所以了解客户非常重要，公关公司的客户部门要在客户总监的领导下做好与客户沟通的工作，要在了解客户问题或状况的情况下，为客户量身打造策略，提供解决方案。公关公司要弄清客户究竟想使自己成为什么，什么是其达成目标的关键，要帮助

① 谭明：《公关公司专业服务规范化建设》，《国际公关》2006年第3期。

客户开展调查，对比竞争对手，帮助他们确定信息传播的重心，制定信息传播的策略。公关公司要知道在当今的国家和世界经济形势下如何使客户更好地发展，提出的策略要能给客户带来长远的利益。一个没有经过策划，没有经过锤炼的方案，它的商业价值肯定是要大打折扣的。

（5）让客户看到服务效果

如何让客户看到公关服务的效果？如何使客户相信公关公司为客户所作的每一件事、所花的每一分钱都是为了支持一项或多项高层商务目标？如何为客户提供高度透明的、可衡量的公关结果？科闻 100 的做法值得借鉴：该公司通过外联网界面，可让客户实时看到客户团队的工作进度以及预算的支出情况；客户还可以根据公关公司制定的目标查看工作进度，在公关基准表中看到工作所取得的成果。

蓝色光标 10 多年来一直坚持致力于为客户提供“结果导向”的公关服务。公司明确地提出，为企业开展媒体宣传和现场活动的目的，就是要通过影响目标受众的认知、态度或行为，来达到提升企业形象或增加产品销量的效果；公关公司的责任就是帮助客户一步一步地取得竞争优势和商业成功。

2. 怎样选择客户

公关公司不仅是客户选择的对象，一个成熟的公关公司也有反过来选择客户的问题。公关公司在选择客户时，需要对行业机会进行理智的思考，以避免盲目投入带来的风险。公关公司应选择市场前景好、付款能力强和商业信誉高的企业。公关公司与广告公司一样，一般都不接受互为竞争对手的客户，国际公关公司更是如此。

每个行业都可能出现一些不太理智的风潮，在这个时候，公关公司更要客观地看待整个商业的基本情况、商业模式的可行性、客户管理层的能力等。即使是曾经服务过的公司，也要按严格的标准进行筛选。

前些年，当网络经济出现巨大泡沫，众多公关巨头因网络神话的阴晴不定而大为头疼的时候，博雅公关却在亚太地区巧妙而顺利地躲过了这个风险。基于正确的判断，它果断地削减了与中华网的合作业务，缩减了与“新经济”客户的合作范围；另一方面，它又成功地接下了价值 500 万美元的韩国 INCHON 机场合同，以及 120 万美元左右的“重塑香港”官方合同。此外，它还把精力主要放在巩固与扩大亚太地区的老客户上，比如飞利浦、联合利华和英特尔等，由于博雅对客户的正确选择，使得它顺利地渡过了这个关口。

（二）公关公司媒介部门的经营

目前，我国公关公司在媒介经营方面还不同程度地存在一些问题，只有认真研究并解决这些问题，才能改善媒介经营的现状，提高媒介经营的水平。

1. 公关公司媒介经营方面存在的问题

我国公关公司在媒介经营方面主要存在以下问题：

(1) 不善于与媒介沟通，没有与记者建立良好的关系，致使媒介策略的执行不力。

(2) 媒介成本控制不力。媒介成本是公关公司业务成本中最大的一块，如果媒介成本控制不力，就会增加业务总成本，造成利润减少甚至亏本经营。

(3) 媒介部门缺少合适的媒介人员，特别是媒介策略人员和媒介管理人员。

(4) 媒介效果不佳。客户要求效果，公关公司之间激烈的竞争也使各公关公司不得不重视媒介效果。为了提高媒介效果，必须正确选择媒介，提高媒介策略水平。

2. 解决公关公司媒介经营问题的办法

(1) 将客户需求与媒介需求相结合

做公关很重要的一点就是了解传媒的需求，虽然公关公司是在为客户做方案，但在满足客户需求的同时，也要考虑媒介的需求，尽可能把客户的需求和传媒的需求有效地结合在一起。要注意与传媒沟通交流，让它们知道，这个报道对它们的工作也是有益的。公关公司的媒介人员要为记者提供资讯，提供新闻线索，满足他们在采访写作上的需求。如果记者觉得这个公关公司对自己很有价值，就会愿意与其打交道。

(2) 对媒介进行分类分层经营

公关公司的媒介部门不仅要对媒介进行分类经营，还应对媒介进行分层经营。媒介的分类经营是进行简单的分工合作，其目的是保证在媒介范围广泛的前提下进行有序的经营。媒介的分层经营就是在媒介代表、媒介经理和媒介总监之间应该有明确的分工。如果媒介总监做与媒介代表相同的事，公司的媒介经营就没有层次了。

媒介部门应该对媒介的高、中、低层运用不同的策略，来达到对于媒介关系网纵深的经营。只有从横向的广泛性和纵向的深入性两个方面编织好媒介关系网络，才能保证媒介宣传的效果和在出现危机时不至于临时抱佛脚。

关于媒介关系网的运用，要注意防止以下三种情况：废弃不用、过度使用和不当运用。如何把握这个度，要根据各个公关公司媒介经营的具体情况而定。

(3) 完善媒介部门的人员结构

为了把媒介部门从单一的发稿机构转变成一个媒介策略的提出、执行和从事媒介经营的机构，首先要解决媒介部门的人员结构问题。目前公关公司的媒介部门一般只有发稿人员，而且媒介经理或总监大多是靠发稿起家的。因此，应该把媒介部改造成一个由多种媒介人才组成的团队，其中既有高层的媒介经营管理人员，又有中层的媒介策略指导人员和基层的媒介执行人员。这个团队将根据客户的需要，完整地提供媒介咨询服务。

(4) 提高媒介部门的策略水平

就整体水平而言，目前公关公司的媒介策略水平较广告公司相差甚远，在媒体选择上，相当多的公关公司基本上是被动地接受客户提出的策略，只有极少数的公关公司能够主动为客户提出媒介策略。

媒介部门的媒介策略人员应该成为一个组织者：一方面，他和客户服务人员一起构成策略小组，凭借对媒介的认识和对客户意图的了解制定媒介策略；另一方面，他还要组织撰稿并和推动客户代表与媒介代表之间的互动，使媒介宣传按照预定的方向发展，媒介策略人员应该成为联系客户代表和媒介代表的桥梁。

四、公关公司的人力资源管理

（一）公关公司人力资源管理的意义与要求

1. 我国公关公司人力资源的现状

从目前我国公关公司的人员状况看，女性雇员比例约占 60%，可见公关仍是女性比较好的职业选择。30 岁左右的职业平均年龄显示出专业人员队伍逐步趋于成熟。16% 左右的人员流动率则反映出当前市场人才的紧缺。很多公关公司都认为，它们当前所面临的最大问题就是在公司业务快速增长的情况下，缺少优秀的公关人才。

2. 公关公司人力资源管理的重要性

公关人才是公关企业成长发展的核心资源，是同行竞争的优势所在。人力资源缔造企业的核心价值，正因如此，很多公关公司才把尊重人才视为公司文化的核心。“给人才以滋养，给人才以成长，给人才以空间和舞台，给人才以事业和生活的动力”已成为一些公关公司的人力资源理念。

公关公司人力资源工作一定要支持公关业务，如果做不到这一点，那就是人力资源工作的失败。人力资源管理最重要的工作内容之一，就是吸引到最出色的公关人才，只有这样，才能进一步拥有很好的客户，公司业绩才能提升，公司利润和员工的收入也才会增加。

许多公关公司都十分重视人力资源管理，奥美公关的人力资源中心有近 10 名工作人员为数百名来自不同部门的员工提供服务。奥美非常重视和珍惜员工，为他们提供了非常人性化的福利和政策。有的员工在奥美工作长达 10

年至20年，这在整个行业里是少有的。

海天网联非常注重选用国际专业人才或具有国际经验的本土人才，从而全面提升公司的经营管理水平。同时它还重视本地员工的职业发展，通过各种形式的素质和技能培训提升员工的整体专业水平，大力建设有特色的企业文化，营造诚信、创新、积极、和谐的工作氛围，使具有多元化背景的员工有成就感和归属感。

3. 对公关公司人力资源管理者的要求

公关公司人力资源管理的内容和其他营销传播经营机构相似，主要有员工的聘用、培训、评估、奖惩、解聘等。

公关公司的人力资源管理者应有对人才的识别能力、良好的沟通能力和组织能力；能制定完善的人力资源战略，能为企业引进人才，擅长组织培训、绩效考评和薪酬福利政策的制定；了解劳动力与人才市场的实际情况，熟悉劳动法规和相关制度。

公关公司的人力资源管理者一定要公平正直，坚持真理，富有同情心。否则就很难在公司得到员工的信任和尊重，因而也就很难在人力资源管理上获得成功。

人力资源管理部门要为公司经营等提供支持。有关公司发展目标和方向的决策通常是由最高机构提出的，人力资源部门的职责就是明确地传达这些决策，并从人力资源管理的角度制定相应的具体政策，同时还要将实施结果向高层管理者反馈。如果人力资源管理部门不能为公司整体战略发展做出贡献，那就等于是白做。

人力资源管理者不能只在人力资源管理部门工作，而要深入到各个部门的日常工作中去。到公司的不同部门去做具体工作，能够了解公司的经营方式、商务目标以及员工的想法，这对人力资源管理者帮助很大，因此，不能仅从人力资源的角度去做人力资源管理工作。

（二）公关公司员工的聘用与培训

1. 公关公司的用人标准

每个公关公司在招聘或选择员工的时候，都会提出明确的用人标准，其中包括一般员工都应具备的素质和条件，以及不同职位所特别要求的知识和能力。

（1）一般或普遍要求

对一个公关人员最基本的要求是：遵守职业道德，具有分析能力、沟通能力、新闻敏感性和吃苦耐劳的精神。

公关人员要为人正直，讲究职业操守，不能为了个人或公司眼前的经济利益背弃职业道德。如果客户的目标不符合公关的职业道德标准，就不能按客户的要求去做，因为公关人员和公关公司的声誉才是公司长远利益的保证。

公关人员要善于收集和分析信息，能够迅速了解客户面临的市场状况、竞争状况、在行业里面的定位、在传播中遇到的问题等。

公关人员要有很好的沟通能力，比如跟客户沟通，跟公关公司内部各部门的沟通都是很重要的。很难想象，一个不善于与人沟通、与人共事的人能够胜任公关工作。

公关人员要有新闻敏感性，能够很快地抓住某个事件对行业的影响，甚至从整个行业角度去挖掘其新闻价值。

公关人员要有吃苦耐劳的精神和工作的积极主动性。目前我国公关公司的平均劳动强度每周超过46小时，这反映了公关工作辛劳的程度，也对公关人员提出了承受力的要求。

公关人员要有很强的执行能力。公关是一个特别需要执行力的行业，可以说，各公关公司之间的水平差异主要就体现在团队的执行力上。公关公司的员工不但要明确执行项目的要求或标准，还要努力在实践中接近或达到那些要求或标准，知道标准但没有能力达到标准的员工会被淘汰。

执行力来自员工对技术的掌握、资源的利用、经验的积累，此外还需干事有决心、有毅力，有集体主义精神和自我牺牲精神。

公关人员一般还要有英语的实际应用能力，如果不会讲英语，就无法从事国际公关工作。我国公关公司的客户，目前还主要是外国公司，特别是设在我国的国际公关公司，其国外客户基本在90%以上。

有许多公关公司还要求有本科学历、一定年限的相关工作经验等。

（2）职位要求

公关公司有不同的部门和职位，除对公司员工共同的要求外，不同的部门和职位因工作性质不同，对员工知识、能力的要求也不同，这从各公关公司的招聘广告中可以明显地看出来。下面谈谈公关公司几个主要职位的要求。

对客户代表、客户经理、客户总监的要求如下：

对于客户代表、客户经理、客户总监的共同要求是：具有新客户拓展能力，能与客户保持紧密的业务联系，能为客户制订公关计划并具备提案陈述能力；能与媒体保持良好的协作关系，能够胜任各类稿件的撰写、发布与追踪工作。对于客户经理，还要求其有较强的组织能力，能负责业务的执行管理；此外还要与主要媒介保持密切的联系，并掌握媒体的编辑方针与选题动向。

对于客户总监，更要求其能领导几个客户服务团队协同工作，督促它们执行媒体及活动计划，能有效地分配资源并保证服务团队的工作质量，负责监督公关项目的计划和实施，使公关项目能在预算的时间和费用内完成。此外还应能管理及维护媒体关系。

对不同客户部门的客户代表、客户经理、客户总监还有不同的要求，比如，通信事业部要求对通信行业、通信技术和产品有一定的了解，医疗保健部要求有医药领域的服务经验等。

对媒介代表、媒介经理、媒介总监的要求如下：

媒介代表、媒介经理、媒介总监都应了解媒体风格及属性，具备较深入的媒体分析能力，能够独立开拓所负责项目的媒体记者资源并与之进行有效沟通，了解媒介工作流程和注意事项，能独立完成公关软文各类稿件的撰写，能够独立控制所负责项目的工作进度和成本，最好还具备危机公关核心媒体处理的能力。

对媒介经理和媒介总监来说，还应有良好的组织协调能力、突出的媒介策划能力和较强的媒介资源开拓能力。

对策划人员的要求如下：

公关公司的策划人员应能与客户沟通并理解他们的意图，能提出企业的公关策划方案和整合营销传播方案，能策划和实施大型活动，能为某个产品或品牌制定月度、季度和年度的公关传播计划，能够独立担当公关文章撰稿主笔，了解市场，具有统筹、分析、综合、归纳能力和严谨的逻辑思维能力，具有判断、决策计划、执行的能力。

2. 公关公司的人员培训

(1) 公关公司人员培训的重要性

专业人员或人才是公关公司竞争优势的核心，所以许多公关公司都十分重视员工培训工作。公关公司的人力资源工作一定要支持公关业务，如果做不到这一点，就是人力资源工作的失败。人力资源管理最重要的工作内容之一，就是吸引到最出色的公关人才，只有这样，才能进一步拥有很好的客户，公司业绩才能提升，很自然地，公司利润和员工的收入也会增加。

近年来，随着中国经济的迅猛发展，越来越多的国际公司将中国视为实现公司利润增长的重要战略目标，因此在华国际公关公司人力资源管理的重点之一，就是寻找那些符合国际化要求，并了解中国市场的高级人才，于是，在全球范围内展开了一场抢夺人才的“战争”。

我国国际和本土公关公司员工数量的快速增长，对公关行业的人力资源管理提出了巨大的挑战，公司必须制定更好的人员培训方法，以满足公司业务发展的需要。培训服务是目前公关行业最迫切的需求之一，公关公司普遍希望行业组织在人才培训方面发挥更大的作用，尽快建立和推行专业人员培训认证体系。

（2）公关公司人员培训的内容和机制

公关公司人员培训的主要内容有公关技能、商务技能（如何与客户打交道）和人际交往技能等。培训工作应有计划、有步骤地进行。

第一，要调查研究。公司的人力资源管理部门应建立完善的员工考核体系，可以通过填表等形式了解员工的人际交往能力、与客户沟通的能力，以及创造能力、领导才能等，将数据汇总后，通过分析，摸清每个员工的现状，特别是优势和不足，同时了解公司的实际运营能力，以便科学地制定公司的整体人才培养方案。

第二，要制定计划。公司的人力资源管理部门应要求各部门，特别是业务部门的总经理，每个月都提交部门培训需求和计划，此外还要有更详尽的年度培训计划。

第三，要深入基层。如果公司在全国或全球范围设有办事处或分公司，则总部人力资源管理部门的成员应经常去各地的办事处或分公司访问，并针对不同机构的具体情况进行培训指导，为更多的普通员工讲授业务技能，帮助员工拓展向上发展的空间。培训不仅是为了满足公司业务发展的需要，也是为了满足员工个人发展的需要。

第四，要讲究方法。除了请专家学者讲授课程之外，有些国际公关公司还为员工提供网上学习课程，实现全球资源的共享。在全国范围内设有办事处或分公司的本土公关公司也可以借鉴这个方法。

把一个地方的员工派到另一个地方工作，将不同办事处或分公司的员工交流使用，这对他们来说也是一种很好的训练。

对于新人来说，首先要让他们看一些做过的案例，其次就是要让他们尽快参与到项目中去。公关行业最能锻炼人的就是边做边学。

（三）员工的评估、激励与解聘

对员工进行评估、激励与解聘是人力资源管理的几项重要内容。评估要事先制定标准和方法，并让员工都知道，评估的目的是为了了解员工的状况，为公司执行奖惩制度提供依据，最终的目的是促进公司各项工作的开展，同时也是为了员工的进步与成长。激励是调动员工工作积极性最重要的手段，能否结合公司实际创造性地运用激励的方法，是衡量人力资源管理水平的重要标准。降职和解聘是公司不得已而为之的惩罚行为，也需要人力资源管理部门妥善处理。公关公司人员评估的具体办法、激励的理论和手段、解聘的注意事项等与广告公司大体相同，具体可参见本书第五章第二节“广告公司人员的聘用、培训与解聘”、第三节“广告公司人员的评估与激励”，这里不再赘述，只作简单提示。

1. 员工评估

对于新进员工，在上岗之前，除要让他们了解公司的行政制度和人事政策外，还要让他们阅读公司的人力资源“标准”，用这些标准正面引导员工，使其成为他们行动的“指南”。

经理或主管应该经常提醒员工，让他们记住并逐渐认同公司的人员评估标准，同时明白，如果不能认同并达到公司的标准，他们就可能被淘汰。

2. 员工激励

公关公司之间的竞争，主要是人才的竞争，如何才能更好地吸引并留住人才呢？要回答这个问题，首先需要了解引起公司人才流动的原因，这主要就是员工认为其价值没有得到认可，或者公司没有给他发展的空间。

从人力资源管理的角度看，公司给每个员工的不仅仅是工作机会，更是一份职业，甚至是事业。公司在实现自己目标的同时，还应该能够给员工个人的发展提供舞台，也就是要实现企业发展和员工发展的共赢。

为了激励员工，公司必须给予他们与其贡献相对应的报酬，这包括工资、奖金和福利几个部分。博睿顾问有限公司还提出了“个性化”激励的方法，即根据员工的喜好或需求来进行奖励，例如，一个年轻员工租住的房子里没有暖气，公司就给他奖励一床好被子，奖励的东西不多，但公司的心意使该员工深受感动。此外，该公司还设立了具有娱乐性的奖励项目，以期这些计划能够丰富员工的职业发展生涯，增进团队精神。

这里需要强调的是，奖励必须给予那些真正有贡献或表现卓越的员工，做到这一点的关键就是，坚持依据员工达到的公司评估标准给予奖励。

除物质奖励外，公司还要运用公开表扬、给予信任、提升职务、满足工作兴趣等方法来给员工精神上的激励。奥美公关（中国）总裁 Scott Kronik 说：奥美给员工 100% 的信任。在奥美，没有诸多的条条框框，没有上下班的概念，只要你对客户负责，对团队认真，圆满完成工作，不影响同事，不影响公司形象，你随便穿什么衣服，吃什么东西，玩什么游戏，绝对自由。

3. 员工解聘

解聘是人力资源管理中比较棘手的问题，因为它容易引起员工的敏感和抵触。但是，如果不淘汰严重违反公司纪律和不能给公司带来效益的人，公司就无法正常经营，新陈代谢是所有组织成长的规律，所以，有的公司认为解聘员工要下很大的决心并铁腕执行。解聘对于员工来说也不一定就是坏事，它促使被解聘的员工去寻找适合自己的工作，对不能吃苦上进或是违法违纪的人则是一个有益的教训。

解聘员工应有充分的理由，并让员工知道。如果公司事先制定了一套包括解聘在内的用人标准，那么处理员工解聘的问题就会比较简单，只要执行标准就行了。

博睿顾问有限公司的做法是：让员工进公司时就签阅一份说明公司人事管理规定的文件，此后公司还会不断让员工温习文件中的规定。关于解聘员工的规定如下：一是鼓励先进员工；二是鞭策“问题员工”（问题员工指可能有能力，但偷懒不发挥或出现人品问题者）；三是提醒“弱效员工”（弱效员工指能力较弱，不求上进者）。经过一定期限的考察教育和监督提醒后，“问题员工”和“弱效员工”仍不思进取，下一步就会面临解聘。

五、公关公司经营的其他问题

涉及公关公司经营的问题还有一些，比如财务管理问题、行政管理问题等。因为有些管理方面的问题与一般企业相似，特别是与广告公司的经营管理相似，而这些问题在本书前面的“广告公司的经营”中已有详细的论述，比如收入、支出、财务控制等，读者可以举一反三。这里只对几个问题做一点简要的补充。

（一）公关公司的资源管理

从某种意义上看，公关是资源整合的产业。资源是公关公司策划和执行能力的保证，争取资源优势是强化公关公司竞争力的一个重要途径。丰富的资源能使公司的业务得到有力的支持，进而使客户的要求得到更好的满足。

1. 公关公司的资源

作为公关公司业务支持的资源主要有公司人力资源、社会关系资源和知识信息资源。我们前面已经讲过公司人力资源，这里就只补充社会关系资源和知识信息资源。

(1) 社会关系资源

它主要包括媒体关系、政府及非政府组织关系等。为企业做新闻宣传需要媒体的帮助，为一个组织游说政府需要依靠与政府机构或政府官员的良好关系。一般认为，全国发行和地方发行的报纸是公关公司最常用的媒体，广播、国际互联网及闭路电视则很少被采用。媒体关系和政府关系的建立绝非一日之功，它需要长期有计划地经营。许多公关公司都以自己拥有良好的媒介和政府关系而自豪。

国际环球公司在介绍自己的资源优势时写道：“中国环球公共关系公司是中国国家通讯社——新华通讯社的直属企业；中国环球公共关系公司90%的业务主管人员曾服务于新华社的有关部门，他们对中国的国情、对中国的媒介运作系统有其深刻的理解；新华社是中国最大的媒介组织，亦是为其他媒介单位提供新闻的媒介机构；新华社在全国范围内设有31个国内分社、15个支社、33个记者站；新华社在世界范围内设有121个海外机构；得天独厚的条件，使环球与政府、传媒、社团、同行长期保持着良好的关系，这些优势使环球在为客户提供服务时得心应手，游刃有余。”

(2) 知识信息资源

公关公司的知识信息资源主要有信息库、案例库、培训资料库等，它既包括文字材料，也包括声像资料。21世纪是知识经济的时代，为了积极推进知识管理，公关公司应该加强资料的收集和整理，建立起自己的资源库或资源中心，并提倡资源共享。比如博雅公关公司就设立了被认为是“非常关键的知识资源平台”，以帮助公司不断增强和深化对客户所在行业的了解。

2. 公关公司资源的扩展

一般来说，本土公关公司较具备本土资源的优势，国际公关公司则更具有国际资源的优势。

目前，国际公关公司正在不断补充和扩展自己的资源，力求为客户提供更完善的服务。比如奥美整合传播集团2005年5月，与清华大学国际传播中心合作成立了“清华-奥美公共形象与品牌战略研究室”。同年9月又收购了一家香港的财经公关公司。

本土公关公司同样在加快补充资源的步伐。如在国外建立同品牌系列的兄弟公司，并和其他国际资源伙伴展开合作等。

(二) 服务效果与收费标准

1. 公关公司的服务效果

现在很多客户都是以稿件是否投到了，是否有错误为标准来衡量公关公司的服务效果，这可以说是一种很原始的评估标准。国内公司大多考虑的是计划的执行和完成的程度。

较好的评估方法是通过公关前后的调查来测定公众对企业或产品认知度或偏好度的提升。这种调查虽然需要费用，但是比较准确。国际大公司一般都有自己的调查机构，每一次较大的活动都会有事后的调查，比如，通过调查，将促销活动与促销效果挂起钩来。

2. 公关公司的收费标准

国际公关公司都是按小时收费的（参见本书第六章第一节“广告公司的收入”中的“服务费”部分）。本土公司一般按项目收费，即项目做完了，达到什么效果收多少钱。这种计费方式的好处是可以提高公关公司的工作效率。比如公司的一个团队接到一个项目，大家集思广益，努力工作，就会用比较少的时间完成。如果大家沟通困难，又不积极，花费的时间就多，但就这个项目的收费来说却是一样的。很明显，前者的成本低，后者的成本高。因为国内企业做公关现在还停留在主要是聘公关公司写稿，买一些软文的阶段，在这种情况下，一般是按字数计费，比如说，新闻稿一个字 3 元钱。

第八章　市场调查公司的经营与管理

第一节　我国市场调查公司的历史与现状

一、我国市场调查公司的历史

（一）市场调研的含义与意义

1. 市场调研的含义

市场调研是运用专业的信息收集方法，以数字解剖为工具，帮助客户更好地理解市场和消费者，准确把握企业所面临的挑战和机遇，有效识别和选择目标市场，从而制定正确的营销方案，实现科学决策的活动。

市场调研大致可以分为问题识别研究和问题对策研究两大类，问题识别研究是为了识别存在的问题而进行的研究，比如市场潜力、市场份额、品牌形象、市场特征、销售问题分析等；问题对策研究是针对已经发现的问题或机遇，寻找解决问题的对策，比如市场细分、产品策略研究、定价策略研究、分销策略研究、促销策略研究等。

市场调研的任务是向信息需求者，通常是企业的管理层提供相关的，准确、可靠、有效和及时的信息。市场调查首先要确定解决问题所需要的信息，然后设计收集信息的方法，进而收集数据，分析结果，最后将调研报告提交给客户，并就调研的结论和意义与之进行沟通。

2. 市场调研的意义

市场调研可以为客户提供营销变量、环境和顾客的有关信息，连续的市场研究能够及时提供市场营销中可控和不可控的因素。把通过调查得到的市场资讯与企业内部数据及竞争对手的资讯结合在一起，经过精确的分析就可以帮助企业衡量它们的市场业绩，分析市场动态，回答消费者的需求及购买行为背后的原因，诊断营销问题，发现商业机遇，制定最佳的决策方案，从而帮助客户改善业务表现。

社会和政府团体同样可以使用市场调研来把握公众舆论，并将调研结果作为制定政策或测试宣传活动成功性的依据。

改革开放以来，我国发生的最深刻的社会变革是从计划经济转向市场经济，国民经济的持续增长、人民购买力的提高和国内消费环境的改善，成功地创造了一个逾12亿消费者的巨大和多样化的市场。这个市场蕴藏着无限的商机，同时也充满了种种不确定的因素，在这种情况下，市场调研理所当然地成为企业打开成功之门的一把金钥匙。

世界已经进入信息时代，谁能更快地获得信息，更好地利用信息，谁就能赢得更多的市场份额。市场调查公司运用其先进的调研技术、深厚的专业知识和丰富的行业经验，能针对不同的客户需求量身定做不同的研究方案，能对客户具体的经营事务及经营环境做出剖析，并在此基础上为其提供有效的营销方案，并最大限度地降低决策风险。

（二）市场调查公司的产生与发展

市场调查公司是为企事业单位提供专业调研和咨询服务的机构，所以也叫市场研究咨询公司。

市场调查与研究活动源于美国，1879年广告代理 N. W. Ayer 为制定营销决策，策划实施了有正式记载的第一次市场调研。虽然它起步于20世纪前，但真正成为一种成熟的产业是在“二战”以后。

在我国实行计划经济的年代，由于企业根本不需要市场调研，所以也就没有专门从事调研、咨询的机构。然而，随着市场经济的发展和竞争的加剧，越来越多的企业家和决策者认识到，仅凭经验想点子的传统决策方式已经难以解决现代管理和决策中的诸多复杂问题，因而需要专门的机构运用专业的技能来为企业决策寻找依据，于是，专业的调查与咨询机构应运而生。

国外的大型市场调查研究公司多数都有40年以上的历史，而我国的市场调查公司直到20世纪80年代后期才开始出现。我国第一家独立的专业市场调查公司广州市场研究公司（GMR）成立于1988年。1990年后市场调查行业迅速发展，国内几家较大的私营专业市场调查公司基本都是这个时期成立的，此外，许多外资专业调查公司也开始以建立分公司或与国内现有企业合资的方式进入中国。CMRA（中国市场研究协会）的资料显示，在我国，20世纪90年代以前成立的市场调研公司只有13家，绝大多数市场调研公司是在1990年以后成立的。1996—2000年，国内市场调研公司的建立达到历史高峰。2001—2005年，新建市场调研公司的数量有较大的回落。2006年以后，新建市场调研公司的数量几乎回到了1990年以前的水平。这表明国内市场调研公司的数目至今已经基本稳定下来。第三届营销实践与市场研究应用峰会2008年12月发布的消息显示，目前我国以市场研究/调查为主业的机构总数在5900家左右，业内公认比较有规模的有50家，主要集中在北京、上海、广州三地。

从营业额方面看，2002年以后，我国市场调查行业年营业额的增长率基本保持在15%～25%。业内人士一致认为，近几年内我国市场调查行业年营业额的增长率至少会保持在10%～15%。第三届营销实践与市场研究应用峰会发布的消息显示，中国的市场调研行业营业额总量在全球的排名从20年前的倒数几名升至目前的第13位。我国调研业的年度营业额从1995年的3.5亿元逐年攀升至2007年的近52亿元。CMRA（全国市场研究协会）主办的第六届中国市场研究年会发布的行业调查显示，2008年，中国市场研究的营业额达到63亿元人民币，排名世界第7位，在经济危机的情况下，行业的增长率依旧达到17.5%。

二、我国市场调查公司的现状

（一）我国市场调查公司现阶段的特点

（1）本土市场调查公司平均规模偏小。目前全国有近6000家调研企业，其中大多数为中小规模的执行公司，研究性质的公司只有几百家。这几百家公司中，规模较大的企业多为国外知名调查机构在中国的独资或合资公司，共20家左右。

（2）市场调查公司在各地的发展不平衡。从地域分布看，我国市场调查公司主要集中在北京、上海、广州、深圳几个大城市，北京的公司最多，后3个城市依次递减。这4个城市拥有的市场调查公司数占到国内总数的60%以上，表现出地域分布的高度集中性。我国经济发达地区调查咨询业的现有规模和增长速度，都远远高于经济欠发达地区，这与经济发达地区的企业实力强、市场营销水平高是息息相关的。

（3）很少的大公司占据了很大的调研市场份额。所占数量比例很小的合资公司创造的营业额占到了我国整个行业年营业额的50%以上，而数量比例占绝对优势的内资调研企业的营业额占整个行业营业额的比例并不高。2006年以来，年营业额在5000万元以上的公司比例明显上升，达到了17%，这也反映出营业额越来越集中于规模较大的调研企业，即行业的集中度越来越高。

（4）市场调研业的收费标准不统一。与世界其他发达国家相比，我国调研机构平均报价水平较低。中国调查业同业联席会议公布的一项同业机构运作状况的调查结果显示，中国调查机构的报价水平只相当于世界平均水平的40%～50%，其中非合资型调查机构的国内报价水平甚至不到世界平均水平的20%。外资调研公司比内资调研公司在国内市场的收费平均高出20%～50%不等。此外，规模不同的调研企业在同类业务上报价也可能会相差很大，有些小公司为了在竞争中获得优势不惜采用压价的方式来取得订单。

（5）调查咨询行业人员的文化素质相对较高。这是因为调查咨询行业是向社会提供智力服务的行业，它以知识和技术为手段帮助客户解决复杂的决策问题，所以调查咨询行业必须要有一支综合素质较高的从业队伍。

（二）我国本土市场调查公司目前存在或遇到的问题

（1）数据收集途径不全。我国的市场调研与咨询公司目前主要还是通过传统的方法和途径获取数据，如查阅资料、街头访问、入户访问、专家访问、电话调查、邮寄调查、伪装客户调查、日记式调查、固定样本跟踪、市场观察及记录、消费者座谈会、专业人士座谈会等。因特网还没有完全被我国的多数市场调研与咨询公司所利用，甚至有些市场调研与咨询公司还没有建立自己的网站。

（2）数据分析方法落后。我国多数调研与咨询公司的数据分析方法还限于相关分析、回归分析、聚类分析、判别分析、列联表分析和因子分析等一些传统的方法，而像正交分析法等一些先进的数据分析方法还没有广为采用。为了能保证所用数据分析方法的先进性，市场调研与咨询公司应当不断地跟踪国际市场调查研究的最新成果，及时引进、使用。

（3）调研项目不够广泛。目前我国本土市场调查咨询公司的调研项目主要集中在“专项调研”和“现场服务”上，而在国外成熟的“零售研究”、“媒体研究”、“连续样本调查”、“辛迪加服务”等，本土市场调查咨询公司还较少开展。造成这种情况的主要原因是公司起步较晚、规模过小、经验不足。

（4）专业人才比较缺乏。市场调查咨询的专业性很强，因此需要大量专门的市场调查与研究人员作支撑。虽然我国调查咨询行业人员的学历和职称相对其他行业较高，但本土市场调查公司的员工很少受到过市场调研的专业训练，他们多数是统计学、经济学、计算机等相关专业的人才。此外，各市场调查公司中具有十年以上工作经验的成员并不多，而且大部分公司都缺乏业内权威人士。由于专业人才缺乏，多数本土市场调查公司能够提供给客户的只是原始数据或者是对整理后的数据进行一些粗浅的分析。专业人才缺乏带来的另一个问题就是员工流动性大而频繁，此外，兼职人员同期执行几个公司的项目，不能专心致志。

（5）公司没有明确的定位。有些市场调查公司没有清晰的定位，为了包揽业务，通常涉足多个行业，但由于对这些行业缺乏深入的了解和足够的经验，导致调研质量不高，声誉受到影响。业务泛而不精就不能突出自己的优长，不能办出公司的特色。

(6) 公司内部管理混乱。由于调研咨询行业进入门槛低，只要三五个人、几台电脑、十万元资金就可以注册一家调查公司，所以有些不具备公司管理水平和能力的人也来创办和管理市场调查公司，其结果必然是组织结构不合理，内部分工不明确，权力责任不清晰，工作效率低，调研质量差，公司发展没有长远规划。

(7) 现实的业务需求不足。虽然从总体上看，我国调研市场的潜力巨大，但目前实际表现出来的却是需求不足。业务主要来源于外资、合资企业，内资企业的潜在需求还没有转化为现实。造成这种情况有两个方面的原因，从企业的角度看，很多内资企业调研意识不足，对调研行业缺乏了解和信任，所以不愿意出资做市场调研；从调研行业的角度看，很多调研企业运作不规范，专业水平低，致使调研质量得不到保证，所以难以扩大业务。

(8) 公司之间无序竞争。由于市场调研和咨询行业缺乏成熟完善的行业规范，相关的法律法规还不健全，对行业的监管乏力，因而公司之间常常产生无序竞争。比如，有的收取高额费用为企业排名作假，有的用超低价格争夺客户等。

(9) 调研经费紧张。一方面，人力成本上升，场地费用和礼品费用的提高等造成调查成本上升；另一方面，行业恶性竞价又迫使调查企业采用较低的项目报价争夺市场，调查成本上升和项目报价降低的结果是导致直接用于调研的经费不足，并最终影响调查质量。

(10) 调查环境不佳。公众对于市场调查的了解和配合程度不高，很多人不愿接受访问或敷衍了事。一些企业对于调查结果的真实性和可靠性也抱怀疑的态度。

上述问题说明，要搞好我国本土市场调查公司的经营管理，还有很多的工作需要改进，还有很长的道路需要摸索。

(三) 我国市场调查公司的前景

1. 企业对市场调查认识的提高将促进咨询服务需求的增长

现在的企业大多认识到了市场调查在管理、营销方面的重要作用，因而普遍比较重视。但对市场调查委托专业的市场调查公司做还是交给自己的市场部做，却没有统一的意见。

选择专业市场调查公司的企业认为，专业市场调查公司的专业性强，能站在整体市场的高度，把握市场发展趋势，它们调查经验丰富，技术实力强大，调查数据可靠，研究具有科学性，且不受部门因素所局限。

选择自己市场部的企业则认为，企业市场部对企业及行业的状况有更多的了解，因而能有针对性地提出解决问题的方案，此外，让自己的部门进行市场调查费用少，反馈及时，还能防止泄露企业机密。

由于存在上述两种不同的认识，目前大约只有25%的企业委托过专业市场调研公司，而75%的企业还没有委托过专业市场调研公司。这种情况反映出大部分企业对市场调查公司的信任度还比较低。

事实上，有些企业的市场部依靠自己的销售渠道和营销人员进行市场调查，充其量也只能算作是低层次的客户、市场等资料和信息的收集，而并非真正的市场调查工作。随着企业对市场调查认识的提高，其选择专业市场调查公司作市场调查的比例也会提高。

2. 市场的全球化将推动我国市场调查公司的发展。

在市场经济条件下，任何一个公司在进行投资、贸易之前，都必须深入地了解市场环境，因为只有这样才能制定正确的营销策略，才能减少贸易风险，提高投资回报，而这些公司获取市场情报和贸易伙伴信息的重要途径之一，就是聘请专业市场调查公司为其提供高质量的信息咨询服务。

我国已经成为世界贸易组织的正式成员，随着市场的全球化，外国来华投资、贸易的公司越来越多，我国一些企业也纷纷进入国际市场。无论外国公司进来，还是我国公司出去，它们面对的都是一个全新的市场，因而更需要市场调查公司为其提供专业、可靠的信息咨询服务，在这种客观需求的推动下，我国的市场调研产业必将得到更大的发展。

三、我国实力较强市场调研公司的层级

（一）按照年度营业额划分

按照年度营业额划分，我国实力较强的市场调研公司大致可以分为以下三个等级：

在参加CMRA（全国市场研究协会）近期调查的134家调研企业中年，年营业额超过2亿元人民币的调研公司共4家，都在北京，分别为RI China（华南国际）、CTR（央视市场研究）、CSM（央视索福瑞媒介研究）、IPSOS（益普索）；年营业额在1亿元～2亿元人民币的调研公司共5家，分布在北京、上海、广东三地，分别为北京特恩斯市场研究、新华信国际信息咨询（北京）、AC尼尔森（上海）、AGB Nielson（艾杰比·尼尔森市场研究）、广州诚予国际市场信息研究；年营业额在5000万元～1亿元人民币的调研公司有慧聪、勺海、零点、盖洛普、思纬、新生代等。

（二）按照研究能力和资本实力划分

在我国实力较强的市场调查公司中，若按其研究能力和资本实力，又大致

可以分为以下三个等级：

1. 处于第一等级的市场调查公司

在我国实力较强的市场调查公司中，处于第一等级的是研究能力和资本实力都很强的外国独资公司或中外合资公司，如益普索、AC尼尔森、盖洛普、华南国际和央视市场研究等，它们一般都有自己的品牌产品，具有国际经验和综合信息服务能力，并占据着相关市场的绝大多数份额，在我国的调研咨询业界居领导地位。

(1) 益普索（中国）市场研究咨询有限公司

该公司的母公司益普索集团成立于1975年，其总部设在巴黎，个案研究水平全球排名第二，旗下的Ipsos-ASI是世界上最大的提供广告投放前测试的专业公司，在全球35个国家拥有下属公司，业务涉及100多个国家。

益普索于2000年正式进入中国，它通过收购本土的华联信市场研究有限公司（成立于1996年)，建立了益普索-华联信咨询有限公司。其后又收购了丰凯兴信息咨询有限公司（成立于1997年）和广东大通市场研究有限公司（成立于1995年)。2003年1月组建了益普索（中国）公司，由此实现了业务的快速增长。

益普索（中国）现在在北京、上海、广州和成都设有分公司，共有专业人员500余名。它专注于营销研究、广告研究和客户满意度研究三大领域的市场研究服务，已成为国内三大个案研究公司之一。

为了给客户面临的挑战提供最佳解决方案，益普索（中国）建立了五大行业研究服务团队，并为客户安排专一的联系人。行业研究服务团队拥有丰富的本行业研究经验，能够为客户提供方便而专业的研究服务。这五个行业服务团队是：快速消费品行业服务团队，IT与电信行业服务团队，汽车行业服务团队，医药与保健行业服务团队，服务、金融与保险行业服务团队。

(2) 上海AC尼尔森市场研究公司

AC尼尔森公司1923年创建于美国，第二次世界大战后，其业务扩展到西欧、澳大利亚和日本，20世纪90年代进入亚太、中东及非洲市场。

2001年，AC尼尔森被荷兰VNU集团收购，成为VNU旗下的市场资讯集团的一个重要组成部分（市场资讯集团的主要成员除AC尼尔森外，还有Spectra、BASES、Claritas和HCI等顾问服务公司)。收购AC尼尔森后，VNU集团的资金超过23亿美元，成为全球市场研究的巨无霸，其总部设在荷兰哈勒姆和纽约。

AC尼尔森专注于消费者研究，在全球100多个国家为企业提供市场动态、消费者态度和行为方面的信息，进行媒体的监测与分析，帮助客户了解竞争环境，发掘新的机遇，以促进产品销售和增加企业利润。

AC尼尔森在中国主要提供零售研究、专项研究和媒介研究。通过上述三项研究的综合，AC尼尔森能够提供关于中国消费者和国内各类市场的市场资讯。它定期发布关于快速消费品、媒介和广告行业的趋势和市场信息，作为对客户和整个行业的一种服务。AC尼尔森的零售市场报告和媒体监测报告已成为业界的参考标准。

(3) 中国盖洛普咨询有限公司

盖洛普公司创立于20世纪30年代，是全球知名的民意测验和商业调查咨询公司。除了民意测验外，该公司的商业研究和咨询服务还包括工作环境监测与咨询、员工选拔与培养、顾客满意度和忠诚度测量与咨询、品牌和营销研究与咨询等。目前，盖洛普公司在全球25个国家设有分公司，共有3000余名分析、咨询和培训专家。

中国盖洛普咨询有限公司是盖洛普公司在华合资企业，于1993年成立，公司共有近百名全职雇员和3000余名兼职人员，总部设在北京，在上海和广州设有办事处。

中国盖洛普咨询有限公司向客户提供商业和管理调查、研究、咨询、培训，包括新产品测试、消费者态度和使用习惯研究、市场细分、广告效果监测、媒体策划、市场份额监测、品牌资产监测与管理、分销渠道研究、营销策略、企业形象评测与研究、客户满意度和忠诚度监测、员工满意度和忠诚度监测、工作环境质量监测、员工选拔与培养、管理层评估和培训、管理方法和领导术培训等。

中国盖洛普咨询有限公司拥有全国50多个城市和部分农村地区的消费者抽样框，能精确地进行各种全国或地区性的消费者调查。除客户委托的研究和咨询项目外，中国盖洛普咨询有限公司自1994年起，每两年进行一次全国性的消费者生活方式和态度调查，调查涉及生活方式、价值取向、就业选择、收入水平、储蓄目的、消费习惯、投资意向、对外了解、品牌认知、媒体使用、耐用消费品占有率和购买意向等。

(4) 华南国际市场研究公司

华南国际的前身华南市场研究有限公司（SCMR）成立于1990年，是中国第一家私营商业市场研究机构。1997年，它与世界上最大的专项市场研究集团国际市场研究集团（RI）成立合资的华南国际市场研究公司（RI China），从而实现了本土成长的专业化公司与国际资本及经验的成功对接。2000年华南国际市场研究公司获得国家统计局颁发的第一张市场研究许可证。

国际市场研究集团1973年成立于英国，是世界上最大的专项市场研究集团，现在全球50多个国家设有可提供全套研究服务的分支机构，具有在130多个国家进行研究的经验和超过1500名专业市场研究人员。2005年国际市场研究集团成为华南国际市场研究公司的主要控股公司。

华南国际市场研究公司在上海、广州、北京和成都设有分支机构，并在武汉和沈阳设有直属访问分支机构。共有100多名专业研究人员和100多名专业督导。

(5) 央视市场研究股份有限公司

央视市场研究股份有限公司（CTR）1995年成立，2001年改制成为中国国际电视总公司（CITV）与世界著名的市场研究集团TNS合资的股份制企业。

市场研究集团在欧洲、亚太地区、美洲和中东地区设有200多个办事处，为客户提供连续的跟踪调查、固定样组调查、客户研究与分析、市场分析和商业解决方案。

央视市场研究股份有限公司拥有中国最大的媒介调查网络，在中国已有10多年的电视观众收视调查经验，拥有连续10多年的有关中国媒介市场和广告研究数据库。其主营业务包括：消费者固定样组调查、广告监测、平面媒体调查、电视媒介研究及个案调查。公司建立了覆盖全国的市场调查网络，拥有各类专业人才数百名，全职或兼职督导和访问员1000多名。

2. 处于第二等级的市场调查公司

在我国实力较强的市场调查公司中，处于第二等级的是本土国规模领先的民营公司或合资公司，其中包括央视-索福瑞媒介研究有限公司、北京慧聪国际资讯有限公司、新生代市场监测有限公司等。它们的年营业收入均超过5000万元，有的甚至超过一个亿。这些公司在与外资企业的竞争中，避其锋芒、扬己之长，立足于某个行业或某个专业领域的业务发展，并成为该行业或专业领域市场调查咨询的排头兵。

(1) 央视-索福瑞媒介研究有限公司

央视-索福瑞媒介研究有限公司（CSM）是央视市场研究股份有限公司（CTR）与法国市场研究集团——TNS于1997年合作成立的中外合资公司，它致力于专业的电视收视市场研究。央视市场研究股份有限公司拥有中国最大的媒介调查网络，具有10多年的电视观众收视调查经验。

TNS是世界上排名第三的市场研究集团，拥有优秀的电视收视率分析软件，在欧洲有几十年的电视观众调查经验。合作给央视-索福瑞带来了先进的设备和技术。

现在，央视-索福瑞已成为中国规模最大、最具权威的电视收视率调查专业公司。它通过中国最大的电视观众收视调查网络（包括全国测量仪调查系统、省市测量仪调查网或日记卡调查网，样本总规模达到3万户)，对全国近800个主要电视频道的收视情况进行全天候不间断的监测。

央视-索福瑞还于2000年首创中国广播收听率调查研究，建立了独立于电视收视调查网的广播收听调查网络，并将收听率调查的城市拓展到北京、上海、广州、南京等20多个重点城市。

(2) 北京慧聪国际资讯有限公司

北京慧聪国际资讯有限公司是1992年创立于北京的一家商务资讯服务公司，其创始人瞄准商情信息这一当时的市场空白，建立了22000平方米的数据中心，招募上千名员工从事行业信息收集和报刊广告信息监测。1999年该公司接受IDG1400万美元风险投资到香港上市，企业资本金超过1亿元，企业实力空前提高。该公司现在拥有国内最大的行业门户网站——慧聪商务(www.sinobnet.com)和中文搜索引擎(www.huicong.com)。慧聪的两大研究机构——慧聪研究院和慧聪媒体研究中心，分别从事市场研究和媒体广告信息监测。该公司建立了IT、汽车、家电、广电、化工等40余个行业的信息资讯服务和商务服务系统，监测1000多种报刊的广告数据，囊括了4万多个品牌和40万户广告主信息，在全国20多个大中城市建立了分支机构。

(3) 新生代市场监测机构有限公司

新生代市场监测机构有限公司成立于1997年，同年与英国市场研究局、美国天盟公司合作建立“中国市场与媒介研究(CMMS)”年度连续调查制度，作为全球37个国际TGI研究体系的重要一环。2003年，日本电通入资新生代。新生代在北京、上海、广州设有分支机构，建立了覆盖全国的市场调查网络，其主要业务包括市场研究、媒介研究、消费与社会研究以及营销咨询等。

3. 处于第三等级的市场调查公司

在我国实力较强的市场调查公司中，处于第三等级的主要是本土发展较为成熟的专业化调查公司，如北京零点研究集团、新华信市场研究咨询有限公司、北京环亚市场研究社等。它们目前的年营业额约在1000万元～5000万元，其经营规模和效益均具备增长的潜力。这些公司都在某个细分市场上建立了自己的优势地位，如零点研究集团的社会舆情调查、新华信市场研究咨询有限公司的商业资信调查、广州致联市场研究公司的医药行业调查、北京开卷图书市场研究所的图书市场调查等。

(1) 北京零点研究集团

北京零点研究集团成立于1992年，总部设在北京，在上海、广州和武汉设有分公司。旗下拥有“零点调查”(专项市场研究)、“前进策略”(转型管理咨询)、“指标数据”(共享性社会群体消费文化研究)和“远景投资”(规范的投资项目选择与运作管理服务）。主要研究方向包括行业与产品研究、消费文化研究、社会问题研究、社会群体文化研究等。

“零点调查”接受海内外企事业、政府机构和非政府机构的委托，独立完成各类定量与定性研究课题。耐用消费品和媒体娱乐、快速消费品和政府研究、IT电信和金融保险是该公司目前的三大重点研究领域。

“零点调查”服务过的国际客户主要有摩托罗拉、微软、宝洁、可口可乐等，“零点调查”服务过的国内客户主要有万科地产、中国电信、联想电脑、健力宝集团等。

(2) 新华信市场研究咨询有限公司

新华信市场研究咨询有限公司的前身是成立于1992年的新华信商业风险管理有限公司市场研究事业部。该公司2001年重组为新华信集团公司。集团公司将原公司的三大业务分别注册了具有独立法人的新华信市场研究咨询有限公司、新华信管理咨询公司和新华信信息咨询公司，并在广州、上海、青岛和香港设立了分公司。

新华信市场研究咨询有限公司下设汽车研究部、电信研究部、医药研究部、行业研究部、技术研发中心等部门，“专业化市场研究+与行业结合+营销咨询”是它们追求的特色。公司拥有长期积累的中国企业数据库，并在全国40多个城市设有信息采集网点。

(3) 北京环亚市场研究社

北京环亚市场研究社（PAMRI）1984年创立，其前身是北京市国际贸易研究所的咨询开发部，隶属于北京市对外经济贸易委员会。自1984年开始从事专业市场调查和研究服务，为众多的国内外客户提供市场调查和研究报告及相关商业咨询。该研究社是世界民意调查协会会员、欧洲民意及市场调查协会会员、美国市场营销协会会员，是全国首批29家涉外调查单位之一。

第二节　我国市场调查公司的类型与结构

一、我国市场调查公司的类型

（一）国际调查公司与本土调查公司

国内的市场调查公司大致可以分为国际调查公司与本土调查公司两类。这里所说的国际调查公司指外资公司，也包括中外合资调查公司；本土调查公司则主要是指私营或民营调查公司。一般来说，国际调查公司，能提供完整的市场调研服务，即从调查设计、执行、数据录入到分析报告的全程服务，客户以跨国大公司为主，公司有自己的品牌和产品，有分工明确的专业调查研究队伍，知名度高，收费也比较高。本土调查公司中也有能够提供完整市场调研服务的大型公司，但更多的是执行公司，这些执行公司的缺点是员工水平参差不齐，公司没有明显的特色；优点是了解本地市场，能充分利用本地资源，成本也比较低。

1. 国际调查公司

进入我国著名的国际调查公司有盖洛普（中国）咨询有限公司、益普索（中国）市场研究咨询有限公司、上海 AC 尼尔森市场研究公司等，它们在 20 世纪 90 年代相继来我国开展市场调查与咨询业务。我国加入 WTO 以后，国内日益增长的市场需求吸引了更多国际调查公司的进入。

国际调查公司起步较早，经过近百年的发展已经逐步成熟、完善。与本土调查公司相比，国际调查公司具有以下三个方面的优势：

（1）人才优势。国际调查公司注重专业队伍的构成，吸收和培养了一批经验丰富的市场分析专家、行业营销专家、项目管理人员和市场研究软件专业技术人员，因而形成了很强的专业力量。

（2）技术优势。国际调查公司一般都拥有国际市场动态信息库以及受国际专利保护的人工智能市场分析系统、多行业多领域的分析模型，因而能够实现信息收集和处理的标准化和规范化，从而保证市场调查的质量。

（3）服务优势。人才优势和技术优势结合在一起又形成了国际调查公司的服务优势。由于国际调查公司能够迅速地为客户提供大量的、准确的市场信息，并提出有效的解决方案或营销策略，因而得到许多客户，特别是高端企业客户的信赖。目前采用市场调查的高端企业客户多为分布在大城市的外资公司，它们也是国际调查公司的主要客户资源。

2. 本土调查公司

本土调查公司指内资调查公司，其中包括迅速发展的民营调查公司。北京零点研究集团、新华信市场研究咨询、北京环亚市场研究社等都是实力较强的本土调查公司。

本土调查公司起步较晚，发展还不成熟和完善，与国际调查公司相比，主要存在以下三个方面的不足。

（1）专业化程度低。专业化程度低是本土市场调查行业发展一大瓶颈。一些成立时间不长的小公司为了生存，什么行业的项目都接，导致业务泛而不精。由于对涉足的一些行业缺乏深入的了解和研究，它们通常只能解决客户的一般性问题。专业化取向不明确，导致很多本土市场调查公司没有形成核心业务竞争力。因此，只有调整公司定位，谋求专业化经营，并引进与培养专业人才，本土市场调查行业才能健全地发展。

(2) 自主调查品牌缺乏。本土市场调查公司一般缺乏自主调查品牌，除“零点”、“新生代”等少数本土公司拥有自己的调查品牌，如零点的居民生活指数外，很多本土市场调查公司在调查技术运用或分析模型设计方面没有创新能力。

(3) 客户质量不高。由于本土市场调查公司的专业化程度低，调查技术相对落后，一些高端客户在需要市场调查和咨询服务的时候，往往选择国际公司，而不是本土公司。如何发展优质企业客户、优化客户的行业分布已成为中小本土调查公司亟待解决的问题。有人认为本土公司优质客户的主要来源是不断活跃的民营企业，面对这块调查行业的“新领地”，本土调查公司应该大力拓展。

（二）综合性调查公司与专业性调查公司

1. 综合性调查公司

综合性调查公司指为多个行业或多个领域提供信息调查和咨询服务的市场调查公司。比如益普索（中国）市场研究咨询有限公司建立了快速消费品行业服务团队、IT与电信行业服务团队、汽车行业服务团队、医药与保健行业服务团队、金融与保险行业服务团队，为多个行业的客户提供调研与咨询服务。中国盖洛普咨询有限公司的业务也覆盖食品、消费品、制药、电信、能源、汽车、电子、计算机、化工、金融、保险、服务等多个行业。现代国际市场研究有限公司在其网站上介绍的主要服务领域包括食品饮料、个人及家庭日用品、移动网络运营和通信产品、医药保健用品、家电耐用产品、汽车及相关产品、金融保险、烟酒产品、媒体广告等。

2. 专业性调查公司

专业性调查公司指只为某一行业或某一领域提供信息调查和咨询服务的市场调查公司。比如央视-索福瑞媒介研究有限公司是我国规模最大、最具权威的电视收视率调查专业公司。广州市致联市场研究有限公司是一家为医药企业提供国际标准的 OTC 产品及保健品零售网点研究服务的市场研究专业公司。北京开卷图书市场研究所是我国图书产业信息和咨询服务的第一提供商。它与全球最大的图书数据提供商 NielsenBookScan 合作，为书业提供专业化的市场信息服务。

又比如，赛诺市场研究公司成立十多年来一直专注家电和通信两个行业的研究，包括这两个行业的零售监测，以及竞争对手、运营商、消费者、销售渠道等的系统研究；设有专注于家电行业的家电零售监测部、家电调查研究部，以及专注于通信行业的通信零售监测部、通信调查研究部；1994 年建立家电行业监测网，1996 年建立通信行业监测网，两大监测网的调查包括大中小各类城市和各种业态的零售店。十多年来，赛诺为一百多家国际跨国公司和国内大型企业提供过市场调查和咨询服务，客户有摩托罗拉、诺基亚、三星、西门子、索尼、爱立信、松下等。

二、市场调查公司的结构

市场调查公司均由业务部门和行政部门两大部分构成。业务部门的结构主要有功能型和团队型两种；行政部门负责人事、财务、行政、后勤、法律等方面的事务，有只设一个总部的，如益普索（中国）市场研究咨询有限公司；也有将某一个或几个职能独立出来成部的，如北京零点研究集团设有财务部和行政人事部，但每一项职能都单独设立一个部的基本没有。下面主要介绍业务部门的结构。

（一）功能型业务部门的结构

市场调查公司按功能设置的业务部门，一般有客户服务部、研究咨询部、数据采集部、数据分析部，有的还单设质量控制部等。

1. 客户服务部

客户服务部也叫市场部，它是承揽调研业务，与客户沟通，了解客户的问题和需求，配合公司的研究咨询部为客户开展市场研究的部门。专业的客户服务人员有各自熟悉的行业或业务范围。

2. 研究咨询部

研究咨询部也叫研究部、事业部或研究事业部。较大规模的综合性调查公司一般都设有多个研究咨询部，它们是根据公司服务的主要行业或领域来区分的，比如，益普索（中国）市场研究咨询有限公司设有13个研究咨询部，它们分别负责快速变动消费品、信息技术、通信、医药、汽车、金融保险、零售、地产等行业的消费者和BTB的研究。北京零点研究集团则设有耐用消费品与媒体娱乐研究事业部、快速消费品和政府研究事业部、IT电信研究事业部等。由此可见，规模较大的公司研究咨询部较多，行业或领域分得较细；规模较小的公司研究咨询部较少，行业或领域可以适当归并。

上海AC尼尔森市场研究公司根据其研究的领域设有零售研究部、专项研究部、媒介研究部和国际研究部。零售研究部利用扫描技术和店内核数调查对消费者购物状况进行持续性的追踪，帮助客户获取实际购买、市场份额、铺货渠道、定价以及促销活动等零售市场的详细资讯。专项研究部针对消费者态度、消费行为、顾客满意度、品牌认知度以及广告效果进行定量以及定性研究，并为企业量身定做专项方案。媒介研究部提供优化媒介策略所需的广告监测和电视收视率数据。国际研究部针对地区性以及全球性的商业课题提供跨国的研究方案。

3. 数据采集部

数据采集部也叫实地调查部或现场部，它负责调查数据的采集工作。大公司的数据采集部一般都拥有一支高素质的访问队伍和覆盖全国的数据采集网络。数据采集人员一般都掌握了多种数据采集方法和先进的数据采集技术，他们必须执行严格的数据采集流程以确保数据采集结果的准确性。

4. 数据分析部

数据分析部也叫技术支持部，它负责调查数据的分析工作。数据也称观测值，是实验、测量、观察、调查等的结果，常以数量的形式给出。数据分析人员要运用科学的统计方法，对收集来的大量第一手资料和第二手资料进行分析，把隐没在大量数据中的有用信息提炼出来并形成结论，即找出研究对象的内在规律，作出判断并制定行动计划或方案。分析人员常用的分析方法有：传统的排列图、因果图、分层法、调查表、直方图、控制图，以及较新的关联图、系统图、矩阵图、KJ 法、计划评审技术、PDPC 法、矩阵数据图等。分析完成后，还应撰写并提交数据分析或研究报告。

5. 质量控制部

有的市场调查公司还针对质量控制难度最大的数据采集部设立独立的质量控制部。质量控制部直接对总经理负责，它的任务是保证访问和复核人员无交叉，以确保复核的独立性和公正性。质量控制部一般运用数码录音系统对电话复核进行全程监听和录音，保证复核员按标准进行复核；为实地复核员配备数码录音笔、采访机以进行实地录音；建立被访者资料库，对预约参加定性或定量项目的被访者进行筛选，以控制被访者重复到会等。

（二）团队型业务部门的结构

市场调查公司按团队设置的业务部门将市场研究、数据采集、数据分析、质量控制等业务人员按服务的行业或领域组成团队。规模较大的集团公司，可以把不同的团队叫做不同的公司，比如北京美兰德信息公司就设有综合调研、社会调研、媒体调研、医药调研、管理咨询调研 5 个公司，每一个公司再设市场、研究、调查、数据 4 个部；一般的市场调查公司，不同的团队就是不同的部。

还有一些调查公司根据自身业务的需要设置某些特别的研究部门，比如北京勺海市场研究公司除设有 IT、通信与消费电子事业部、FMCG 事业部（即快速变动消费品研究部）外，还设有渠道事业部和神秘顾客事业部。渠道事业部为客户提供渠道辅助拓展、渠道策略、渠道组织管理、渠道运营监测等方面的服务。神秘顾客事业部挑选、培训神秘顾客，并通过神秘购物、神秘电话、神秘造访和高端神秘服务体验等技术，为客户及时提供其一线人员服务的真实情况，以用于员工绩效的评估和培训效果的测量。

在市场调查的实际工作中，很多公司常常成立临时的项目小组，即依据客户的具体要求，挑选具有不同背景的咨询人员组成临时团队，来为某个客户或某个项目提供个性化的信息咨询服务。

（三）市场调查公司组织结构图

1. 北京零点研究集团组织结构图（见图 8-1）

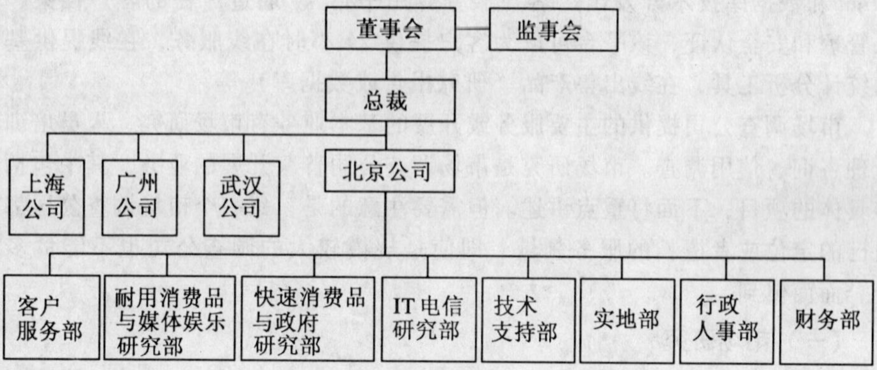

图 8-1

2. 北京美兰德信息公司组织结构图（见图 8-2）

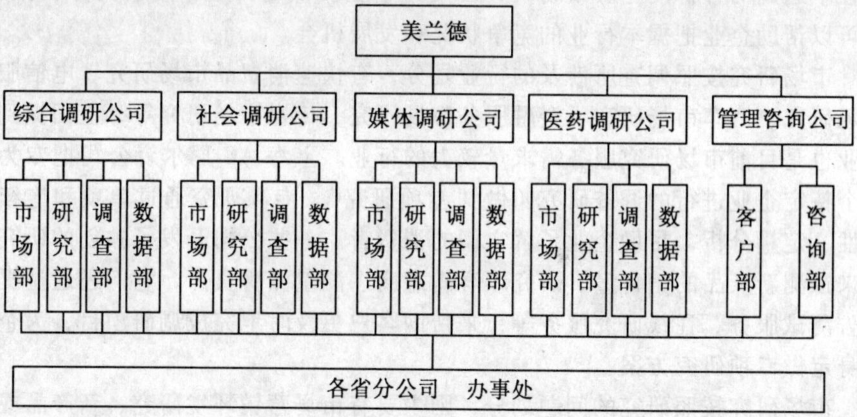

图 8-2

第三节　市场调查公司的服务与定位

一、市场调查公司提供的服务

市场调查公司一般以项目服务为基本的服务模式。具体而言又有常年服务、定制服务、产品服务、特约服务、协作服务等。

除与其他服务机构相同的客户服务外，有的市场调查公司还利用 IT、Internet 和数据库技术开发出“客户服务专用平台”。通过严密的客户档案、成果管理和安全认证，该平台可以为客户提供 24 小时在线服务，在线提供基础的统计分析工具，在线出售产品（研究报告或数据库）等。

市场调查公司提供的主要服务或开展的基本业务有市场研究、人员培训与管理咨询、信用调查。市场研究是市场调查公司普遍开展的业务，其中包括很多具体的项目，下面将重点讲述。但需要注意的是，每一个市场调查公司都有自己的定位或者擅长的服务领域，即使是规模较大的调查公司也不能贪多求全，面面俱到。

（一）市场研究

市场研究也叫市场营销研究，它是大多数市场调查公司为客户提供的最基本的服务类型。市场调查公司依靠市场调研专家，以信息数据库为依托，凭借市场研究经验，给客户以专业性的指导。它通过市场信息的收集与分析，帮助企业制定有效的市场策略，为企业解决市场开发、产品推广、客户服务等营销过程中遇到的种种问题。市场调查公司为企业提供的行业市场研究分析报告，还可以帮助企业把握本行业的竞争状况和发展机会。

市场研究按照调查所涉及的行业划分，有快速消费品市场研究、电信服务市场研究、汽车市场研究、金融服务市场研究、传媒市场研究等，上面提到的行业也是目前市场研究服务需求量较大的行业。上海 AC 尼尔森公司把专为某一个特定企业进行的调查研究叫做“专项研究”。专项研究通过单项和连续的定性、定量分析，帮助企业了解它们的消费者。一些公司开发了独创的研究工具来预测新产品的销售量、研究顾客满意度、测量品牌资产，它们还通过提供广告测试服务、在线研究服务等，来帮助客户更及时地完成调研项目，为企业量身定做专项研究方案。

市场研究按照研究的问题划分，则主要有市场营销环境研究、新产品或新业务研究、品牌研究、价格研究、渠道研究、销售或市场份额研究、市场细分与消费者研究、竞争对手研究、广告与媒介研究、服务标准研究等。它涵盖了从产品研发、市场环境到市场参与（供应商、竞争者、软硬件、公众）、市场运营（营销规划、组织、实施与控制）、市场行为（产品、价格、渠道、广告与促销）到消费者（购买动机、消费行为）的所有运营环节。

市场调查公司可以根据客户的实际需要帮助它们完成上述某一项或多项研究，并为它们提供数据库、通用研究报告、定制研究报告等不同形式的产品。

数据库是企业掌控市场数据的工具，它可以涵盖产品、渠道、用户等环节完整的流通链条，并透视价格、广告、用户满意度等三大要素。对多种数据交叉分析后，可形成企业资信评估数据库、产品竞争力数据库、品牌竞争力数据库，更可作为广告投放效果分析的应用基础。

我国市场调查行业所作的比较知名研究报告有：

"'放眼中国市场'报告"（上海AC尼尔森市场研究公司所作的关于中国零售市场数据及发展趋势的年度报告）；

"全国消费者生活方式和态度调查"（盖洛普（中国）咨询有限公司所作的两年一度的有关消费者情况的报告调查）；

"中国品牌发展报告"（新生代市场监测机构有限公司所作的涉及5000多个品牌和1000多家媒体的调查报告）；

"中国移动电话产业发展研究报告"（赛诺市场研究公司所作的关于国内移动电话产业的调查报告）；

"中国电视受众研究"（央视-索福瑞媒介研究有限公司所作的关于电视收视率数等情况的年度报告）；

"中国媒介手册"（央视市场研究股份有限公司所作的关于电视、广播、报纸、杂志、网络等媒体的受众消费和媒介广告投放情况的报告）；

"CIS系列产品"（IDC所作的关于信息技术和通信行业的研究报告）；

"中国城镇和农村居民生活质量指数调查报告"（北京零点研究集团所作的关于中国城市居民现在的生活质量及未来预期的报告）；

"中国媒体广告市场研究报告"（北京慧聪国际资讯所作的关于中国内地广告市场发展状况及变化趋势的年度报告）；

"畅销图书排行榜系列"（北京开卷图书市场研究所所作的关于全国图书零售市场分布与结构的报告）。

下面按照调研问题分类重点讲述市场研究的若干具体内容。

1. 新产品和新业务研究

新产品研究的主要内容有概念开发与测试、产品测试、命名测试、包装测试、价格测试、渠道测试等。

新业务研究是为了降低市场风险，对新业务是否需要推出及推出后的市场效果进行估计性研究，新业务研究应提供业务推广之前和业务推广初期两个阶段的解决方案。

业务推出之前，要对服务提供后的市场效果作出基本估计，找出对相关服务最有兴趣的群体及其特征，突出卖点，清除业务推出的障碍，提出新业务推广方案。业务推广初期，要评估新业务使用情况，进一步了解客户的使用需求，并对现行的业务方案提出修正意见。

新业务研究涉及的具体内容主要有客户对业务的认知、理解、需求、使用和愿意承担的费用等；常用的研究方法主要有定性研究：小组座谈、深度访谈，定量研究：面访、街访、电话访问等。

以现代国际市场研究有限公司为例，它为移动通信行业进行的新业务研究项目有：个人重要客户 VIP 服务需求研究、手机邮件和移动销售业务研究、全球通 VIP 俱乐部商务论坛和咖啡形象店服务研究、健康随行业务市场研究、一键通业务市场研究、彩铃业务研究、全球通医疗支援系列服务研究等。

2. 品牌研究

品牌研究包括品牌定位研究、品牌战略研究、品牌形象研究、品牌价值研究、品牌管理研究等。

3. 销售研究

该项研究为客户提供有关产品在各地的销售情况及分析，使客户能够对迅速变化的市场作出正确的营销决策，具体项目有市场份额监测、销售量预测、市场动态研究、品牌监测与管理、服务质量监测、价格预测、分销渠道研究、营销策划等。其中零售研究是一个重要内容，下面重点介绍。

零售研究定期为客户提供有关产品在各地的零售情况报告，通过为客户提供准确而精炼的资讯和见解，使他们能够对迅速增长的消费品市场做出投资和营销决策。该研究一般包括市场评估、营销分析、顾客研究、机遇识别 4 个步骤。

(1) 市场评估，即根据从零售商店中的销售点所收集的数据，测定快速消费品的销售额。通过与竞争对手产品销售额的比较，可以分析市场状况的变化和趋势。

(2) 营销分析，即对采集到的市场信息加以甄选和分析，把这些信息与企业内部数据及第三方的资讯结合研究，从而对企业的具体经营事务及经营环境做出判断。

(3) 顾客研究，即通过顾客调查，把顾客采购信息与地区联系起来，对影响顾客消费决策的各种市场力量加以分析，剖析顾客的采购动机。

(4) 机遇识别，即帮助经营特色、销售重点各异的客户甄别其独有的发展机遇，并及时采取措施，抓住机遇，实现增长。

4. 消费者研究

消费者研究也称消费者市场研究，即研究消费群体是怎样通过认知、态度、动机、选择、决策、购买、使用等阶段来实现自身愿望和需要的。这项研究建立在对市场环境（包括政治、法律、社会、文化、技术）、人口特征、生活方式、经济水平等基本特征研究的基础上，并借助各种市场调研技术和方法来进行。

该项研究是消费品生产企业，特别是民用消费品生产企业经常实施的一项市场调研，它通过对消费者人口统计特征、产品或品牌消费特征、媒体接触习惯、价值观念或生活形态等信息的调查与研究，深入分析消费者消费行为的关联性与规律性，帮助企业更好地了解自己的消费者，确定和细分目标市场，寻找和触及目标群体。

消费者研究的主要内容有市场细分与目标群体定位、消费基本特征研究、消费动机态度、消费者态度和行为研究等。下面重点介绍消费者满意度或客户满意度研究。

客户满意度研究，即从挖掘客户需求或期望入手，通过测评顾客对产品或企业的满意度，对企业的客户关系进行评估，了解影响客户满意度的原因，确定企业在影响客户满意度方面的优势和劣势，寻找提高客户满意度的策略，优化产品和服务，帮助企业提高客户满意度，维护与客户的良好关系。

客户满意度研究一般包括以下具体内容：

(1) 客户满意度测评，即分析客户的需求及期望，测量客户的满意水平，制定客户服务标准，了解客户服务人员的执行情况。

(2) 动态满意度管理，即综合分析客户需求层次、客户认知、竞争落差等因素，确定提升客户满意的优先顺序。该研究以简洁的图标形式，辅以软件系统，在持续跟踪的基础上，动态地展示出满意度各要素的优先顺序，帮助企业快速提升客户满意度。

(3) 客户关系评估，即从客户近期的消费时间、频率、金额、服务成本等要素入手，寻找它们的贡献值，并确定其客户等级。该研究通过对企业及其竞争对手的客户关系进行量化评估，可以发现企业客户关系管理的优势和劣势。此外，通过对企业与消费者、经销商、零售商、政府等关系的评估，也可以帮助企业了解其营销的外部环境。

5. 广告与媒介研究

(1) 媒介研究

媒介研究即对媒介进行监测与分析。该项研究对电视收视率及对报纸、杂志的读者进行调查，为客户提供媒介内容、媒介受众、媒介广告价值等方面的数据与分析，若按媒介的类别划分则有平面媒体研究、电波媒体研究、户外媒体研究、网络媒体研究、新媒体研究等。以下是媒介研究的常见内容。

平面媒体研究包括读者规模与质量研究、阅读状况与满意度研究、媒体读者定位与市场细分研究等。

读者规模与质量研究能为媒体提供阅读率调查数据，使媒体可以全面了解自己的受众规模、受众特征以及针对不同产品和品牌的广告价值，以便争取更多受众和广告收益。

阅读状况与满意度研究能为报纸、杂志版面结构的调整和内容的改善提供重要依据，也可以作为考评记者、编辑工作绩效的参考。其研究内容主要包括：从何时开始阅读、流失原因、版面阅读情况、各版面阅读比例、各版面满意度、版面定位分析等。

媒体读者定位与市场细分研究能给报纸、杂志定位，也就是使其在功能上符合某一方面或某一层次读者的需要，同时使其观念得到读者的认同。进行读者定位与市场细分研究可以帮助媒介开发特定的功能，培育和发展稳定的读者市场。

(2) 电波媒体研究

电波媒体研究包括广播、电视视听率和视听行为研究等。其中的受众接触状况研究，是指对媒体视听众态度的研究，目的是了解一个媒体出现的市场变化与受众的接受程度与需求，主要内容包括接触频率、覆盖人群规模、接受度、喜好度等。

央视-索福瑞媒介研究有限公司是中国规模最大、最具权威的电视收视率调查公司。它在全国范围内建立了超过9000户家庭的测量仪调查系统，并在北京、上海、广州等几十个城市使用每天回收数据的城市人员测量仪进行收视率调查。其测量仪调查网和日记卡调查网两项合计，样本总规模达到30000户，全国近800个主要电视频道的收视情况都处在它全天候不间断的监测之中。

新生代市场监测机构的重要目标之一是成为中国主流的市场与媒介研究供应商，它拥有连续10年的有关中国市场与媒介研究的数据库。始于1998年的“中国市场与媒体研究——中国TGI”，研究对象为中国30个城市15～64岁城镇居民。该研究由新生代市场监测机构、英国市场研究局和美国天盟公司合作推出，其成果构成全球TGI指标体系的重要单元。此外，“中国青少年市场与媒体研究”（始于1999年）、“中国新富市场与媒体研究”（始于2004年）、“中国儿童市场与媒体研究”（始于2005年）也是“新生代”的连续研究项目。

有的市场调查公司还为电视媒体提供策划、销售等增值服务。比如北京慧聪国际资讯有限公司的城市电视媒体推广服务就已经在郑州电视台、济南电视台、兰州电视台、乌鲁木齐电视台等地开展，它促进了这些电视台媒体产品的竞争力，并帮助客户实现业绩的提升。

（3）广告研究

广告研究主要是广告效果研究和广告投放研究，有少数市场调查公司还提供广告策划和创意服务，如帮助客户定位目标人群，确定广告的主题和品牌形象诉求，选择代言人等。

广告效果预测是广告效果研究的重要内容之一，它包括广告概念测试、广告脚本测试、电视广告和平面广告的广告前测试、广告对品牌影响的评估等，进行这项研究的目的是通过解析广告成功的因素，使企业在做出广告制作和投放的决定时心中有数。此外，广告效果跟踪与评估研究、促销效果跟踪与评估研究也是某些市场调查公司可以提供的服务项目。

广告投放研究监测电视、报刊广告投放情况或受众对某个产品广告的接触状况，主要监测广告接触率、广告到达人次、毛评点（GRP）、千人成本（CPM）、目标人群千人成本（CPM）等；判断广告载体在不同时间和地方的刊播效果，计算广告费用，选择有效经济的媒介、频道和栏目，了解竞争品牌的广告动态，帮助客户完善自己的广告策略。

为客户进行广告与媒介研究所提交的产品形式主要有资料（媒介报道的详细清单）、报表（媒介报道的数量、比例、分类）、研究报告（统计、分析和策略建议）以及数据库等。就产品的内容而言有媒体评价报告、广告监播及投放分析研究报告等。

（二）人员培训和管理咨询

1. 人员培训

企业管理人员和销售人员必须在瞬息万变的营销环境中作出决策，而决策成败的关键就在于他们对市场信息或数据有无敏锐的洞察力和分析判断力，由此可见提高员工素质的重要性。

为了帮助企业提高管理人员的素质，一些市场调查公司开设了一些培训课程，来开发他们的管理潜能，对他们进行管理方法和领导艺术的培训。还有一些培训课程用来指导员工如何进行市场研究，如何分析数据，以及如何在市场营销中灵活应用知识，获取商业成功，这些课程适用于从事市场推广、贸易营销、市场研究、销售、重要客户管理和商品推销等的专业人士。

有的市场调查公司还定期举办会议、研讨会和教育研讨班来更新客户的知识。

2. 管理咨询

这里所谓的管理咨询主要是人力资源管理咨询，其内容主要包括：企业发展战略、公司结构设计、商务流程重组、绩效管理系统、员工满意度和忠诚度评估、工作环境质量监测、人力资源管理策略、员工选拔与培养、管理者才能评估等。

（三）信用调查

信用调查也可以叫作投资环境评估，即通过对企业信用、资信的调查，帮助企业了解投资对象（包括投资环境）或合作伙伴的事实真相。信用调查服务主要为企业提供并购咨询服务、融资咨询服务和投资咨询服务。

1. 企业并购咨询服务

其内容主要包括：企业发展战略框架设计、企业并购方案设计与实施等。

（1）企业发展战略框架设计，即根据产业或市场发展态势、企业自身资源能力及主要竞争对手相应资源能力以及战略定位分析，确定产业资本运作方案，寻找、甄选并购对象，完成投资项目评估流程，明确备选并购目标、标的（股权/资产）及投资的价值与风险等。

（2）并购方案设计，即在明确并购标的后，根据企业自身及并购标的的资本结构，分析相应支付形态（资产换股权/资产换资产/股权换资产/股权换股权）及支付方式（分期支付/利润分享/资本性融资等），由此设计相应的资本方案，以完成最优并购方案设计。

（3）并购方案实施，即受托或协助完成并购交易谈判，协调会计师、评估师、律师工作至所有并购文本及程序完成；整合并购后的企业；设计并购后企业系统性重组方案，整合不同的文化、管理过程、组织结构，人力资源等，以实现并购各方的最终目标——增加股东价值，建立一个更加强大、更有竞争力的组织。

2. 企业融资咨询服务

其内容主要有：资本方案规划、商业计划书制作、融资渠道与对象选择、融资后项目监管等。

（1）资本方案规划，即根据企业现有财务资源能力和项目资金需求界定融资需求及数量，并在此基础上完成融资方案设计（融资方式、财务安排、法律安排、风险规避等）。

（2）商业计划书制作，即进行企业整体营运现状核查和未来发展态势预测，从企业的产品（或服务）、市场、营销、财务、人力资源、物流、管理制度等各层面对正待重整的企业（或正待开展的项目）进行可行性分析、策划与包装，在此基础上制作符合国际资本市场惯例标准并对潜在投资者具强吸引力的商业计划书。

(3) 融资渠道与对象选择，即根据企业实际以及资本结构理论，测算不同融资方式（或对象）相应的成本、税盾、期限、收益及风险，确定最具成本或效益优势的融资渠道、相应对象或组合。

(4) 融资后项目监管，即整合相关资源，确保项目或企业融资按照商业计划所既定的模式完成投入至产出的全过程，同时增加企业资信，为后续融资增进资质。

3. 企业投资咨询服务

其内容主要包括：战略投资规划、境外客户中国投资顾问、基金或资产管理、投资项目监管或稽核等。

(1) 战略投资规划，即根据企业战略发展总体规划，确定企业战略投资方向，结合产业行业总体的发展趋势分析、竞争对手实力比较、企业自身优势劣势诊断，制定出企业相应战略投资的方式、方法、数量及进度安排。

(2) 境外客户中国投资顾问服务，即受托进行中国大陆市场投资前期调查并出具相应投资方向、方式、资金、地点建议，境外投资机构或个人确认投资方案后的公司设立、管理咨询、信息化及投资退出等业务代理或顾问服务。

(3) 基金或资产管理，即受托发起并设立基金（个人/机构投资者），受托进行基金管理，受任基金承销资格、向基金投资者发售受益凭证以募集投资资金，重组后资产的托管及相应后续资本运作；进行投资项目评估；对已明确意向的投资项目正式立项，并就项目相应管理团队、技术因素、市场因素、实施能力、财务状况、退出方式、宏观因素展开尽职调查，在此基础上进行相应无形资产评估、有形资产评估、盈利资产调查、成长潜力资产调查等项目投资价值评估，最终出具投资项目可行性评估报告。

(4) 投资项目监管或稽核，即受托进行投资项目投资成本、进度控制，投资动态经济评价，投资风险预警和相应风险管理，代理行使投资项目或企业财务报表独立稽核及相关经营绩效分析与预测，确保预期投资回报的完全实现。

4. 出入境信用调查

市场调查公司提供的信用调查服务，还包括为中国企业进入国外市场提供咨询服务，以及为外国企业拓展中国市场提供咨询服务。

(1) 境内客户海外市场咨询

其主要内容包括：海外分公司或办事处的设立、境外资本运营、海外市场开发等。

海外分公司或办事处设立的具体事宜有：受托联系并选择境外公司注册地，协助准备所有相关经营、账户、法律、税务申请资料，完成境内企业海外分公司、办事处或联络机构的注册，同时提供该海外机构后续办公场所、人力资源及日常经营管理等相关方面的顾问服务。

境外资本运营的具体内容有：提供境外投资战略规划顾问服务，受托寻找境外投资项目或企业，完成相应境外资本运营所需的尽职调查、资本方案规划及运营战略设计，协助完成相应境外资本运作案的谈判、实施及监控。

海外市场开发，即受托进行境内企业产品及服务的海外市场开发，设计相应营销组合方案，协助配置相应海外市场运作人力资源，协助寻找相应境外合作伙伴并完成合作交易条件的拟定与谈判过程。

(2) 境外客户中国业务拓展咨询

其业务主要包括：经营环境调研及投资方向建议、公司或代表处的设立、基建施工业务办理等。

经营环境调研即受托对中国大陆市场的市场状况、相关法律法规、税收政策等进行考察。投资方向建议即提出有关投资地点、投资行业领域以及投资战略规划及方式（合资/合作/独资/代表处/并购）的建议。

公司或代表处设立的具体事务如下：为境外投资者代理完成从制作项目意向书到取得当地政府项目批准书为止的各种手续，协助完成合资谈判及合资合同、公司章程的制作及签约仪式。根据受托范围代理完成以下相关事项：公司查名、申请企业代码证、申请营业执照或登记证、商标注册、专利注册或著作权登记、公安局登记、外汇登记、统计局登记、税务财政登记、海关登记，开立人民币外币银行账户，建立分支机构或设立代表处，变更营业范围、地址、董事或注册资本，办理酒类、烟草经营许可、环保许可、卫生许可、消防许可、广告许可等。

基建施工业务办理的内容主要有：租赁、转让和取得土地使用权手续，租借、购买、建造企业用房的申请手续，厂区规划、设计、工程招标中介及设备进口的手续，各种建设材料进口手续等。

二、市场调查公司的定位与服务理念

（一）市场调查公司定位的含义与意义

给一家市场调查公司定位就是要使该公司在客户的心目中占据一个独有的位置，即让一个市场调查公司的特色在他们脑海里烙上深刻的印象，以至于当他们需要得到某种调研和咨询服务的时候，马上就会想到这家公司。

市场调查公司定位，至少包括三个程序，第一是要在对客户需要和自身专长进行分析研究的基础上，确定应该把本公司办成一个什么样的调查公司；第二是制定计划、采取措施来实现目标——保持或建立公司的特色优势；第三是要通过宣传推广让其特色优势使目标客户清楚地知晓。

定位的目的是为了通过差异化战略运用，去占领一个有价值的市场调查细分市场。定位不仅可以让一家市场调查公司区别于其他公司，而且还会成为目标客户的优先选择。

客户所属的行业不同，或者所属行业相同但营销策略不同，这些都会使其对信息的需求产生很大的差异，如果一个市场调查公司什么客户的信息需要都想满足，什么样的咨询服务都要提供，那就会泛而不精，没有专长。市场调查涉及的行业众多，领域宽广，任何市场调查公司都不可能面面俱到，因此，有意识地突出公司特色，明确地给公司定位，根据已有专业队伍的专长或已涉及的领域，恰当选择一个或多个项目，集中力量研究，逐步积累在这方面的经验，才能提高公司的竞争力。

定位，可以说是一个公司在激烈的市场竞争中谋求生存与发展的最首要的问题，也是一个需要具有远见卓识并付出极大努力才能加以解决的问题。一些市场调查公司常年为企业作定位研究，但却疏于考虑自己的定位问题，以至于无法为客户提供差异化的产品、技术和服务，使得市场调查公司的服务日益同质化。

随着市场竞争的加剧，企业对市场调查质量的要求越来越高，它们需要的已不只是单纯的数据，而更多的是市场营销的策略。如果市场调查公司缺乏对某一个或某几个行业或领域的专门研究，就很难满足企业对于信息咨询的特别需要。专业就是优势，市场调查公司执著于某一行业或领域的深入研究，就能在实践中积累经验，创新调查技术，形成竞争优势。

（二）市场调查公司定位的方法

市场调查公司向客户提供的都是数据收集和分析方面的服务。那么一个公司怎样在服务或业务上与其他公司相区别呢？这要从客户需求和自身优势两个方面来考虑。

1. 了解客户需求，寻找市场机会

客户需求的多样性，是一个市场调查公司在具体的服务（产品和技术）方面可以与其他公司形成差异的最基本的原因。因此首先要深入了解目标客户的需求，了解哪些产品和服务对它们来说是最重要的，然后再针对其需求提供个性化的服务（产品和技术），这样做不仅有利于一个公司拉开与竞争者的距离，同时还可提高客户的满意度和培养客户忠诚度，建立公司的品牌优势。

2. 寻找本公司服务的优势领域

成功地为一个市场调查公司定位，不仅要针对客户的需要，而且要结合自身的优势。一个公司具有什么样的优势可以从本公司现有的人才、经验、形象及竞争能力等方面去考虑。假如一个公司拥有较多较强的汽车调研方面的专门人才，以前又做过一些汽车调研的项目，而且在目标客户中口碑较好，与其他市场调查公司相比，本公司在该行业研究和咨询上具有一定的优势，那么，该公司就可以把汽车行业的调研作为自己的主营业务，也就是把自己的公司定位在汽车行业的调研咨询上。

这里需要说明的是，一个市场调查公司的优势不仅可以表现在行业研究上，也可以表现在对某一类问题的研究上，比如零售研究、广告研究、信用研究等；此外，研究的态度、方法、水平等也可以形成优势，比如“操作严谨、数据真实”等。

3. 公司定位的强化与推广

在明确自己的定位之后，市场调查公司还要采取一系列的措施来巩固和强化这一定位，也就是进一步扩大优势，突出特色，为目标客户提供更多更好的个性化服务。

此外，公司还要通过有效的传播媒介和传播手段，将自己的调研优势或特色传递给目标客户并使其牢记于心，成为其购买调研咨询服务的首选。

（三）市场调查公司定位的实践

虽然目前很多市场调查公司并没有明确地宣传自己的定位，但有些公司强调了自己的服务特色或主要业务范围，这也可以看作是它们的定位实践。

1. 走专业化调查研究的道路

市场调查涉及的行业很多，问题很广，走专业化道路就是只做其中一个行业或一个领域研究的领头羊。一个市场调查公司根据自己的特长可以作如下选择：

（1）专做某一行业或某几个行业的市场调研与咨询。

（2）专做某一营销领域或几个相关领域的市场调研与咨询。

（3）作以研究为主、以调查为辅的公司。

（4）作专门实施调查的公司。

2. 市场调查公司注重特色的实例

现代国际市场研究有限公司长期关注移动通信行业，进行“移动品牌新用户跟踪研究”。该研究收集各品牌新入网用户的特征、来源、入网原因、移动通信品牌使用状况，以及各品牌的入网优惠措施和宣传活动等。它的研究成果现在已成为移动公司管理层每月必读的信息，并被用来检查策略效果，改进策略方向，增强移动品牌的竞争力。

北京环亚市场研究社自1995年以来一直从事汽车市场研究，为世界和本土自有产权汽车企业提供专项研究咨询服务和市场营销解决方案，其汽车事业部在汽车行业内享有较高知名度，通过多年汽车行业调研经验的积累，它建立了一整套针对汽车企业、产品和服务的研究体系及相关模型，研究课题涉及新产品投放、市场规模研究、满意度研究、产品质量研究、广告研究、产品命名研究等诸多领域。

东方市场研究有限公司致力于为海内外的客户提供旅游方面的调查和咨询服务，曾经就不同的旅游研究项目与海内外的客户进行过多次合作，积累了一定的旅游市场研究经验。

雅兴市场研究公司是中国药品保健品行业最具影响力的专业市场研究机构，它致力于为医药保健品企业提供专业的市场研究服务，创办有医药保健品专刊《行销视界》，并开通了业内首家专业市场研究网站 www. Medi-MR. com (中国医药保健品市场研究网)。

(四) 市场调查公司的服务理念

市场调查公司的服务理念，指一个公司在调研和咨询活动中所必须坚持的基本信念或原则，它指示公司员工应该为客户做些什么和怎么做。公司的服务理念一旦建立，就要求员工付诸实践。下面是一些市场调查公司的服务理念：

华南国际市场研究公司的服务理念：把微观的业务决策与宏观的市场策略结合起来，帮助企业取得决胜市场的竞争力。(其愿景是：成为客户业务策略与品牌决策的核心力量。帮助客户了解消费者，预见和创造未来!)

央视市场研究股份有限公司的服务理念：成功的客户成就成功的CTR。

现代国际市场研究有限公司的服务理念：以质量求生存，以信誉求发展。(其经营理念是：以专业的市场研究为手段，以数字解剖为工具，帮助客户实现科学决策；准确把握客户的需求，提供个性化的解决方案，严格的质量体系保证下的项目有效执行，帮助客户在竞争中脱颖而出。)

新华信市场研究咨询有限公司的服务宗旨：以服务客户为宗旨，时刻与客户保持最紧密的联系。

北京勺海市场研究公司的经营理念：做客户的合伙人。

北京慧聪国际资讯有限公司的服务理念："分享、无边界、领先半步"。分享，即以多样化的优质产品和专业服务真诚地与客户分享信息资源；永远关注客户的需求，与时俱进，变革创新，为客户创造更高价值。无边界，即服务追求无止境；服务不存在部门和区域边界，公司的每一个人都代表企业整体为客户服务；服务不因对象大小而不同。领先半步，即追求卓越的服务，提供领先客户需求的服务。

第四节 调查方法和分析模型的运用与创新

市场调查公司的专业服务能力来自于良好的业务运营资源系统，这个系统除了良好的项目管理机制和完备的客户服务制度之外，还有一个极其重要的部分，这就是科学的调查方法和先进的分析模型。对于市场调查公司的经营来说，技术是核心，质量是生命。只有采用科学的调查方法和先进的分析模型，才能获得准确可靠的结论；只有保证调研的质量，才能令客户对公司的服务感到满意。

一、市场调查公司常用的调查方法与分析模型

（一）市场调查公司常用的调查方法

1. 定性研究

定性研究常用的手段是焦点访谈和深度访谈。研究人员对被访者进行深入的、启发式的访谈，从而得到探索性的和解释性的结果，定性研究多用于解决微妙的消费动机和复杂的购买决策等方面的营销问题。在访问一些公司决策者、行业专家等难以接近的高层人员时，定性研究往往是首选的方法。

（1）焦点访谈

焦点访谈以小组座谈会的形式进行。1~2名主持人引导控制若干个被访者（以8~12人为宜）就某些具体问题展开讨论，以期获得必要的信息，比如被访者对某一产品、概念、假设的感觉及其原因等。

焦点访谈可以作为定量研究的向导，来探求定量研究中可能遇到的问题；也可对定量研究的数据作补充、解释或确认已得到的一些信息。

焦点访谈成功的关键在于选择恰当的被访者，如果与会的被访者性格开朗，思维活跃，语言组织能力和与陌生人打交道的能力强，研究者就容易从中挖掘消费者的想法、剖析消费者行为。

为了保证到会率，一般应多约1~2个被访者作后备；在开会前1~2天，应通过打电话、发短信、送请柬等方式通知被访者到会。

（2）深度访谈

深度访谈是在访员与被访者之间一对一进行的。与小组座谈会相比，深度访谈可以消除群体压力，因而被访者可以比较自由地表达自己对某一问题的信念、态度和感情，提供的信息更真实。此外，一对一的交流也使被访者感觉到自己是注意的焦点，从而认为自己的感觉和想法很重要。

2. 定量研究

(1) 定量研究常用的访问方法

定量研究常用的访问方法主要有入户访问、街头访问、电话访问、邮寄问卷访问、网上调查等。定量研究能够通过对具有代表性的大样本的访问和分析，得到具有统计意义的结论。当一个管理者需要做出一个高风险的决策时，通常使用定量研究。

入户访问是访员到被访者家中直接与被访者接触完成的访问。入户访问的被访户一般按照随机抽样规则抽取。因为入户访问是在被访者熟悉的环境中进行的，所以被访者的意见容易得到比较真实、充分的表达，问卷可相对较长，问卷回答的完整率也比较高；此外，访员还可以通过观察修正被访者失真的回答。

为了提高入户访问的质量，公司应对访员进行专业培训，此外还要给他们配备一定的硬件，如采访机、录音机或录音笔等。

入户访问在我国的运用虽然已有十多年的历史，但目前仍被普遍采用，尤其是在一些大中城市。由于封闭的小区管理使得入户越来越难，所以必须通过入户技巧和方式的创新来提高入户的成功率和代表性，这是在有限的时间内完成规定样本量的关键。

街头访问也叫拦截访问，即在街头拦截符合条件的被访者，并将其带到指定的访问室进行访问的一种调查方法。街头访问常用于商业性的消费者行为或态度研究。街访的优点是时间短，取得数据比较快；缺点是样本代表性比较差，此外，被访者如果不习惯街访的环境，就会影响信息收集的准确性。

电话访问是访员利用电话对抽取的访问对象进行的访问。在企业可以提供完整的、有效的客户电话名单的情况下，这是一种较好的采集数据的方法，比如对客户满意度一类的市场调研。电话访问的优点是花费适中，反馈速度快。

计算机辅助电话访问（Computer Assisted Telephone Interview，CATI）快速、安全，它具有多条线路同时调查的能力，并为定量研究在科学性、真实性和准确性方面提供了可靠保障。CATI 在访问效率和访问质量上都优于传统的电话访问形式。市场调查公司设立 CATI 访问中心（配备 CATI 系统、话务员、项目管控人员），就能为各行各业的客户提供电话访问服务。CATI 被广泛地应用于不同的调查研究领域，如品牌知名度研究、产品渗透率研究、品牌市场占有率研究、产品广告到达率研究、广告投放后的效果跟踪研究、消费习惯研究、消费者生活形态研究、顾客满意度调查、服务质量跟踪调查、家庭用品测试及选举民意测验等。

神秘顾客访问（MS），即利用“神秘客户”在现场以亲身体验的方式，对企业的整个服务流程或服务体系进行全方位的考察，进而为企业找到存在的问题及解决的方法，目的是为了提高客户的满意度和忠诚度。为了保证服务质量测评结果的可信性，“神秘客户”应依据“人员本地化、形象贴近化”的原则招聘，他们必须通过面试、培训、考核等多个步骤才能上岗工作。

网上调查就是利用互联网在线采集数据，完善的在线调查系统（WebR）具有系统抽样、邮件群发、逻辑控制、图形化访问界面、过程管理、中间结果统计、数据检验、报表输出等多种功能。采用网上调查，不但能够借助于声音、文字、图像全方位向被访者呈现问卷，而且能够有效地拉近客户与被访者的距离，使得客户可以跨越时空的限制，在任何时候查看访问的进程与结果，并及时调整自己的营销策略。

（2）定量研究方法的具体运用

“现代国际市场研究有限公司”曾采用定量研究的方法对动感地带用户进行研究，他们每两个月进行一次计算机辅助电话访问，每个品牌每次抽取150个样本，由移动公司提供过去两个月的各品牌新用户电话号码。

研究结果表明，全球通、神州行是动感地带新用户的主要来源，除此之外，动感地带用户再次入网的比例也达15%。相对而言，联通、小灵通的用户偏少，说明动感地带主要争夺的是移动网内用户。检查来自全球通及神州行的用户背景特征，发现这些用户的平均年龄在20~24岁，大专以上学历的学生居多，这与动感地带的品牌定位是一致的。值得注意的是动感地带用户再次入网的比例也偏高，检查其入网原因，发现重复入网者对“入网优惠”的提及率明显偏高，说明“优惠措施”对原来动感地带的用户有较大吸引力。

（二）市场调查公司常用的分析模型和研究技术

1. 市场调查公司常用的分析模型

市场调查公司常用的分析模型有文字模型、图示模型和数学模型。

（1）文字模型，是通过文字形式来说明变量及其关系的模型。

（2）图示模型，是用来区分变量和说明关系的可视化模型。

（3）数学模型，是详细说明变量之间关系的方程式。

2. 市场调查公司常用的研究技术

对采集来的信息，市场调查公司通常使用的研究技术主要有组合分析、对应分析、因子分析、聚类分析、回归分析、价格测试等。

（1）组合分析

组合分析是一种用来研究消费者对于产品或服务偏好的技术。通过组合分析，可以获取有关新产品的各种相关属性在消费者购买行为中所起到的影响、重要程度，以及在各种属性中各种可替换因素的具体效用函数，从而帮助客户从多种可替换的产品性能中作出正确的选择。

组合分析还可以模拟出理想状态下的市场份额分布，对于新产品的每一种组合有可能占据的市场地位及其竞争产品的市场占有情况进行形象的描述。

(2) 对应分析

对应分析是一种用来研究变量与变量之间联系紧密程度的技术。运用对应分析，可以获取消费者心目中的产品品牌形象，从而帮助客户及时调整营销策略，以便产品品牌在消费者心目中树立起正确的形象。

此外，对应分析还可以用来检验广告或市场推广活动的效果。通过对比广告播出或市场推广活动前后，消费者对产品的不同认知，可以判断广告或市场推广活动是否成功地向消费者传达了需要传达的信息。

(3) 因子分析

因子分析是用少数几个因子（不可观测的关系密切的一类变量）去描述许多指标或因素之间的联系，即以较少几个因子反映原资料大部分信息的研究技术。运用因子分析，可以方便地找出影响消费者购买、使用及满意度的主要因素，以及它们的影响力度。运用因子分析还可以为市场细分做前期研究。

(4) 聚类分析

聚类分析是直接比较各事物之间的性质，将性质相近者归为一类的研究技术。运用聚类分析，可以分出产品的细分市场，描述出各细分市场的人群特征，以便客户针对目标消费群体施加影响。

(5) 回归分析

多元线性回归分析是一种用来检验一因变量与一组自变量之间关系的研究技术。运用多元回归分析，可以方便地找出影响用户满意度的主要因素与用户满意度的关系，即某个因素的得分变化会使整体满意度产生什么样的变化。

(6) 价格测试

价格测试是一种用来研究产品合理价格及价格区间的技术。运用价格测试，可以更科学、更准确地获得消费者所能够承受的产品价格，并以此作为制定产品价格的依据。

二、市场调查方法与分析模型的创新

市场调查公司除运用常规的定量与定性的调查方法外，还应不断引进国外先进的研究设备和调查技术，同时在实践中总结和推出新的调查方法和分析模型。

(一) 引进先进的研究设备和技术

以央视-索福瑞媒介研究有限公司（CSM）为例，它一直在追寻当今世界最先进的收视监测技术，并把 TNS 集团最新一代“人员测量仪”引进中国，为不断发展的收视研究市场提供了更及时、更准确的调查数据。覆盖全中国的收视调查网络和先进的收视监测技术，使 CSM 成为中国收视研究市场上的领导者，并赢得了越来越多的客户信赖。

（二）创造新的研究模型或方法

为了发展自己的专有研究技术，以向客户提供有特色的服务，市场调查公司应把长期积累的经验和知识凝聚成新的研究模型，以帮助研究者和客户更科学更便捷地完成研究项目。一些公司在这方面做出了卓有成效的努力。

华南国际调查公司创造的 Equity Map™模型，能使研究者了解品牌各元素（例如情感层面的亲和力，功能方面的表现、服务以及价格）如何共同作用，为每一名消费者创造价值。Equity Map™涵盖一系列整合研究服务，是针对品牌塑造过程的不同阶段及方面设计的，它既能单独操作，也可配合使用。该公司还推出了品牌实力衡量工具 Brand Vitality™。

AC 尼尔森公司开发的独创研究工具包括：预测新产品销售量的 BASES，进行顾客满意度研究的 Customer eQ™和测量品牌资产的 Winning Brands™等。该公司推出的在线研究服务，能够帮助客户更及时地完成调研项目。

华南国际市场研究公司建立的品牌形象定位模型（Locator™）将消费者对品牌的认识与他们对品牌的选择联系起来，提示控制品牌形象的各个部分是如何改变消费者对品牌选择的。它既是一个分析工具，也是一个微观预测模式。运用品牌形象定位（Locator™）可以回答一些重要的策略问题，比如品牌的哪些方面可以使品牌获得最大利益，能否在消费者认为的品牌中并不重要的方面减少投资等。了解影响消费者选择品牌的因素，能为制定成功的品牌投资和管理策略提供依据，其顾客满意度衡量（SMART℠）包括仔细倾听消费者和客户的“心声”，帮助企业了解客户的内心想法，例如：客户是如何认识你的公司，他们希望得到什么服务等。通过对客户的想法作出解释，就能提出实际可行的步骤来改进服务。

北京勺海市场研究公司自主开发了店内促销与陈列对市场份额影响的模型及动态模拟器。它推出的具有独创性的零售终端管理系统，在商圈研究、零售终端选址、终端库管理、终端效率管理、销售区域管理和销售拜访路线、物流路线规划方面提供了可视化的商战沙盘。

新华信市场研究咨询有限公司总结和发展出了自主的行业问题研究模型，如新华信汽车领域市场研究模型、新华信电信领域市场研究模型、新华信产业研究模型、新华信医药领域市场研究模型等。

北京环亚市场研究社在国内率先提出了商用车竞争力（即产品性价比）的研究模型（CCP）。研究商用车竞争力可以为产品定价提供依据、提供产品改进解决方案和新产品开发目标。此外，它还在总结传统价格测试技术的基础上，提出了在模拟真实市场竞争环境下的CBC价格测试方法。

新生代市场监测机构有限公司在实践中建立了四个专用技术标准库：模型库、指标与数据库、工具与档案库、软件库。仅在模型库中就有多种品牌研究模型、产品研究模型、价格研究模型、市场细分与定位模型、顾客满意度模型、营销策略研究模型、快速消费品市场综合竞争力模型、市场营销战略量化分析模型等；在指标与数据库中又有品牌成长的辅导评测系列、品牌综合力评测系列、广告效果与销售业绩评测系列、促销效果与销售业绩评测系列、报刊媒体广告效果评测系列等。

市场调查公司一般都应建立自己独立、完备的企业数据库，这样在针对企业机构调查时，就有充足有效的调查基础。比如，新华信的企业数据库中就有近500万家中国大陆企事业单位的信息，其中有超过15万家企业的详细资料，年营业额超过1000万的企业有90%在新华信的数据库中。新华信有150多人的信息收集队伍对数据库进行维护，公司每年用于信息核实的电话超过300万个。

第五节　市场调查公司的项目管理与客户工作

一、项目作业流程与质量管理

市场调查公司必须建立规范的信息采集体系和业务运作程序，才能保证为企业提供客观可靠的信息数据，进而赢得公司的信誉。目前，许多市场调查公司都是以调研项目为管理对象来规范作业流程，控制调研质量的。

（一）项目组织管理与作业流程

1. 项目组织管理

项目组织管理主要包括项目人员管理、公关关系管理、财务与行政支持管理等，项目作业组织管理的目的是保障项目正常运作。

项目人员一般包括项目执行总监、项目经理、高级咨询顾问/研究员/分析师、咨询顾问/研究员/分析师、运作主管、专业数据统计分析员、市场/销售经理、客户服务经理、品牌专家、渠道专家、公关传播专家、行业专家、独立顾问等，这些人员一般从多个部门中抽调组合而成，项目执行总监是项目管理的最高管理人。

2. 项目作业流程

项目作业流程一般由以下几个环节组成（见图8-3）：

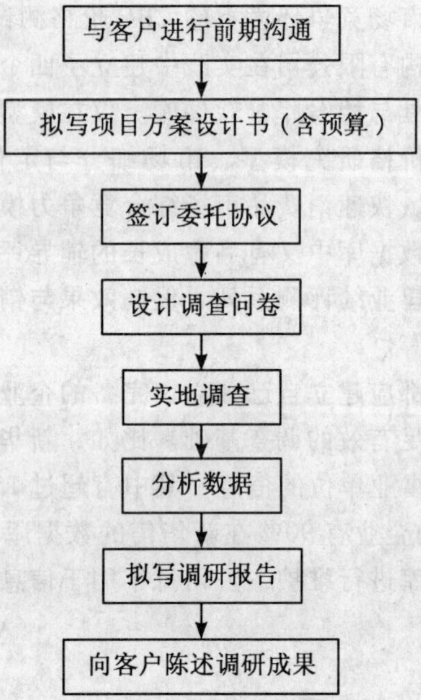

图 8-3

在进行项目方案设计之前，客户人员应与客户沟通，判断该项目对客户的价值，帮助客户明确需求，同时还要从客户那里得到必要的背景材料，这些材料包括客户调查的目的、需要的数据、依据调查结果想要作出的决策或行动、项目完成的时间要求及能够提供的经费等。

在得到客户的委托后，召开项目启动会。客户经理向项目组、数据部、现场部人员详细介绍客户的需求、行业背景和技术背景、研究目标、研究内容、研究方法等，回答提问，使所有项目相关人员理解项目要求。

由项目经理负责具体的项目设计。市场调查公司向客户提交的计划书一般应该包括以下内容：采用的调查方法、采用的研究方法、如何进行质量控制、提交报告的结构及大概内容、完成全部调查工作需要的时间、完成全部调查工作需要支付的各项费用等。

项目经理还要负责项目的中期执行、后期分析和报告撰写工作，并向客户陈述调研成果。

项目完成后，保留各项原始资料，以供客户复核。

（二）市场调查公司的质量管理

市场调查公司有责任为客户提供真实、可靠的数据、信息和分析结果，而严格的质量管理是使调研工作严谨、调研结果可靠的保证。调查质量是调查公司的生命，如果不能保证调查质量，调查公司就会失去客户，失去声誉。

为了保证调查质量，每个市场调查公司都应该制定严格的质量标准体系，以监控调研过程的每个阶段，或针对不同行业、不同区域的调研活动。

市场调查公司的质量管理涵盖面很广，下面主要介绍数据采集质量控制和项目流程质量控制。

1. 数据采集质量控制

如果采集的数据不准确，再先进的数据分析技术、再漂亮的市场调查报告也无法帮助客户发现问题并制定正确的策略。由于数据采集质量控制的难度较大，所以市场调查公司一般都针对数据采集部设立了独立的质量控制部，这样就可以保证访问和复核人员无交叉，同时还可以保证复核的独立性和公正性。

（1）数据采集质量控制的技术手段

第一，运用数码录音系统对电话复核进行全程监听和录音，这样可以保证复核员按标准进行复核，同时也方便督导对有问题的问卷进行确认时查找证据。

第二，为实地复核员配备数码录音笔、采访机以进行实地录音。

第三，建立被访者资料库，对预约参加定性或定量项目的被访者进行筛选，以控制被访者重复到会。

（2）数据采集过程质量控制的措施

在数据采集过程中，一般应对以下几个环节的工作进行严格的审查或控制：

第一，进行抽样方案审查（客户经理、项目经理和研究总监负责），检查抽样方案是否科学、合理，是否针对研究目标、适合研究内容。

第二，进行问卷设计审查（项目经理负责），对问卷的逻辑、语言、选择项、访问时间等进行检测，并在征求客户的意见后确定问卷。

第三，对现场访问进行控制（现场部经理、现场访问督导、项目经理等负责），做好访员筛选、培训工作，甄别被访者、检查配额及指导访问等。

第四，进行问卷审查（专职督导、项目经理负责），对访员交回的当日问卷进行卷面审核；当日或次日再由项目经理进行二审。

第五，进行问卷复核（现场部经理、专职督导负责），对本地项目，除进行实地复核外，专职访问督导还应按比例随机抽取访员问卷进行电话复核。对异地项目，公司派出督导检查各地的访问工作，除在当地进行问卷审核外，在问卷回到公司后还要进行随机电话复核。

第六，进行录入自动查错（数据分析部经理、数据分析员负责），使用具有自动逻辑查错功能的录入系统软件，对不合格数据拒绝录入。

第七，进行分析查错（数据分析部经理、数据分析员或者项目经理负责），全部数据录入之后，进行全面的逻辑查错，剔除不合格问卷。

2. 项目流程质量控制

项目流程质量控制，指项目运作过程中各个环节的质量控制和质量审定，它是与项目流程并行的。市场调查公司一般设立具有独立权限的、不受项目组管辖的流程管理专员来进行项目流程管理，以确保项目作业的质量。有的市场调查公司还设立专门的项目质量评定小组来负责质量管理，项目质量评定小组由公司中具有资深业务经验的咨询顾问/专家、行业专家、独立顾问和研究总监等人组成。为了保证评定的客观、公正性，同时还应规定项目组成员不得进入项目评定小组。项目组必须听取项目质量评定小组的评审意见，并依照相关决定改进工作。

以下是北京环亚市场研究社的调研作业流程与质量控制图（见图 8-4）。

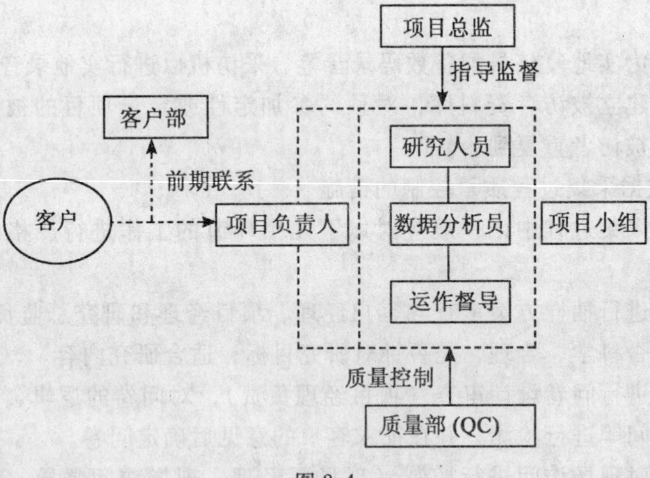

图 8-4

项目流程质量控制必须依据一定的标准，比如，新生代市场监测机构有限公司就针对项目管理制定了“项目总体与阶段设计质量标准”、“项目实施质量控制标准”、“项目研究与分析质量标准”、“项目成果与方案质量标准”、“项目产品形式质量标准”以及“项目检验与验收质量审定标准”等。

二、争取客户并建立良好的客户关系

拥有客户或拥有业务是市场调查公司生存与发展的前提，因此，所有的市场调查公司都必须努力争取客户并保持与客户的良好关系。

（一）如何争取客户

1. 搞好宣传，提高本市场调查公司的知名度

为了便于客户获取本调查公司的名称、简况、地址和联系方式，市场调查公司一般会用到《电话黄页》、市场调查咨询方面的报刊、互联网引擎搜索BAIDU/YAHOO/GOOGLE、114等；此外，提高本调查公司在企业界的知名度也会增加被推荐的机会。

2. 认真对待客户的电话与拜访

电话、传真和登门拜访是客户接触调查公司的主要方式，热情接待并诚恳地回答客户的问题，是赢得客户信任的起点。市场调查公司需要向客户介绍的情况一般有市场公司的规模（包括人员多少、办公室面积和档次、办公设施等）、员工的素质（包括市场营销方面的知识、统计方面的知识、市场调查的经验等）。

3. 准备好提供给客户的书面材料

在初期接触阶段，市场调查公司提供给客户的书面材料一般包括调查公司简介、人员简介、项目运作规范及流程、收费标准、公司的客户名单等。有些市场调查公司还向客户提供一些调查文件的范本，如调查计划书、调查问卷、执行手册、访员工作记录、抽样图、抽样记录表、编码原则、调查报告等。

（二）如何建立良好的客户关系

良好的客户关系，是市场调查公司获取客户支持、搞好调研服务的基本保证，为此，市场调查公司应努力做好以下工作：

1. 说明情况，取得支持

市场调查公司应该使客户明白，在调研过程中它必须得到客户的配合与帮助。为了拟定行之有效的市场调查方案，市场调查公司有必要查询客户业务发展的详细情况，甚至可能要求填交一份问卷，以了解客户近期的生产能力、销售业绩、分销计划等。此外，调查的具体方案也必须得到客户的认可。

2. 保持接触，互通信息

市场调查公司应该经常以会见或书面报告的形式与客户保持联系，互通信息。这样做一方面可以使客户知道项目进程的情况；另一方面，市场调查公司也能得到客户必要的帮助，以利于工作的开展。比如，市场调查公司设计的问

卷交客户复审时，客户有可能发现还需填补的空缺；在调查过程中，客户也有可能提出需要修正原定的调查范围，使之符合客观情况的变化。

3. 搞好服务，赢得满意

市场调查公司应建立完备的客户服务制度，其客户部门应树立即时协调的服务观念，采用前期应答、中期服务、后期追踪等方式来提供令客户满意的服务，要重点做好客户项目投诉与应答、客户满意度研究、客户需求变动调研方面的工作。

第六节　市场调查公司的人事管理

对知识密集型的市场调查公司来说，人才是其发展的根本，要实现公司的长久生存和发展，必须实行对人才的科学管理，唯有如此才能培养造就一支有较高的专业造诣、有高度的社会责任感和良好职业道德的市场调研队伍。

市场调查公司的员工一般分为专职和兼职两种；研究人员、数据分析人员一般为专职，访问员、复核员、编码员、咨询顾问等一般为兼职，督导则既有专职的，也有兼职的。

在市场调查公司的员工中，最重要的业务人员是研究人员和咨询顾问。

研究人员一般需要具有硕士以上学历和丰富的实践经验，他们的专业背景使其能够为客户提供与行业紧密结合的、具有实际操作价值的建议。比如，汽车部的研究人员应该是大学汽车专业毕业生，并有汽车行业的工作经验；医药部的研究人员应毕业于医学院校，并做过临床医生；IT 与电信部的研究人员不仅要谙熟 IT 技术，还应有 IT 或电信行业的工作经历。

市场调查公司的员工除了相当数量的专业技术人员外，还应有一定比例的商业管理专业和数理统计专业毕业生，以及少数英语专业毕业生，一般要求他们具有硕士或学士学位。

市场调查公司完善的人才结构应该包含业务开发、基础数据采集和处理、分析研究、顾问咨询、专项调查、客户服务等部分。

市场调查公司的人事管理主要是做好人员的招聘、培训、考核与奖惩工作。

一、员工招聘与辞退

市场调查公司应根据各部门工作的需要，以及各岗位的职责要求来招聘员工，把好人员审查关，为公司挑选合格人才。

（一）市场调查公司的主要岗位及职责

1. 客户服务人员

一般要求其具有本科以上学历，有社会学、统计学和市场营销专业背景，公关能力强，善于与客户沟通，有相关行业的营销经验并熟悉客户资源，市场开拓和执行能力强，能熟练应用办公和统计软件，英语口语流利。

其岗位职责是：开发和维护客户关系，挖掘客户需求，为客户提供解决方案；组织协调资源，进行售前项目咨询建议书的撰写和竞标等工作；负责客户的日常洽谈、疑问解答以及售中和售后沟通工作，包括客户与研究咨询人员的协调工作等；整理、维护和分析客户资料，进行客户关系管理。

2. 项目经理

一般要求其具有本科以上学历，有社会学、经济学、统计学等相关专业背景，可熟练操作常用的办公软件和统计软件，有较强的英语口语和书写能力。

其岗位职责是：负责客户联系、项目设计与实施、研究报告撰写等工作。

3. 研究人员

一般要求其具有研究生学历，有社会学、经济学、营销学、统计学等相关专业背景，有市场研究能力和较强的英文读写能力，熟练掌握必要的统计软件和办公软件。

其岗位职责是：负责市场研究项目建议书的撰写、问卷设计、研究过程控制、数据分析与项目报告的拟定，并负责与客户就研究项目报告做出解释与沟通。

4. 程序员

一般要求其具有本科以上学历，计算机或数学专业毕业，有计算机编程工作经验，有项目设计经验和技巧，英语良好。

其岗位职责是：根据需要为问卷制定表格，依据研究员提供的出表格式编写出表程序，为其提供客户所需的数据报表或特殊格式的数据，检查运行所得的数据报表，维护程序或根据需要修改程序。

5. 督导

一般要求其具有大专以上学历，有良好的沟通协调和组织能力，有实地访问管理和操作经验，能独立操作和控制大型项目，有较强的计算机应用能力，英语良好。

其岗位职责是：与研究或客户部门沟通，负责项目的通知、培训、监控等，规范各项管理制度及相关业务流程，确保质量标准的贯彻执行。

（二）聘用与辞职

1. 聘用与上岗

市场调查公司根据部门需要和岗位职责要求招聘、录用员工，在考核过程中注重应聘者的素质、潜质、品格、学历和经历。

新员工到岗的第一天，部门经理应对其介绍部门和同事的情况，详细讲解岗位职责、工作内容与要求等。

为了使每一位员工了解自己的岗位职责，也为使公司管理层便于对其下属的工作做出恰当的评估，有些市场调查公司为每一个岗位制定了“职位界定书”。职位界定书用来描述某个职位的主要工作和技能要求。直接主管经理负责其下属职位界定书的制定，并通过讨论，与下属就职位界定书的内容达成一致意见。公司人事部门负责培训各级经理，以使他们了解制定职位界定书的目的和方法。

2. 试用与转正

试用期限一般为1~3个月。试用期即将结束前，试用员工所在部门的经理应对其试用期的工作进行评估。对于评估合格的员工，公司予以转正；对于评估不合格的员工，公司有权自动终止与其雇佣关系，或决定延长试用期。所有员工的聘用均须按照政府对企业管理的有关规定，实行劳动合同制。

3. 辞职与审计

一般来说，试用期员工可随时辞职，正式员工则需提前一个月提出申请。所有辞职员工离职前都必须办理工作移交手续，退还公司财产，完成离职审计。

二、员工培训

根据培训的对象和目的划分，市场调查公司的培训主要有新员工上岗培训、老员工提高培训和管理人员深造培训。员工培训一般由人事部门负责，有的公司还设有专门的培训机构，并建立了完善的培训制度。除技能和素质训练外，它们还肩负着对员工的职业发展进行指导和管理的任务。为了确保培训的效果，公司应对培训的内容进行考核。

（一）新员工上岗培训

为了使新聘员工较快地适应公司环境，明确自己的岗位职责，与公司现有人员愉快合作、顺利而有序地开展工作，市场调查公司应对新聘员工进行岗前培训，也可以叫做基础培训。

市场调查公司的岗前培训一般包括两个方面的内容：一是帮助新聘员工了解本岗位的工作要求和作业流程，如入户方式、自我介绍、应变能力、工作态度商务礼仪等；二是使他们了解公司概况和工作环境，如公司历史、公司文化、公司产品、经营现状、工资福利、规章制度等。

（二）老员工提高培训

为了进一步提高员工的专业技能和思想素质，市场调查公司还应对已经在岗的老员工进行多种形式的培训。在专业技能方面，要着重帮助员工掌握科学的调查方式、方法和技术，提高其统计分析和撰写调查报告的能力。为达到这个目的，北京慧聪国际资讯有限公司开出的培训课程就有：产品原理及销售技巧、顾问式销售技巧、商务谈判与客户沟通技巧、电话营销技巧、办公软件或网络知识实用操作技能等。

在提高员工素质方面，应着重训练他们人际沟通、语言表达、文案撰写和时间管理的技巧，同时还要帮助他们进一步端正职业态度，作好职业生涯规划。

（三）管理人员深造培训

对后备管理人员和新任主管，市场调查公司应对其进行基本管理技能培训，以使他们现在或将来能够胜任管理工作。

有的市场调查公司还为任职半年以上的管理人员提供相应的专项管理技能培训，为副总经理以上及资深人员提供系统的现代企业工商管理课程培训。

（四）多种培训方式和手段的运用

市场调查公司既可利用内部资源对员工进行培训，也可利用外部资源对员工进行培训。在日常工作中，组织内部有经验的员工对经验不足的员工进行指导，这不仅能够传授技能，还能增进友谊，有利于团队精神的培养。外部的专业培训机构则可以为员工带来专业培训理念与相关知识，比如北京零点研究集团的员工每年都要参加美国 AMA 年会 ESOMAR 国际培训。

培训既可以脱产进行，也可在岗开展。此外，员工培训还应运用多种形式，比如小组工作、案例讨论、角色扮演等，运用上述培训方式可以加强培训讲师与受训员工间的互动，使培训更加有效。

三、对员工的激励与约束

建立行之有效的激励与约束机制，是人事管理工作的一项重要任务。实施激励政策可以调动员工工作的积极性并提高工作绩效，规范个人行为可以避免损害公司利益的行为发生或蔓延。为了使激励或惩罚有据可依，科学的考核与评估是必要的。

（一）考核与评估

市场调查公司应定期对员工进行工作能力、工作态度、工作绩效方面的考核与评估，考评可以根据需要在月末、季末或年末进行。考评的结果应记录、存档，并作为奖励、加薪、晋升或处罚、辞退的依据。

为了做到考评公正、客观，由直属上级经理对员工的考评结果应与员工见面，并由各部门高层负责人审核。对存在一般缺点的应给予帮助，对工作能力有所欠缺的应进行培训。

（二）对员工的激励

激励的手段是多种多样的，各个公司应该根据自身工作的特点以及激励的目的和对象不断创新。

1. 与绩效挂钩的薪酬和福利

工资与福利可以而且应该用作激励员工的手段。将员工的工资分成固定工资和效益工资两个部分；固定工资根据岗位级别确定，效益工资根据部门和个人的绩效浮动。这种工资制度将使得在工作中业绩优异的员工得到更多的报酬，员工在为公司创造价值的同时，也满足了个人的需要。薪酬与贡献挂钩的政策旨在吸引、激励和留住那些表现优秀的员工。

根据国家有关规定，公司应为符合条件的员工办理五险一金，五险即社会统筹基本养老保险、社会基本医疗保险、失业保险、工伤保险和生育保险，一金指住房公积金。五险一金的缴纳比例按照国家规定执行。实行国家规定，让符合参保条件的员工享受社会保险，也能对员工产生激励作用。

2. 对优秀员工的表彰和奖励

有的市场调查公司不但评选和奖励部门级、公司级、大区级、集团级“招商状元”、“优秀员工”、“服务之星”等，而且对在重大事件中有突出贡献的员工给予“总裁基金奖励”。奖励的形式包括发给荣誉证书、奖品、奖金以及由公司出资安排在职进修、培训、外出交流学习等。

3. 为杰出员工提供晋升的机会

在组织发展需要的前提下，公司应为有突出才干和突出贡献的员工提供晋升机会，并制定具体的员工晋升方案。晋升人员的名单一般由其所在部门的经理或负责人提交，人事部门考核后将评估意见报送总裁。

能够获得晋升机会的员工应该具备以下基本条件：工作态度认真、工作绩效显著，有团队协作精神，有从事管理工作的潜力。

（三）对违规行为的惩罚

市场调查公司一般将不同性质的违规行为分为两类：一般违纪行为和严重违纪行为，对这两种违纪行为公司都应及时处理。

一般违规行为通常包括：旷工、多次迟到早退、私自在外兼职、工作不负责任、损坏公司财产或设备、工作时间浏览与工作无关的书籍、网页、上网聊天等。对一般违规人的处理办法有书面警告或书面通报，罚款，降级、撤职、留用察看、调动岗位等。对一般违规行为人的书面处理由部门经理出具，并抄送人事部门备案。

严重违规行为一般包括：严重违反劳动纪律和工作秩序，不服从领导指挥和调动，有意隐瞒、造假，利用工作之便为个人谋取私利，破坏或盗窃公司财产设备，蓄意泄露公司机密，篡改或伪造公司信息资料，打架斗殴，触犯国家法律等。对严重违规行为的处罚是开除或解除劳动关系。对严重违规行为人的书面处理报告应由人事部门出具。

第九章　企业自身营销传播活动的开展

第一节　企业的营销传播部门

企业营销传播部门是企业为宣传和推销自己的产品或服务而设立的一个职能部门，而不是通过对外提供营销传播服务以获取利润的营销传播经营机构。因为企业的营销传播工作是企业自身营销活动的一个组成部分，而不属于营销传播经营的范围，所以，从严格意义上讲，对企业营销传播部门的论述不属于本书的内容；但是，从营销传播经营机构的服务对象上看，作为客户的企业与专门提供营销传播服务的市场调查公司、广告公司、公关公司等都有着十分密切的联系。

企业是营销传播服务的购买者，企业营销传播部门通常代表企业选择营销传播经营机构，审查它们提出的营销传播方案，监督方案的执行，并对营销传播的效果进行评估。此外，营销传播经营机构也需要通过企业的营销传播部门来获取制定营销传播方案所必需的企业营销资料。俗话说，知己知彼百战不殆，因此，无论市场调查公司、广告公司、公关公司，都必须充分了解与其打交道的直接对象——企业的营销传播部门，否则就不能赢得客户的满意，就不能取得营销传播经营的效益。

一、企业营销传播部门的设立与类型

（一）我国企业营销传播部门设立的背景

在计划经济体制下，企业只管生产，不管销售。那个时代商品匮乏，产品供不应求，企业完全不愁销售，当然也就不必设立负责市场调研、广告宣传、营销公关等促进产品销售的营销传播部门。我国企业的营销传播部门是伴随着市场经济的推行和市场竞争的加剧，适应企业促销工作的需要而产生的，随着市场经济的发展，它在企业营销活动中扮演的角色越来越重要。

目前，我国企业中设“营销传播部”统一负责企业市场调研、广告宣传、营销公关等营销传播活动的很少，但很多企业都设立了广告部或公关部来负责

营销传播活动。也有一些规模较小的企业没有单独设立广告、公关等营销传播部门，而是在营销部或者销售部内设广告组或安排专人负责与营销传播相关的工作，即企业的营销部门也就是企业的营销信息传播部门。企业的营销传播部门与其他职能部门一起，共同构成企业的组织系统。企业营销传播部门的工作对于企业产品的销售，乃至企业的生存和发展都起着十分重要的作用。企业营销传播部门是企业组织系统的一个重要组成部分，它在厂长或经理的领导下，与其他职能部门一起，共同担负着实现企业目标的重任。

（二）影响企业营销传播部门结构的要素

结构影响功能，企业营销传播部门的结构合理，该组织就能高效率地运转。企业营销传播部门的设置不是随意的，它的结构受到企业总体战略、企业所处环境和企业规模的影响，因此，在设置企业营销传播部门的时候，必须认真考虑以下因素。

1. 企业的总体战略

企业战略是为实现企业总体目标而采取的行动方向和方案。为了实现同一个目标，组织可以在多种战略中进行挑选。战略重点的转变会引起组织的工作重点以及各部门在组织中重要程度的改变，因此，组织中的部门是不断进行调整的。企业营销传播部门的设置必须服从企业战略选择的需要。

2. 企业所处的环境

企业环境包括内部环境和外部环境两个方面。外部环境主要有经济环境、政治环境、人文环境和技术环境，企业外部环境必然会对企业内部的结构形式产生影响，这种影响主要表现在以下两个方面：

（1）对部门设置的影响。企业外部环境的变化，会影响到企业内部工作的内容，而随着工作任务的变化，企业部门的结构也应进行相应的调整。

（2）对各部门关系的影响。外部环境不同，企业中各部门的地位或重要性程度也不同。比如，在产品供不应求时，企业关心的是如何增加产量，扩大生产规模，增加新的生产设备、车间或流水线，以提高企业的生产能力，这时，企业的生产部门显得非常重要；而在产品供过于求时，企业关心的是怎么处理积压产品，回收资金，并且千方百计在激烈竞争的市场上谋得一席之地，这时，企业的营销和营销传播部门就会得到强化，而成为组织的中心。

3. 企业的规模

规模对企业组织的结构具有很大的影响，一个仅在某个区域市场上销售产品的小企业，如果套用在国际范围内从事经营活动的跨国公司的组织结构，其结果就好像小孩穿着大人的鞋一样行动不便。

在企业初创阶段，人员少，工作内容相对简单，企业结构也不复杂，决策主要由企业主管作出即可。

随着企业的发展，人员逐渐增多，活动的规模会越来越大，企业结构的职能专业化不断增强，对各部门之间协调性的要求也越来越高，企业结构就要根据规模发展的需要作出相应的调整。

（三）现代企业营销组织中的营销传播机构及其活动的开展

1. 功能型营销组织中的营销传播机构及其活动的开展

功能型营销组织由营销副总经理领导营销调研、广告与促销、产品推销、新产品开发等若干按照营销功能划分的机构。在这些机构中，广告与促销部门主要负责营销传播活动，该部门设广告经理或传播经理。

在大型企业中，广告部门分工较细，一般按功能设调研、制作、媒介、促销、新闻发布等室或组，广告预算大，使用媒体多的，也可按媒体设广播电视广告室或组、报纸杂志广告室或组、其他媒体广告室或组。在中小型企业里，广告部门业务不多，人数较少，往往合并功能，一人做几种工作，比如，除一人对外联络、一人制作外，其他工作由一人担当。

广告部门的职能是制定广告和促销计划，自己执行，或者委托并监督外部广告代理公司执行被企业高层主管批准了的计划。此外，它还要协调本部门和企业内其他相关部门的活动，如与营销调研部门交换产品和消费者信息，为产品销售部门准备招徕顾客的宣传材料等。

功能型营销组织，也叫集权型营销组织，这种营销组织的优点是，在产品或服务线不多的情况下，决策容易、沟通方便、效率较高；缺点是，在产品或服务线较多的情况下，广告部门难以了解每一种产品营销战略，也不能对每一种产品的营销问题和机遇都作出及时的反应。

2. 产品或品牌型营销组织中的营销传播机构及其活动的开展

生产多种产品或品牌的企业通常设置产品型营销组织，产品型营销组织除在营销副总经理下设营销调研、广告与促销、产品推销经理外，还设一个产品总管经理，产品总管经理下再设产品大类经理，产品大类经理下又设单个产品经理。

产品经理制定产品营销计划，监督执行并检查结果。在这种类型的营销组织中，产品经理有权协调其所负责的产品营销组合，他要联系企业内部的广告促销部门，此外还可以有自己的广告代理公司，因此产品经理也参与营销传播，他要与广告促销等部门合作完成产品的营销传播工作。

广告部门则为产品经理提供广告和促销方面的支持，它还与产品经理一起制定广告和促销的预算和战略，并监督计划的实施。广告部门内还可针对不同的产品分设与之对应的广告室或广告组。

产品型营销组织也叫分权型营销组织，这种营销组织的优点是，产品营销的各要素得以在一个部门整合，每一种产品都受到重视，能及时发现问题和抓住机遇，广告和促销计划易于调整；缺点是，产品经理与广告、推销等部门的配合往往不够默契，对广告和促销的作用和运用缺乏深入的了解，并且多偏重短期效果而忽视品牌的长远利益。

3. 地区型营销组织中的营销传播机构及其活动的开展

销售地区遍及全国或世界很多地区的企业一般设地区型营销组织，地区型营销组织在营销副总经理下仍然设营销调研经理、广告与促销经理、产品推销经理和新产品开发经理，与功能型营销组织和产品型营销组织不同的是，在负责全国产品推销的经理之下再设若干大区推销经理，在大区推销经理之下再设若干区域推销经理，在区域推销经理之下再设若干地区推销经理，在地区推销经理之下再设一定数量的推销员。

每一地区的推销经理负责制定当地的推销方案，并掌握一定的广告与促销预算。企业一般会拿出营销总预算的15%～20%支持地区的推销工作。各地的推销经理和推销人员针对本地区消费者的特点，选择地方的广告公司和媒体，开展适合当地的广告与促销活动。

为了更好地支持地区的营销传播工作，在企业总部的广告部门内还可以分设为不同地区服务的广告室或广告组。

地区型营销组织也是一种分权型营销组织，这种营销组织的优点是，广告与促销能够分别针对不同地区市场的特点展开；缺点是，可能造成营销信息传播的分散、广告促销费用的增加和品牌成长的忽视。

4. 市场型营销组织中的营销传播机构及其活动的开展

当产品的销售对象可划分为明显不同的市场时，企业可设置市场型营销组织。市场型营销组织的推销工作由市场总经理负责，其下设若干细分市场经理，根据实际情况，细分市场经理可按不同的行业设置，按个体消费者、企业、事业单位设置，或按其他标准细分的市场设置。

市场经理的职责是制定其主管市场的营销计划，并努力增加市场份额，在广告与促销方面，他有建议权，企业的广告促销部门应为市场经理工作的顺利开展提供必需的服务。

市场型营销组织也是一种分权型营销组织，其优点是，能针对不同顾客的需求与特点来开展广告、促销和推销活动，确保企业做到“以顾客为中心”；缺点与其他分权型营销组织相似，如决策缺乏权威，易与其他营销部门产生矛盾，导致营销费用增加等。

（四）舒尔茨为突出营销传播而提出的营销组织改革方案

舒尔茨认为，在美国大部分企业的营销组织中，营销传播没有受到应有的重视，广告和促销部门的经理通常远离企业的核心，因而提出要对企业现有的营销组织结构进行改造。以品牌型营销组织为例，其营销传播通常是由品牌经理负责的。在20世纪50～70年代早期，设品牌经理是一个好办法，但品牌型营销组织只适应生产单一或少数品牌的企业，品牌经理目光短浅，他们在整合营销传播策划上着力甚少。

为了更好地开展整合营销传播活动，舒尔茨提出了以下三种改变企业营销组织结构的方式供人们选择。

1. 增设营销传播经理

在企业现有营销组织基本不变的情况下增设营销传播经理，营销传播经理由了解全部营销传播活动的通才担任。他领导不同营销传播领域的专家，整合专家们提出的各项营销传播方案，全面规划营销传播活动。营销传播经理应与营销经理的工作紧密配合。营销传播领域中各类不同功能的专家必须通过营销传播经理向营销经理报告，以确保所有营销传播活动的整合与协调。

2. 建立以消费者为导向的营销组织结构

把品牌导向的结构改造成消费者导向的结构。消费者导向的结构将重心放在消费者身上，而不是放在品牌或公司上。在市场导向的结构下，企业以某消费者群体为中心组成为他们服务的市场团队，这个团队包含各种不同功能的专家和产品群经理，如研究和发展专家、制造专家、工程专家、营销传播经理、资深品牌经理、市场资讯专家、财务经理、销售企划经理等。整合营销传播计划在团队中产生。

3. 彻底改造传统的品牌管理结构

对传统的品牌管理结构进行彻底的改造。改造后的营销组织在首席执行官之下设“营销作业群”、“销售群”、“营销服务/传播群”三个部门，每个部门设一个经理。营销作业群负责生产，销售群负责出售，营销服务/传播群制定年度营销和传播计划。营销服务/传播群下设3个小组，类别/产品企划小组负责品牌和品牌家族的长期规划与策略发展，类别/产品执行小组负责日常营销与传播活动，营销资讯研究小组负责营销信息的收集和营销传播的效果。

二、企业广告部门的结构与职能

企业广告部门是企业广告的计划、执行或监督执行机构，就我国大多数企业目前的情况而言，广告仍然是营销传播的主要工具，广告部门仍然是营销传播机构中举足轻重的部门，因此企业广告部门的归属与地位、结构与职能等问题值得研究。

（一）企业广告部门的归属与地位

企业广告部门与上级主管及平行部门的关系决定了其在企业中的地位，也反映了广告与促销在企业中的重要程度。不同企业的产品类别不同，规模不同，或者企业主管对广告的认识不同，广告部门在企业中的地位也有所不同。根据企业广告部门管辖权归属的不同，可以把企业的广告部门分为以下几种类型。

1. 无分厂（分公司）企业的广告部门的归属

（1）总经理直辖型

企业广告部门由总经理直接管辖，与生产、销售等职能部门并重，这种结构叫做总经理直辖型广告管理模式（见图 9-1）。

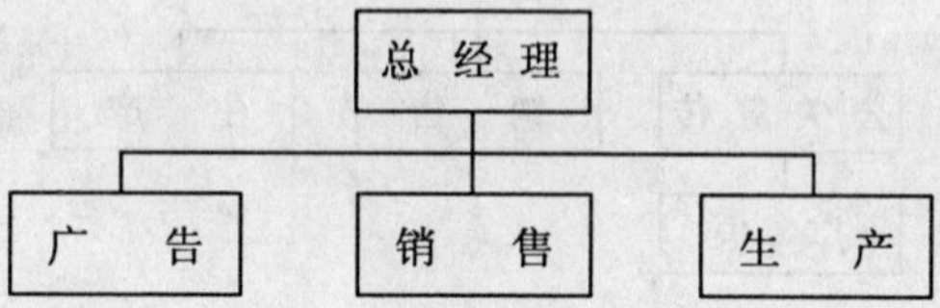

图 9-1

总经理直接管辖广告部门，体现了企业对广告的高度重视和广告在企业营销组合中的重要作用。采用这种广告管理模式，减少了广告管理的层次，能合理调配企业的广告资源，有利于广告的整体和长远规划，也有利于广告计划与营销计划、企业发展计划的协调。

（2）营销经理管辖型

企业广告部门设在营销部门之内，由总经理下一级的营销经理管辖，成为从属于营销部门的二级部门，比如在营销部下设广告科、在营销科下设广告组等。这种结构叫做营销经理直辖型广告管理模式（见图 9-2）。

营销经理管辖广告部门，使广告与推销并列，有利于多种营销方式和多种促销手段的结合使用，也体现了企业对广告的重视。这种广告部门的设置方式在企业中是比较常见的。

（3）公关宣传部门管辖型

企业广告部门由总经理下一级的公关宣传部门负责人管辖，成为从属于公关宣传部门的二级部门（见图 9-3）。公关宣传部门管理企业广告，一般比较注意企业新闻和企业形象的宣传，但往往容易脱离市场和销售的实际，忽视产

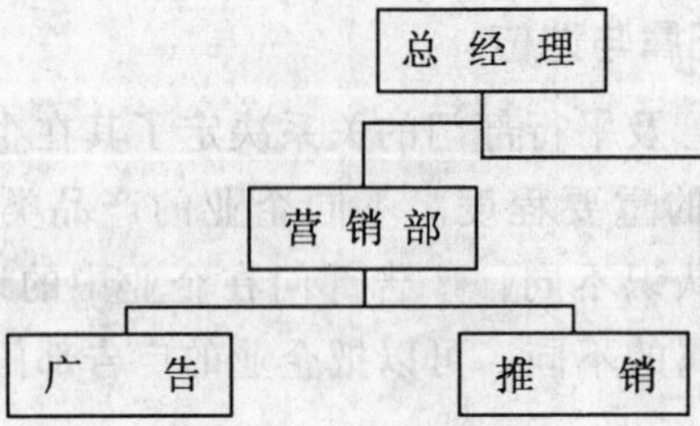

图 9-2

品形象的建树，不利于多种营销方式和促销手段的整合。

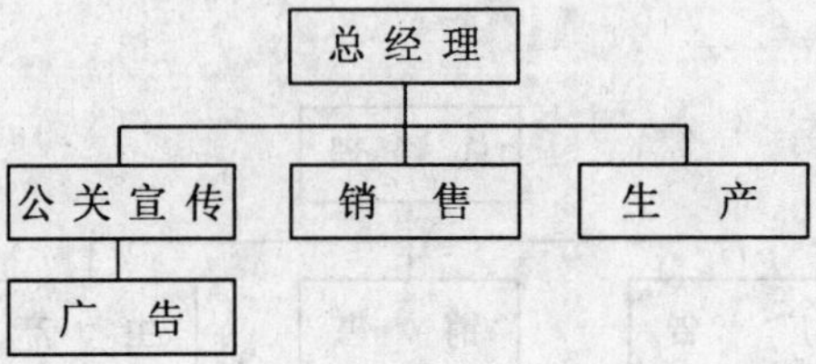

图 9-3

2. 有分厂（分公司）企业的广告部门的归属

(1) 广告部门集权型

在设有分公司、分厂的大型企业或组织结构采用事业部制的企业里，仍然设置一个统一的、由总经理直接管辖的广告部门，企业多个分支机构的广告服务全部由其提供（见图 9-4）。这样设置广告部门，有利于总经理的决策和指挥，便于统筹全局，避免重复的市场调研，并形成统一的广告风格。比如，光明乳业各地区的销售公司就不自设广告部门，广告由上海总部统一策划制作。

(2) 广告部门分权型

在设有分公司、分厂的大型企业或组织结构采用事业部制的企业里，企业下属的分支机构各自设立广告部门，该部门只对本分支机构的广告负责（见图 9-5）。这种结构类型有利于各分支机构按本身的产品和市场营销情况灵活调整广告策略，适用于各分公司、分厂较大、较多的企业。譬如一些国际名牌大公司，其经营、生产方式都是跨国家、跨地区的，像 At&. T 公司、SONY 公司等在许多国家和地区的分支机构都自己推出广告，介绍自己的企业、自己的产品。

(3) 集权、分权混合型

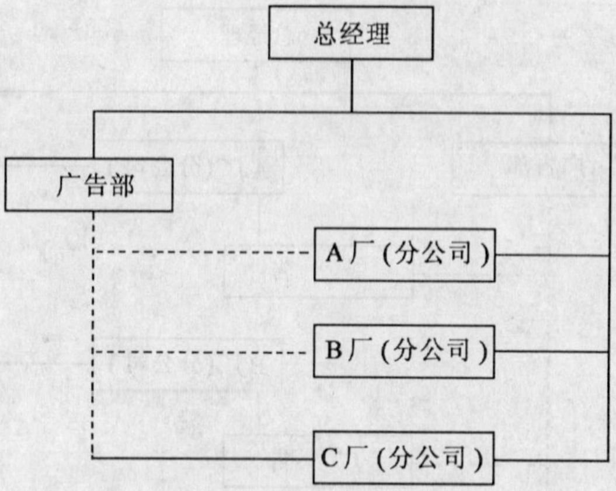

图 9-4

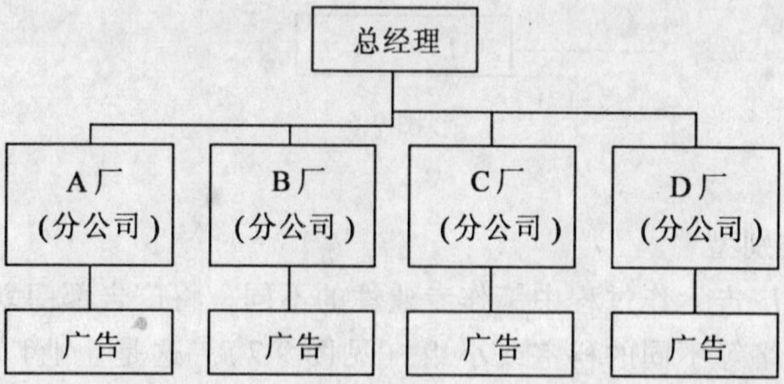

图 9-5

在设有分公司，分厂的大型企业或组织结构采用事业部制的企业里，总公司或总厂仍然设有由总经理直接管辖的广告部门，同时，所属分支机构也各自设立自己的广告部门，承担自己的广告活动，但在业务上接受企业总广告部门的指导，监督和协调（见图 9-6）。这种类型便于在企业统一的广告决策下，充分发挥分支广告部门的能动性，分工协作，促进企业的广告工作，达到企业宣传，产品宣传，品牌宣传的“复合”效应。这种类型的广告部门设置适合于运行机制完善的大企业。譬如可口可乐公司在一百多个国家都设有分支机构，其广告宣传既受总部的指挥，各分支机构也有其独立性。

（二）企业广告部门的结构类型

企业广告部门的结构主要是根据企业生产经营的性质和规模来确定的。企业上述情况的不同导致了其广告部门组织结构的不同。

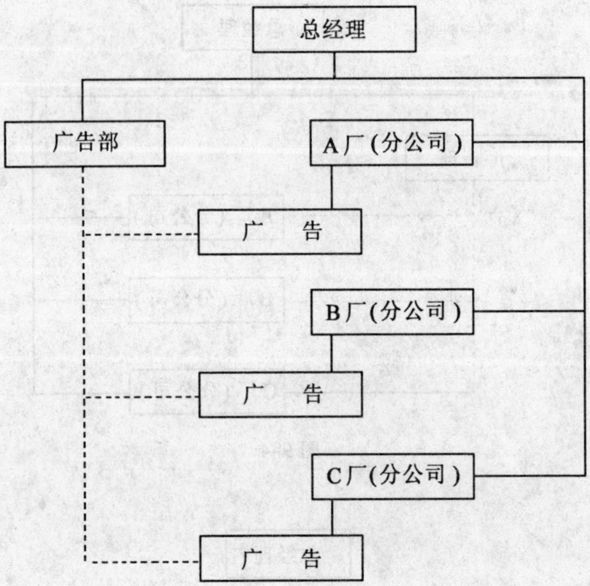

图 9-6

1. 专业类别型

它是按照广告运作过程中工作专业性的不同，将广告部门划分成调研、创作、媒介、联络等不同的科室或小组（见图 9-7）。这是企业广告部门最常见的结构类型，在大型企业中，专业分工较细，科室或小组比较齐全；在中小型企业里，专业分工较粗，科室或小组酌情减少。

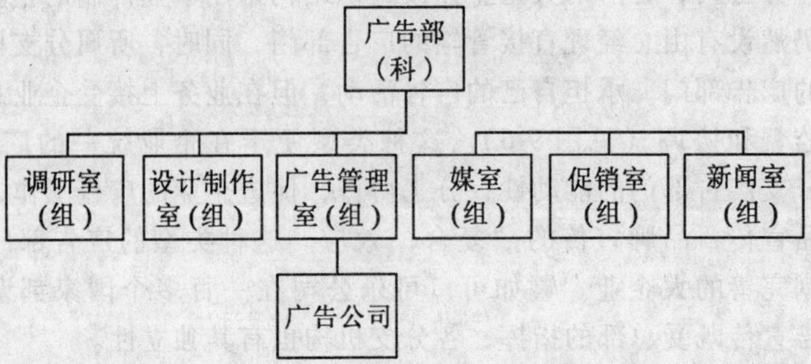

图 9-7

2. 宣传类别型

它是按照广告宣传内容的不同，将广告部门划分成产品广告、企业形象广告、公关宣传等几个科室或小组，分别负责不同性质的宣传任务（见图 9-8）。这种组织结构的优点是，能够使产品宣传和企业形象宣传并重，使广告与公关相得益彰。

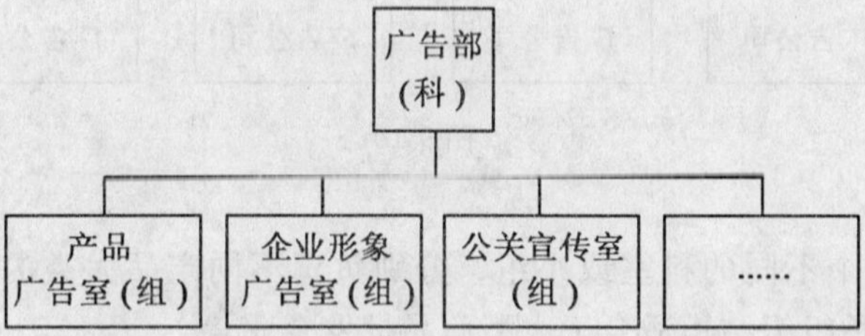

图 9-8

3. 销售区域型

它是按照企业产品销售区域的不同，将广告部门划分成数个不同的科室或小组，分别负责不同销售区域的广告活动（见图 9-9）。这种组织结构比较适合产品单一，而又要将其销往不同区域市场的企业。

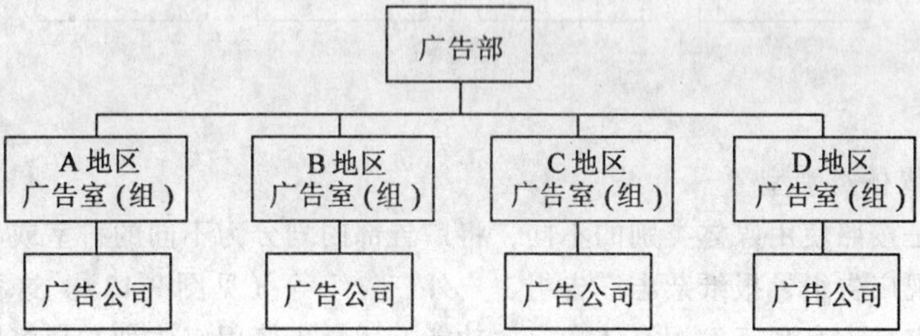

图 9-9

4. 产品品种型

它是按照企业产品品种的不同，将广告部门划分成数个不同的科室或小组，分别负责不同产品的广告宣传（见图 9-10）。这种组织结构比较适合生产若干种产品的大型企业。

5. 产品类别型

它是按照产品大类（日用消费品、工业品、农产品等）的不同，将广告

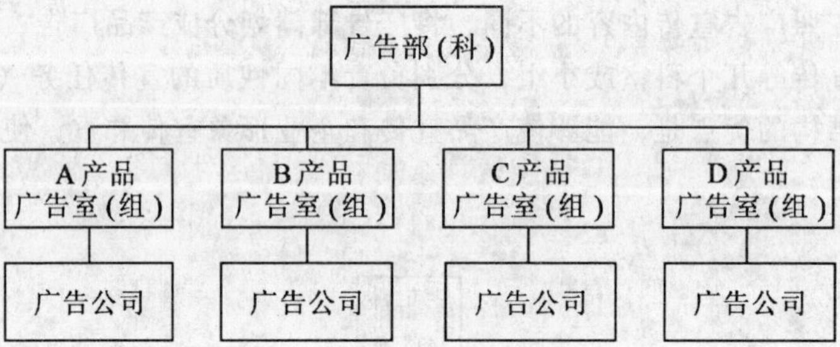

图 9-10

部门划分成数个不同的科室或小组，分别负责不同产品大类的广告宣传（见图 9-11）。这种组织结构适合于大型商品批发企业。

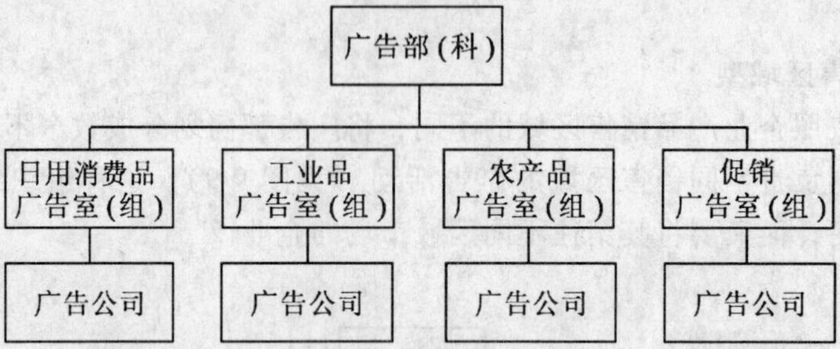

图 9-11

6. 媒体类别型

它是按照使用媒体类别的不同，将广告部门划分为不同的科室或小组，如广播电视广告组、报纸杂志广告组、户外广告组等（见图 9-12）。这种组织结构的优点是，有利于发挥媒体的有效功能，适合于使用媒体种类较多、广告经费投入较大的大型或特大型企业。

（三）企业广告部门的职能

企业广告部门的基本职能是，为实现企业的营销目标开展广告活动，向目标消费者传递产品和企业的信息，树立品牌和企业形象，配合其他营销手段，促进产品销售，提高企业的经济效益。具体而言，可以概括为以下五个方面。

1. 参与营销决策

企业的营销决策是企业发展战略决策的重要内容，而广告则是影响企业营

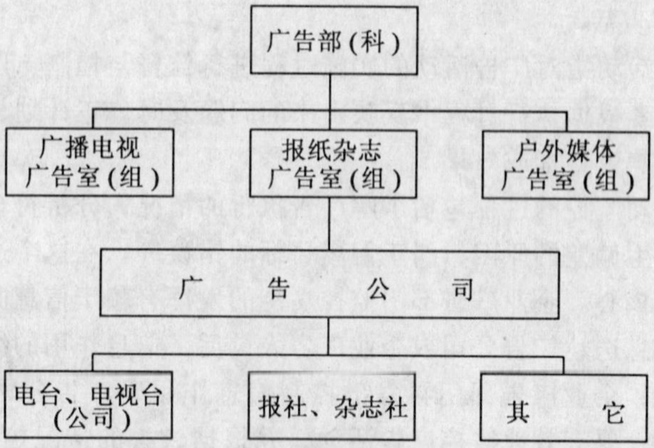

图 9-12

销的一个重要因素，企业广告部门必须对企业营销活动的全局，以及广告在企业促销和营销中的地位和作用有清楚的了解，才能正确地规划广告活动，才能很好地配合企业的其他部门，为实现企业的营销目标服务。

由于广告活动只是促销活动的一部分，促销活动又只是营销活动的一部分，所以用于实现营销目标的经费只有一部分分配给促销活动，而用于促销活动的经费又只有一部分分配给广告活动。企业广告部门参加营销计划的制定，就可以在市场调查的基础上根据营销目标和广告目标，提出广告预算的建议。

实际上很多企业营销计划的制定都是由包括广告人员在内的与企业营销密切相关的不同小组共同提出的，尽管各小组促销活动的侧重点有所不同，但它们必须对目标市场提供一致的信息，所以要求各小组之间配合默契。

企业广告部门参与企业营销计划制定的时候，可以提出该计划中的广告策略和其他相关内容。广告部门的人员与市场接触较多，对市场情况比较了解，因而能够及时、准确地把市场信息反馈到企业营销部门，从而帮助企业制定出正确的营销计划。

2. 开展广告活动

虽然企业的年度营销计划中包含了广告策略甚至广告预算，但企业广告部门还要根据企业营销计划的精神，制定更加翔实、更具操作性的广告计划，并付诸实施。开展广告活动主要有以下三种方式：

企业广告部门可以自行策划、创意、设计、制作、发布（用自办或自有媒体）或委托媒体单位发布广告（用大众媒体或其他非自有媒体）；也可以全权委托广告公司代理开展广告活动；还可以把一部分较难的广告（如电视广告）交由广告公司去做，自己则处理较易的部分（如邮寄广告、宣传单等）。

3. 监控广告活动

监控广告活动指对广告活动的实施过程进行监督与控制，以使广告活动按计划执行，或者根据执行过程中反映出来的问题及时修正计划，从而使广告活动达到预期的广告目标或效果。

对广告活动监控的过程包括了解广告执行的情况，分析符合计划或实际的程度，找出产生偏差的原因，纠正偏离目标的错误等。在这个过程中，信息是基础，反馈是核心。企业广告部门监控功能的发挥有赖于信息的传递，即关于广告计划的信息送达广告公司或企业广告人员后，信息作用的结果又被反馈到企业广告部门，企业广告部门再发出控制信息作用于广告公司或企业广告人员。由此可见，要有效地监控广告活动，并根据过去的情况控制未来的行为，就离不开信息的获取和分析，即离不开对广告效果的测定。

广告效果的测定，可以在广告设计、制作的过程中或正式发布之前进行，这种测定叫事前测定；也可以在广告发布之后进行，这种测定叫事后测定。事前测定广告效果，可以及时修改广告作品，以避免发布无效或弱效广告造成的发布费用的浪费；事后测定广告效果，可以总结经验教训，提高广告水平，搞好下一轮广告活动。广告测定工作可以请专家做，或请消费者参加做，也可以由企业广告部门自己做。

一般来说，广告执行中出现的问题主要有：广告主题或卖点不正确或不突出；广告创意不新颖，引不起消费者的注意与兴趣；广告违反了发布地区的法律法规或消费者的习惯、禁忌；选择的媒体不是目标消费者最容易接触到的；发布的时间不在销售旺季或者旺季即将到来之前；广告与其他促销手段没有很好地配合等。

对广告活动的监控除了进行广告效果的测定以外，还需要对广告的发布进行监控，即监测广告是不是按照计划的时间、版面、内容刊播了，印刷或播出的质量怎么样，如果发现问题，就要联系代理公司或媒体单位及时解决。

对委托广告活动的监控，要求企业广告部门安排专人负责；对自理广告活动的监控，要求企业广告部门的主管或营销部门的负责人亲自负责或委托专人负责。

第二节　企业营销传播活动的运作

企业营销传播活动运作的方式主要有三种，其一，全权委托代理公司开展；其二，完全由自己的营销传播部门进行；其三，部分自行处理，部分委托给代理公司去做。

如果全权委托代理公司开展营销传播活动，企业营销传播部门则只起联络、交代、监督和把关作用；自行开展营销传播活动，企业营销传播部门需要完成从调研、策划到执行、评估等每一个环节的具体工作。采用第三种方式开展营销传播活动的企业，一般是把熟悉或较容易的部分留给自己处理，把不熟悉或较难的部分交给代理公司去做。

企业营销传播活动委托代理与自行开展各有利弊，如何取舍应具体情况具体分析。

一般而言，企业自行开展营销传播活动有如下优点：

第一，企业营销传播部门比代理公司更熟悉本企业产品及该产品市场的情况，因此可以在营销传播活动中更好地宣传本企业产品的优势。

第二，企业营销传播部门直接受企业主管管辖，所以企业主管可以根据市场变化和营销传播的效果及时调整营销传播方案，管理更加方便。

第三，企业自己开展营销传播活动，就不用向代理公司交纳代理费或服务费了，因此可以节省一定的费用。

企业自行开展营销传播活动的不足是，企业运用广告、公关、销售促进活动等营销传播手段的经验不如专业公司丰富。此外，广告代理制是国际通行的广告运作方式，广告代理制度的建立标志着广告市场发育的完善，虽然它在我国的试行遇到了一定的困难，但毕竟是大势所趋，全面推行只是早晚的事。

企业委托代理公司开展营销活动的好处是：企业可以集中精力从事产品的开发、生产和销售，而把自己不太熟悉和内行的营销传播工作交给企业外部的专业公司去做，这样不仅可以使企业的营销传播机构得以精简，而且能保证营销传播的效果，从而为企业创造良好的经济效益。

一、企业营销传播活动的自行运作

企业自行开展营销传播活动的首要任务就是在市场调研的基础上制定营销传播计划，然后是执行与评估。企业的营销传播活动是为实现企业营销目标服务的，企业营销传播策划与企业营销计划关系密切。

（一）营销传播策划与营销计划的关系

营销传播策划指为实现企业营销目标，对营销传播工具的运用进行整体性谋划的活动，这种谋划应充分考虑各种可能带来附加价值的传播手段，如广告、销售促进、公共关系、人员推销、直接营销等，并要求综合运用其中某些合适的手段来提供明晰、一致的信息，以使营销信息传播的影响最大化。

营销传播策划是为企业成功展开营销传播活动，进而为实现企业营销计划服务的，所以营销传播策划者必须弄清营销传播策划与企业营销计划的关系才能做好这项工作。

1. 企业营销计划的基本内容

企业营销计划是企业对一定时间范围内所有营销活动的安排，它包括产品的开发生产、定价、分销和促销等。营销经理通过研究、制定和执行营销计划来影响消费者的需求水平、时机和构成，以利于企业营销目标的实现。战略营销计划在分析当前市场前景和机会的基础上，制定范围较广的市场营销目标和战略；战术营销计划则制定一个特定时期的营销战术，其中包括产品、定价、渠道、促销等。一般来说，战略营销计划为期 3 年或 5 年以上，又叫长期计划；战术营销计划为期 1 年，又叫短期计划。对营销传播策划有直接重要影响的是年度营销计划，因为年度营销计划包含了对促销策略和费用的说明。

企业年度营销计划一般包括以下内容：

(1) 营销目标

营销目标是企业在一定时期内所要达到的销售量、销售额、市场占有率、利润率、投资回收益率等指标，它是在分析营销状况，找出企业营销所面临的机遇和问题的基础上提出的，在提出企业的营销目标的同时，一般还应提出为实现该品牌之销售目标所需的总费用。

将上年度和本年度的销售额、销售量、市场占有率、生产成本、销售费用、税前利润等用简表的形式列出，可以清楚地显示下年度各项计划指标增减的情况。

提出营销目标应有一定的依据，找到企业的机遇与问题是制定营销目标必不可少的前提。机遇指下年度本企业品牌可能实现成长或销售目标的领域，问题指可能阻碍本企业实现营销目标的因素。

除机遇于问题外，对本企业所面对的市场及自身品牌两个方面的情况进行分析也是必要的。市场情况主要包括市场规模、消费者、价格、竞争者费用等内容。关于市场规模，应列出本企业品牌与主要竞争品牌的市场占有率；关于消费者，应以此类产品的主要消费地区为单位，说明消费者的年龄、收入等情况以及总消费额；关于价格，应列出本企业及竞争者同类品牌商品的零售价格和单位成本；关于竞争者费用，应列出上年度主要竞争者在促销上所支出的费用等。

品牌情况主要包括产品、生产、产品的市场调研等内容。关于产品，应简述其配方、构成及其特点，上市产品的规格、种类和利润；关于生产，应简介生产能力、下年度投资额以及到目前为止所遇到的生产或原材料采购问题；关于产品的市场调研，应总结近期本品牌的广告效果以及对其名称及包装的研究等。

（2）营销策略

制定营销策略，首先要确定企业的目标市场，即确定企业要进入哪一个或哪几个细分市场，并进行市场定位，也就是根据企业生产经营的能力、人财物的条件以及消费者的需求确定企业的销售服务对象（目标消费群）。然后要提出营销组合策略，即决定在企业选择的目标市场中所要采用的产品策略、定价策略、渠道策略、促销策略等。

在制定促销策略时，可以先在“推”、“拉”两种方式中做出选择。推式促销策略是针对中间商的，目的是促使他们购买、存储和推销产品；拉式促销策略是针对消费者的，目的是刺激最终用户需求，鼓励他们向零售商询问或购买产品。选择了推式或拉式策略之后，企业可以在广告、销售促进、公共关系、人员推销、直接营销等促销要素中作出选择和组合。促销要素的选择和组合应针对目标消费者并与营销组合的其他要素相互配合。

（3）活动程序

制定活动程序，就是根据营销策略作出具体工作安排，其中包括各项工作的内容、起止时间、质量要求、负责人与参加者等。

（4）营销预算

营销预算要有收支两个方面的说明；收入方面的主要数据是预计的销售总额，支出方面的主要数据有预计的变动成本总额、固定成本总额和营销费用。在编制预算时，还要将营销费用分配到各项营销活动中去。

为了对计划执行的过程进行有效的控制，可以将计划规定的营销目标和预算按月份或按季度进行划分。

（5）效果测定计划

它是对下年度将要进行的营销传播活动效果测定的说明，这一部分应简要列出促销测定、产品测定、包装测定等项活动的性质、目的和费用。

2. 营销传播策划必须服从并服务于企业营销计划

营销传播方案是企业营销计划的一部分，是为实现企业营销目标所制定的沟通策略，它主要涉及营销传播工具的选择、组合和具体运用问题。因为营销传播策划是为企业营销计划服务的，所以它必须围绕企业营销计划来做。

营销传播策划只是营销策划的沟通策略部分，它有自己的内容和特点，但又是与营销活动的全局密切关联的。过去，许多企业把广告、销售促进等营销沟通活动看作一个个相互独立的行为，现在则不但认为把各种营销沟通的工具整合起来才能取得最佳效果，而且倾向于在做信息传播策划时把它放到企业营销计划中去作通盘考虑。其表现是，营销传播策划人员直接参与企业营销计划的制定，或根据企业已经制定的营销计划来发展与之相配的营销传播计划。

（二）营销传播策划的一般内容与程序

1. 研究营销计划

营销传播策划应从研究营销计划开始。营销传播策划之所以与企业营销计划密不可分，这不仅因为营销传播策划作为促销策略的具体展开其本身就是企业营销计划的一部分，而且因为促销策略必须与营销组合中的其他要素配合协调才能形成完整的营销传播方案。如果在做营销传播策划之前还没有制定营销计划，那么首先应该制定营销计划；如果企业已经制定了营销计划，那么做营销传播策划的时候，首先应该研究营销计划。研究营销计划应着重分析企业营销的机遇与问题、企业的目标市场与市场定位，以及营销组合。

2. 为营销传播策划作进一步的调查研究

为制定营销计划所获取的调研材料可以而且应该用在营销传播策划上，但针对广告、直接营销、销售促进、人员推销、公共关系等营销传播手段的运用，往往还需作进一步的调查研究。为进行营销传播策划所作的调研仍然是围绕市场、产品、消费者、竞争对手展开的，调研的结果为营销传播策略的制定提供了更加翔实的依据。

3. 界定营销传播的对象

营销传播的对象就是企业营销计划中选定的目标市场（目标消费群），简单地说，产品打算卖给谁，营销信息就要传递给谁。营销传播的信息概念、信息形式、信息渠道、传递信息的时间和地点等都与传播对象有着密切的联系，选准了对象，才能有的放矢。

界定营销传播的对象，不仅要对目标消费者作出人口统计、居住地区、购买动机和购买行为等方面的准确描述，指出该消费群体的大小，而且要说明选择该消费群体作为营销传播的对象的理由，这些理由包括该消费群体对产品的认知和需求、以前购买的记录、受竞争对手影响的情况等。

4. 确立营销传播的目标

营销传播目标与企业营销目标有着密不可分的联系，但又不是等同的。营销目标是营销计划中预定的，在一定时期内企业产品所要达到的销售量、市场占有率、销售额或利润率、投资收益率等经济指标。营销传播目标则是预定的，营销传播活动作用于目标消费者所产生的、具体可测的心理或行为效果指标。用作营销传播目标的通常是受传者在接收信息后，在认知、态度或行为等方面产生的变化，如产品或企业在消费者中知名度的变化、消费者对产品或企业理解度或偏好度的变化，以及咨询、使用、重复购买之类行为的变化等。除此之外，也有以接触营销信息的人数等其他指标作营销传播目标的。如果营销传播策划者认为企业的产品、价格、渠道都不存在问题，即促销或营销传播成为影响营销的唯一因素时，也可以直接把营销目标作为营销传播目标，但这种情况是很少的。

不管营销传播目标是实现预定的知名度、了解度、偏好度还是指名购买率，其最终目的都是为了实现营销目标所规定的销售量、销售额或利润率等，所以说二者又是有着密切联系的。营销传播目标是初级目标，实现初级目标是为实现更高一级的企业营销目标服务的，所以制定营销传播目标的时候，一定要参照企业的营销目标。

制定营销传播目标除要就上述内容规定可测的数量指标外，还要规定实现这一目标的期限。

5. 选择营销传播的信息

选择营销传播的信息，就是决定要对目标受众提供有关产品、服务或企业的哪个方面的情况，即决定对目标消费者"说什么"。选择营销传播信息与营销计划中的市场定位策略密切相关，市场定位是使产品或服务在目标消费者心目中占有一个独特而有价值的位置，其关键是找出具有竞争力的产品差异。营销传播所要选择的信息，也就是能在目标消费者心目中占有独特位置的有竞争力的产品差异。具体地说，选择的标准是品牌的个性，它表现在两个方面：其一是与消费者的利益点相吻合；其二是优于竞争对手并能带来销售效果。在确定有竞争力的消费者利益点时，还应找出证明该利益点的真实、清晰的理由。

产品可以满足消费者欲求的利益点既有物质上的，也有精神上的，所以营销传播信息的内容或概念也可以分为实用性和情感性两大类。

营销传播的信息一般应该集中、单一，衡量其是否集中、单一的方法是看看这个信息能否用一个简单的句子来概括。

6. 选择营销传播的渠道与工具

营销传播的渠道也可以叫做营销信息传播的工具或手段，它指传播者向受传者送达营销信息的方式或借助的媒介，按照促销方式的不同，它可分为广告、销售促进、公共关系、人员推销、直接营销等若干种。按照信息传播直接与间接的不同，它又可分为人员传播渠道和非人员传播渠道两大类。人员传播渠道指两人或多人之间的直接信息沟通，除面对面交流外，还包括通过电话或书信等进行的个人之间的交流；非人员传播渠道指不通过人员的直接接触，而是通过媒介如报纸、杂志、广播、电视等进行的信息沟通。

由于不同的受传者接触传播渠道的种类、时间、地点不一样，所以不同的企业针对不同的目标市场或营销传播对象所选择的传播渠道或促销工具也应有所不同。营销传播策划的重要工作之一，就是要找到能最有效地接触消费者的传播渠道，并说明选择这些接触点的理由。

不同的传播渠道或促销工具对传播某种营销信息来说可能各有长短，比如，不同的媒体有不同的接收对象、传播范围、作用方式、感染力度、保存时间、收费标准等。为了实现传播目标或达到最佳的营销传播效果，营销传播策划者往往要选择几种促销工具或传播媒介以形成一个有机的组合，这个组合中的每一部分都要服从同一个目标，即说服消费者相信企业提供的有竞争力的消费者利益点，力求做到扬长避短，信息整合，协同增效。

为了制定正确的渠道或媒介策略，营销传播策划者对有效接触消费者的关键途径要作深入的发掘，对可供选择的各种促销工具或传播媒介都必须有透彻的了解，并掌握选择和组合的技巧。

7. 研究营销信息的表现技巧

营销信息的表现指将营销信息概念或营销传播的主题转换成消费者易于理解和接受的符号（语言和/或非语言符号），也就是将营销信息用一种最能引起消费者注意和兴趣的图文形式呈现出来。

营销信息的表现形式是为帮助消费者解读营销信息服务的，它必须受制于营销计划中的市场定位和营销传播策划中的既定信息内容。不管使用什么促销工具，也不管选择什么传播媒体，既定的信息概念（一般为消费者利益点）是不能改变的，但表现既定信息概念的形式则可以而且应该根据促销工具或媒体特点的不同而有所改变。此外，即使用同一媒介传播同一信息概念，其表现形式也是多种多样的，它会因不同创作人员知识、经验的不同，或同一创作人员思维角度的变化而产生差异。研究营销信息的表现技巧，就是要在多种构思中找出最有助于目标消费者理解营销信息概念的表现形式。

营销信息的表现技巧除指运用语文、形象、音响等准确、生动地表现营销信息的主题外，信息发布者的角色选择也是需要认真考虑的。一般来说，从形式上看，营销信息的传播者有广告主、商品的使用者（普通人或明星）、专家或权威等，此外，这些角色还可以卡通人物出现。

如果在进行营销传播策划之前已经有完整详尽的营销计划，已经明确了企业的目标市场、营销目标和产品定位，那么研究营销信息的表现技巧就是营销传播策划最主要和最有价值的工作了。即使有了正确的营销信息概念，没有很好的创意表现，营销传播仍然不会有好的效果。

8. 预算营销传播的经费

营销传播经费的预算也就是促销经费的预算，即决定企业在促销方面要投入多少费用。营销传播经费的预算应结合或根据营销计划中的预算来进行，有一些常用的方法可供企业根据自身经营的实际情况选择，比如销售百分比法、量力而行法、竞争分析法、目标达成法等。

如果在做营销预算的同时做传播或促销预算，可以由企业的营销传播部门提出促销预算，并纳入营销预算中去作通盘考虑；如果根据企业已经制定好了的营销预算来做传播预算，则主要是将促销预算进一步合理地分配到广告、销售促进、公共关系、人员推销、直接营销等不同的促销工具或报纸、杂志、广播、电视、户外、邮寄、网络等不同的媒体中去。当然，这种分配要与促销策略和媒体策略紧密地结合起来。

营销传播策划人员不管是参与企业的营销预算，还是只做促销预算的分配，都要把促销预算与营销目标、传播目标结合起来考虑，如果营销目标和传播目标都定得很高，促销预算也应该相应地提高；反之，如果促销预算很低，达到较高的营销目标和传播目标也是不现实的。此外，促销预算的多少还要考虑企业的经济实力。

9. 撰写营销传播策划方案

营销传播策划案是未来一段时间内营销传播活动的蓝图，拟写营销传播策划案就是把营销传播策划人员脑子里的传播谋略用文字的形式表现出来。营销传播策划案写得简洁、明了、理由充分，企业主管才易于理解和批准，营销传播方案的执行者才能明确无误、次序井然地开展营销传播活动。一个完整的营销传播策划案大致包括以下几个部分。

（1）营销传播方案概要

它概括地叙述营销传播方案的要点，以使主管部门能在很短的时间内就了解方案的全貌。

（2）营销情况分析

它是对营销调研成果的简明表述，主要内容是对企业营销问题与机遇的分析，其中包括市场需求分析、产品个性分析、竞争态势分析、目标消费者或传播对象分析等。

（3）营销传播对象

明确营销传播的对象也就是界定产品的消费者和潜在消费者，指出具有什么特征的消费群体是企业产品或服务的需求者，以及把这一消费群体作为营销信息传播对象的理由。

（4）企业营销目标

它可以从企业已经制定的营销计划中摘入，将其放进营销传播策划方案是为了使企业的营销传播活动不至胸无大局，自行其是。

（5）营销传播目标

它是为实现企业营销目标而制定的，对营销信息传播活动效果的要求。在一般情况下，营销信息传播的目标与企业营销目标有所区别，它不是以销售量、销售额、市场占有率或利润率为目标，而是以对消费者心理或行为影响的程度为目标。

(6) 营销传播预算

这一部分要提出为实现营销传播目标而开展的传播或促销活动所需的经费数额、理由、在促销组合中的分配及具体使用方案。

(7) 营销传播信息

它指企业欲向产品的消费者和潜在消费者传达的概念，是比较概括的内容或比较抽象的意义，也可以说是营销传播活动的主题，是在各种促销手段的运用中都必须紧扣的。

(8) 营销传播工具的选择和活动日程安排

这一部分要选择适合传播对象、传播信息、传播预算的传播工具。开展营销传播活动有多种工具、多种媒介可以选择或组合，但适合一个企业、一种产品或服务的营销信息传播工具只有其中的一种或一组。提出最优的选择或组合，并解释其所以能够达到最佳传播效果的理由。此外，还要分别对每一种促销工具的使用情况逐一加以说明，如广告发布、销售促进、公关活动、人员推销的日程安排等。

(9) 营销传播表现

它是由营销传播信息概念发展出来的关于广告作品或销售促进、公共关系、直接营销等促销活动的具体表现形式，或者关于上述表现形式的构思。对营销传播的表现形式进行构思也可以说就是营销传播的创意。营销传播的表现既要适合对象，又要适合媒介。

(10) 营销传播效果测定计划

它是关于测定项目、测定单位、测定时间、测定方法和所需经费的说明。测定的方法就是进行不同类型的调查。营销传播活动都应有信息发布后的效果测定计划，根据需要也可以制定信息发布前的效果预测计划。

(11) 结论

用简洁的文字说明此方案的合理性和可行性，或是较之于其他方案的优点。

以上是一个较为完整的营销传播方案应该包括的基本内容，在实际拟写一个营销传播方案的时候，可能由于企业、产品或服务的不同而在内容上有所增减，在顺序上有所改变。

10. 测定营销传播的效果

它指以事先设定的营销传播目标为标准，通过调查来衡量营销传播活动实现目标的程度。在营销传播活动实施之前进行效果测定，能帮助策划者及时修改不正确的信息概念或表现形式等，以避免营销传播经费的浪费；在营销传播活动实施之后进行效果测定，能帮助策划者了解传播对象是否正确，促销工具或媒体组合是否合适等，这种测定能为制定下一轮营销传播方案提供经验或教训。无论事前还是事后测定，它们都是营销传播策划必要的组成部分。

营销传播策划是一个不断循环的过程，制定营销传播方案，实施营销传播方案，测定营销传播的效果，根据效果反思方案及实施中的问题，再为解决营销传播中的问题制定下一个方案，营销传播策划进入新一轮循环。

（三）舒尔茨的整合营销传播策划模式

舒尔茨认为，他的整合营销传播策划模式与传统营销传播策划模式最大的不同之点在于："整合行销传播是将整个企划的焦点置于消费者、潜在消费者身上，而不是放在公司的目标营业额或目标利润上。"其表现是，在他的整合营销传播策划模式中，营销目标不是放在传播目标的前面，而是放在传播目标的后面。

舒尔茨的整合营销传播策划模式包括以下 7 个步骤：

第一步，建立消费者和潜在消费者资料库。这个资料库应该包括人口统计、心理统计、以往的购买记录和消费者态度等方面的资料。

第二步，对消费者和潜在消费者进行区隔或分类。以"行为"为标准，将其分为本品牌的忠诚消费者、他品牌的忠诚消费者和游离消费者 3 种。从第三步起，每一步骤都要针对以上 3 种不同的消费者分别进行。

第三步，决定何时、何地、在什么状况下与消费者沟通。

第四步，决定传播的目标和信息内容。目标一般为预期消费者行为或态度的变化。

第五步，决定营销目标。对于本品牌的忠诚消费者来说，营销目标是"维持使用习惯"或"建立使用习惯"；对于他品牌的忠诚消费者来说，营销目标是"试用"、"增加购买量"或"建立忠诚度"；对于游离消费者来说，营销目标是"获取或扩大使用率"。营销目标应该是数字化或可以量化的。（舒尔茨在这里所说的营销目标基本上还是传播目标，通常意义上的营销目标是指销售量、销售额或市场占有率。）

第六步，决定营销工具。在产品、价格、渠道、传播等营销工具中选择和组合。

第七步，决定传播战术。在直接营销、广告、促销活动、公共关系、事件营销等传播手段中选择和组合。

舒尔茨补充说，上述整合营销传播策划模式是为消费品厂商设计的，服务行业和生产资料厂商的整合营销传播策划模式应在此基础上作相应的调整。

(四) 企业自行开展广告活动

企业广告活动是企业营销传播活动的一个重要部分，在过去，它是企业推销产品或服务的主要手段，虽然近年来企业对公关与促销活动目的重视程度越来越高，但广告在营销传播中的重要地位仍然没有动摇。

企业自行开展广告活动主要有市场调查、广告策划、计划实施、效果测定4个阶段，下面逐一简要介绍。

1. 广告调查

广告调查即为广告策划进行的市场调查，其目的是为广告活动提供可靠的依据。美国广告学家丹·E. 舒尔茨认为，成功的广告运动很少能从广告计划者心中脱颖而出。这些产品、这些消费者以及市场上的形形色色简直太复杂了，使广告运动计划者于发展广告运动时，不能完全依赖直觉和灵感。因此在发展一个有效果的广告运动时需要调查研究，并且也必须使用调查研究。广告调查的一般步骤是：拟订总体调查方案——设计问卷调查表——设计抽样方案——实施调查——整理与分析调查资料——撰写调查报告。调查研究的主要对象是产品、消费者和竞争对手。

2. 广告策划

广告策划是为广告活动进行的谋划，具体地说，就是提出面向什么人、通过什么媒介、在什么时间和地点、传达有关产品或服务哪个方面的信息、花费多少钱、达到什么效果。广告策划是在市场调研的基础上完成的。

(1) 对象界定

广告对象也叫广告受众，是做广告的人想要用广告影响的人群，对于商业广告来说，广告对象也就是企业的目标消费者。界定企业的广告对象，或者说目标消费者，就是要对整个市场进行分割，以得到本企业的营销或广告活动所要重点面对的那一部分消费者。而市场细分的依据则主要是性别、年龄、职业、所受教育、家庭收入、家庭人口等人口统计因素，经济水平、气候特点、居住民族等地理因素，购买动机、购买行为等心理因素。

(2) 目标设立

广告目标是通过一个时期的广告宣传所要引起的，目标消费者对产品或企业认知或态度的变化，如知名度、了解度、偏好度的提高等。广告目标的实现有助于营销目标的实现，但影响营销目标实现的因素不只是广告，除此之外还有产品、价格、销售渠道，以及直接营销、人员推销、公关宣传、促销活动等。

(3) 主题确定

广告主题是广告活动或广告作品所宣传的要点，一般为产品的卖点或者叫做消费者利益、消费者购买的理由。确定广告主题的方法就是寻找广告产品或服务自身的特点与消费者需要（包括精神需要）之间的吻合点，这个特点最好是竞争对手的产品不具备或没说过的。

（4）媒体选择

媒体选择指为广告信息的发布选择最合适的载体或工具。由于不同的媒体有不同的接触群体、传播范围、传播速度、作用方式、感染力度、保存时间、收费标准等，所以策划广告时应根据广告产品、广告目标、广告对象、广告主题、广告预算来选择合适的一种或几种相互配合的媒体。

媒体选择的要求主要是以下三点：

第一，力求达到广告对象与媒体视听对象最大限度的重合。

第二，广告的时效要求与媒体的发行周期相吻合；时效性强的广告信息选用发行周期短的媒体，时效性不强的广告信息选择保存期较长的媒体。

第三，通过比较所选媒体千人成本的高低，选择效果相近而所需费用最低的媒体。

（5）发布安排

安排广告发布的最佳时机以及计划刊登的报纸或杂志的日期和版面；播出的电台或电视台的波段或频道，时间长短与频率；路牌设置的地点和期限，面积或体积；海报、传单、说明书、产品手册的份数，送出时间、送达地点等。季节性产品广告、竞争性广告一般比较讲究推出时机。一般广告在时间、地点方面的选择，主要依据广告对象接触概率的大小。广告的频率（即在一定时间阶段内广告刊播的次数)，则应由广告对象接受信息的心理特点及广告目标和广告费用来决定。

（6）预算与分配

企业广告预算与分配就是匡算出广告计划期内开展广告活动的费用总额，并把它分配到一个个具体的项目中去。在实际工作中，广告预算一直存在着两种情形，即根据广告目标来匡算广告经费和根据广告目标来制订广告预算。到底采取哪种情形，要视企业的经济实力而定。在大多数情况下，广告预算是由广告主企业自行制订，并提交广告代理公司执行的。广告公司很少参与到预算的决策中。即便广告公司有某种程度的参与，也主要是提供信息或咨询。

3. 计划实施

广告策划完成之后就要付诸实施，实施的过程主要有对广告表现形式的构思、全部广告或部分广告的制作（一般企业的影视广告都是委托专业广告公司制作)、媒介的租用或者叫做“购买”、广告发布情况的监督等。

(1) 形式构思

确定了广告的主题,就解决了“说什么”的问题,而构思广告的表现形式则要进一步解决“怎么说”的问题。广告表现形式的构思必须满足表达广告主题的需要,其次还要新颖、独特,能够引起消费者的兴趣,此外还要适合刊播媒体的特点。比如,有的广告表现形式适合“看”的媒体,但不一定适合“听”的媒体。

(2) 广告制作

广告制作就是运用撰文、绘画、摄影、摄像等艺术手段,把广告主题和关于主题表现形式的构思变成广告作品,以供发布。在广告作品送到媒介发布之前,一般还要经过企业广告主管部门的审核,如发现问题,要及时修改。

(3) 媒介租用

媒介租用就是按照广告策划方案中选择的媒体和确定的发布安排,与媒介单位联系并订购广告刊播的时间或空间。

(4) 发布监控

发布监控就是监测媒介是否按照计划的内容、时间或版面发表了企业交付给媒介的广告作品。如果发生漏登或漏播的情况,就要联系媒介补刊、补播或者退费。

4. 效果测定

广告效果测定,就是运用科学的方法来鉴定广告的经济效益、社会效益与心理效益。广告的经济效益,指广告活动促进产品销售、利润增加的程度;广告的社会效益,指广告的社会教育作用;广告的心理效益,指广告在消费者心理上引起的对产品或企业认知或态度的变化。

由于广告效果具有迟滞性,所以,广告效果测定一般放在半年或一年以后进行。一般来说,评估的主要内容是:产品销售和消费者心理在广告投放后与广告投放之前相比,发生了哪些方面的变化,有多大的变化。

进行广告效果测定的目的,是为了总结经验教训,以利于下一轮广告活动的开展。

二、企业营销传播活动的委托运作

虽然有些企业吸纳了一些营销传播方面的专家,其营销组织自行调查市场,研究消费者和竞争对手,并依靠自己掌握的营销资讯来完成大部分营销传播工作,但是,随着社会分工越来越精细,市场调查公司、广告公司、公关公司、CI设计公司等营销传播机构的专业水平日益提高,许多企业更倾向于依靠外部的营销传播组织，如广告公司、公关公司、活动促销公司等来实施营销信息的传播，营销传播的策划工作则由企业营销组织与外部的各类营销传播代理机构合作完成，在这种情况下，企业内部的营销组织就必须与外部的营销传播组织配合默契。

企业委托外部机构开展营销传播活动应做好以下三个方面的工作：选择合适的代理公司、搞好与代理公司的沟通、监督代理公司的工作。

（一）选择合适的代理公司

选择一个业务水平高、商业信誉好的代理公司，不但能够取得理想的营销传播效果，而且在营销传播活动的过程中，双方易于沟通，合作愉快。由于开办营销传播机构不需要太多的固定投资，行业进入障碍低，所以我国目前的市场调查公司、广告公司、公关公司、CI 设计公司都很多，但其业务能力、商业信誉却相差很大，为了保证企业所选的代理公司合乎要求，掌握选择的标准十分重要。

1. 企业选择代理公司的标准

（1）公司规模恰当

一般来说企业倾向于选择规模较大的公司，因为这种公司各类营销传播人才配备齐全，业务多，经验也比较丰富。但规模大小并不是选择代理公司的绝对标准，适合本企业的才是最好的。对于较小的业务，大公司可能看不上，不重视；较小的公司为了求发展，或许对小业务也会兢兢业业。预算大或难度大的业务找规模大的公司代理比较好，预算小或难度小的业务找中小代理公司比较合适。

（2）行业经验丰富

如果一个公司长期从事与本企业所属行业或相关行业的调研、广告或公关代理服务，则该公司会积累为这一行业服务的丰富经验，并培养出擅长为这一行业服务的业务人员。选择这样的公司，比选择对本企业产品完全不熟悉的公司，较有利于新产品的推广，营销传播效果也比较理想。

（3）公司业绩显著

看一个公司的过去和现在，在一定程度上可以预见到它的将来。一个代理过很多业务而且代理效果很好的公司，一般会在新的代理业务中有良好的表现。所以，企业在选择代理公司时，应了解其过往及近期的业绩。

对代理公司业绩的调查，不单要看它做过哪些业务，还要看业务做得怎么样，比如市场调查报告的质量如何，广告策略如何，公关效果如何等。

（4）公司声誉较高

公司的声誉如何，可以看它在行业内的口碑。口碑好不好与该公司一贯的服务态度、办事风格有关。选择声誉好的代理公司，营销传播的质量要求、完成时间要求、商业信息保密要求等都能得到一定的保证。

(5) 媒介关系良好

广告代理或公关代理与媒介的关系融洽，就能够保证企业广告所需要的时间、版面、质量或者企业公关所需要的报道机会，所以代理公司与媒介的关系如何，也是企业选择合适代理公司的一个标准。

(6) 往来交通方便

所选代理公司的地理位置如果方便企业往来，就能给合作期间双方的协商、沟通带来便利，因此，选择代理公司时，也要考虑选择对象与企业的距离，以及两地之间的交通、通信情况。

(7) 没有业务冲突

即使一个公司具备了以上所有的条件，但是，如果它已经代理了同类产品，特别是主要竞争产品的营销传播业务，那么本企业一般不应该再选择这个公司作代理。因为选择这样的代理，存在着泄露商业秘密的隐患，而且让代理公司以子之矛攻子之盾，其尴尬可想而知。

以上是选择营销传播代理公司的主要标准，在具体操作时，不同的企业、不同的产品或服务、针对不同的目标群体，可能还会使用一些特别的标准，比如在国内开展营销传播活动与在国外开展营销传播活动，对个体消费者开展营销传播活动与对团体消费者开展营销传播活动，选择代理公司时使用的标准可能不会完全相同。

2. 企业选择代理公司的方法与程序

(1) 企业选择代理公司的方法

企业一般用招标的方法选择代理公司，招标的形式主要有三种，即公开性招标，选择性招标和议标。

公开性招标是企业对每一家代理公司都给予同等竞标机会的招标方式，比如在报纸上刊登招标公告，所有符合条件的公司都可以参加竞标。采用公开性招标，企业可以收集更多的意见，得到更多的信息，并从竞标的多家公司中选出合适的合作伙伴，但是，这种方式耗时较长，花费较多。

选择性招标是企业根据经验选出几个在行业内有口碑的代理公司参加竞标的招标方式。选择性招标因为参加的公司比较少，所以比公开性招标节省时间，但是由于是凭经验选择代理公司，所以有可能忽视一些有潜力的新公司，并因此错过某些创新方案。

议标是企业选择一家代理公司，与之洽商后，制定并实施活动计划的一种聘请代理公司的方式。使用这种方式，企业花费的时间、精力和资金最少，但选择性差。议标并不是实际意义上的招标。

企业为寻找代理公司进行的招标多为选择性招标。

（2）企业选择代理公司的程序

第一步，初选觉得合适的代理公司。企业营销部门要有专人负责寻找代理公司的工作，任务量大的还可以组成工作小组。

寻找工作从收集有关代理公司的资料开始。以收集广告公司的资料为例，现在我国很多省份的广告协会都编辑出版了广告年鉴或广告大典一类的资料，其中载有本省广告经营单位名录，并且对每一个广告经营单位都作了简要的介绍，如公司地址、邮政编码、负责人姓名、联系电话、经营范围等。通过查阅上述资料，企业可以对所在地的广告公司有一个大致的了解。

通过案头调查和初步分析之后，选出若干感觉合适的公司作为候选代理。分析的过程就是对照上文提出的选择标准决定取舍的过程。上文提出的选择标准只是供企业参考的通用标准，实际操作时各企业还应该根据自身的具体情况制定详细标准。

第二步，对候选公司作进一步调查。这是在初选工作基础上的深入调查，虽然这个阶段调查的对象减少了，但调查的内容却增多了。需要了解的情况有：候选公司的历史、规模、业绩、业务水平、工作态度、媒介关系、财务状况、公司信用等。对上述情况要以调查得到的事实为依据，一一作出优劣评估。

下面的“广告代理商调查表”可供问卷调查参考（见李广新：《战略营销计划》，深圳市麦肯特企业顾问有限公司，2001 年 7 月 30 日：

广告代理商调查表

一、基本情况

代理商名称：	成立时间：	地址：
公司性质：	联系电话：	法人代表：
主要负责人：	注册资金：	固定资产：
员工人数：	上年度营业额：	
公司主要人员及其简介：		

二、组织机构和服务

公司的组织结构图：
请描述如何为客户服务：
请说明如何进行产品品牌管理：
公司的优势是什么？
如何与客户进行交流？
公司为客户服务的能力如何？
有哪些主要执行人员参与客户广告计划？
有哪些资深执行人员负责客户专业创意制作？
公司高层如何保持与客户的联系？

三、员工培训及发展情况

对新员工是否有内、外培训计划？请描述：
其他有关人员发展政策规划，请描述：

四、近期业务状况

过去两年内，获得或是取得的客户有哪些？
如有客户获得或失去，请说明原因：
请提供一张公司曾经服务的客户名单及内容：

五、财务状况

是否盈利？说明盈利或亏损状况：
如何与客户结算？希望客户提供什么形式的费用支付方式？请说明原因：
公司如何核算服务成本？说明各项费用的收取比例：
说明媒体付款政策及条件，并提供证明材料：

六、对广告的观念

怎样看待广告的作用、利弊等？
对达成有效广告的信念与经验：
怎样确保达成有效广告？

七、广告制作经验

请描述公司成功的广告经验：
服务哪一类产品是公司的优势所在？
对我们的产品类别的服务有何建议？

八、其他

如果我们与你的客户讨论有关公司的创作作品及服务表现，你们是否同意？
如果同意，请列出几个可能联系的客户名单。

第三步，与候选公司相关人员面谈。除通过调查了解候选公司的基本情况外，还要与其主要负责人直接见面，进一步了解候选公司高层人员的管理水平、进取精神、专业知识、服务观念、合作诚意以及双方是否易于沟通等。

第四步，邀请候选公司参加招标。企业调查了候选公司的情况并面见了其负责人之后，从这些公司中挑出几个比较合适的，邀请它们参加企业的招标活动。

企业邀请候选公司参加招标活动，应明确告知竞标的时间和内容，即要求候选公司在什么时间内完成什么项目，通常是一套完整的市场调查方案或者广告策划方案、公关策划方案、整合营销传播方案等。除此之外，企业还要为参加竞标的公司提供策划或设计所必需的背景材料，这些材料一般包括：

本企业的历史、规模与组织结构；

本企业的产品，包括性能、质量、包装、服务、品牌、生产、价格、分销等方面的情况；

本企业产品目前的市场状况，包括销售额、市场占有率、主要竞争对手等；

本企业以往的广告策略或者公关策略、营销策略以及执行的效果；

本企业的营销计划、营销目标和营销费用。

应邀参加竞标的候选公司提交方案以后，企业应对多家公司提供的多个方案进行认真比较，从中选择出最佳的方案并选定代理公司，这就是所谓的比案或比稿。绝大多数企业是通过提案会议，即邀请候选公司在会议上介绍方案、回答提问来进行比稿的。选定的代理公司可以当场宣布，也可以事后通知。

第五步，评估并确定代理公司。对竞标公司提交或陈述的方案进行评估，一般应该包括以下几个方面的内容：

此方案与企业的营销策略是否匹配；

执行此方案是否能够实现企业的营销传播目标；

营销传播活动的主题是否切合目标消费者所关注的利益；

营销传播活动的创意是否新颖独特；

媒体选择与发布安排是否符合目标消费者的媒介接触习惯；

预算以及分配是否合理；

策划方案是否具有很强可操作性；

参与竞标的公司对竞标活动是否积极、认真、准备充分。

企业营销部门的负责人及相关人员应参加提案会议和方案评估，并将评估报告和选择结果报送企业高层决策者，以最后确定企业营销传播活动的代理公司。

（二）搞好与代理公司的沟通

选择了代理公司后，企业营销部门下一步的工作就是设法让其充分发挥代理服务的作用。为此，企业应该始终保持与代理公司之间的联系，处理好与代理公司的关系，充当企业和代理之间的桥梁，这是企业营销部门的一项重要职能。企业在与代理公司沟通的过程中应该注意以下几点：

1. 企业营销部门应有专人负责与代理公司沟通

企业负责与代理公司沟通的专门人员不仅要了解本企业及其产品或服务的详细情况，还应具备营销传播方面的知识，以及与代理公司打交道的经验。如果企业缺乏这种人才，则应挑选比较符合条件的员工，经短期培训后担任这项工作。

2. 应向代理公司提供必要的内部资料

企业内部资料有营销计划、销售额、销售量、市场占有率、产品的成本、利润、以往的营销传播活动及其效果等，对于竞争对手来说，这是商业秘密，绝对不能暴露，但代理公司是企业的合作伙伴，企业应该相信自己选择的代理公司，并把对营销传播策划和实施有价值的企业内部资料提供给代理公司，代理公司只有在得到企业信任和资料完备的情况下，才能做出切合实际的策划方案，才能使营销传播活动取得最佳的效果。

3. 认真听代理公司的意见

长年从事调研、广告、公关、销售促进活动的代理公司，比企业有更多的行业经验，因此，企业要尊重它们的意见。当企业与其代理公司的意见不一致时，不要轻易否决，而应耐心听其解释，仔细想一想是否有合理之处。企业不能因为出了钱，就要求代理公司听命于自己。如果企业在营销传播业务上对其代理公司指手画脚，代理公司就会丧失工作的积极主动性，这对发挥代理公司的作用是很不利的。

4. 不要过多干预代理公司的策划与创意

企业监督代理公司对企业营销传播计划的执行是完全必要的，但企业不宜用多层把关的办法来审查、通过代理公司提出的策划方案或作品创意，因为经过的审查层级太多，容易造成众口难调的局面，有时甚至会把一个本来有棱有角的方案改得四平八稳，特色全无。所以企业应该明确规定由哪几个层级的负责人来审核代理公司提出的活动方案或作品创意，一般由企业广告部门或公关部门负责人、营销部门负责人或营销副总经理把关就可以了，不要什么人都对代理公司的策划或创意指手画脚。

5. 善待代理公司

要做到善待代理公司，首先需要在思想上把代理公司当做朋友、伙伴，而不能以雇主自居，采取高高在上的态度。在会议和日常活动中企业人员要礼貌地对待代理公司人员，如能在非业务活动中发展与代理公司人员的私人关系，则会使企业与代理公司的关系更加融洽。友好、融洽的氛围，能对代理公司的员工产生激励作用。为了更好地调动代理公司为本企业服务人员的积极性，企业还应在他们为企业努力工作时表示由衷的赞许，如有必要也可以给予表彰。

6. 给予代理公司合理的报酬

代理公司是通过为企业提供营销传播服务来获取报酬的经济组织，这些公司的营业额看起来可能很高，但由于昂贵的信息发布费和较高的专业人员工资，使得代理公司的利润率并不丰厚，代理公司如果不能够赢利就无法生存与发展。企业要明白让代理公司有利可图的重要性，只有取得合理的利润，代理公司才会积极热情地安排优秀的业务人员为企业工作。如果经费不足，企业就不得不减少用于为企业策划、设计和制作的费用，这样就会影响营销传播活动的质量和效果。如果企业希望与高水平的代理公司保持长期的合作关系，则更需要用合理的报酬来激励其为企业长期服务的热情。

7. 不要轻言更换代理公司

在代理公司执行企业营销传播计划的过程中，如果企业对代理公司的服务不满意，不要轻易以更换代理公司相威胁，而应对其说明企业的不满之处以及企业对代理公司的期望，给予代理公司改进的机会。轻言更换代理公司，会挫伤代理公司的积极性，不利于以后可能继续的合作，此外，即使到了非更换代理公司不可的地步，在新的代理公司还没有找到，或者还没有到位之前，就散布更换代理公司的言论，会影响正在开展的营销传播活动。

在与代理公司沟通的过程中，企业应该注意的具体问题这里可能没有穷尽，但基本的原则是清楚的，这就是要以平等、互利的精神对待代理公司，要处理好监督、控制和信任、放手的关系，充分调动代理公司的积极性，发挥它们的专业水平，使它们为本企业提供效果最佳的服务。

（三）监督代理公司的工作

企业营销部门在代理公司执行营销传播计划过程中所起的作用，除提供资料、给予鼓励之外，还要发挥监督和控制的职能，在这个方面企业应做以下几个方面的工作：

1. 审查方案或设计

代理公司是受聘为企业从事营销传播活动服务的，它提出的方案或设计理所当然地需要得到出资企业的批准。企业营销部门人员具有一定的从事营销和营销传播活动的经验，而且对企业及其产品比较了解，所以该部门有替企业高层主管把关或提交审查意见的责任。虽然对代理公司提出的方案或设计进行审查不宜设置太多的层级，但至少两个层级的审查还是必要的。如果发现代理公司提交的方案有不妥之处，企业营销部门应及时与代理公司沟通，指出问题，说明理由，经商讨后由代理公司负责修订。

2. 监督计划执行

在执行营销传播计划的过程中，企业营销部门要定期检查代理公司作业的进度及具体执行的情况，如费用支出、媒体发布等，了解执行与计划吻合的程度、遇到的问题及解决的情况。如果计划需要根据市场情况的变化作某些修改，必须搞清楚调整或修改计划的理由。总之，企业要督促代理公司在计划时间内完成各项工作，并且保证质量。

3. 测定活动效果

企业在与代理公司签订的合同中，应对营销传播活动的目标及效果的测定作出明确的规定，如测定的时间、方法、机构、标准、费用等。在代理公司实施广告计划一段时间之后，企业要敦促代理公司按计划进行广告效果测定，以评估此次活动的成败得失，吸取经验教训，以利于下一步的行动。

第三节 企业营销传播预算

一、企业营销传播预算的依据与步骤

企业营销传播预算是企业在一定时期内，为达到营销传播目标，对投入营销传播活动费用的匡算，它是企业营销传播计划的重要组成部分，因为没有经费的支持，再好的计划也是纸上谈兵，营销传播费用投入的多与少，与企业营销传播目标的高与低有着直接的联系。

（一）企业营销传播预算的依据

营销传播预算不能仅凭经验，而要以事实作为依据；只有综合考虑了企业的营销策略，营销传播活动的目标、范围、媒介、历史，产品的生命周期，竞争对手和企业的经济实力等诸多因素之后，才能作出具有科学性和可行性的营销传播预算。企业营销传播预算的依据或者说影响企业营销传播预算的因素主要有以下几个方面：

1. 企业的营销目标

企业通常是用销售量、销售额或利润率作营销目标的，如果销售指标定得较高，用于营销传播的费用也必须相应地增加；如果利润率指标定得较高，那么当年用于营销传播的费用可能反而会减少，这是因为销售额减去生产和销售成本之后，剩下的就是营销传播的费用和利润，如果计划多留利润，营销传播费用就会减少。

2. 企业的营销策略

企业的营销策略是在一定时期内，对产品策略、价格策略、渠道策略、促销策略等的通盘考虑，是在此基础上对上述诸多策略进行的有所侧重的组合。如果企业在一个时期内制定的营销策略以促销为重点，即突出营销传播活动，那么，企业用于营销传播的费用就会增加；反之，如果营销策略以产品或者渠道为重点，就会增加开发产品、建立渠道等方面的费用，在这种情况下，用于营销传播的费用就会减少。

（1）营销传播的目标

营销传播一般以消费者认知、态度或行为的改变为目标，比如使用知名度、了解度、偏好度、购买人数或购买数量等指标。如果上述指标定得高，营销传播的费用就多，反之就低。比如，把某品牌的知名度从广告前的20%提高到广告后的40%或者从20%提高到80%，达到后一个指标肯定要比达到前一个指标投入更多的广告费用。

（2）营销传播的范围

如果营销传播的地区广，覆盖面大，费用也就多；反之，费用就会相对减少。做覆盖全国的广告和只覆盖一个省的广告，费用肯定相差很大。

（3）营销传播的媒介

因为不同的媒介有不同的价格，所以企业选择传播信息的媒介不同，费用也不相同，比如使用电视媒介或使用广播媒介，播出的费用就大不一样。

（4）营销传播的历史

如果企业初次开展营销传播活动，其目标群体对该企业或其产品完全不了解，要使他们对企业或其产品产生期望的认知、态度或行为，营销信息发布的频率就要相对地高，周期也要相对地长，这样就需要投入较多的宣传和推广费用。如果企业已经开展过多次营销传播活动，消费者对企业或其产品已经比较了解，那么，要使他们对企业或其产品产生期望的认知、态度或行为就比较容易，宣传推广可以相对减少一些，费用也可以降低一些。

（5）产品的生命周期

一种产品从投放市场到被市场淘汰，一般会经历4个时期，即导入期、成长期、成熟期和衰退期。产品处在不同的时期，销售环境不同，发展趋势不同，对营销传播经费投入的需求也不一样。在导入期，产品知名度很低，但前景光明，为了打开销路，企业一般应该投入较多的营销传播费用；在成熟期，产品质量过关，竞争激烈，为了在竞争中胜人一筹，企业也要加大营销传播投入；在衰退期，产品已经过时，销量日见减少，为了延缓其退出市场的时间，企业还需作营销传播，但投入的经费不会很多。

（6）企业的竞争对手

一个企业的营销传播效果是可以被其竞争者的营销传播抵消的。如果竞争对手的营销传播费用提高，本企业想要保住已有的市场份额，就必须相应地提高营销传播费用，否则就会面临市场被挤占的危险。

（7）企业的经济实力

量力而行，是营销传播预算的一种方法。许多企业青睐这种方法，就说明企业在做营销传播预算的时候，不能不首先考虑自己的经济实力。企业资金不足，即使想在营销传播方面多投入，也拿不出更多的钱来。有的企业孤注一掷，把有限的资金大量投入到营销信息的传播上，而忽视了在产品、分销等其他营销因素方面的投入，结果热闹一阵之后，就不见了下文，例如，当年的秦池古酒花3.2亿元人民币做广告大约也就是如此。

当然，也有例外，比如先贷款作营销传播，卖了产品再还钱的成功案例也确实存在，但这样做的时候，一定要有抗风险的准备，并且不能忽视其他方面的投入。

（二）企业营销传播预算的步骤

1. 研究营销目标

因为营销信息的传播是为营销服务的，所以营销传播计划以及其中的预算部分都要围绕如何保证企业营销目标的实现而制定。

营销目标（销售量、销售额或利润率指标）是在综合考虑了市场和企业产品两个方面的因素以后制定的。营销目标的实现需要得到经费的支持，销售量或销售额指标定得高，营销传播预算就要大，反之则要小；利润率指标定得高，同年的营销传播预算就要小，反之则要大。

营销传播预算与营销传播目标是相互制约、不可分割的，因此，需要对照营销传播目标来检查一下，看看营销传播预算与营销传播目标是否匹配。如果不匹配，就需要调整。调整的方式有两种：一是营销传播预算不变，调整营销传播目标，使其与营销传播预算相吻合；二是调整营销传播预算，使其与营销传播目标相吻合。

2. 研究营销策略

在企业的年度营销计划中，除营销目标外，另一个需要营销传播预算编制者认真研究的是营销策略。营销策略包括产品策略、价格策略、分销策略、促销策略等。促销策略也可以叫做沟通策略或营销传播策略，营销传播策略在企业营销组合中占主导还是辅助地位，会直接影响营销传播预算的大小。营销传播预算不能脱离企业营销策略的大局来单独制定，而应该自觉地服从和服务于它。企业年度营销计划中的营销策略里一般都包含了营销预算，营销传播预算则只占营销预算的一部分，它不可能超出企业投入营销活动费用的计划总额。

3. 研究促销策略

企业的促销策略或曰营销传播策略，是对广告、公关、直销、人员推销、销售促进活动等多种手段的选择和组合，企业的营销传播预算，也就是计划用于一个特定的促销组合中各个促销工具的经费的总和。如果企业选用的促销手段多，而且对每一种手段所要达到的目标也高，那么企业的营销传播预算就定得高；反之则定得低。

二、企业营销传播预算的方法与预算的分配

（一）企业营销传播预算的方法

营销传播预算的方法很多，在国外有传统的方法，也有计量的方法。传统的方法计算简单，运用广泛，国内现在使用的基本上是传统的方法。下面介绍

国内常用的几种。

1. 量力而行法

量力而行法是根据企业财力来确定营销传播预算的方法。具体地说，就是用企业年度营销计划的销售额减去税收和所有的成本（计划年度的成本等于计划年度销售额乘以上一年成本占上一年销售额的百分比）后，在剩余的可以由企业自由支配的经费里，再减去计划年度要留的利润，还剩多少，就用多少钱做营销传播。多则多做，少则少做，没有就不做。

2. 定率计算法

定率计算法就是用企业销售额或利润的一定比例来计算营销传播费用的方法，销售额或利润额可以用本年度的，也可以用预计下一年度的指标。

这里所谓“一定比例”既不是随意的，也不是严格的，而是一种行业的经验。比如化妆品行业的营销传播预算占其销售额的20% ~50%，清洁用品行业占10% ~20%，食品行业占5% ~15%，家用电器、汽车及耐用消费品行业占2% ~5%，采矿行业占0.1% ~0.3%。

定率计算法因简单易行而被广泛使用。但是该方法也有明显的缺点，因为它倒因为果，以销售的结果作为确定营销传播费用的依据。用定率计算法为导入期产品做营销传播预算是不合适的，因为导入期的产品知名度低，销售量和销售额小，利润少甚至亏本销售，但为了提高知名度，迅速打开销路，企业一般都要投入较多的广告、公关或促销活动费用，但运用定率计算法做预算，则只能用很少的钱做营销传播，这显然是没有道理的。

3. 目标达成法

目标达成法是根据企业确定的营销传播目标来估算实现此目标所需费用的方法。因为企业的营销传播通常不止运用一种手段，所以营销传播的目标一般也会分解为广告目标、公关目标、人员推销目标、销售促进活动目标等数个单一的目标，把用于实现各个单一目标的费用加起来，就是达成营销传播目标的总预算了。下面以实现广告目标为例来说明运用目标达成法制定预算的操作程序。

（1）确定在某一特定时期内企业所要达到的广告目标，如提高知名度、了解度或偏好度的指标等。

（2）确定企业需要通过什么样的广告活动来实现既定的广告目标，其中包括广告主题、广告形式、广告媒介、刊播的频率、时间和范围等。企业做广告预算时，一般以媒介种类、刊播的频率、时间和范围为依据。

（3）根据媒介单位时间（空间）的价格和刊播的次数计算出每一种媒体的刊播费用。

（4）把所用各种媒体的费用相加，总数就是实现广告目标所需的最低成本。

（5）在此基础上再增加一些必需的费用，如自己执行时的人员费用、管理费用，委托执行时广告公司收取的制作费、附加费或手续费等。最后确定广告预算。

再以人员推销为例来说明运用目标达成法制定预算的操作程序：首先规定一个推销员一年应完成的推销量或推销额，然后根据企业制定的人员推销总量或人员推销总额计算出企业需要多少推销员，再根据维持一个推销员的费用匡算出维持整个推销队伍的费用。

用目标达成法为导入期的产品做营销传播预算是非常合适的，因为预算不以实际销售额为依据，而是以计划达成的目标为依据，这样做出的预算有利于新产品的推广。目标达成法的缺点是，准确地推算出必需的营销传播费用比较困难，而且营销传播预算完全不考虑企业的财力或销售收入，有的企业可能无法承受。

4. 竞争分析法

竞争分析法是根据竞争者的营销传播投入，来确定本企业营销传播预算的方法，其基本原则是，本企业用于产品市场份额每一个百分点上的营销传播费用不能少于竞争对手（不是指营销传播总投入）。具体计算方法是：

（1）取得竞争对手产品的市场份额、营销传播费用和本企业产品的市场份额等数据；

（2）计算竞争对手用于产品市场份额每一个百分点上的营销传播费用；

（3）计算本企业在产品市场份额每一个百分点上的营销传播费用与竞争对手相同时的营销传播总投入；

（4）用大于这个数目的经费作为企业的营销传播预算。

下面以广告投入为例来进行一个模拟的预算。

比如，竞争产品的市场份额是30%，投入的广告费用是60万元。本企业产品的市场份额是25%，那么，本企业的广告投入应该不少于50万元。计算过程如下：

60万元÷30×25＝50万元

本企业的广告投入>50万元

用这种方法做营销传播预算，在其他营销因素相似的情况下，可以保住企业原有的市场份额。但如果两个企业还有其他营销因素的差别时，把营销传播费用作为影响营销效果的唯一因素就不合理了。此外，作为商业秘密，竞争对手产品的市场份额和营销传播费用不容易获取。还要注意的是，资金不足的中小企业不宜采用这种方法做营销传播预算。

5. 销售单位法

销售单位法，是以单位产品（大件）的营销传播费用为依据来作年度营销传播预算的方法。具体操作是，先计算出当年单位产品的营销传播费用，并预测下一年产品的销量，然后用单位营销传播费用乘以销量就得出下一年的营销传播预算。比如，某饮料厂计划销售听装饮料 10 万箱，当年平均每销售一箱的营销传播费用是 1 元，那么下年度的营销传播预算为 10 万元。

通信订货法是销售单位法的一种具体运用，企业在做邮寄广告时通常会用到它。其具体计算方法如下：

首先通过直接反馈广告（需留免费咨询电话、地址、邮政编码或 E-mail）引来潜在消费者询价或订货，并据此推算出客户可能需要产品的件数；

然后计算单位产品广告费（用产品目录印刷费、征订信印刷费和邮寄费之和，除以已销产品件数）；

再用单位产品广告费乘以客户可能需要产品的件数，就得出广告预算额度。

销售单位法计算方便，适合标准化或专业化的生产厂家。但可能出现的问题是，如果某些预料不到的原因使得实际的销量与预测的销量相差很远，那么依据预测销量做出来的营销传播预算就是依据错误的数据得出的不合理的结论。

6. 销售收益递减法

销售收益递减法是以企业产品需求饱和点作为营销传播投入额度限制的预算方法。也就是当营销传播费用与产品销售额逐渐同步增长，直到营销传播费用的增加对产品销售额增加的影响变得越来越微弱的时候，营销传播投入就临近了产品销售额的饱和点，企业的营销传播预算不能超过这个临近产品销售额饱和点的营销传播费用。

以广告支出为例，假设某企业广告费用支出 20 万元时，销售额达到 2000 万元；广告费用支出 60 万元时，销售额达到 4000 万元；广告费用支出 80 万元时，销售额的增长却不怎么明显，那么该企业的广告支出应控制在 60 万元以下。

7. 主观判断法

主观判断法是凭借经验，主要依据当年营销传播投入、营销传播效果、赢利等方面的情况，在对当年营销传播投入作适当增减的基础上，确定下一年度的营销传播费用。这种方法缺乏科学依据，随意性较大，但仍然有一些企业采用，并且不乏成功的案例，这是因为某些经验丰富的企业家，其直觉和客观规律碰巧吻合了。为了避免武断拨款造成失误，主观判断的结果最好还是用科学的方法再验证一下。

（二）企业营销传播预算的分配

企业营销传播预算的方法很多，但归纳起来主要有两类：一类是运用“量力而行”、“销售额百分比”等方法直接匡算出营销传播费用的总额；另一类是运用“目标达成法”先计算出用于不同促销手段、不同传播媒介或不同销售地区、不同产品类型的营销传播费用，然后相加得出总额。

如果用前一类方法直接匡算出企业在一个时期内营销传播活动的费用总额，则还需要把它合理地分配到一个个具体的项目中去，分配的基本原则是：要确保营销传播目标的实现，支出要区分轻重缓急。如果委托代理公司执行营销传播计划，企业一般只提出经费总数，如何分配由代理公司建议，企业审查认可；如果企业自己执行营销传播计划，则可以根据企业产品、销售时机、销售地区、促销手段、传播媒介等来分配营销传播预算。以下几种方法可供参考。

1. 按企业产品分配

如果企业生产若干种产品，可以根据产品的不同情况按一定比例，有侧重地分配营销传播费用。比如，一个企业生产3种产品，一种处在导入期，一种处在成熟期，一种处在衰退期，广告预算是60万元，那么，可以对上述3种产品按3∶2∶1分配营销传播费用，结果是：导入期产品，营销传播费用30万元；成熟期产品，营销传播费用20万元；衰退期产品，营销传播费用10万元。

2. 按销售时机分配

如果企业产品的销售具有节假日、季节性或淡旺季的变化，那么，企业可以把一定时期的营销传播活动分成若干时间段，并根据各段时间的销售情况分配营销传播费用，即在节假日或销售旺季到来的前夕多投入一些营销传播费用。

比如，某产品全年的营销传播预算是120万元，其销售旺季是6月、7月和8月，淡季是12月、1月和2月，那么，可以把12月、1月和2月各分一份营销传播费用，6月、7月和8月各分三份营销传播费用，其他月份各分两份营销传播费用，总共需要分成24份，每份5万元，分配的结果是：12月至2月，每月营销传播费用5万元；6月至8月，每月营销传播费用15万元；其他月份，每月营销传播费用10万元。如果某产品淡旺季销量差别很大，也可以考虑把营销传播费用全部分配在旺季。

3. 按销售地区分配

如果企业的产品在若干地区销售，可以将营销传播费用平均分配给销售环境大致相同的几个地区，或者有区别地分配给销售环境不同的几个地区。比如，把中国市场分成东北、华北、西北、中南、西南5个地区，然后根据这5个地区的不同情况划分营销传播费用。

4. 按促销手段分配

企业开展营销传播活动可能会用到多种促销工具或手段，因此营销传播预算也要合理地分配到广告宣传、公共关系、人员推销、销售促进活动等的开展上。企业的促销策略有时以广告为主，有时则以广告配合直销、人员推销、公共关系或销售促进活动。当促销组合以广告为主的时候，营销传播费用分配给广告的部分必然会增多；当促销组合以广告为辅的时候，分配给广告的费用就会减少。广告费占营销传播费用的比例应该根据它在企业促销组合中的地位和广告目标的高低来确定。

从现实的情况看，由于人员推销和销售促进活动能够较快地产生直接的销售效果，因而在营销传播费用的分配中，一般能够得到较多的份额，有时可以达到60%以上。但广告是对于一个品牌的长远投资，有眼光的企业家不应只看到眼前的利益，合理的广告费用是实现企业长远利益所必需的，特别是生产日常消费品的企业，用于广告的支出不能太少。

5. 按传播媒介分配

营销信息是需要通过媒介来传播的，所以营销传播预算也可以按照企业所选用的媒介来分配。如果企业选择几种媒介进行营销信息的传播，那就要根据目标受众的媒介接触习惯，选择最佳的媒介组合，即选择在传播营销信息的时间、空间或感官接触上能够相互补充，以实现广泛、迅速、有效传播的几种媒介，然后按照这几种媒介在媒介组合中各自重要性的程度和租用价格，进行营销传播预算的分配。

第十章　报社与杂志社的广告经营

第一节　报纸与杂志广告的特点、类型和发展前景

一、报纸与杂志广告的特点

美国报纸杂志发行人协会广告部认为，企业把大量的广告费投放到报纸和杂志上有以下八条理由：

第一，读报纸杂志是全球性的日常习惯，因而报纸和杂志广告能够每天或定期被买报纸和杂志的大部分人所接触。

第二，报纸和杂志广告是地方商业活动的血液，因而它触及每个社区的消费源。它也给全国性的广告客户迎合任何地方的消费者提供了同样的机会。

第三，报纸和杂志广告减低了广告客户的销售成本。制造商可用它来覆盖有利可图的市场。

第四，报纸和杂志广告确保快速、全面和经济地发布。零售商愿意购买那些做了广告的产品卖给他的客户。

第五，报纸和杂志广告让制造商能够说出何处可以买到他们的产品。

第六，报纸和杂志可在短时间开始或结束，可在数日间准备妥当，可应付突发的计划，可带来即时的效果。

第七，报纸和杂志广告可使制造商在他们进入的任何市场检查广告效果和成本。

第八，报纸和杂志广告的花费要低于其他任何一种媒介。

以上八条理由都是报纸、杂志广告能够给广告主带来的好处，也可以说是报纸、杂志广告所具有的优点。下面对报纸、杂志广告的特点分别进行论述。

（一）报纸广告的特点

1. 报纸媒体概述

报纸是最早产生的大众传播媒体，也是至今仍然占有重要地位的一种营销信息传播媒体。最早的报纸广告见于1625年的《英国信使报》。长期以来，

报纸广告的营业额一直占据各种媒体广告营业额的首位。1992 年，我国报纸广告营业额的首席地位被电视广告取代，成为略次于电视广告营业额的第二大广告媒体。但在西方发达国家，报纸广告营业额目前仍然高居榜首。

报纸的种类不同，传播营销信息的功能也有所不同，因此对报纸媒体的分析不能一概而论。我国报纸版面的大小主要有 8 开和 4 开两种规格，发行也有订阅和零售两种方式。能区别营销信息传播功能的报纸分类标准主要有发行范围、出版周期和报纸内容。

(1) 按发行范围的不同，报纸可以分为全国性报纸（如《人民日报》、《工人日报》、《中国经营报》）和地区性报纸（如《山西农民报》、《羊城晚报》、《特区证券报》）。

(2) 按出版周期的不同，报纸可以分为日报（每日出版）、周三版（每周三次）、周二版（每周两次）、周报（每周一次）、旬报（十天一次）。

(3) 按内容的不同，报纸可以分为综合性报纸（如《人民日报》、《文汇报》、《青岛日报》）、生活性报纸（如《生活时报》、《南方都市报》、《武汉晨报》）、专业性报纸（如《中国食品报》、《粮油市场报》、《中国有色金属报》）和群体性报纸（如《中国青年报》、《中国妇女报》、《福建侨报》）。

2. 报纸媒体的长处

(1) 说明性强。报纸以文字为主要传播符号，可以比较详尽地传递产品或企业信息。

(2) 信赖度高。报纸以新闻为主，兼登营销信息，新闻的真实性连带着提高了营销信息的可信度。

(3) 有利存查。这是纸质媒体优于电波媒体的地方。

(4) 灵活性好。报纸版面可大可小，频率可疏可密，可以全用文字，也可图文并茂。

3. 报纸媒体的不足

(1) 时效短。报纸在读者手中保存时间短，营销信息被反复阅读的可能性小。

(2) 信息不突出。报纸新闻内容多，广告也多，一则营销信息混杂其中，不易引起注意。

(3) 感染力较差。报纸印刷不如杂志精美，色彩不如电视鲜明，形象性或传真度不如上述媒体。

4. 不同类型报纸的广告适应性

(1) 综合性报纸适合针对较广泛的社会群体传播营销信息，生活性报纸适合针对城市居民传播营销信息，专业性报纸适合针对专业人士或有某种专业爱好的人播营销信息，群体性报纸适合针对某一类型的人传播营销信息。

（2）全国性报纸适合传播覆盖全国的营销信息，地方性报纸适合传播覆盖某个地区的营销信息。

（3）每日发行的报纸适合传播要求迅速发布的营销信息，发行周期较长的报纸只能传播对时效要求不高的营销信息。

（二）杂志广告的特点

1. 杂志媒体概述

杂志是紧随报纸之后产生的一种比较重要的营销信息传播媒体，世界上第一本杂志是创刊于 1731 年的英国《绅士杂志》。经过 200 多年的发展，杂志已经成为广告经营传播的一个重要平台，是支撑广告运作的四大媒介之一。国外较早的杂志广告见于 1710 年的英国《观察家》，我国最早刊登广告的杂志是 1853 年在香港出版的中文杂志《遐迩贯珍》。杂志虽然号称四大传统媒体之一，但以我国目前的实际而言，杂志广告的营业额约占电视或报纸广告的 6%，是传统四大媒体中广告投放量最低的。

杂志按发行范围可以分为国际性杂志、全国性杂志和地方性杂志，按出版周期可以分为周刊、半月刊、双月刊、季刊、半年刊和年刊，按内容可以分为综合性杂志、专业性杂志和生活杂志。

杂志作为与广播、电视、报纸并列的四大传媒之一，已成为传递信息的重要载体，而杂志广告在众多的广告形式中占有重要地位。从世界范围的总体情形看，广告对四大传媒选用的比重依次为报纸、电视、杂志和广播电台。同其他媒介相比，杂志广告以其针对性强、效果持久、传阅率高、印刷精美、保存时间长等优点而独树一帜。

2. 杂志媒体的长处

（1）感染力强。杂志广告相对于其他媒体而言有明显的优点，如编排精细，纸张考究，印刷精美，画面清晰，色泽鲜明，能够充分展现产品的质感，特别适合做图文并茂的广告等。由于杂志广告具有精良、高级的特色，能给读者以高尚的艺术享受，因而具有更强的广告说服力。

（2）说明性强。杂志广告篇幅多、容量大，有充足的版面来详细介绍广告产品，便于用户全面了解产品，进行比较、决策。

（3）针对性强。杂志广告发行地区和对象明确，尤其是一些专业性杂志拥有固定的读者群，在这些专业杂志上针对特定的消费群体做广告，可以减少目标太泛所造成的浪费，并大大提高广告的传播效果。

（4）影响持久。由于杂志被读者保存的时间较长，被反复接触和传阅的可能性大，这就大大延长了杂志广告的有效时间，扩大了杂志广告的传阅范围，广告效率因此得以大幅度提高。

(5) 容易被受众理解和接受。杂志读者的经济条件一般都比较好，文化水平较高，因而对营销信息的理解能力也比较强。

总之，杂志以其与读者之间更亲密的接近性，产品呈现的精美性，相对电视媒体更好的文字传达，以及更精确的目标读者到达率而受到广告主的青睐。

3. 杂志媒体的不足

(1) 信息发布不及时。由于杂志截稿日期早，出版周期长，因而不适合做时效要求高的广告。

(2) 影响面窄。杂志发行量比报纸少，所以覆盖面远不及报纸，更不及广播与电视。

4. 不同类型杂志的广告适应性

(1) 国际性杂志、全国性杂志和地方性杂志的发行范围不同，其信息覆盖的地区有很大的差异。

(2) 周刊、半月刊、双月刊、季刊、半年刊和年刊的出版周期不同，其信息发布的时效有很大的差异。

(3) 不同专业或不同内容的杂志有不同的读者群，所以杂志适合针对某一特定的消费群体做广告，选择性好也是杂志媒体的一个优点。

二、报纸广告与杂志广告的类型

报纸广告和杂志广告主要可以分为三种：展示广告、分类广告和新闻式广告。

(一) 展示广告

展示广告又可细分为地方性展示广告和全国性展示广告。

地方性展示广告，是由当地的零售商或制造商所投放，以用来向该地区消费者送达营销信息的促销手段，它还可以可细分为三种：零售广告、机构广告、协作广告。

零售广告以介绍商品种类及其价格为基本特征，多为商店使用；机构广告以展示其个性为基本特征，如介绍机构的历史、业绩、声誉、新增服务项目等，医院、银行、邮局等服务行业较多使用这种广告；协作广告以相互关联的几个企业联合发布销售信息为基本特征，一般占用的版面比较大，比如推出整版广告，它多被商业团体用来推销观念或发起运动。

全国性展示广告，指覆盖全国的展示性广告，由于使用覆盖面大的媒介，所以它的广告费用也比地方性展示广告高出许多。

(二)分类广告

分类广告是报纸和杂志服务的一项重要内容，它既能带来可观的利润，又能满足读者的兴趣和建立良好的声誉。

分类广告的内容纷繁复杂，包罗万象，许多人阅读分类广告是为了它所提供的购买、销售、交换、寻求、出租等机会，也有一些人是为了从中获得有趣的新闻，总之，分类广告所提供的信息和我们平时的生活联系十分紧密。

分类广告涉及的内容一般有：房屋、汽车、家具、医药、家用器械、园艺制品、体育用品、照相器材、音乐器具等的出售或转让，以及招聘、招生、求职、征婚、放贷、遗失声明、代办营业执照等，如此纷繁、经济、高效的信息传播只有在报纸、杂志的分类广告页上才能做到。

(三)新闻式广告

新闻式广告指以新闻风格出现，像新闻栏目一样用普通字号和形式安排的报纸和杂志广告，其优点是可以提升广告的可信度。几乎所有的报纸和杂志都会刊登这种类型的广告。它经常被用于推销药品等。

三、报刊广告经营面临的机遇和挑战

我国报刊广告市场的前景如何，企业的广告投入会呈现什么新的特点，这是我国报刊广告经营者必须关注的问题。

(一)我国报刊广告经营面临的机遇

随着资本流动速度的加大、加快以及更多国际品牌公司的进入，各个行业的竞争将会进一步加剧，更多的企业和厂商将求助于广告增量来保住市场，因此，媒体的广告市场还将继续扩大，报刊广告的投放量也将进一步增长，这无疑是一个有利于我国媒介经营也包括报刊广告经营的好消息。

(二)我国报刊广告经营面临的挑战

由于媒介之间竞争的加剧，广告市场分流的趋势不断加强，传统媒介正面临着严峻的挑战。尽管广告投放量的增长将为我国媒介业的进一步发展带来巨大的空间，但对于我国报业、杂志业整体和每一家报社、杂志社来说，要想占有理想的广告份额却并不是那么容易的事。虽然我国报纸和杂志的广告营业额在最近10年间有所增加，但其在全国广告营业额中所占的比重却呈现下降的趋势。造成这种局面的主要原因是：

(1) 来自电视媒介的竞争。随着我国电视机普及率的不断提高，电视传媒市场不断发展，电视广告收入在全国广告总收入中所占的比重也不断增长，并逐渐取代报纸成为第一大媒介，这是报纸和杂志广告经营面临的一个巨大压力。

(2) 来自网络媒介的竞争。除了电视及其他传统媒介对广告市场的鲸吞或蚕食之外，以多媒体、互动、精确投放等特性见长的网络媒介也在这个市场中迅速崛起。网络广告惊人的增长幅度对于报纸、杂志广告也是一个威胁。目前，在互联网上开展广告业务的报纸还很少，只有《广州日报》、《扬子晚报》等少数报纸在尝试。

除了来自其他媒介的竞争外，报纸和杂志行业内部的竞争，也给报社和杂志社的广告经营带来了压力。虽然也有少数合作的例子，但众多报刊之间在广告经营中的无序竞争现状在短时间内还不会发生根本的改变。因此，每一个报社和杂志社都要有应对行业内部和行业外部竞争的意识和策略。

第二节　报社与杂志社的广告组织、经营方式和经营环境

一、报社广告部门的职能与结构

(一) 报社广告部门的职能

报社广告部门的主要职能如下：

(1) 寻求广告公司代理承揽广告发布业务。

(2) 为直接从客户那里承揽的原始的广告业务，进行市场调查、广告策划、设计与制作，主要是文案撰写、美术设计和摄影制版。在完全实行广告代理制之后，这方面的工作主要由广告代理公司完成，但分类广告的文字整理还是由报社广告部门来做。

(3) 与编辑部门协调，取得符合广告发布要求的刊出日期和版位。

(4) 对广告来稿进行登记并归档管理，为广告刊出定价并收取费用，制作统计报表并完成财务核算与控制任务。

(二) 报社广告部门的结构

报社广告部门一般按职能分为外部经营联络和内部管理实施两大部分，具体而言，按职能设计的广告部门的组织结构一般有综合式和列举式两种形式。

1. 综合式（见图 10-1）

这种组织结构比较适合小报广告部门，其优点是人员较少，比较经济，在业务经营上比较灵活。不足之处是广告部门的重要性不够突出，专业分工不细，不适合开展复杂的广告业务。

2. 列举式（见图 10-2）

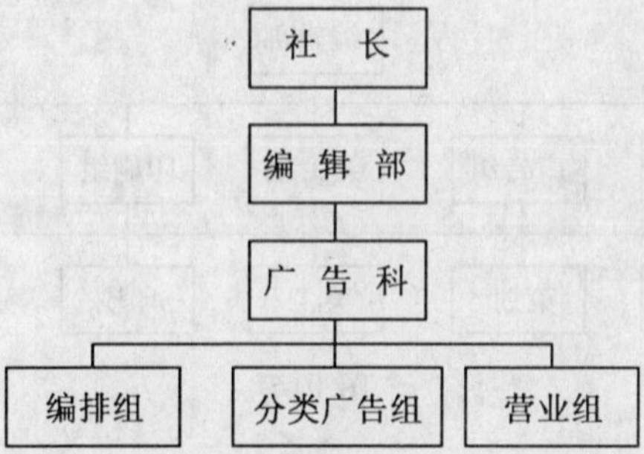

图 10-1

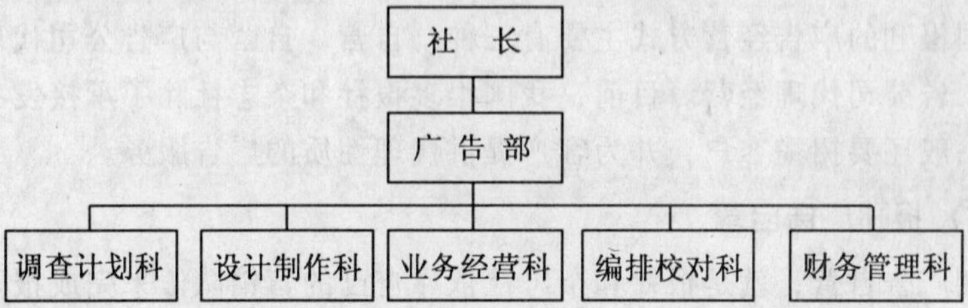

图 10-2

这是大报广告部门组织结构的常见形式，这种组织结构的优点是：

（1）广告部门直属社长或总编辑领导，具有与报社其他部门同等重要的地位和相应的权力，有利于广告发布和各项广告业务的开展。

（2）与其他各部门并列，有利于广告部门与报社其他部门协调。

（3）职责分工较细，有利于报社广告部门专业人才的培养，也有利于提高广告服务的水平。

这种组织结构的缺点是：机构较大，灵活性小，一般不适应广告业务量较少、制作要求比较单一的小报社。

在报业集团化以后，有些报业集团将子报的广告经营权收归集团，成立专门的经营管理委员会统一管理，同时成立报业集团经营总公司，广告实行公司化经营。总公司分设若干个工作室，负责各子报的广告接洽、收费、制作、版面安排及服务工作。

（三）杂志社广告部门的职能与结构

杂志社广告部门的职能与报社广告部门的职能类似。国内杂志社广告部门的常见结构如图 10-3。

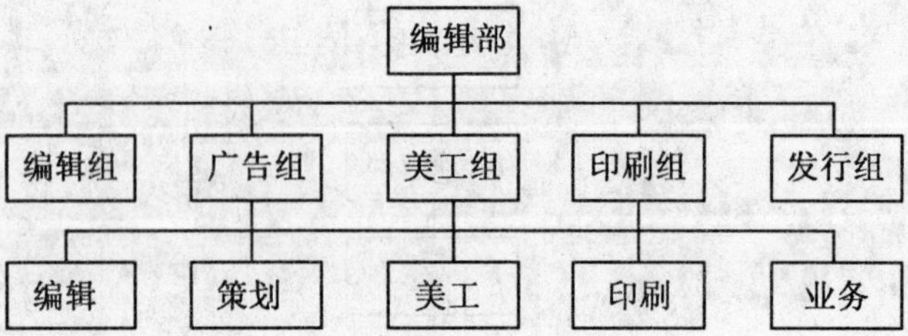

图 10-3

二、我国报刊的广告经营方式

我国报刊的广告经营方式主要有三种：自营、自营与广告公司代理经营相结合、广告公司代理经营。目前，我国很多报社和杂志社除了承接发布广告业务外，一般还要招揽客户，并为客户提供代理性质的广告服务。

（一）报刊广告自营

报刊广告自营，就是报社和杂志社依靠自己的营销队伍来完成报刊的广告经营，这是媒体经营初级阶段的主要方式。目前，我国很多报刊的广告经营，尤其是专业杂志，由于其自身行业性、专业性的特点和广告起步晚等原因，大多以自营为主。许多科技杂志都设有广告部，或设业务员承接广告业务，有的杂志还设有从事广告设计的美编和后续服务人员。

因为受到报刊广告营销人员实力的限制，报刊广告市场的开发不够充分；另一方面，由于报刊自己的广告人员比较了解期刊本身的内容、市场定位，并熟悉读者和行业的发展情况，所以便于与客户沟通，广告经营的针对性强，能做到有的放矢。此外，报刊广告部门还能利用读者数据库、行业专家等为广告客户提供增值服务，或开发衍生产品，实施多种经营。搞好广告自营的关键在于提高广告营销人员的自身素质和经营水平。

（二）自营与广告公司代理经营相结合

自营与广告公司代理经营相结合，指报社和杂志社一方面通过社会广告公司代理报刊广告经营，进一步开发报刊的广告市场；另一方面也通过媒体自身建立的营销队伍开展广告经营业务。目前，我国部分报刊尤其是科技报刊就是采用这种自主经营与广告公司代理经营相结合的广告经营模式。有的报刊根据发行需要自己组建专业广告公司，与报社和杂志社的经营分开，独立核算经营，不仅负责自身的报刊广告，还承揽行业相关机构媒体的广告业务。采用自营与广告公司代理经营相结合的方式，既能利用广告公司强大的营销队伍和经验，深度开发报刊广告市场，又能利用报刊在行业、专业上的影响力，弥补广告公司的不足，此外还能克服对广告公司的依赖，在经营中掌握主动权。如何选取一个有信誉、适合自身报刊的广告公司代理是用好此类广告经营模式的关键。此外，确定自主经营范围，合理切分市场，制定承揽佣金，搞好互相配合也是报刊与广告公司合作时必须认真考虑的。

（三）广告公司代理经营

广告公司代理经营，指把报刊的广告经营权全部转包给一家专业的广告代理机构，由它们全权承包经营。报刊广告经营全面实行代理制后，报刊自身建立的营销队伍基本退出一线经营，转为开展营销管理、市场研究等工作。实行广告代理制，可使广告经营业务进一步社会化、市场化，提高报刊经营的市场竞争力，同时也使报刊能够集中精力，加强报刊自身的品牌培育与建设，这是目前国际上报刊广告经营发展的大趋势。

我国也有一些报刊实行完全的广告代理制，比如《重庆晚报》将24个行业的广告，交由各家广告公司代理，凡取得代理资格的广告公司每年需向报社交纳广告总收入的10%作为保证金，并接受报社的监控。《成都商报》的广告运作也是实行代理制，其广告由30家广告代理公司代理，报社广告部总体上不直接与广告客户打交道，只是处理日常版面安排、审稿、收费等事宜。广告部实行承包责任制，但基本工资由报社发放。

目前，以资本为纽带，通过跨地域、跨行业的兼并重组，一批大型广告公司甚至广告集团相继产生，这类大型广告经营组织能够从企业战略规划到广告活动实施各个环节为广告主提供全面服务，随着这类大型广告公司、广告集团的发展，将有越来越多的报刊将广告经营交由广告公司代理。

三、影响报纸与杂志广告经营的环境

影响报纸与杂志广告经营的环境可分宏观和微观两个方面。报纸与杂志广告经营的宏观环境，指对报纸与杂志广告经营活动产生促进或阻碍作用，而报纸、杂志经营单位又不能控制的一般外部因素，主要有政治环境、经济环境、文化环境、技术环境等。报纸与杂志经营单位虽然不能控制宏观环境，但必须善于适应或利用它。报纸、杂志广告经营的微观环境，指对报纸与杂志广告经营活动产生直接、具体影响的广告产业环境，如广告行业内部的竞争等。

（一）政治环境

国家政策是广告主和广告经营者进行广告活动必须遵守的原则，国家经济政策的调整能影响或制约广告经营的规模。比如，国家税务总局2000年5月16日发布、2001年1月1日起执行的《企业所得税税前扣除办法》，规定企业投放广告的比例不得超过营业总额的2%，这个政策限制了一些企业的广告投入，我国媒体的广告经营也因此受到了巨大的冲击。据国内一家权威媒介监测机构的调查，2001年第一季度，我国强势媒体广告大户的广告投入急剧下降，与2000年同期广告投放额相比，房地产行业下降了85%，医药行业下降了43%，食品行业下降了38%。受这一政策的影响，全国报业当年的广告收入平均下降了30%，有的甚至下降了50%。

2001年7月，中国报业协会向国家税务总局反映了这一情况并提出了相关建议。建议被采纳后，2001年下半年广告经营的形势有了明显的好转，全年报纸广告营业额仍保持了比2000年增长的势头，但全年增长率仅为7%，是1990年以来最低的一年。由此可见国家政策对广告经营的重大影响。

（二）经济环境

社会宏观经济形势对广告经营往往具有决定性的影响。随着我国由计划经济体制向市场经济体制的转变，特别是进入新世纪以来，我国市场化进程加快，报社与杂志社逐步走上了自主经营、自负盈亏、自我约束、自我发展的道路。这种“断奶”迫使报社、杂志社走向市场，依靠广告、发行、多元化经营等手段来生存，并因此带来了报纸与杂志广告的繁荣。

社会经济发展的程度对广告经营规模的影响是巨大的，当社会经济发展速度加快的时候，企业的广告投放量也会相应地增加。我国传媒业的广告收入在20世纪90年代增长了近20倍，年收入达到700多亿元。这与同期我国国内生产总值年平均增长9.3%的发展速度是分不开的。虽然报纸、杂志广告收入各年的增幅不一样，但增长轨迹大致与我国国内生产总值的增长趋势一致。

经济发展对我国报纸广告经营规模的影响，从各地报纸广告收入的比较中，看得更加清楚。据统计，我国报纸广告年收入过亿元的50家报社，主要集中在北京、广东、上海、山东、四川、辽宁、湖北、浙江、天津、重庆等经济发达的省市，而青海省报纸类广告的年总收入则比上述省市低得多。当地报社广告部人士说，就是把全国广告收入最高的报社广告部负责人调来工作，也无法把广告收入搞上去。由此可见，经济状况对广告的投放量起着决定性的影响。

（三）文化环境

不同国家、地区、民族的生活方式、教育程度、宗教信仰、风俗习惯等对广告经营也有一定的影响。就拿人口的文化素质来说，它对报纸、杂志经营的影响就很大。随着我国人口识字率的提高，报纸与杂志的普及率与广告的到达率也得到了提高。

（四）技术环境

技术环境与其他环境因素相互依赖、相互作用，共同影响报纸与杂志的广告活动。一方面卫星技术使报纸与杂志实现了卫星传版，大大提高了印刷和发行的效率，提高了报纸与杂志广告的接触率；另一方面，网络技术的应用对报纸、杂志的经营也产生了很大的影响。据联合国教科文组织的调查显示，在传播新技术的冲击下，传媒消费者的接触习惯和行为正在发生变化，多数国家的年轻读者减少，报纸发行量下降。

（五）行业内部的竞争

对于各类媒介广告来说，吸引更多“眼球”的注意是媒介之间竞争的目标。报纸和杂志广告正面临着电视和网络广告的强大压力，但它目前还牢固地占领着一块巨大的受众市场，吸引着受众的“眼球”。报纸与杂志是提供新闻、信息、文化、娱乐的重要载体，由于信息承载量大、制作简单，它在所有媒介中仍占有不可替代的优势。虽然广播电视和网络广告对报纸与杂志广告产生了一定的冲击，但是，受众长期形成的阅览报纸和杂志广告的习惯不可能在短期内发生改变，而且报纸和杂志广告面对电子媒介广告的挑战，也在不断地改进和完善，以更好地适应受众的需要，吸引他们的注意。

报社与杂志社、报社与报社、杂志社与杂志社之间的广告竞争也在加剧，媒介广告经营发展的不平衡仍在继续，而且距离越来越大。有的报社和杂志社发布广告要排队等上一个多月；有的则是“门庭冷落车马稀”，四处活动拉广告，甚至“饥不择食”。

第三节　报社与杂志社的广告经营策略

财政断“奶”，使报社和杂志社从单纯依赖行政拨款转向广告市场的开拓，报刊广告成为报社与杂志社经济收入的主要来源和报业、杂志业发展的重要经济支柱，广告经营业绩的好坏往往会直接影响到报刊的兴衰。在这种情势下，大部分报纸与杂志实行了完全的版面市场化。

我国报刊广告市场竞争的白热化趋势，使报刊广告经营部门承受的内部压力和外部压力日益增长。每年报刊广告经营部门既要完成内部设定的广告收入指标，又要面临不断变化的市场竞争压力。报刊广告市场从卖方市场转向买方市场，广告客户投放媒介广告渠道的多样性，迫使报刊广告经营人员彻底改变过去那种坐等广告客户上门的态度，努力拓展广告业务，提高广告发布质量。各种媒介形态快速扩容，迫使报刊广告经营人员不得不研究报刊广告市场，站在广告客户的立场上制定包括报刊广告产品设计、定价、销售在内的广告营销策略。

在广告市场规模一定的情况下，广告经营者都希望尽可能多地占有市场份额。但并不是所有的广告经营者都能实现这个愿望，因为广告经营者在市场中所占份额的多少在很大程度上受到商品交换原则的支配，而不是仅凭人力就能够左右的。

目前的实际情况是，不到10%的报社和杂志社的广告收入约占了全国报纸和杂志广告总收入的70%，而其余90%多的报社和杂志社只占到30%左右。广告市场占有份额的多寡不均，甚至变化不定的格局，是由商品等价交换原则引起的。

一、围绕经营目标，认清三个要素

报纸与杂志广告经营的目标是预定在一个时期内所要实现的广告收入或者版面销售额、市场占有率指标。对广告市场规模和自己可能占有份额的估计只是一种可能性，要把这种可能性变成现实，还需要采用正确的策略和方法。报纸与杂志的广告经营者要实现预定的经营目标，必须注意广告版面、广告价格和发行量三个要素并处理好三者之间的关系。这三个要素具有操作意义和效益考核价值，是报纸与杂志的广告经营者需要认真考量的。

广告收入是建立在有效发行量的基础上，由广告成交价格乘以有价广告版面实现的。

（一）广告版面

在版面价位不变的情况下，实际刊登广告的版面越多，广告收入就越多。所以报纸与杂志广告的经营者必须正确把握广告市场行情，根据自身报纸的实力，科学地设置广告版面的数量，并适时进行调整。一般来说，广告版面占报纸总版面的30% ~40%比较合适。

（二）广告价格

在广告版面不变的情况下，版面价位越高，广告收入就越多，因此，广告经营者要根据市场行情和广告经营竞争的激烈程度，合理地确定广告价位。一般来说，强势报纸，发行量大的报纸或杂志，版面价格可以定得高一些，并可以在竞争中保持高价不变。

（三）发行量

报纸或杂志的发行量越大，广告的到达率越高，广告影响的消费者越多，该报纸或杂志在广告市场上的竞争力越强，其版面才可能形成较高的价位，经营者也才能得到更多的广告收入。在版面有限的情况下，仅通过增加发行量和提高版面价格，就可增加广告收入。但是，如果增加发行量的同时不能提高版面价位，就会因为广告收入不变和发行费用增加而造成利润的降低，这是不划算的。

二、扩大报刊影响，增加报刊销量

一般来说，报纸、杂志的广告客户越多，广告投放量越大，报纸、杂志广告经营的效益就越好。然而，过去人们对报刊广告经营有一种片面的认识，即只注意到了它与广告客户的相关性，而没有注意到它与报刊读者的相关性；只重视在广告版面销售上做文章，而没有重视在满足读者需要上做文章。

广告客户为了推销其产品和服务，需要向报刊购买版面进行广告宣传，那么报社和杂志社怎样才吸引更多的广告客户并且让它们在报纸、杂志上投放更多的广告呢？最重要的办法莫过于增加发行量，扩大读者覆盖面，增强报纸、杂志的广告效果，而增加报纸、杂志销售量的前提就是报刊本身要能够满足受众的需要。只有报刊本身特色鲜明，质量很高，才能引来众多的读者。

广告版面作为报刊的附加产品，需要通过报刊广告部门加强与报刊采编、发行部门的沟通、合作来实现其市场价值，可见加强报刊内容生产与广告经营的联系是十分必要的。现在不少报纸除新闻版外，各种专刊、副刊也不少，如汽车版、房产版、健康版、招聘版、招生版、旅游版等，但这些专刊、副刊要想获得广告商的青睐，只靠广告部门去推广显然势单力薄。事实上，专刊、副刊本身要形成广告影响力，需要报社采编、发行与广告部门通力合作，不断明确媒体定位、品牌形象、读者群状况，有效设置版面内容，为客户提供有针对性的服务，才能发掘其潜在的商机。

（一）注重特色质量，建设报刊品牌

传统的报刊营销注重短期效益、现实业绩，其营销目的只是提高报刊发行和广告收益，并通过种种促销手段，来刺激消费者的购买欲望，以获得立竿见影的销售效果；而报刊品牌建设则是一个报刊的立足之本，提高报刊质量，树立品牌形象，能够提升报刊的竞争力并创造品牌价值。报刊品牌除应具有基本的标志和区隔作用外，它还是个性和品位的体现，是质量和信誉的保证，是读者的认同和美誉。

1. 以报刊质量吸引读者，以报刊特色锁定读者群

企业花钱买版面在报刊上做广告，从表面上看，是以一定的价格换取一定的版面，而实际上换取的是“读者群”，即潜在的消费者。企业在报刊广告市场上能占多少份额，取决于这份报纸或这份杂志能让多少潜在的目标消费者看到。报刊“读者群”对于广告主的价值是由4个方面的因素决定的。

（1）数量，即读者的多少。一般来说，报纸、杂志的发行量越大，拥有读者越多，其中包含的潜在消费者也可能越多，广告主在这份报纸或杂志上投放广告的可能性也越大，这份报纸或杂志才可能在广告市场上占有较多的份额。

（2）类型，即读者的消费类别和消费水平。一般来说，报纸、杂志订阅者中经济条件好的比例越大，其购买力就越强，该报刊可能拥有的广告市场份额也越多。比如，有的报刊精准定位在白领阶层，虽然发行量不是很大，但所占的广告市场份额并不少。

（3）密度，即单位面积内的读者的数量。一些在某些地域甚至在全国发行的报刊，虽然总发行量很大，但由于订阅者分散，不适于集中在一个地区销售产品的企业发布广告，所以在广告市场上所占的份额反而不如在某些城市或地区发行的报刊多。

（4）接触频率，这里的接触频率指读者接触报纸、杂志的间隔期，也就是报纸、杂志的发行周期。发行周期越短，读者及其中的潜在消费者接触报刊的频率就越高，企业在该报刊上做广告的可能性也越大，该报刊占据的广告市场份额也可能越多。

如果一份报纸或一份杂志的读者数量多、购买力强、密度大、接触该媒介的频率高，就会具有广告价值。报刊广告版面的营销，依赖于报刊产品的经销，而报刊产品的经销又决定于它的质量与信誉。如果一份报刊办得好，社会公信度和美誉度都很高，那么它就能引起人们购买和阅读的欲望，从而占据稳固的广告市场并带来丰厚的广告收益。

报刊的质量和特色直接影响到它的发行量，因为读者购买或订阅报纸、杂志是有所选择的，选择的标准就是质量与特色。质量高的报刊可以吸引更多的读者，报刊办出特色就会拥有相对固定的读者群体。从报刊本身来说，无论是新锐报刊还是传统报刊，从文章内容到版面设计，从纸张的选用到印刷装帧，从报刊的厚度到出版的周期以及面市的时间，都比以前有了较大的改观。报刊已成为读者眼前一道亮丽的风景线，吸引着越来越多消费者的注意力，极大地增强了报刊从其他媒介分流广告的能力，使报刊广告蕴藏着无限的商机。

报纸、杂志可以分成不同的栏目，也可以说是由不同的栏目组成的，所以

报纸杂志栏目的质量直接关系到整个报纸、杂志的质量。打造名牌专栏是报刊形象塑造的重要一环。一个知名度和美誉度高的报刊栏目，可以持续进行特定内容的信息发布，便于读者形成较深刻的印象，进而形成认识，帮助报刊扩大在广大读者中的影响力，增强在报纸市场上的竞争力。比如：《武汉晚报》就特别注重打造"独家"理念的"专栏品牌"，先后推出了《新闻110》、《范春歌工作室》、《百姓提议》、《非常新闻》等一系列品牌专栏和专版。在策划设计品牌栏目时，首先考虑的一个重要因素是如何把这些栏目的设置与老百姓注意力分配的转变结合起来。在品牌专栏的运作中，该报有意抓住有价值的独家新闻，并把它当做"议程"予以策划，一般经过连续追踪报道，使其价值放大。这些重点经营的品牌栏目以其精当的选材和独特的视角，越来越强烈地显现出旺盛的生命力，社会声誉也日趋提高。

2. 细分报刊受众市场，为报刊目标市场精准定位

报刊特色与报刊目标市场定位有着密不可分的联系，因为报刊特色是针对特定读者群体的特殊需要而确立的。进行报刊目标市场定位的目的是使它在目标受众的心目中占据一个独特的、有价值的位置，让目标受众对其特色和品质做出有利的感知。报刊目标市场定位也是报刊营销的起点和基础，报刊一方面供读者阅读，满足其对知识、信息的需求；另一方面又供广告客户发布广告信息，满足广告客户传播营销信息的需要，因此，报刊在定位目标市场时必须确保其读者与广告目标群体有较高的重合度，从而保证广告宣传的效果和广告经营的效益。

报刊目标市场定位的首要任务，就是对报刊的受众市场进行细分。报刊市场细分是按照一定的分类标准，如人口、地理、受众心理、受众行为等把报刊可进入的市场分割为若干个具有相似需求的分市场或子市场，对报刊进行市场细分的目的是据此确定报刊的市场目标。

《21世纪经济报道》是南方报业集团创办的财经类报纸，该报的受众市场细分是将读者购买财经类报纸的消费行为作为市场细分的主要标准，同时结合对地理变量、人口变量、心理变量、时间变量等细分变量的分析进行的。通过有效的市场调查，该报了解到，中国各地的高消费人群数量正在不断地增多，而这些人又大多分布在与经济领域密切相关的企事业单位中，都有较高学历，对国内外经济发展动态非常关心，习惯通过各种媒介了解相关的财经信息，而我国目光敏锐、具有深度且视角客观的财经类报刊却比较少，因此，他们非常需要一份能合乎自己身份地位、满足自身对财经信息需求的财经类报纸。但是，在我国，财经类报纸大多走的是大众化道路，内容和结构同质化明显，针对关注财经类信息的高端读者群、办报质量高的报纸数量极少。在广告市场

上，许多生产针对高消费人群产品的广告主苦于没有合适的窄众媒介，将广告投放在大众化媒介上，广告效果与广告投入不成正比，广告费浪费严重。综合考虑各个方面因素后，《21世纪经济报道》最终确定了以各类企事业单位的高层管理、投资商、金融证券机构人员为主的目标读者群。

《21世纪经济报道》的高端读者群定位为该报获得了良好的市场生存空间，保证了广告收入的增长。清晰的读者群定位使广告主投放广告有明确的针对性，该报的广告客户涉及IT类、房产类、汽车类等。《21世纪经济报道》通过细分受众市场、差异定位，在与《中国经营报》、《中国证券报》、《上海证券报》、《财经时报》、《金融时报》、《国际金融报》、《新财经》、《经济观察报》、《智囊》、《财富》等数十家财经媒体的竞争中脱颖而出，成为中国最畅销的财经报纸之一，在政界、金融界、企业界、投资机构、经济学界都产生了非常广泛的影响。

下面再以《瑞丽》杂志为例来看媒介受众市场细分的应用。《瑞丽》杂志走的是实用时尚的市场定位路子，旗下4种刊物各有特色，它们按年龄细分构成一个系列：《瑞丽可爱先锋》主要面对高中生和大学生，《瑞丽服饰美容》面对大学高年级学生和初入社会的女性，《瑞丽伊人风尚》面对25～35岁的办公室女性，《瑞丽家居》则主要面对家庭主妇。其中，《瑞丽服饰美容》和《瑞丽伊人风尚》的发行量遥遥领先，位居全国第一位和第二位。这样对市场进行细分的结果，使得广告针对性更强，广告效率更高，从而吸引了越来越多的广告客户。

以准确的定位、鲜明的个性，赢得目标消费群青睐的报纸、杂志除上面提到的《21世纪经济报道》和《瑞丽》外，还有市民化报纸《江南都市报》、《楚天都市报》，财经类报纸《中国经营报》、《21世纪经营报》，消费类杂志《时尚》、《现代服装》，社会时政类杂志《三联生活周刊》，经济类杂志《新经济》、《IT经理世界》，文化类杂志《读者》、《女友》、《文化月刊》、《母语》等。如《时尚》杂志走高档精品之路，每月广告收入可达数百万元，取得了良好的经济和社会效益。《读者》杂志的广告年收入已经占到总收入的一半，高达700多万元。

（二）通过公关活动，提高报刊的知名度和美誉度

报纸和杂志开展公关活动的目的是促成社会公众对报刊品牌的理解和接受。公关活动的形式丰富多彩，如环保促进、灾害救助、扶贫助学等活动都容易形成大众关注的话题和舆论焦点，引起受众注意，构建品牌形象。报社和杂志社可以通过举办或协办社会公益活动，在读者心目中树立起良好的媒介形象。报社和杂志社应有专门机构和人员负责承办体育比赛、展览、演讲会等活

动。举办这些活动虽然不能获得直接的经济效益，但它能够扩大报社、杂志社的影响，博取公众的好感。报纸和杂志在自我推销时，经常把举办过某些公益活动作为重要的内容来宣传就是一个例证。

2005年，北京时尚杂志社的《时尚健康》杂志在祁福新村举行了“千人练瑜伽”大型公益活动，活动针对广州市大部分瑜伽爱好者，让他们全程免费学习瑜伽。活动宗旨与杂志的宗旨不谋而合，让大家对健康重视起来。活动受到广泛欢迎，踊跃参加的人络绎不绝，大大提升了杂志的关注度和美誉度。

非商业性质的社会服务活动由于超越单纯的功利意识，表现出鲜明的社会责任感，因而更能赢得理解与尊重，获取美誉和忠诚。2006年《新天地》杂志社联合北京市丰台区怡海老年培训中心、中国人民解放军总装备部老干部大学、中华全国妇女联合会离退休干部局、外交部老干部局、北京京教老年大学、商务部离退休干部局、交通部离退休干部局、中国人民解放军兰州军区西安老战士大学书画院、北京市教育老干部活动中心等单位共同发起了一项大型公益活动——“一分钱读书社”，倡议大家每人捐寄一本书。“一分钱读书社”是此前由福建省武夷山市下岗职工左国栋创办的一家特殊的书屋，曾作为全国精神文明建设典型，被各大新闻媒体争相报道，并入选“全国百家期刊阅览室”。这个读书社是左国栋用自己几十年收藏的书籍加上5000余元下岗费作成本开办的一家花最少的钱、读最多好书的租书屋。由于收钱少，机制合理，读书社从一开办就吸引着方圆百里的老百姓。但是，由于读书社10万册库存图书借阅频繁，需要更新，每年购书费就需要3万元左右，而左国栋个人无力负担。为了解决这个难题，《新天地》杂志社倡议支持和帮助左国栋的“一分钱读书社”，让好书影响更多的爱书人。活动一经宣传，立刻得到了各方关注，捐寄书籍者络绎不绝，活动不仅帮助“一分钱读书社”的书得以及时更新，《新天地》杂志社也受到大家的广泛关注，其社会关注度和美誉度大大提升。

开展编者与读者的互动也是提高报刊影响力、丰富报刊品牌内涵的一个重要策略。比如，2006年《宁波晚报》就开设了一个在政府职能部门与市民之间构筑沟通平台的互动栏目——“民情直通车”，并使之成为该报的品牌栏目。在如何形成报纸与读者的有效互动方面，《台州晚报》也做过大量的探索。2005年9月，该报编辑部曾推出“走进读者”活动，全体采编人员与来自大专院校的100多名志愿者大学生一起，分成9组，带着当天的报纸，到全市各主要街头及车站、码头、商场等人流量集中地段设点，向广大市民赠、售晚报，并征询他们对晚报改版的看法，请他们为晚报发展出谋划策。同年10月，报社又借台州承办首届中国网络音乐节之机，推出台州晚报“网乐宝贝”

评选活动，通过海选方式，评选出10名16岁以上青春健康的女性网民，作为首届中国网络音乐节的形象代表。

公关活动打破了传统信息传播以大众媒体作为基本传播管道所设置的信息沟通壁垒和沟通障碍，拓宽了传播空间，丰富了沟通形式。公关活动所建立的众多营销接触点，如媒体接触和非媒体接触等，增强了品牌信息的传播力度。报刊品牌的各种信息在不同时空借助不同的组织、不同公众的口碑相传，能极大限度地实现社会公众对报刊品牌的认同。公关活动是扩大品牌影响力，实施品牌战略不可多得的重要举措。

（三）运用促销手段，增加报刊销量

有些报纸、杂志采用了对半年或全年订阅者赠送雨伞等生活用品的促销活动，赠品上一般都印有报刊的名字，所以同时又起到了广告的作用，产生了一定的宣传和促销效果。报刊另一种常用的促销方式就是赠阅，《武汉晨报》曾针对高校教师等目标读者有选择地赠送一年的报纸，楚天报业集团发行《特别关注》杂志之初，也采用了赠阅这种促销方式。赠阅可以使一部分受赠者变成购买者或固定客户。此外，降价出售、礼品赠送、随机抽奖以及上门订阅、安装报箱、及时投递等促销鼓励活动也能促成交易的实现。但与通过改革内容和形式来提高报刊质量相比，促销只能是增加销量的辅助手段。

三、办好广告版面，吸引广告客户

报社与杂志社的广告经营，实质上可以说就是向广告客户出售版面。过去那种版面市场供不应求的时代已经一去不返，虽然大多数报社与杂志社的版面供求状况处于平衡态势，但依然有1/3的报纸与杂志版面“供大于求”，“供不应求”的报纸与杂志只占3%。上述数据表明，报刊版面正在从卖方市场向买方市场转变。即使是紧俏的报刊，也不是所有版面都紧俏。因此，报社和杂志社必须制定正确的广告版面经营策略。

（一）把广告版面作为一种商品来经营

广告版面也是一种商品，要想让这种商品畅销，首先要保证它本身对于购买者具有价值，要保证它的功用与质量，对于广告主来说，就是报纸或杂志的广告能吸引足够的读者或潜在消费者的注意力。

过去，企业对广告缺乏了解，也不怎么懂得媒介策略，广告投放的随意性较大。那时候，报纸、杂志通过拉广告来争取较大的广告营业额还是有一定效果的，因此，报社和杂志社也都是挑选一些口才好、社会关系多的人到广告部去拉广告。但是，在企业广告策略思想，特别是媒介策略水平已经大大提高的

今天，单凭过去那种低层次的原始的争取广告业务的方式，已很难增加版面的销售，要想实现广告营业额的增长，就必须转变观念，把广告经营的重点从拉广告转到办好广告版面，吸引客户主动上门发布广告上来。

（二）办好报刊的广告版面应注意的几个问题

1. 广告要传递读者需要或感兴趣的商品信息

报纸、杂志广告不单是维持和扩大报纸和杂志再生产的重要资金来源，而且对于读者也具有使用的价值，即已成为人们生活资讯的一个重要组成部分。就像好的、适需对路的新闻一样，好的、适需对路的广告同样是读者了解市场、获得生活资讯的重要途径。

在商品信息爆炸，消费者对广告的感知大大超过负荷的情况下，能够引起读者注意的广告只是其中极少的一部分。根据中国人民大学舆论研究所的调查，现阶段每个北京人关注广告类型的平均数为五种。这就意味着只有进入前五名的广告类型才能引起读者的注意，才有可能产生广告的效果。当然，对于具体的目标人群来说，进入前五名的广告类型是有所不同的，有的甚至还有着很大的差异。因此，要具体情况具体分析。

根据调查，现阶段各种类型的报纸、杂志广告，受读者不同程度关注的情况如下：

受关注最多的类型有：药品、营养品、电冰箱、音响、健身用品、书籍、报刊广告，公益广告，旅游、餐饮广告，洗涤、护肤、美发用品广告；

受关注较多的类型有：电脑、汽车、服饰、钟表等日常用品广告，商店开业、打折广告，招聘广告、电影广告、房地产广告；

受关注较少的类型有：化妆品广告，地毯、家具、室内装饰广告，租赁、旧货交易广告，企业形象广告，文具及办公用品广告，酒类广告，交友、征婚广告。

现阶段，读者普遍关心的广告内容，是广告商品的性能、服务承诺及价格，而对广告所展示或介绍的商品的品牌形象、产地或者销售地点、外观形象等的关注则要少一些。

2. 广告要发挥文字介绍优势，力图办好文字广告专栏

能详细地介绍商品，可反复阅读且易于保存是报纸、杂志广告的优势，为了发挥这一优势，各地的报纸、杂志纷纷开辟文字广告专栏，详细介绍保健品的功能作用，商品房的具体设施，建筑材料的环保优点，化妆品的化学成分、使用方法，家用电器的普及知识等，适应了消费者的需要，受到了广告客户的欢迎。还有一些报纸、杂志推出文化广告专栏，如《名优家电》、《住宅产品》、《企业之窗》等，引来了不少广告业务，使广告营业额不断上升。

现今的广告客户更希望能用较少的钱来获得更好的效果，这就要求报社和杂志社的广告工作者开动脑筋，精心策划，变过去拉广告为营造专版，推出专题，筑巢引凤，有针对性地为客户提供更好的服务，如策划建材专版、电脑办公用品专版、名优家电专版等。

3. 广告应采用对读者更有吸引力的表现形式

过去报纸、杂志广告品种比较单一，清一色方块型图片加文字，这种没有创意的广告缺乏对广告主和寻常百姓的吸引力，因此必须在广告表现上努力创新。

首先，在版面的编排设计上，要设法吸引消费者和广告主的注意。重要的方法之一就是尽量把特定商品广告的版面与相关的专版排在一起，尽量使广告版面与相邻版面具有相关性。如果报刊版面的读者正好就是广告产品的需求者，广告的注目率就会相当高。此外，运用横排、竖排或横竖排相结合等排版技巧，打破框框，使新闻和广告适当穿插，就能使读者在阅读新闻的同时，完整地看到广告内容。特别是全版广告，要防止读者跳读，翻过广告版不看，就必须运用排版的技巧。目前有一种被称为“杂报广告”或被戏称为报纸“插播广告”的现象越来越普遍。所谓报纸“插播广告”，就是把广告插进一般的报道文章中，嵌在标题下，这样刊登的广告注目率较高。还有把广告版面做成“L”或“T”形，或设计成对联形状布于版面两端或两联相对的位置。又比如，日本《每日新闻》2003 年 10 月某日报纸，有连续 8 个广告版面，在版心位置转出空的圆心，每个圆心又与该版的广告内容有联系，构思很是独特。不过，广告效益较好的报刊更注意广告版面的表现与报纸和杂志风格特点的一致性，而不愿意太出格。

（三）做好分类广告版面的经营

1. 分类广告对于报纸广告经营的重要性

报纸的分类广告版面看起来颜色单调，但它们对报纸广告的经营来说却非常重要，因为它们是报纸重要的收入来源。虽然每一则分类广告的收入微不足道，大的不过 1000 元，小的才几十元，但因其数量很多，积累起来就是一笔可观的收入。在美国，分类广告这一部分收入通常占到报纸总收入的 49% ~ 60%。有人断言，一旦报纸分类广告份额被侵占了 70%，那么所有的美国报纸都将破产。

其次，分类广告对保证报纸的发行量也有很大的帮助。有一些人可能对地方新闻、国际新闻、连环画、图片和体育资讯都没有兴趣，但他们可能因要看分类广告而购买或订阅某一份报纸。由此可见，分类广告存在的价值之一，就在于它能激起一部分读者的兴趣。

当企业经济实力不够，又还想做广告的时候，它们可能会想到费用较低的分类广告。此外，大量的中小企业和私营业主也对分类广告感兴趣。由于分类广告适应了现代市场信息传播的需要，其文字简短、篇幅小、价格相对便宜，普通企业、一般市民均能承受，所以分类广告业务便繁荣起来。在国外，分类广告的重要内容之一是宝石广告，每天有几个版，而且没有淡旺季之分，广告来源稳中见长。

近几年来，开发广告资源，做大做强报纸分类广告以增加广告总量，也日渐成为报业广告经营界的主要呼声。但在我国，分类广告仍处于起步阶段，主要集中在商品经济发达的广州等大城市，如《羊城晚报》、《广州日报》等，就广东、上海、北京这些经济和报业都发达的省市而言，分类广告占报业广告的份额仍不到1/3。据调查，我国报纸中辟有分类广告专栏的不到30%，其中绝大多数还是不定期刊出，所占版面也很有限，因此，报业广告经营者应该关注和培育分类广告市场，以充分开发报纸广告资源。在这方面，解放日报报业集团有值得借鉴的实践经验。例如，该集团下属的《房地产时报》和《人才市场报》就是两份单纯发布分类广告的报纸，《申江服务导报》每期都有发布分类广告的版面，这些报纸的分类广告都为集团创造了可观的经济收益。

2. 分类广告的运作

分类广告的运作由四个部分组成：一是内勤广告业务员在柜台前或通过电话承接客户主动要求的分类广告业务，二是电话销售人员通过电话承揽分类广告业务，三是分派推销人员外出推销分类广告版面，四是广告业务员通过寄发邮件征求分类广告业务。为了培育分类广告市场，把分类广告做得更大，有的报社还委托各发行站、征订点代办分类广告，甚至把各社区发动起来，真正做到让客户十分方便地购买分类广告版面。

分类广告部门不仅要有承接广告的业务人员，还要在其他方面配备充足的人手，因为在版面售出之后，还有文案撰写、分类编排等很多的事要做。只有精心的撰文和富于创造性的编排，才能使分类广告版面具有吸引力，才能便于读者寻找相关的信息，才能得到令客户满意的效果。广告效果好，客户才会继续在该报上做广告。

3. 分类广告定价的方法

分类广告有三种常用的定价方法：按行数计价、按空间计价、按字数计价。大多数分类广告按行数计价销售；那些有大标题、行与行之间有大的空白或其他装饰的通常按空间（广告所占的栏——厘米）计价销售；一些报纸为了避免按行数计价和按空间计价的混淆，而采用按字数计价销售的方式；也有的报纸采用混合式计价，比如，前7行按字数计价，剩余的按空间计价。每种定价方法都各有优缺点，报社广告部门可根据实际情况灵活运用。

为了提高分类广告的数量和收入，报社广告部门可以酌情考虑价格上的优惠或赊账的可能性。美国分类广告的收费，通常是在刊出的当天发出一份通知，要求在七天内支付现金。

四、争取更多业务，搞好版面销售

（一）注重对报刊广告优势的宣传

既然版面也是一种商品，那么，它就像其他产品的销售一样也需要促销，其中也包括做广告。

企业发布广告，除了报刊以外，还有多种媒介可以选择，因而报刊应努力宣传自身的优点，以应对广播电视等媒介的挑战，并获得广告主的认同。关于报刊广告为什么有效，可以罗列以下理由：

(1) 报刊中有许多有趣而重要的信息，人们购买、阅读报刊的习惯至今没有太大的改变；

(2) 报刊广告说明性强，能反复阅读，所以人们习惯于从报刊上寻找他们想要购买的商品或服务。据调查，85%的人希望报刊上有广告；

(3) 报刊易于保存，所以，在报刊上刊登的广告也有较长久的生命；

(4) 报刊广告的编排比较容易，所以便于广告内容的修改；

(5) 发行周期短的报刊发布广告信息及时；

(6) 全国性的报刊市场覆盖面广；

(7) 房地产业、汽车行业、医药行业、家电行业、IT 行业、装修行业、金融业、食品业、保险业、零售业等，都非常适合做报刊广告；

(8) 报刊广告与其他媒体广告合理匹配，能取得更好的广告效果。

以前，有些广告客户简单地比较不同媒介的广告效果，认为电视广告的效果比报刊好，其相对价格也比报纸、杂志便宜，所以宁愿做电视广告而不愿做报刊广告。实际上电视广告和报刊广告各有各的长处与不足，仅仅拿电视广告的长处与报刊广告的短处相比是片面的。广告效果累积性的特点也从一个方面证明了电视与报纸、杂志媒介组合的协同增效作用。把电视广告的“促进认知”和报刊广告的“增加理解”结合起来，就能进一步加深受众的印象，增强传播的效果。为了证实这一点，日本电通公司等还做过试验，证明不同媒介在信息传播不同阶段的作用和影响。报刊具有其他媒介不可替代的传播功能，特别是在传递信息的持久性和影响力，以及与电视组合的协同增效方面。因此，报社、杂志社应认清自身优势，其广告部门在说服广告客户做报刊广告的时候，可以为客户提出媒介组合，即在它们做电视或其他媒体广告的同时，也做报刊广告。

报社、杂志社可以在自己的媒介上宣传自己，也可以在其他媒介上做广告，比如做路牌广告、电视广告、网络广告或在其他报纸、杂志上做广告等。

（二）争取更多的广告客户，增加广告业务量

除了办好广告版面，加强对报刊广告优势的宣传以吸引广告客户之外，报社和杂志社的广告部门还要主动出击，扩大客户来源，为此须做好以下工作：

1. 在有发展潜力的行业中培养新客户，优化客户结构

报纸和杂志应根据行业的发展变化和自身的特点，有计划地在发展潜力大的行业中培育新客户，使这些行业成为自己广告业务新的增长点。报纸、杂志版面销售的重点行业不是一成不变的，其变化受到宏观经济乃至季节变化等因素的影响。例如，《青年文摘》在培育市场的第一年，广告主要来自医疗、保健、食品行业。第二年，上述行业广告投放的比例明显下降，取而代之的是家电、房地产、金融类广告的明显增加。

近些年，大多数报纸、杂志在市场化进程中快速发展，为了在较短的时间内获得经济效益，许多报刊把大多数版面放在医疗和房地产广告上，导致了对某些行业广告的过度依赖和广告客户结构的不平衡。为了保障报纸和杂志的可持续发展，报纸、杂志的广告经营部门应该重视和反思广告客户的结构问题，通过开发新的客户资源优化广告客户结构。近些年金融保险类、商品零售类、旅游餐饮类广告发展势头良好，这为报纸、杂志广告提供了新的增长点。

2. 立足本地客户，发展外地客户

前些年，很多企业都只是在企业所在地做广告，大多数报社、杂志社的广告客户也大多是以本地企业为主。随着企业的发展和企业之间竞争的加剧，企业的目标市场不断向外扩展，广告的地区也在扩大，企业不仅需要针对本地区的消费者做广告，也需要针对外省甚至外国的消费者做广告。

改革开放以来，我国不少企业在竞争中不断向外拓展，抢占了全国地市一级的城市，创造出全国著名的品牌，海尔、长虹、康佳、格力、科龙、春兰、TCL等电器集团就是如此。国外一些大型企业也把目光瞄准中国市场，松下、索尼、日立、夏普等电器公司，爱立信、诺基亚、摩托罗拉等通信公司大举进攻中国市场。另外，很多企业还会在竞争中不断推出新产品，以争取更大的市场份额。这些企业在创造品牌和推销产品的过程中，都离不开全国性的广告或在企业所在地以外的省市投放广告。

所有这一切都给报纸、杂志带来了商机，抓住这一商机，不断争取外地广告客户，是报纸、杂志广告发展的一个关键。报社或杂志社的广告部门应通过对本地商场、公司和代理商的调查，掌握外地产品在本市的销售情况，分析潜

在的广告客户，通过潜在客户在本地的分公司或办事处，千方百计与广告主接触，或者利用媒体优势牵线搭桥，把外地产品引到本地来，同时争取其在本地的广告业务。如今，寻找新的广告资源，向外拓展广告业务已是大势所趋。

3. 增加广告业务量的技巧

报纸、杂志广告部门在与广告客户合作的方式上要勇于创新，打破常规试用新方法往往会带来新的广告业务。由于广告效果具有累积性的特点，一个企业刊登广告的次数太少，就难以达到预期的目标，所以企业发布广告通常需要一定的周期，在这种情况下报纸、杂志广告部门可以建议与广告客户签订长期合同，并给予它们优惠的价格，就像批发比零售价格低一样。因为说服一个客户做 10 次广告比说服他做 1 次广告，一般不会多花太多的时间，所以，从成本上讲，也是划算的。另一个增加广告业务量的方法就是为相关企业刊登协作广告，特别是对于那些较小版面的使用者而言，一个原本不愿意刊登广告的客户，可能会愿意与其他客户协作刊登广告。

说服企业拨款做报纸或杂志广告，一般可以通过以下几个步骤：

（1）根据企业的年销售量目标，测算为实现这一目标所需的广告费用；

（2）测算一年中各个月份可能的销售量占年销售量的百分之多少；

（3）根据各个月份可能销售量占年总销售量比例的大小，计算各个月份的广告费用；

（4）计算各个月份的广告费用分别可以购买多少报纸或杂志广告版面；

（5）确定各个月份最有可能需要做广告的部门和项目；

（6）将这些项目在报纸或杂志的版面上做具体的编排设计；

（7）确定广告刊出的具体时间及频率；

（8）向广告客户说明报纸或杂志广告能给企业产品的销售做出什么样的贡献。

（三）制定合理的版面价格和灵活的收费方式

广告价格是客户在选择广告媒介时需要考虑的主要问题之一，只有制定合理的广告版面价格体系，报社、杂志社才能与广告客户实现真正的公平交易，才能赢得广告客户的信任。制定广告版面价格体系的关键就是对广告版面的价格进行细分化：首先，可以根据广告版面、位置的不同，把价格分成若干高低不同的等级；其次，可以把全年广告按旺季和淡季分为平常期、繁忙期和割让期，繁忙期酌情涨价，割让期适当打折；第三，整体销售和零售应当具有价格差别；第四，使用彩色版或指定日期、版面的要另行计价；第五，长期做广告和短期做广告，价格应该有所区别。这样做的目的，就是要把广告的价格与广告的效果联系起来，以实现计费的公平。最后一点就是价格体系要公开。

以前，决定报纸、杂志广告价格的主要因素是发行量，而在广告主对广告的价值已有相当认识的今天，报纸、杂志广告的效果已成为决定广告价格最重要的因素。现在，许多广告客户都以广告带来的销售量的增加为衡量广告价格的标准。报纸和杂志广告的价格不能仅仅由它的发行量来决定，而应该同时考虑到它给受众留下的印象是否良好、深刻，它能否使读者对广告产品产生兴趣和购买的欲望。能为广告客户提供良好服务，在广告表现方面有更大吸引力的报纸和杂志才具有竞争的优势。

例如，《宁波日报》曾与外地一家保健品公司协商，试行过一种全新的广告收费方式，即报社广告部不以广告标准收费，而采取与客户风险共担的方法，由广告部对该产品进行策划并投放广告，企业则以每月销售额的30%作为广告费回报给报社。合作期为一年，如第二年不再合作，半年内仍按销售额的30%作为广告费回报给报社。起初《宁波日报》投放了大量的广告，前3个月广告费收入仅为正常收费的25%，但半年以后逐渐上升，达到40%，年底达到55%，如果加上合作期满后的半年广告收入，《宁波日报》基本能收回预定的广告费。当然，采用这种收费方式，报社或杂志社也会有投资无法回收的风险，所以必须事先对广告企业、广告产品和市场需求等情况进行缜密的调查。

（四）加强对广告业务员的管理

广告业务员是报纸、杂志广告业务的承揽或招揽者，其工作的好坏直接关系到广告业务量的多少，广告业务员的业务水平高，工作勤奋、认真，对待客户诚恳，愿意在该报刊上做广告的客户就多，反之则少，所以加强对广告业务员的管理很重要。目前很多报社、杂志社的业务员有两种，即正式编制人员和非正式编制人员。对这两类人员，报社与杂志社都要制定相应的管理办法。报社和杂志社对广告业务员的管理主要包括以下内容：

1. 规定基本的承揽工作量

不论正式编制还是非正式编制的业务员，都应该给他们一个额定的承揽工作量，以作为其业绩考核和奖惩的依据。根据业绩给予承揽广告业务量多的员工以奖励，是激励他们提高工作效率的好方法。

2. 明确收费方式与要求

对于经由业务员招揽的广告，报社、杂志社一般要求业务员先向自己联系的企业收取广告费，然后再上交给单位的财务部门；也有报纸、杂志另外委派专门收款员收款或者由业务员催款，专门收款员收款的。

如果业务员收款，必须规定交款的期限，超过了规定的期限，就要扣发业务员的工资或奖金。这样做的目的，一是要促使业务员催促客户按时交款，二是为了避免业务员收取客户款项后挪作他用。

3. 划定业务员的联系范围

因为规定了业务员的承揽工作量，所以业务员之间有可能为争夺客户发生冲突。为了防止因业务员之间的冲突而影响报纸、杂志的广告经营，广告部门可以为业务员划分联系的范围或根据先入为主的原则规定，谁最先联系到哪一个客户，谁就对那个客户负责到底。

（五）整合报业内部广告资源，建立地区广告协调中心

报纸、杂志广告市场既有竞争，也有合作。地区广告经营发展的合作之道，是借助广告中心整合地区内广告经营的各种资源，推动报纸、杂志经营的协调发展，最大程度减少行业竞争内耗，发挥地区作战的协同效应，这也是海内外报纸、杂志经营的实践经验。例如，上海报业界的报纸广告经营的思路是：借助市场和行政两种力量来实现广告资源的整合，通过市场运作和行政推动提高行业的竞争力，形成广告垄断。

要实现这个目标，首先要搞好报社、杂志社内部广告资源的整合。比如报业集团内部可以考虑建立一支专门协调集团内报纸广告的团队，避免集团内各报互相残杀，使利润在内耗中减少甚至消失。再进一步考虑，就是通过市场和资本的力量建立某地区主要报业集团的广告协调中心，或两大报业集团组建一个广告股份公司，通过资本运作来解决现有的体制问题，并减少两大报业集团在相互斗争中的消耗。

以发达国家的报业发展为例，美国报业竞争十分激烈，特别是在纽约、洛杉矶、芝加哥等大都市。为了避免两败俱伤，一些存在竞争关系的报纸越来越多地采取合作经营方式，双方签署“合作经营协议”，把两家或多家报纸中编辑和评论部门以外的经营部分剥离出来，共同组建新公司，合作经营报纸的广告、发行等业务，所得利润按协议约定分配，报社的编辑和评论部门仍然各自独立运作。

需要指出的是，合作经营如何运作是一个深层次的问题。集团或报纸间的经营合作不仅仅是一种经济行为，背后还蕴涵着文化和习惯的融合等因素。如果合作成功，可以增强报业的整体竞争力，形成市场垄断，有效提高广告收益；但如果磨合失败，则会导致地区报业市场陷入进退两难的境地。

关于报刊广告经营的策略，以上着重讲了四个方面：一是围绕经营目标，认清三个要素；二是扩大报刊影响，增加报刊销量；三是办好广告版面，吸引广告客户；四是争取更多业务，搞好版面销售。要搞好报刊广告经营，除了需要运用上述策略之外，建立报刊市场监测机制，开展报刊广告市场调查也是很有必要的。现在很多报社都建立了市场调查和监测机制。比如《华西都市报》

设置“经管中心”，负责报纸广告和发行的市场分析。该部门的任务细化到对比每天每家报纸不同类型广告的投放量，并每天做出反馈意见或建议。

《重庆商报》除了设置专门的“市场监测部”外，其控股的下属文化经营公司负责编制周、月、季度经营分析报表。每天各区域的零售量、各版面各新闻操作的市场反应、同城媒体比较等细化方面的原始数据，则由该地区完全独立的市场调查公司提供。

现在许多报社都把建立市场监测机制放在极其重要的位置，因为只有清楚地了解了市场的反应，才能使报纸的发行和广告有的放矢。

第四节　报社与杂志社广告之外的营销传播经营

除发行期刊和销售广告版面这些传统的经营活动之外，报刊还可以充分利用自身品牌和各种资源开展其他多种形式的营销传播经营活动，例如，举办会展、策划产品或技术推广活动等，这也是报刊开展多种经营的一个方面。虽然我国期刊业的经营模式目前仍然以传统的发行收入为主，但已在不断向多种经营发展。在国外，尤其在欧美发达国家，报刊经营的商业模式至少有三种：卖一次——内容或者广告；卖两次——内容+广告；卖三次——内容+广告+（品牌和资源）。多种经营实际上是报刊的第三次售卖理论的实施与延伸，除了销售报刊的内容和广告外，还销售报刊的品牌和资源，依靠品牌优势和规模经营，开展相关的经营活动，获得规模效益。

一、创立报刊品牌是开展多种经营的前提

从产品经营升级到品牌经营，最终走向不依附于某种具体物质形式的资本运作，是现代企业的发展趋势。报刊的无形资产是报社和杂志社在长期的经营实践中形成的、能为期刊社带来效益，但不具有物质形态的资产，包括报刊的名称权、商标权、社会声誉、著作权、专利权、版式装帧设计、商业机密、特许经营权等。报刊的无形资产经营是其多种经营的一个重要方面。

无形资产经营能给报社和杂志社带来丰厚的经济收益和广泛的社会影响，而创立报刊品牌则是开展无形资产经营的前提，因此，报刊必须在创立报刊品牌上下功夫，实现一般品牌向名牌的质的飞跃，形成一定的优势和特色。

报刊应利用无形资产激活有形资产，以扩大生产规模，提升报社、杂志社的核心竞争力。报社和杂志社在利用自身的品牌开展多种经营时，不仅要着力挖掘现有的资源，构筑新的经济结构框架，实施经营规模扩张，而且要在经营理念、经营体制、经营方式、用人制度、管理制度等方面勇敢探索、

不断创新。

一份报纸或一份杂志经过前期的稳健发展，可能由于出版时间、版面容量、广告规模等的制约，会遇到事业发展的“瓶颈”。于是，延伸产品线、改变营销模式、开拓新的市场空间等发展战略，都提上了议事日程。报刊经营进行跨媒体、跨行业的拓展与延伸，主要可以考虑以下几个方面：

（1）向书刊方面延伸。包括出版纸质图书、电子图书及电子期刊等。

（2）向网络媒体延伸。主要包括数字报纸、网络索引、平面、动画、论坛等。报刊在进入广电领域受到限制的情况下，通过网络开展音频视频业务是一条捷径。1996 年 1 月 2 日，《广州日报》电子版通过新加坡报业控购的服务主站“亚洲一号站”进入互联网络，成为我国第一份上网的地方报纸；1998 年，《扬子晚报》建立江苏第一个新闻网站，使海内外的读者在第一时间里就能阅读到《扬子晚报》的所有内容。

（3）向第五媒体延伸。第五媒体是以手机为视听终端，以手机上网为平台的个性化即时信息传播载体，它是以大众为传播目标，具有定向、及时、互动传播优势的大众传媒平台。《扬子晚报》与电信等部门合作，推出“扬子随身看”、《扬子晚报》新闻手机版等，其中手机版新闻，涵盖移动、联通和小灵通三类用户，这在国内还是首家，实现了读者和报社的双向互动。

报刊经营者要善于凭借品牌知名度开展多媒体、多元化经营，利用无形资产推动有形资产的经营，以获得资产的总增值。例如，《瑞丽》杂志社推进以品牌为核心的媒体互动，实现了一个内容在杂志、图书、报纸、广播、电视、网站、光盘和手机上的八次销售，打破单一媒体销售状况，实行八种资源的整合，形成多媒体集群，强化了市场覆盖的广度和深度。

二、依托报刊开展多种营销传播经营

（一）出售行业信息

报刊除了销售报刊的内容和广告外，还可销售报纸和杂志的特色和资源，扮演为行业提供信息服务的角色，从报刊本身向网站、数据库、指南、资讯、年鉴等方面延伸。为行业提供信息服务的主要形式通常有编辑出版行业服务指南、客户名单、数据库等。

报刊拥有的行业背景是得天独厚的资源，而长期以来积累的客户名单、网站、相关数据库等是报刊扩张的重要依托，是必不可少的扩张手段。一些发展得好的报刊不仅开发数据库、编辑行业服务指南，还开展网络服务，出版电子版本和多媒体产品。在经营过程中，依靠不断深度开发长期办刊办报形成的精确行业数据资源获取收益。

（二）开展广告之外的营销传播经营活动

对专业性报纸和杂志来说，扎根于一个行业，既有良好的资源，又有媒体平台，开展专业性的活动会有良好的社会效益和经济效益。通过进行一系列的营销传播活动，可以扩大期刊的社会影响力，并由此获得经济效益。专业性的报刊可开展的活动包括：读者论坛、展览会，技术咨询、培训活动等。

1. 举办展览会、博览会、报告会、研讨会等

报社和杂志社利用广告客户群和设备信息，与广告公司、展览公司及其他媒体合作，举办行业产品展览会、博览会是报刊经营者赢利的一种重要方式，一般来说，可在年初制定详细的展览会计划。如在举办展览会的同时配合专家讲座，有的放矢，更能提高展览会的针对性、指导性和实效性。

报社和杂志社还可利用编委会和审稿专家队伍，根据掌握的行业动态，以报刊的名义与行业协会或政府部门合作，举办高层次的、前沿性的大型报告会、研讨会，包括举办国际性论坛等。例如，《扬子晚报》将报纸品牌延伸到展会，与大型骨干企业或成长性强的企业合作，举办高层论坛及企业峰会。《演艺设备与科技》杂志依靠中国文艺演出物资协会的丰富资源，策划并参与会员单位的营销宣传和新产品、技术交流推广活动，与中国声学学会声频工程分会等举办“网络音频技术研讨会”、“现代电声系统优化设计与调试技术研讨会”等。《中国种业》是定位于有志于种子行业经理人及相关科研、教学、推广人员的专业技术性期刊，该刊依托行业，积极参与各地种子交易会，成功运作了“中国种业发展座谈会”，与一些媒体和网络合作，召开了“国际种子改良研讨会”，并主动和其他报刊社联合举办交易会、研修班，还参加并赞助农业部“首届种子双交会”。上述活动在为行业服务的同时也增强了报刊的社会影响，提升了报刊的品牌，并且创造了较好的经济效益。

2. 开展技术咨询和技术中介服务

对于报刊收集的信息，以往只是选择适合的内容刊登，而大量未能刊登却有用的信息则被抛弃。报刊利用自身的资源优势，对行业信息进行分析、过滤、分类，并针对需要开展信息收集工作，很容易过渡到咨询领域。例如，电力科技期刊可利用自己联系面广、采集信息快且多的优势，将已掌握的资料通过精心筛选、整理，提炼出用户急需的产品信息、技术信息和技术资料，运用这些信息和资料为用户开展技术转让和技术咨询服务。此外还可以利用作者群和读者群举办各种讲座和培训。

第十一章　广播电台的营销传播经营

1920 年 11 月 2 日收音机的问世，宣告了广播时代的来临。作为人类发明的第一个电子媒介，广播给人类传播史带来了一次重大的革命。在随后的几十年中，它成为人们获取信息最直接、最快速的媒介。作为电子类的传播媒介，广播与印刷类传播媒介如报纸、杂志相比较，具有一些无可替代的优势。但是，广播只能听、不能看的弱点使它在后起的电视媒介面前逐渐失去了竞争的优势。1936 年于英国诞生的电视在 20 世纪 50 年代得到迅速发展。我国的电视广告营业额自 1983 年以来大幅增长，从 1995 年起已稳固地占据了各媒体广告营业额的第一位。如今，被誉为第四媒介的网络媒体又迅速崛起。在这种传媒市场激烈竞争的环境下，广播广告经营面临着严峻的挑战。为了维持和发挥广播媒介的广告优势，广播电台不但要在节目内容、节目设置方面有所创新，而且要在广告组织设计、广告经营管理等方面努力探索。

第一节　广播广告的特点、经营环境与发展趋势

一、广播广告的特点

（一）广播媒体及广播广告概述

美国于 1920 年建立了世界上第一座广播电台，1922 年，纽约 WAAF 广播电台开始播出广告。我国境内第一个广播电台是 1923 年由美国商人创办的，中国人自己的广播电台则创办于 1927 年。“二战”以前，广播成为继报纸、杂志之后最重要的广告媒体。1938 年，广播更是超过杂志，成为当时投放量最大的广告载体。“二战”以后，广播广告媒体的地位被迅速崛起的电视广告媒介所取代，其重要性日益下降，广告营业额远远低于报纸和电视。

我国自 1979 年初恢复广播广告以来，全国广播广告营业总额虽然大体上每年都在增长，但与其他媒体相比，一直处于劣势。直到 20 世纪 90 年代，我国很多城市成立专为特定人群服务的分台，如经济台、教育台、文艺台、体育台、交通台等之后，广播广告媒体的地位才有所提升，其广告营业额通常排在

传统四大媒体的第三位。近年来，由于网络广告经营额突飞猛进，在媒介的经营额中，广播广告已经落后于电视、网络和报纸而排在第四的位置。虽然从广播广告自身的发展上看，其营业额近20多年来年均递增30%左右，但其在我国的广告市场份额逐年丢失，并且是市场份额减少幅度最大的传播媒体，时至今日，在诞生之时曾被预言可能取代报纸的广播媒介，已逐渐变成了“弱势媒体”。

（二）广播广告的优点

广播广告是现代广告的一种重要形式，它具有现代广告的共性特征，又具有自身的特点。广播广告以电波为载体，靠语言、音乐、音响三种重要的听觉符号来传递信息，具有以下特点及相应的优势：

1. 声情并茂，娱乐性强

广播被誉为自由思想的舞台，通过启发性的文字和播音员饱含感情的述说，伴以优美悦耳的乐曲，把听众带入一种充满浓浓情意的感人气氛中，让听众的想像力得以自由地翱翔。

对广播广告来说，声音的魅力，是它最大的特点和长处。广播语言通俗简练，有时有妙语连珠的警句，有时又有娓娓动听的谈心；如果在电波广告中配上不同的音乐，可使人感到轻松自然，甚至是一种美妙的听觉享受。

此外，广播广告的具体诉求形式丰富多彩，生动活泼，本身就可以做得很有娱乐性，具有愉悦身心的作用。如果配合音乐或娱乐性节目，不仅能吸引受众，也能减少疲劳，提高广告效果。广播广告的娱乐性也是印刷媒介广告难以比拟的。

2. 传播迅速，覆盖面广

广播传递信息迅速，不分白天黑夜，不受山河阻隔，伴着高收听率的节目直接进入千家万户。如今，收音机几乎普及至每个家庭，通过广播对受众，尤其是对爱听收音机的学生和老年人进行广告宣传，更能够直接地刺激他们的消费。当人们打开收音机，总能听到自己喜欢的广播节目，在自由自在地获取信息的同时，穿插其中的广告也就悄悄地闯入他们的耳朵，影响了他们对广告产品的认知与态度。

3. 接收方便，易于理解

除需要精神高度集中的脑力劳动外，通过广播传递的营销信息，目标听众在做其他事情的时候也可以接受，比如在他们开车、锻炼身体、吃饭、做家务的时候。

相对于印刷媒介广告，广播广告更容易让人理解和接受。从受众角度来看，在同一国家和社会文化区域里，不论城市和乡村，不论男女老少或人们文化知识水平如何，只要是正常的人，一般都能听懂广播广告所播出的内容。

4. 官办可信，使用方便

由于我国的广播电台都是政府办的，人们出于对政府的信任，自然对电台也十分信任。当然，电台播放的广告绝大多数也确实是可信的。

广播媒介的使用方便。与报刊媒体相比，广播能全天候服务，易于调整广告的内容和形式，同时还能根据销售商品、销售对象的特点，灵活地选择不同地域的广播电台在不同的节目时间段播放，从而产生更大的效益。

5. 贴近生活，促进购买

广播是最通俗、最贴近老百姓的媒体，在日常生活中，人们对广播的依赖性越来越强，广播广告以富有吸引力的表现形式，满足了广大消费者对不同产品的需求，为指导购物带来了极大的便利。很多人从广播广告中了解商业信息，指导并加强购买行为。此外，由于收音机的拥有者中出现了一支以每年数百万辆私家车递增的车主队伍，他们的相对购买力水平都在中等以上，更有利于达到广告促销的目的。

6. 制作简易，播出价廉

广播广告主要以声音作为诉求手段，节目制作简易，最简单的广播广告可以由播音员按文稿直接播报，最复杂的也只是对话与音乐或声响的合成，录制过程比较简单，所耗费的人力、物力也比较少，不像平面广告那样需要印刷，也不像电视广告那样需要拍摄。此外，在传统的四大广告媒介中，广播时间的租用也是最为廉价的。一般广播广告的费用只有电视广告的1/4左右，所以，广播是广告预算有限前提下的首选媒介。

一些对广播广告有研究的广告主，在广播广告的安排上，采取“地毯式”的密集方式进行安排，从中尝到了甜头，因此与广播广告结下了不解之缘，把广播广告作为开拓和占领市场的最佳媒体选择，特别是坐台咨询的热线类服务专线广告，一些广告主长期盯住不放，即使在饱和状态下进行的竞价，广告主也宁愿增加广告费而不愿舍弃已有的资格和权利。

（三）广播广告的不足

优点和缺点总是同时并存的，广播广告有它的优势，也有着自身难以克服的不足。这主要表现在以下方面：

1. 缺乏形象，感染力弱

广播广告只能作用于听觉，不能作用于视觉，消费者看不到产品或使用产品的形象，得到的印象比较模糊。

2. 转瞬即逝，印象不深

一则广播广告的时间，除一些直播广告（有的长达7~8分钟）和专题广告（有的长达20～30分钟）外，一般不超过3～4分钟，而最常见的广播广告只有5秒、10秒或15秒。因为广播节目的播出是线性的，也就是说，受众只能一个节目接着一个节目地往下听，不可跳跃，也不能回头，所以不能像报刊广告那样，反复阅读、仔细回味。广播广告的稍纵即逝，不但限制了广播广告传达的信息量，而且使得受众对广播广告的内容很难形成深刻的印象。因此，在极短的时间内较多或较完美地传递商品信息，就成了广播广告所要设法解决的一个重要问题。

3. 被动接收，不易存查

由于线性播出的限制，广播广告的受众完全是在被动的状态下接受信息的，何时收听什么样的广告节目，完全由电台说了算，受众无法控制，毫无主动权。

广播广告不便保留和查找，即使要保留，其存录工作也比较麻烦，需要录音机、磁带等专门设备，而对印刷广告，人们则可以自由、从容、反复地阅读，甚至可以剪裁和保存。

（四）不同广播电台、分台以及播出时间的广告适应性

中央台、省台、市台等有不同的覆盖范围，可以从中选出与广告目标地区相吻合的广播电台来针对这一地区的消费者做广告。

各分台节目内容不同，听众也不同，可以选择不同的分台来针对不同特点的消费群体做广告，比如选用交通台对司机做广告，选用经济台对商人做广告，在文艺或体育节目中对青年人做广告，在医疗保健节目中对老年人做广告等。

广播电台在不同的播出时间有不同的听众，比如早中晚餐时间学校、厂矿听众较多，早晨锻炼身体的老年人随身携带袖珍收音机的人数较多等。

二、广播广告所面临的市场竞争

一度被看好的广播广告，为什么在今天的广告市场上只占到2%～3%的份额呢，究其原因，主要是广告市场这块蛋糕的绝大部分被其他媒体抢吃了。

广播媒体在广告市场上面临的，主要是来自新兴媒体和其他传统媒体的竞争，与此同时，广播媒体内部的竞争也日趋激烈。

（一）来自新兴媒体的竞争

除报纸、杂志、广播、电视四大传统媒体之外的新兴媒体，主要有邮寄媒体、交通媒体、网络媒体等。这些新兴的媒体，都参与了对广告市场的分割。

虽然目前广播广告还没受到网络广告太大的冲击，但有越来越多的人被网络所吸引，这种趋势发展下去，将会使更多的人疏离，甚至放弃传统媒体。可以预料，网络媒体在广告市场中将是一支最有竞争力的生力军。

（二）传统媒体之间的竞争

在传统媒体中，电视是广播最具威胁的竞争对手。电视声、像俱全，因而给受众所带来的冲击力也最大，自1995年以来，电视在我国已多年稳坐第一大媒体的交椅，而且在我国广告市场上所占有的份额还在不断增加。虽然广播有着印刷媒体所不可能具备的“声音”特性，但却没有报纸媒体那样的文字说明性。尽管报纸在与电视的竞争中不敌后者，但仍然牢固占据着第二的位置，并且在广告市场所占的份额超出广播广告七倍左右。在传统媒体的竞争中，广播只能在报纸与电视的夹缝中求生存。

（三）广播媒体内部的竞争

广播电台面临的最直接的竞争对手来自同行。以广州电视台为例，与其争夺听众市场和广告市场的是地处广州区域内的八个系列台以及周边的佛山、南海等市县级电台。几十年来，广州地区广播电台总共只有2个调频广播资源，竞争态势十分严峻。

新兴媒体来势凶猛，传统媒体不断扩张、电台之间竞争激烈，在这种环境下，广播广告的经营面临着严峻的考验。近几年来，虽然广播电台依靠医疗专题广告维持了较高的收入，但仅仅依靠医疗专题来支撑广播广告是不够的。此外，广播广告单一的结构、原始的播出形式，也不利于自身的发展。

三、广播广告的发展趋势

目前，我国的广播正在改变“大而全”的传统模式，向着小型化、专业化、系列化的方向发展，各地的广播电台纷纷在人民台之下，设立经济信息台、教育台、文艺台、体育台、交通台等。根据专业化的原则建立系列台，是今后广播电台的发展趋势。

建立各种“小而精”的专业台、系列台，是为了更好地满足不同层次、不同群体听众的需要。广播电台的专业化、系列化可以为广告经营活动创造良好的条件，因为小而精的专业台可以吸引有共同兴趣或相似特征的群体，广告主选择其目标消费者喜欢或习惯收听的专业台发布广告，针对性强，效果比“大而全”的广播好，因而建立“小而精”的专业台、系列台，受到广告主的欢迎。

第二节　广播电台的广告经营

一、广播电台广告部门的组织结构

广播电台的广告部门是属于广播电台内部的一个职能部门，是广播电台的有机组成部分。

广播电台广告部门的组织结构一般是按职能设科或组的，随着广播广告业务范围的不断扩大，广播电台逐渐从广告部分解出几个组或科，分别负责广告信源关系、广告业务承接与结算、广告节目的录制与播出、信息服务、专题节目录制、特约节目录制等业务（见图 11-1）。

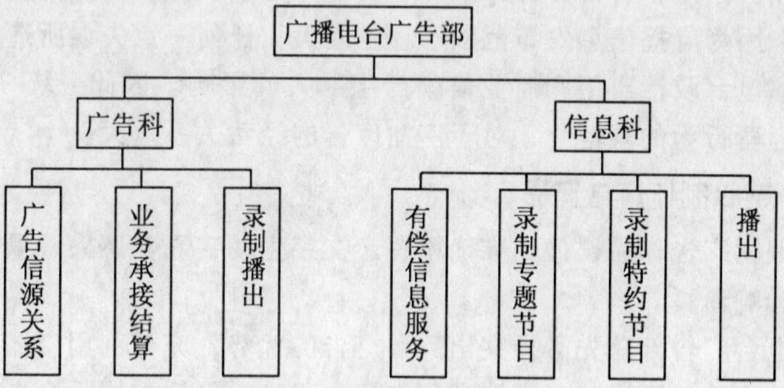

图 11-1

与其他大众媒体广告相比，广播广告的制作比较简单，所以在广告部门组织设计上，专业制作的特点和要求并不突出，广告作品通常是广告部与台内其他专业技术部门合作完成的。

二、广播电台广告经营的管理机构

为了加强对广告经营的管理，广播电台一般都成立了广告经营管理领导小组（或称广告经营委员会）。广告经营管理领导小组是广播电台广告经营管理机构，一般由台长任组长，主管经营的副台长任副组长，广告部主任及相关部门负责人任成员，每季度定期召开会议，及时就广播电台经营创收中的重大问题提出建议，经台务会议批准后由有关部门负责监督组织实施。

三、广播电台广告业务运作的内容与程序

广播电台的广告经营是一种以广告创收的增长为主要目的的经济活动，广播电台广告经营的管理机构和广告部门通过对所从事的广告经营活动进行预测和计划、组织和指导、监督和协调等，来发展并稳定与广告客户的合作关系，精心录制和播出广告作品，制定合理的广告价格，努力增加电台的广告收入。

（一）认真承接广告业务

广播广告部门在承接广告业务时要注意“一证三清”。即证明材料齐全，广告内容、广告文字清楚（特别是单位名称、地名、人名、产品名称），认播手续清楚。目前，从我国广播广告经营的现状上看，广播电台内部的业务承揽工作并不完全由广告部门专揽，而是存在着广告业务承揽按节目板块，专业台分流的现象。但是，各台各部在接件审查方面必须统一管理，规范操作，才能杜绝失误。因为广播信息发布范围广、空间大，任何一点失误所造成的波及面都会对广播电台政治声望和商业信誉产生巨大的影响。因此，统一接件管理，加强广告经营行为的规范化，对于广播广告的经营关系重大。

（二）精心制作广告作品

创作编辑广告作品，做到准确精练、文字生动、真实感人、重点突出、音乐优美、音响逼真。

广播电台广告部首先必须突出广播广告的优势，充分利用广播广告的特点和规律，使声响、音乐与有声语音创作综合起来，灵活采用听众喜闻乐见的各种传播方式，如广告对话、广告剧、广告故事、配乐广告等，增强信息传播的吸引力和感染力。其次，广播电台广告部在广告节目的制作上，要充分利用台内的专业技术优势，开展各部门之间的有效配合。一件广播作品的完成，往往是广告部的创意人员，与台内录音、增音、播音等人员以及编辑、记者全员配合，共同努力的结晶。

（三）加强广告发布的监管

对广播广告发布过程的监管一般包括三个环节。首先是对广告作品的文稿进行审定，其审定工作由广告部主任负责，广告审定后由广告部主任亲自签发，即实行广告作品审定的部主任负责制；其次是对广告作品的发布作出安排，由广告部业务负责人负责或指定专人负责，根据客户的要求和广播时间、广播节目的受众分布作出科学合理的发布安排；最后是在广告播出时进行监听，把好广告发布过程的最后一道关，其监听工作由广告部负责人负责或指定专人负责。

（四）搞好相关档案的管理

对广播广告的发布应进行认真的归档管理。在广告发布过程全部完成之后，必须逐一登记销号，以备广告客户或代理公司进行查对，接受客户或其代理公司对广告发布的监督。同时，还必须把每段广告的证明材料、广告认播书、收费通知书一并归档，以备有关主管部门的查对和客户日后的利用。

综上所述，广播电台广告业务运作的主要内容和程序是：承接业务、创作广告、审定监听、销号归档等。广播电台必须对广告经营行为实行规范化的管理，才能保证广播广告的发布在严格的监督和控制下实现科学有效的运作。

四、广播广告经营中存在的主要问题

我国广播广告经营主要存在以下问题，这些问题妨碍了我国广播广告的发展。

（一）长期垄断式经营的影响

我国的广播电台由于长期采用垄断式经营，导致了“大而全”或“小而全”的经营模式，在这种模式下，不可能针对听众进行广播内容的细致分工，因而广播的针对性不强，其结果是既难以满足特定听众的需要，也使广告主对广播广告的针对性和有效性产生怀疑。此外，人为的因素，也使得经营成本难以控制。垄断经营不符合国际广告经营的惯例，也不利于广播广告的发展。

（二）广告经营意识缺乏

以前，在计划经济体制下，广播电台从领导到普通新闻工作者，都认为广播电台主要依靠国家财政拨款，广告经营可有可无，这种传统观念，使得广播电台在经营创收、自我更新、自我发展的道路上走得并不是一帆风顺。现在，广播电台经营创收的意识虽然有了很大提高，但总体上说，还是缺乏具有经济头脑、经营办法的广告经营者。

（三）广告专业水平不高

由于历史和体制的原因，我国广播电台的广告人员业务素质普遍不高。此外，很多电台没有切实实行广告代理制，仍然是集广告承揽、策划、制作、发布于一身，由于承揽、策划不是电台所长，所以难以达到较高的专业水平。

（四）广告调查机制不健全

我国有些电台还没有充分认识到市场调查和收听率调查的重要作用，因而还没有建立市场调查和收听率调查的机制。做广告不注意市场调查研究，就不能了解目标消费者的需求与喜好，就不可能有针对性地提出广告诉求的重点，设计易于为消费者所接受的表现形式，选择消费者习惯的播出时间，就不可能有的放矢地为客户提供有效的广告服务。不进行收听效果的调查，就无法评价广告发布的成功与否，也就无法总结经验教训，不断提高广告水平。

（五）广播设备陈旧落后

广播电台是我国宣传的主要渠道之一，因为起步早，所以设备陈旧，现在已经到了更新换代的时期。但是，由于国家拨款有限，设备无法全面更新。就广播电台自身条件而言，由于其经济潜力没有充分发挥出来，自身经济实力还相当弱小，所以自我更新的难度也很大。尽管目前电台的经济条件有所改善，但广播设备还没有彻底更新，在这种情况下，设备就成为广播广告制作水平提高的瓶颈。缺乏先进的设备，难以显著地提高广播广告的制作水平。

（六）对广告客户的宣传不到位

由于广播电台对广播媒介的宣传不到位，广告客户对广播广告的长处没有足够的认识，有的甚至对广播广告的效果持否定态度。在这种情况下，有一些本来适合做广播广告的客户放弃广播而使用了别的媒体，这样一来，广播广告的业务量势必受到影响。

五、搞好广播广告经营的措施

为了搞好广播广告经营，电台广告部门应做好以下几个方面的工作：

（一）办好广播节目，提高收听率

从理论上讲，随着我国市场经济的发展、生活节奏的加快，广播的收听率必然会上升。但是不同电台的收听率还是会因为节目的好坏而产生很大的差别。为了不断提高广播的收听率，电台必须下大气力办好广播节目，同时还要实现广告节目的多样化。收听率高的广播电台才具有广告的价值，才可能被广告客户看中。广播电台要正确调查分析收听率、收听对象的层次，并向社会公布各种调查数据，以取得广告客户的信任，在广告客户中建立竭诚服务的信誉，这是广播广告取得最大经济效益的根本。

（二）开展市场调研，加强经营策划

现在，广播广告虽然不如电视广告和报纸广告的效益好，但是，广播广告所具有的不需识字、价格便宜等特点，却是报纸、杂志和电视所不具备的，因此作为一种有特色的广告媒介，至今还有其存在的理由。目前中国还有几亿文盲和半文盲，对于这一部分受众而言，广播广告绝对优于报纸和杂志。中国有80%的人口在农村，农村是一个广阔的市场，但农村中的电视人均拥有率还比较低，报纸、杂志更难以普及，因此，广播广告在这里的传播优势就显得十分明显。在城市，第三产业人员、汽车驾驶人员、在校大、中专院校学生中收听广播的人数也比较多，这些有特征的群体往往会成为某些企业的目标消费者，这时广播就会成为他们宣传产品或企业的有效媒介。广播电台的广告部门要进行翔实的市场调查，以便有针对性地为满足消费者的需要，同时为广告客户提供足够的听众，这是广播广告走向成功的必由之路。

（三）分台分段管理，开放搞活业务

广播电台要继续探索和完善在台内实行各类节目分段管理的方法，让各分台、各板块节目分别根据自己的特点实行优势管理，稳定听众，并充分利用各种方式，如直播、电话点播、有奖问答、电话采访等，建立与听众的密切联系，其节目主持人以特色节目为依托，实现与听众的直接沟通。广告客户在选择广播作为广告媒介时，往往要考虑哪个节目办得有特色，能吸引听众，所吸引的听众是否与广告目标对象一致，以及节目的效果如何等，而分台分段管理正好为广告客户的选择提供了便利条件。此外，分台分段的节目负责人在专业上的特长，还可以使他们在广告业务承揽、制作、发布方面发挥各自的优势。

（四）提高广告质量，赢得客户信任

最初的广播广告，大多是直接推销商品，“名扬四海、誉满全球”、“国内首创、质量第一”等空泛的、自卖自夸的语言和词汇比比皆是，单调枯燥，效果甚微。随着广播广告的逐渐成熟，制作水平提高了，广告效果也明显了。为了进一步提高广播广告的质量和水平，电台广告部门还需继续努力。比如对于不同类型的广播广告可以采取不同的播出方法。

信息性广告，可选择早、中、晚的黄金时间插播，短短数语，简明扼要，传递信息及时，收听率高。虽然价格较高，但广告效果显著，市场前景广阔。

各种商业性广告，可根据整体策划的需要安排。属于长年播出的，可以放在专栏节目中。专栏节目应该集知识性、信息性、服务性于一体，短小精悍，内容丰富，成为消费者生活的指南。

属于全方位宣传的广告，可采用和客户合办节目的形式来做。这种节目特有的信号、前奏或乐曲等，能给听众留下深刻印象并提高品牌的知名度。

如果广告商制作并购买全套广播节目，则他们通常希望自己创作的节目脍炙人口，并尽可能地在该节目中提到赞助商的名字，这样人们就会自然而然地将其喜欢的节目同特定的广告联系起来。例如“雀巢咖啡音乐节目”就在不知不觉中替雀巢咖啡做了形象广告。

（五）制定合理价格，实现买卖双赢

广播的时间也可看做一种商品，其价格的制定可以参照企业产品定价的原

则。制定广播广告价格，首先要遵循利润最大化的原则，即广告定价要高于各项成本之和并争取尽可能高的利润，如果价格低于成本就会亏损，等于成本就没有利润。其次，定价要以价值为基础，即客户的广告投入应得到销量增加、品牌提升等方面的等价回报。广播广告价值的大小一般是以收听率为基本衡量标准的，所以广播广告也一般根据收听率来定价。最后，定价要符合供求规律，即广告时段供不应求时，广告价格可以定得高一些；供过于求时，价格就要定得低一些。总之，只有制定能够实现广播电台和广告客户双赢的价格，才有利于广播广告的发展。

（六）打破媒体界限，进行跨媒介经营

这里所说的跨媒介经营仅指广告经营。广播电台进行跨媒体广告经营可以自运行，也可以与其他媒介合作开展。

比如，北京交通广播电台出资收购《百姓》杂志，拥有其41%的股份，成为该杂志最大单一股东，对该杂志拥有决策权和控制权。该杂志为旬刊，上旬刊关注百姓情感生活；中旬刊关注旅游和美食；下旬刊为《百姓 TAXI》，是一本非常实用的生活指南。有了这样一本特色鲜明，读者固定的杂志，北京交通广播电台也就可以顺理成章地进行杂志广告经营了。

又比如，江苏人民广播电台与江苏省经济信息中心、南京火车站联合在南京车站候车室设置了大型户外电视屏幕墙，使之成为江苏台广告创收新的增长点。这是广播电台进行户外广告经营的一次实践。

再看看广播电台和电视台合作经营广告的例子，北京人民广播电台的北京广播公司与香港凤凰卫视共同组建了北京同步广告传播有限公司，其战略目标是成为中国内地营业额最高、广播经营资源最丰富、品牌最突出的专业化广播媒体经营机构。公司通过跨地域合资、合作等多种方式，把北京电台先进的管理模式、经营理念和操作经验输送到各地方电台，同时和凤凰卫视丰富的视频资源、良好的运行机制、卓越的国际化经验相结合，形成多赢格局，共同做大做强中国的广播市场。

第三节　广播电台广告之外的营销传播经营

与报社和杂志社一样，广播电台也应该借助自身的品牌开展广告之外的营销传播经营活动。广播电台作为一个经营实体，本身就是一个产品，广播经营就是对这个产品进行经营。广播电台的经营者应该努力通过提高本台的知名度，使广告客户对它产生偏好和忠诚，并由此获取品牌效益。

一、广播电台自身的品牌建设

广播电台的经营者首先要确定本台品牌的内涵和外在形象，并将品牌概念灌输给每一位员工，使其在工作运行中，都能将品牌概念推广给广告客户，从而提高客户对电台的感性及理性认知。

广播电台的品牌是在听众心目中建立起来的整体形象，而广播电台整体形象的建立又是通过节目的精品化来实现的。广播电台的节目建立起自身的"形象标签"，并使得这些"标签"被受众选择，就能为广告客户提供稳定的听众群。由此可见，广播电台品牌的建设离不开节目创新和听众培养。

（一）节目创新

打造名牌节目不但要对节目的内容进行创新，使节目富有特色，而且要培养富有个性的节目主持人，使其成为明星主持人。听众对自己喜爱的节目和主持人抱有亲切感和信赖感，就会变成该节目品牌的钟爱者。

以交通广播为例，路况信息是交通广播最有特色的品牌节目。合肥交通广播电台实现了24小时不间断播出；陕西交通广播电台在陕西广电行业中首家全线开通了"免费路况"与新闻线索提供热线；湖北交通广播电台开通准点即时路况信息广播服务，通过为司机提供详细、准确、及时的路况信息，减少了城市交通拥堵和交通事故的发生，交通广播真正成了驾车人离不开的"活地图"，这些节目都具有贴近性，拉近了司机和电台的距离。这些司机都成了交通广播十分宝贵的资源，成为广告客户看好的广告卖点。由于交通广播受众明确，收听率高，所以交通广播广告的创收也连续多年保持上升的趋势，增幅则因地区经济差异而有所不同。

（二）听众培养

节目创新是手段，听众培养是目的，节目创新和听众培养是密不可分的。广播听众具有分散性、多样性和匿名性的特点。广播的核心听众是移动人群，这些经常收听广播的听众会逐渐被培养出在动态和不经意中获取信息和得以休闲的节目品牌消费观念。

广播的听众和潜在听众具有鲜明的地区特征和人口统计特征，除驾车人群和经常坐车的人外，广播还拥有数量巨大的潜在听众，比如有购车打算的人、在校大学生、农村人口、老人及家庭主妇等。广播面对需求不断变化的听众群，在节目设置上要力求兼顾广泛性和地域性，走精英文化和大众文化相结合的路子来努力培养目标听众和潜在听众。

（三）公关及其他手段

建设广播电台的品牌，除了要充分地运用特色节目和服务进行品牌示范以外，还可以采用多种方式进行品牌培养。比如，通过策划和实施一些有创意、有社会影响力的公关活动来扩大广播电台的社会影响，这些活动有进社区、慰问老人、参与希望工程、资助失学儿童、筹建希望小学、向灾区捐款、建立“爱心公益基金”等。

此外，广播电台还可以通过介入客户举办的活动来建立与客户的良好关系，为广告经营打下基础。比如，招商银行举办“郎朗钢琴音乐会”，福建音乐广播电台便主动介入，贴上福建音乐广播电台的招牌，取得了很好的宣传效果。活动之后，福建音乐广播电台与招商银行建立起良好的互信关系，并使后者成为自己重要的广告客户。福建音乐广播电台参加过的活动还有“相约每一年”大洋百货大型情人节活动、“小行动改变大世界”万科环保主题活动、百事可乐主持人见面会暨七喜酷夜平安派对等。2009 年，为了在高校推广自身品牌，福建音乐广播电台还与校锐传媒广告公司合作举办了“首届榕城大学生青春歌会”。从 2004 年至今，福建音乐广播电台参与中国移动品冠歌友会三百多场，比较有影响的有克莱德曼钢琴音乐会、张学友演唱会、蔡琴演唱会等。

广播媒体还可以通过与其他媒介的合作，来提升自身的品牌。比如，南京交通电台的《欢乐点点》栏目风格活泼自由，并且在当地非常具有影响力，它恰好与神州行品牌“轻松由我”的主题切合。2007 年 4 月，南京交通电台的《欢乐点点》栏目参与移动通信南京分公司神州行的短信互动业务。该业务以不同的游戏形式与听众互动，其中经常播放神州行软性宣传及文化营销内容。通过这种互动，不但神州行品牌“轻松由我”的主旨伴随着《欢乐点点》栏目的走红而走红，而且，《欢乐点点》栏目也更加深入人心。

广播节目与社会活动紧密结合，能够提高节目的知名度和美誉度，巩固并扩大收听市场和品牌影响。

二、借助自身品牌开展广告之外的营销传播经营活动

过去，广播电台的营销传播经营主要是广告经营，销售广告时间成为广播电台的主要收入来源。现在，靠卖广告时间这种单点支撑的赢利模式受到人们的诟病。研究表明，对一种传媒而言，广告收入在传媒整体收入中超过 70% 的，具有较大的经营风险。此外，它还会导致传媒经营进入一个很难继续提升的“瓶颈期”。为了避免风险，使广播电台的经营持续发展，需要借助广播电台自身的品牌进行跨媒体、跨行业的多元化经营，而广告之外的营销传播经营

则是广播电台进行多种经营的一个方面。

（一）与其他媒介结合进行营销传播经营

广播媒体可以与网络媒介相结合，开发网上音频资源，也可以通过网络发展具有“实名制”的听众群，通过新平台聚合听众，建立“实名制”的通信联络数据库，使广播电台的信息传递对象目标更加精确，也使广播电台掌握极为珍贵的客户资源，围绕专业内容为听众提供信息服务和相关产品服务，广播媒体也能由此延展为一个信息服务商和产品提供商。

（二）借助自身品牌进行广告之外的营销传播经营活动

例如，江苏交通广播网不仅借助自身品牌开展了调查、咨询、会展等营销传播经营业务，还整合公安、交通等合作单位及社会提供的信息，建立起庞大的交通信息库，以内容资源为资本，参与城市智能化交通的有偿开发。此外，江苏交通广播网还利用已有的客户名单进行某种资讯服务的“精确营销”，针对这一受众市场开展营销活动，如发展汽车俱乐部会员，销售“交广绿牌”润滑油等。

第十二章　电视台的营销传播经营

第一节　电视广告的经营环境

一、我国电视广告经营的有利条件

1. 发展速度高于其他媒介

自1979年恢复广告以来，我国电视广告业的发展速度十分惊人，远远高于广播、报纸、杂志。据统计，从1983年到2004年的21年中，我国电视广告营业额由0.16亿元飙升到291.5亿元。在此期间，全国广告经营额平均每年递增37%，而电视广告平均每年递增45%，广播广告平均每年递增30%，报纸广告平均每年递增33%，杂志广告平均每年递增30%。电视的发展速度不但高于全国平均发展速度，同时也远远高于其他媒体。

中国广告协会公布的《2010年中国广告经营单位排序报告》显示，在媒体单位广告经营额排序中，中央电视台以188.4亿元稳居第一，上海东方传媒集团（广播电视部分）名列第二，湖南电视台位居第三。由此可见，电视媒体的广告价值目前仍然雄踞各类媒体之首。

央视黄金资源广告招标从1995年开始至今已历时17年，招标额从1995年的3.3亿元增长到2011年的126.687亿元；湖南卫视《天天向上》则以单节目全年超过1.3亿元的价格成为国内冠名费最高的综艺节目，这说明电视媒体优质资源的广告价值还在不断提高。

但需要注意的是，经过了连续多年的高速增长，中国的广告市场渐趋饱和。未来几年，虽然我国电视广告的总量不会萎缩，但在新媒体广告竞争的压力下，电视广告的增长率可能会有所降低。

2. 为众多企业所青睐

随着电视广告业务量的迅速增加，广告经营单位的广告创意制作水平也在不断的实践中有了很大的提高。电视广告从最初单一的叫卖式，变成今天能够吸引观众眼球、引起消费者兴趣的各种新颖奇特的创意表现。当年一成不变

"省优、部优、国优"的广告语在今天已无立足之地，成为恶俗的代名词。"科技以人为本"的诺基亚广告、"我的地盘听我的"的动感地带广告和"思想有多远，我们就能走多远"的红金龙企业广告，全都体现出当今广告创意制作的高水平和逐渐出现的人性化创作理念。

与以前相比，做电视广告的产品从最初屈指可数的几个种类，发展到今天，已经几乎囊括了市场上的每一种产品。现在不仅我们熟悉的生活用品在电视上做广告，甚至有些城市和电视台也竞相利用电视广告来塑造自己的形象。

3. 营业额高，收入丰厚

电视是我国目前影响力最大的广告媒介，不仅覆盖面大，观众数量多，更重要的是它能深入家庭，深刻影响人们的精神生活。作为大众传播媒介中的强势媒体，电视的收视率远远领先于其他任何大众传媒。电视广告的特殊效果，使它在促进销售，传播企业形象，建立品牌知名度上具有无可替代的优势，因此，企业选择做电视广告的越来越多，电视台的广告营业额也越来越高，现在通常拥有全部媒介广告营业额的一半左右。

在电视广告播出时间供不应求的情况下，电视媒介的广告费也水涨船高。电视广告费用的上涨，一方面说明中国企业的经营与广告意识正在增强，企业通过信息传播与市场更加紧密地联系在一起；另一方面，丰厚的广告收入也为电视传媒的发展提供了有力的支持。

二、我国电视广告经营面临的挑战

我国电视广告经营面临的挑战，主要来自各电视台之间日趋激烈的竞争以及数字技术对电视广告的冲击两个方面。

（一）电视台之间的激烈竞争

1. 有线电视的普及加剧了电视台之间的竞争

有线电视网的普及和激增，使电视频道成倍增加，从而导致人们经常徘徊在众多电视节目中不知如何取舍。观众不再仅仅固定在一两个频道上，而是按个人喜好不断调换频道。这种情况导致了电视台的观众严重分流，电视媒体进入了争夺观众的竞争时期，哪家电视台的节目更具特色，就更能吸引观众的眼球。

此外，整个电视业和广告业正处于变革的前期时段，将要改变的不只是电视广告的内容和形式，广告主还需要考虑媒体选择和购买的策略。比如，有线电视网的收视率可能会低于几大广播电视网，但选择这些媒体投放广告，广告信息可能更易于达到广告主所欲影响的细分市场。因此，广告主需要综合考虑企业各个方面的情况，才能做出最佳的选择。

2. 电视观众的饱和加剧了电视台之间的竞争

电视观众的饱和限制了市场总量的扩张，电视市场已经进入份额竞争阶段。现在，各电视台所要考虑的主要问题不应该是如何把这个蛋糕做得更大一些，而是怎样才能从这个蛋糕中切取较大的份额。对于各电视台来说，它们之间进行的是一场优胜劣汰的淘汰赛，要想在这场比赛中获胜，必须依靠自身品牌的力量，因此，电视广告市场的竞争，在某种意义上也可以说是电视台品牌的竞争。

3. 省级卫视台的建立加剧了电视台之间的竞争

省级卫视台建立以后，全国频道纷纷发生重组。在省级卫视台建立之前，覆盖全国的频道只有中央电视台的少数几个频道，带有垄断的性质。那时广告客户对电视台的选择比较单一，全国性品牌主要选择中央电视台，地域性品牌主要投放地方台。卫星频道的不断发展使这一格局发生了变化，把原来的"中央台——省台——市台"的格局变成了"全国频道——省级频道——本地频道"的格局，使各级媒体之间出现了交叉竞争的局面。省级卫视台的建立改变了我国电视媒体市场的生存状态，深刻影响了我国近几年电视媒体的广告价格、广告经营等，并在一定程度上对我国电视广告的发展产生了影响。

（二）数字技术对电视广告的冲击

电视技术的日益发展和广泛应用，特别是数字技术和各种新式数字设备的出现，使电视广告受到了很大的冲击。遥控器成为电视广告的杀手，一到播放广告的时间，观众就会转而关注其他的电视台，而观众的这种调台率是随着所播广告长度的增长而增加的。电视广告不再具有人们非看不可的强迫性，如何看电视，看什么电视节目，观众更加具有发言权，这也意味着观众在对电视广告的过滤上更加具有主动权。观众过滤掉节目中的广告，而专心享受他们喜欢的电视节目，这对于广告主来说并不是一件好事，而是一种烦恼，因为越来越多的广告时段不被人们关注了或者被裁剪掉了，于是他们不得不寻求新的办法来替代流失掉的广告时间。

现在，人们越来越注重自己的生活方式，连看电视的方式也变得日趋个性化。越来越多的人开始按照自己的时间表和生活习惯来观看自己喜欢的电视节目，电视台事先排定的节目表以及穿插其中的广告时段可能会被他们忽略掉，从而逐渐失去其存在价值。以前那种盲目追求覆盖面，在很多个频道中发送同一信息的广告策略显然已经不再适应时代的需要了。现在需要的是能够适应不同频道、不同时段、不同受众需要的多样化的定制型广告。而且从未来广告的发展来看，这一趋势最终将改变电视广告时段的销售和购买方式。

在技术不断发展的将来，付费的数字电视传播，给人们想要的信息；而基本不用付费的数字电视传播，给人们带来广告信息。于是，收入丰厚的人们过滤掉了更多的广告，而收入微薄的人们继续看着广告。这种发展趋势可能会造成一种低价商品的电视广告效应，而高价位的商品则转向其他的传播方式来对消费者进行诉求和信息传递。也许未来的电视广告会更趋向于平民化的生活商品的宣传和促销。

（三）网络广告对电视广告的挑战

随着电脑和数字技术的不断进步，电视所具有的传播优势将会变得越来越不明显。电视所能带给人们的享受，电脑也完全可以做到，甚至可以比电视做得更好。日本和美国网络广告市场的规模已分别于 2009 年和 2010 年先后超过报纸广告，成为第二大广告媒介。预计我国网络广告市场的规模也将于 2012 年超过报纸。现在作为第二大广告媒介的网络在未来一段时间内还会有很大的发展空间，广告主对网络广告也越来越予以重视，它们可能会把一部分原先用于电视广告的费用转移到网络广告上去，因此，网络广告的发展也是对电视广告的一种挑战。

第二节　电视媒介的特点和电视广告的类型

一、电视媒介特点分析

1936 年英国广播公司建立世界上第一个黑白电视台，1954 年美国在世界上率先播出彩色电视节目。我国的第一个电视台建于 1958 年，首条电视广告由上海电视台于 1979 年 1 月 28 日播出。自 1983 年以来，我国电视广告营业额快速增长，从 1995 年起已稳固地占据了各媒体广告营业额的第一位。

（一）电视媒介的长处

电视媒介具有极强的传播优势，这主要体现在以下五个方面：

1. 视听结合，感染力强

电视不仅画面形象，色彩鲜明，而且是一种能生动再现事物发展变化过程的动态媒介，它对产品及其功能的表现直观，不同文化程度的消费者都容易理解广告内容，因此效果通常好于其他媒体。

电视不但作用于视觉，也同时作用于听觉，它融文字、图形、动画、色彩、语言、音乐、自然声响于一体，容易引起感官的注意并给人深刻的印象。利用电视媒介视听结合的特点，可以创造出形式多样、感染力强的广告作品。

2. 受众面广，到达率高

我国拥有电视机的家庭很多，收看电视的人口已经超过十亿，而且不同年龄、职业、文化程度的人都喜欢看，受众范围很广。如今，电视已成为人们家庭生活的一部分，企业利用电视可以将产品销售信息送达千家万户，所以促销大众消费品，很适合用电视广告。

此外，人们常常是在看电视的时候，不经意地看到了广告，电视广告在某种程度上“强迫收看”的特点，也扩大了广告的影响面，并增加了传播的效果。

3. 传播迅速，接收及时

电视是用电波来传送信息的，因而不仅速度快，而且不受高山大河的阻隔，电视广告信息可以在短短几秒钟的时间内，就传送到电波所覆盖区域的任何地方。电视广告一经播出，就能很快地让受众知道其内容。电视媒介能够满足广告主对信息传播时效性的要求，而不像非电波媒介那样受到传播时间的限制。

4. 反复播出，强化记忆

电视广告播出的频率高，广告主可以购买不同电视台或同一电视台的不同时间宣传自己的产品、服务或企业。高频率的广告播出，可以在短时期内强化受众的记忆，迅速提高品牌的知名度。

5. 针对节目，灵活选择

由于现在的电视节目办得越来越有特色，很多节目有了相对固定的观众，这就给广告主提供了对节目广告进行选择的条件。广告主可以通过节目收视率的高低及观众的特点，有针对性地选择电视台和播出时段，以提高广告的效果。

此外，很多省级卫视台成立之后，全国各省的电视频道大多可以在其他地区被看到，中央电视台一家独占全国频道的垄断局面已不复存在，因而广告主可以根据自己的需要，选择性价比最优的媒体来发布广告。

（二）电视媒体的不足

虽然电视是众多媒介中的佼佼者，但对于信息传播而言，它也有自己的劣势。电视媒介的传播劣势主要表现在以下三个方面：

1. 信息量小，说明性差

电视广告短的5秒，长的一般也只有30～60秒，这样短的广告，难以对复杂的产品做详细的说明，所以消费者购买时涉入程度较高的产品，一般不宜选用电视来传递信息。

2. 信息易逝，较难保存

电视传播的信息转瞬即逝，难以保存，视听不清楚的地方，无法像报纸、杂志等媒介那样，可供人们主动地反复观看，所以电视广告必须有一定数量的重播才能加深受众对产品的印象，才能被受众所理解。

3. 制作复杂，价格昂贵

电视广告制作复杂，有的还需要聘用演员，因此制作费用很高，再加上更加昂贵的播出时间价格，使得一般中小企业使用不起电视广告。一些收视率高的电视台，其黄金时段的播出费用通常是以每秒数万元计。电视广告的效果是以高成本为代价的，广告主必须从自己的经济实力和信息传播的实际需要出发考虑是否需要选择电视媒介。

4. 强制收看，选择性差

由于电视广告经常夹杂在电视节目中间，所以想看精彩节目而不想看电视广告的人也会被迫收看广告。因为有一些广告不是受众自愿观看的，而是电视媒介塞给受众的，所以受众在心理上会产生一定的抵触情绪，这样就会妨碍受众对电视广告的接受和认可。

因为电视节目老少皆宜，受众面广，电视观众一般都大大多于广告主企业的目标消费者，所以花大价钱做电视广告可能造成促销资金的浪费。

（三）不同电视台、电视频道或播出时间的广告适应性

（1）中央台、省台、市台等有不同的覆盖范围，可以从中选出与销售地区相吻合的电视台来针对这一地区的消费者发布营销信息。

（2）各电视台的不同频道播出的节目内容不同，收视的基本对象也有所不同，有的频道以综合性新闻为主，有的以经济为主，有的以教育为主，有的以文艺为主，有的以农业为主等。企业可以选择目标消费者爱看的频道，有针对性地对他们发布营销信息。

（3）电视台节目播出的时间不同，观众也会有所不同，比如在上班时间看电视的只能是没有工作的老年人，晚上十点钟以后还在看电视的人多半是精力比较旺盛的中青年人，家庭主妇一般在晚上七八点钟干完家务以后才看能电视，企业可以根据目标消费者看电视的大致时间，有选择性地针对他们发布营销信息。

二、电视广告的类型

按照播出的形式来划分，电视广告主要有 4 种，这就是固定时段广告、栏目内广告、特别节目广告和电视剧广告。

1. 固定时段广告

固定时段广告，是指在节目与节目之间插播的广告，其播出的时间是相对固定的，这也是电视广告播出的一种常用的形式。电视台的广告经营部门习惯

于把固定时段按照其广告时间价值的大小分为A段、B段、C段、D段、E段等，而且各个电视台的A段、B段、C段、D段、E段等所指的广告时段是不同的。这样的区分比较方便顺口，有利于工作人员对各个广告时段的记忆和区分。

用A、B、C、D、E等字母方式来区别广告时段的方式虽然有利于电视台内部工作人员的具体操作，但对于不熟悉媒体的人来说却不很方便。他们不知道广告时段的具体所指，也不知道某个广告时段在什么时间播出。因此，这种用英文字母表示时段的形式正在改变，许多电视台已经取消了这种办法，现在许多电视台都会为每个广告时段取一个具体的名称。

2. 栏目内广告

栏目内广告，通常是指节目片头播放过后，节目正式开始前插播的广告，或者在电视节目中间插播的广告。这是电视广告播出的最主要形式。栏目内广告时间的价格通常比固定时段广告的价格高。与固定时段广告相比，栏目内广告与电视节目结合紧密，有更好的针对性，能使广告的目标受众与电视节目的观众更多地重叠，使广告诉求的命中率更高。基于诉求的有效性，栏目内广告将会越来越受广告客户的重视。

3. 特别节目广告

特别节目广告，通常指在重大事件和特殊节日的节目中插播的广告，这是电视广告播出的一种特殊形式。为了吸引观众的注意力，电视台经常会策划一些特别节目，包括各种电视大奖赛、重大新闻事件的直播、大型文艺晚会等。为特别节目期间广告的播出，电视台广告部需要做专门的广告招商书。广告招商书通常包括节目内容介绍、节目播出时间、广告形式、广告时间价格等内容。

4. 电视剧广告

电视剧广告，是指在电视剧播放期间所插播的广告，这也是电视广告播出的一种重要形式。由于大多数观众都非常喜欢看电视剧，所以在电视剧播放期间插播广告，通常会有很好的收视效果。

第三节　电视台的广告部门

一、电视台广告部门的组织结构

电视台的广告部门，是电视台内部的职能机构，其组织一般是按职能设计的。由于电视广告的采编、制作、播出是一个复杂的过程，因此，其组织结构的设置也较广播部门复杂，而且与报社和杂志社广告部门相比具有不同的职能特点。一般电视台内的广告部门与其他采编、制作部门同级，直属台里统一领导。在广告部门内部，因其经营内容具有一定的特殊性，所以常常分别设置若干科、组，以负责广告的经营与节目的创作、制作、合成。整个业务过程包括：广告源的组织，广告文案创作、广告作品的制作组织，以及电视播出策划三个部分。前两个部分的工作大多在广告部门内完成，只有少部分专业制作由台内其他专业部门配合完成，如配音、特技制作等。而播出策划部分必须与整个电视台的播出过程共同完成。因此，电视广告部门必须参与全台节目组织过程，确定广告的最佳播出时段和重复方式，按照台里的统一部署和规划完成广告的播出。

另外，电视广告部门的技术组织要求也相对较高，它需要具有较高水平的创作设备和人才，才能最大限度地实现电视广告的效能。

电视台广告部门的组织结构见图 12-1。

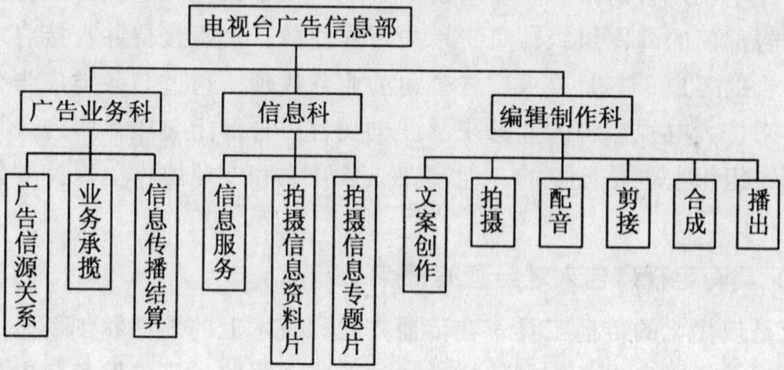

图 12-1

二、电视台广告部门的管理

电视台广告部门一般是直属台长领导的独立部门，其内部组织管理程序与其他媒体广告部门的管理大致相同。但是，由于电视广告部门的经营特点，使电视台广告部门在组织管理方面具有与其他媒体广告部门不同的特点。

（一）具有突出技术管理的特点

由于电视广告的创作和制作过程比较复杂，对专业技术的要求比较高、比较多。因此，电视台广告部门在内部组织机构的设置上，比较突出技术制作的专业组织部门。电视广告部门结构图中所示的信息科和编辑制作科，负责电视广告的创意文字脚本，摄制合成（包括前期制作和后期合成），以及广告市场调查、信息处理和广告效果的测定和评估，以便为广告客户提供满意的广告制作和媒体发布服务。即使是广告业务科，也具有技术管理的内容。此外，在媒体策划、广告计划编制和播出安排上也要体现技术经营的特点。因此，电视台广告部门的技术管理内容包括制定科学的技术制作标准体系，以确保广告作品的质量；制定相应的广告发布标准，以保证电视广告的发布水平；加强对广告作品在制作过程中的管理和协调，以保证广告作品按期优质完成；加强与台内各专业职能部门的协作和配合，以保证广告作品的制作和发布能够与台内的媒体宣传工作实现整体配合等。

（二）具有媒体发布和策划的特点

电视广告的经营优势主要是以电视媒体的发布优势地位为依托的，因此，广告业务量的组织也主要是在电视媒体的作用下展开的。对于电视台广告部门来说，作为广告信源关系的培植与搞好节目制作是同等重要的。自广告代理制实行以后，电视广告的来源主要有两个渠道：一是成立专业媒体广告公司作为电视台广告部门的外围组织，负责承揽广告业务，负责接待并直接寻求需要发布电视广告的客户；二是寻求广告公司的业务代理，通过与各类广告公司建立业务联系来扩大电视广告的业务来源。电视台广告部门与媒体广告公司的经营性质不同，组织上也是分立的，但却在业务联系和专业协作上保持着紧密的关系。

（三）具有电视广告人才经营的特点

电视是现代化的传播工具，在传播方式和技术上的发展和创新是无穷广阔的。同时，电视广告也是信息传播的一种形式。因此，广告发布与电视节目的播出也要尽可能地协调，也必须在政策性、思想性和艺术性的高度统一上处理广告节目。因此，电视广告的从业人员不仅需要具备一定的专业知识和技能，而且也应该具有较高的政治素质。对从事电视台广告业务的工作人员，一般有以下要求：具有较高的思想政策水平；熟悉本台历史及组织情况，了解并遵守台内规章制度及新闻工作的职业准则；熟悉本台的节目播出、观众情况、收视率与广告效果；熟悉各剧场剧院的情况；熟悉社会关注热点人物的状况，以便于广告业务制作的组织；熟悉广告价目，包括播出成本和制作成本的核算；具有良好的个人文化素质，便于建立合作沟通关系等。电视台广告部门对人才的管理，不仅要在延揽人才时严格考核，用人所长，还要制定相应的人才培训计划，不断提高其从业人员的政治素质、专业技能和文化素质，并且建立相应的人才奖励机制。使用人才，培养人才，选拔人才三者有机结合，才能形成电视台广告部门的人才经营优势。

第四节 电视台的广告经营策略

电视台的广告经营是一种小范围的、具体的市场营销，因而在电视台的广告经营中既可以借鉴市场营销的一般经验，又要注意媒介经营的特点，特别是电视台广告经营的特殊性。电视广告经营作为一种市场营销活动，其目的就是要把电视广告的时间销售出去。在电视台的广告经营中没有实际产品，有的只是时间资源，因此，电视台产品的价值只能在电视节目的播出过程中实现。

一、办好电视节目，建立品牌优势

电视节目办得好，收看电视节目的人多，电视的收视率越高，其信息的影响面就越大，其客户青睐的程度也越高。电视台播出的节目就像企业生产的产品，产品是营销的第一个要素，电视节目也是这样。电视台的广告时间资源像企业的产品一样需要开发。广告时间资源的开发，就是在不影响电视节目质量的基础上，满足广告客户的需要。开发一种能吸引观众的新型的电视节目和资源利用模式，不仅能提高其品牌的影响力，也可以从客观上促进其广告资源的销售。此外要注意形成广告与电视节目的良性互动，不能只顾利用广告挣钱而破坏其应有的电视台品牌形象。

就像企业注重品牌建设一样，电视台也必须建立自己的品牌。“品牌”是企业产品经营的一个概念。它是指某种产品与服务的名称及其标志，用以同竞争对手的产品或服务相区别。品牌是个集合名词，它包括名称和标志两部分。品牌名称也叫“品名”，是指可以用语言称呼的部分，如“新闻联播”、“焦点访谈”；而品牌标志是指某种图案或符号，一般有特定的颜色，容易识别和记忆，但不能用语言呼出，简称“品标”，如台标、频道或栏目形象包装等。目前，全国共有两千多个电视频道，无以计数的电视栏目，每个电视栏目几乎以千分之一的几率接受电视观众的挑选。频道数量的相对过剩催生了频道品牌竞争和栏目品牌竞争，品牌栏目已经成为电视频道的支柱。品牌电视台、品牌电视频道、品牌电视栏目、品牌电视节目中的广告时间就像品牌产品一样，具有较高的价格和较大的销量。

一个电视台、电视频道、电视栏目或电视节目在进行品牌推广之前，和其他商品一样，首先也需要进行品牌定位，即确定其区别于其他电视台、电视频道、电视栏目或电视节目的个性。对一个电视台、电视频道、电视栏目或电视节目进行个性化定位，就是要寻找其在电视市场或观众心目中最合适，也是最佳的位置。电视短缺传播时代的结束，使电视受众在传播活动中有了选择接受的权力。现在，任何一种电视节目都不可能面对所有的受众，所以创立品牌只能是针对特定的受众，达到特定的效果，获得特定的市场。电视台必须通过对不同年龄、不同阶层、不同职业以及不同文化背景观众的调查和分析，来确立节目的设计目标和制作模式，进而满足特定观众的社会心理和审美需求。

要以相对恒定的节目质量和特色鲜明的节目内容建立品牌，还必须制定一套适应现代电视工业化规模生产的制作体系。流程化的工种设置和资源配置不仅保证了节目质量，而且缩短了制作时间，降低了栏目成本，同时也培养了从业人员的团队精神。一个好的电视栏目品牌需要电视台管理人员和工作人员的共同努力才能建立。制片人对可调动资源的控制能力、管理和使用的效率，以及建立团队内部良好的运行机制，对保证栏目成功是必不可少的。如果说主持人是栏目的脸面，制片人则是栏目的灵魂。

建立品牌管理机制，包括市场调查机制、节目运作机制、节目考评机制、综合调度机制，是实现品牌经营科学化的有效途径。建立市场调查机制，能促使媒体委托权威调查机构对品牌的视听率、影响力和从业人员素质进行客观评价；建立节目运作机制，能在人、财、物上对精品生产给予有力的保障；建立节目考评机制，能让专家考评委员会对播出节目和主创人员进行分析，使真正的名牌、优秀人才得到奖励；建立综合调度机制，能促使品牌建设团队成员对新创品牌的风格设计、对稳定品牌的活化和扩张，乃至对时段调整、广告播出比例等提出决策意见。

有了明确的品牌定位之后，还要对这一品牌进行宣传推广和维系。观众对电视栏目收视选择存在惯性，一档新的电视栏目要想获得观众的认可，在激烈的竞争中获得良好的收视表现，必须充分运用宣传和推广手段，尽快聚集观众人气。过去人们认为，电视本身就是广告载体，只需在黄金时段播出几则宣传片就可达到品牌推广的效果。而现在，电视栏目品牌的推广也要在整合行销传播理念的指导下进行，也需要综合运用各种有效的营销传播手段，来提升和维持栏目的知名度、美誉度和观众对栏目的忠诚度。

二、寻求公司代理，扩大业务来源

广告代理是连接电视台和电视广告客户的桥梁，也相当于电视广告时间销售的中间商。代理公司、广告主和媒介三者是唇齿相依的关系。广告代理商推销电视广告时段的积极性越高，广告时段就可能销售得越多；广告代理公司热心为电视台承揽广告发布业务，电视台的广告客户来源才会比较充分。电视台与一家广告代理公司建立了联系，就等于联系上了多个广告客户，所以搞好与广告代理公司的关系，是电视台广告经营的一项重要工作。

（一）电视广告代理制的两种模式

目前，我国电视广告市场存在着两种模式的代理制：客户代理制和资源买断代理制。造成两种代理制并存的原因，一是我国“四级办台”的电视媒体体制，造成了中国媒体资源供应量的相对过剩；二是中国各地区经济发展的不均衡，造成了各地区市场总量和广告总量的不均衡，同时也带来媒体资源配置的不均衡。

1. 资源买断代理制

资源买断代理制是电视媒体由于一定程度上的媒体资源过剩，出于成本、能力等方面的考虑，为了将其资源优势最大化，采取外包方式，让一些公司从自己手中买断部分资源而获得对这部分资源的经营权。资源买断代理公司经营的特点是，买断代理公司通过从媒体手中获得资源，垄断这部分资源的售卖权，挖掘资源的最大潜力，再将其买断的资源售卖给广告主或客户代理制公司，以获得资源差价。

（1）资源买断代理制的好处

对于电视媒介来说，实行买断代理有以下好处：第一，能帮助电视媒介推广资源，将资源利用最大化。第二，在电视媒介的广告团队经营开拓能力相对薄弱的情况下，买断代理公司可以帮助开拓市场，引进新品牌，使市场份额扩容。从整体上看，在实施代理制的初期，买断代理公司对于电视媒介广告经营的发展起到了积极的作用。

（2）资源买断代理制的缺陷

对于电视媒介来说，资源买断代理制的缺陷主要表现在以下三个方面：第一，如果电视台过多的资源实行买断，就可能打乱整个价格体系，造成对电视媒介广告经营主体的冲击。第二，由于买断代理有着相对丰厚的差价利润，在利益驱使下，进入买断代理行业的公司越来越多，而且这些公司的经营素质和综合能力良莠不齐。这种情况带来的后果是，一方面白热化的竞争不利于市场的和谐发展；另一方面，买断代理公司之间甚至串通起来恶性压制媒体价格，不利于广告市场的健康发展。第三，买断代理使电视媒介广告部门丧失了对这部分资源的把控权，对这部分资源越来越生疏，不清楚这些买断的资源到底制定什么价格才能真正反映其合理价值，资源应该如何适度开发，它具有什么样的商业特性，节目内容、价格价值应该如何定位等，这对电视媒介单位整体资源的平衡发展是很不利的。

2. 客户代理制

这里所谓的客户代理制也即一般意义上广告代理制。我国的广告代理制采用的是美国模式，即在广告活动中，广告主委托广告公司制定和实施广告计划，广告媒介通过广告公司寻求广告客户。广告公司作为代理的主体，其基本职责是对广告主和媒介进行双向代理服务。它一方面代理广告主开展市场调研、拟定广告计划、设计制作广告、选择媒体并安排刊播，提供信息反馈或效果测定；另一方面又代理广告媒介，寻求客户，销售版面或时间，扩展广告业务量，增加媒介单位的广告收入。1997 年 3 月，我国颁布的《广告服务收费管理暂行办法》规定，广告代理费为广告费的 15%。这就是说，媒介要把广告主购买媒介版面或时间费用的 15% 付给广告代理公司，作为后者为其承揽广告发布业务的酬劳。

对于电视媒介来说，实行客户代理制有以下好处：第一，电视广告部门可以合理调整价格体系，让电视广告价格体系符合市场价值规律，让每个频道的资源处在市场上应有的价位上。第二，有利于促进电视媒体广告经营团队素质的整体提升。实行客户代理制，电视媒体广告经营团队就必须很好地了解资源，了解市场，了解节目特性，并努力为广告主提供个性化的服务。

3. 客户代理制和资源买断代理制的协调与共存

客户代理制和资源买断代理制在整个市场体系中并非对立的关系，而是可以协调共生存的。对电视媒体来说，在不同的时期这两种代理方式可以发挥不同的作用，在媒体经营比例中可以占有不同的份额。以上海文广新闻传媒集团为例，2001 年，上海电视台、上海东方电视台、上海有线电视台以及其他一些相关产业经过整合，成立上海文广新闻传媒集团，原先三个电视台的广告板块也由新成立的集团广告经营中心统一经营管理。合并之初，各项工作有待调整，经营管理经验不完善，集团没有能力也没有精力经营所有的资源，因此挑选了一些广告时段资源寻找合作伙伴买断代理。

此后，买断代理资源从最初的 10% 左右不断扩容，逐渐发展到 40% ~ 50%，致使过多的资源买断在外，买断代理的消极面逐渐大过了积极面。有鉴于此，2009 年上海文广新闻传媒集团在经营策略上进行了调整，收回了某些频道的广告经营权，将买断代理资源的比例压缩到 10%，同时希望更多的买断代理公司向全面客户代理转型，促使广告市场健康有序发展。这样做虽然从短期看，广告经营的收益没有提高，但从电视媒介广告中心的整体经营上看，坚持了合理的价格体系，让频道承担起在整个集团中应有的广告经营角色和经营比重，使集团能够更加体系化、战略化地来思考频道的长远发展。

上海文广新闻传媒集团虽然对客户代理制和买断代理制的比例进行了适当的调整，但并没有否定两者中任何一种代理方式的功能，而是让两者协调共存，使它们在电视台的广告经营中发挥不同的作用。

（二）电视媒介如何搞好与广告代理公司的关系

电视台与广告代理公司的关系处理得好，可以调动广告代理公司的积极性，建立起有效的客户网络；与广告代理公司的关系处理得不好，就可能影响电视台广告部门的工作效率。电视台与企业对待中间商一样，应该制定激励广告代理公司的政策。比如，可以考虑对代理业务量大的广告公司和代理业务量小的广告公司采用不等的回扣，或以一定的代理额为基数，超出部分，除佣金外再给以适当的奖励。又比如，中央电视台每年评出“十佳广告代理公司”，并给予证书和奖金，就是对广告代理公司激励政策的表现。

实行广告代理制以后，电视台不再直接向广告主承揽广告业务，但这并不意味着电视台不能派员与广告客户联系或不能向其推荐自己的媒介，如果通过电视台人员的介绍，客户主动对其代理公司提出，希望在某电视台上做广告，广告代理公司不但不会有意见，反而会非常乐意。

三、搞好广告服务，赢得客户信任

电视广告经营的优势，主要是靠电视台的专业技术和媒体发布来实现的。因此，电视广告部门在广告节目制作和传播专业技术方面应该高标准、严要求。为客户提供良好的服务是市场营销的宗旨。电视广告经营作为一种服务性市场营销，更应该为广告主提供良好的服务。

客户服务的好坏不单表现在礼貌热情的态度、快捷的办事效率等常规方面，更表现在电视台广告经营人员良好的专业素质上。广告经营人员要能为广告主提供有价值的专业咨询，准确、及时地为广告主提供科学、客观的收视率数据、广告监测数据等。电视台的领导者和工作人员要有良好的综合素质，才能实现客户的最大满意度。

为了赢得客户的信任，电视台应引入关系营销。所谓关系营销，就是把营销活动看成一个企业与消费者、供应商、分销商、竞争者、政府机构及其他公众发生互动作用的过程，其核心是通过建立和发展与这些公众的良好关系来达到销售产品和服务的目的。电视台引入关系营销，将不再把电视台和广告主之间的产品买卖看成一次性的交易，而是把客户关系的维护看成长远的事情。电视台应建立专门的部门，用以跟踪广告主和广告代理商，由此了解它们的态度以及与其关系的变化，及时采取措施消除关系中的不稳定因素和不利于关系各方利益共同增长的因素。电视台的广告部门要与客户进行信息的双向沟通，并通过合作实现利益的双赢。有效的信息反馈，也有利于电视台及时改进服务，更好地满足市场的需求。现在，越来越多的电视台认识到，与电视媒介使用者建立和维系一种长期的战略伙伴关系是双方获得“双赢”的最大保障。

四、运用价格策略，搞好时间销售

（一）电视广告时间定价的依据

价格是电视广告经营中最敏感、最值得关注的问题，电视台应该制定科学合理的价格体系，实施价格策略，通过价格杠杆吸引客户的广告投放。电视台管理人员应注意协调好价格体系的平衡，使利益最大化。电视广告一般是以秒或分为单位定价的，为广告时间定价，通常要考虑以下几个因素：

1. 收视率

由于电视广告的收视率与广告效果关系密切，因而在为广告定价时，收视率是一个重要依据。收视率高的电视台、电视频道、电视时段，价格定得高一些；反之，则定得低一些。将本电视台的收视率公之于众，能获取广告主和广告代理公司的信任，这也是电视台诚实经营的一种表现。

同一个电视台，播出的时间不同、节目不同，收视率也不同，有的甚至有很大的差别。就时段而言，19:00 到 21:30 收视率最高，9:30 至 10:30，收视率次之。电视台一般按时段的收视率，从高到低，把全天 24 小时分为特、甲、乙、丙四个等级。特级时段，价格最高；甲级时段，价格次之；乙级、丙级依次再降。

就节目而言，有的节目收视率高，有的节目收视率低，在收视率高的节目前或节目中插播广告，价格也比收视率低的节目高。电视媒介的时段价位相对稳定，而节目价位却是随时可以调整、变化的。

2. 权威性

就一般情况而言，电视台的观众越多，其权威性越大，但电视台权威的大小，并不仅仅是由观众的多少决定的，它还包括在观众中建立起来的信任度。电视台的信任度越高，权威性越大，其广告的影响力和广告效果就会优于有同样多的观众，但信任度比较低的电视台。广告主如果能选择前者发布广告，这对其品牌的提升将会有很大的帮助。但需要注意的是，权威性高的电视台，广告费用也比较高，所以广告主应根据自身的情况来权衡电视台权威性的大小和广告费用之间的关系。

3. 观众的购买力

观众收入或购买力的高低，也是衡量电视台、电视频道或电视栏目广告价值的一个重要标准。那种简单地认为观众越多，电视媒介的广告效力就越大的观点是片面的。如果一个电视栏目的观众很多，但这些观众都缺乏购买力，那么在这个栏目中播出广告，销售效果还是不会好；相反，一个电视栏目的观众不太多，但这些观众都有很强的购买力，那么，在该栏目中播出广告，销售效果可能比前者还会好一些。

4. 购买时间的多少

如果客户购买的时间比较多，单位时间的价格就比较便宜；反之，则比较贵。这就相当于批发价与零售价的差别。这里所说的“时间比较多”有两种情况：一种情况是一次播出的时间比较长，比如，30 秒的电视广告就比两个 15 秒的电视广告价格低，同理，15 秒的电视广告也比 3 个 5 秒的电视广告价格低。反之，两个 15 秒的电视广告则可高出一个 30 秒电视广告价格的20% ~ 30%，这样定价，是为了鼓励广告客户购买较多的广告时间。

另一种情况是连续播出的次数比较多。电视台对购买一个月或一整年多次播出时间者，比只购买一次播出时间者，会给予比较优惠的价格，这也是为了鼓励广告客户购买本电视台较多的广告时间。

5. 是否指定播出

如果广告客户指定购买收视率高的特殊广告时间，那么，电视台可以通过在正常收费基础上的加价，来限制这种紧俏资源的使用。广告客户指定播出的特殊时间有节假日及其他紧俏的时间，例如，奥运会期间的广告价格就会比平时高出很多。

总之，电视广告时间的定价一定要公平合理，只有这样才能维护自己的声誉，并有利于电视台所有广告时间的销售，比如，为收视率低的时段或节目制定比较低的广告价格，可以促进收视率低的时间的销售。

（二）电视广告时间销售的策略

像报社的广告经营，实质上是向广告客户出售版面一样，电视台的广告经营实质上就是向广告客户出售播出时间。电视广告有不同的播出形式，不同的播出形式有不同的播出时间销售策略。

1. 固定时段广告时间销售

固定时段广告时间的价格是相对固定的，也就是说，在一般情况下，价格不变，但如果一个时段的广告节目的价值发生了比较大的变化，那么广告时间的价格也会发生变化——播出节目的价值高、收视率高，其价格就高；相反，播出节目的价值低、收视率低，其价格就低。此外不同的电视频道也有不同的广告时间价值，一般声誉较好、权威性较强的电视频道的时间价值就相对高一些，为其制定的价格也相对高一些。

2. 栏目内广告时间销售

栏目内广告时间的价格通常比相应的固定时段的价格高，不同的栏目，广告时间的价格相差很大。一般来说，品牌节目的广告时间价格往往比普通节目的高出几个档次。栏目内广告与节目紧密结合，能使广告的目标受众与电视节目的观众更多地重叠，广告的针对性很强。随着客户对广告投放效果认识的加深，栏目内广告将会越来越受客户的重视。甚至有些经营者主张取消固定时段广告，将固定时段广告栏目化，以期达到更好的广告效果。

3. 特别节目广告时间销售

特别节目广告时间销售是电视广告经营的特殊形式，也是电视广告经营中变化最大的形式。特别节目的广告时间销售一般比较灵活，其价格可以根据电视台的情况来制定。在特别节目播出期间，相应的时段广告、栏目广告的时间价格应该上浮，或者单独制定新的时段、栏目广告时间价格。特别节目播出时期是一个很好的广告销售时期，电视台应该利用好这个机会，使这一时期的广告时间销售有较大的成效。

4. 电视剧广告时间销售

对于一般的地方电视台来说，电视剧广告的收入往往占全部广告收入的40%左右，所以，电视剧广告时间的销售成为电视台广告时间销售的重点，几乎每家电视台都设立了播放电视剧的专业频道。因为客户对电视剧广告投入的多少，主要是由电视剧收视率的高低决定的，所以，一个电视台播放电视剧收视率的高低，在一定程度上决定了其广告收入的多少。电视剧的广告招商，需要根据不同的电视剧制定不同的价格，做出专门的广告招商书。由于电视剧的题材、前期炒作等情况的差异，不同的电视剧有不同的收视率、不同的目标观众群，广告招商书也需要相应的变化。一部好的电视剧，其广告收入往往十分可观，例如，中央电视台播出的58集电视剧《汉武大帝》，其贴片广告收入就超过了1.2亿元。

5. 黄金时段招标销售

通过广告推介招标会售卖电视媒体的优质资源——黄金时段是电视广告经营最早，也是最有效的营销模式。中央电视台的媒体广告推介招标会在时段的售卖上效果尤为突出，引来各电视台的效仿，使得广告推介招标会逐渐成为一年一度各电视台必演的年终营销大戏。

2010年初国家广电总局的61号令限制了电视广告的时长，广告资源的锐减，将使全国电视广告资源变得相对稀缺。真正具有全国影响力的央视和少数省级卫视的黄金时段广告更加炙手可热，具有全国影响力的卫视优质广告资源的传播价值也会不断飙升。在优质广告资源依然受到广告客户追捧的情况下，广告推介招标会的售卖形式还会继续使用下去。

（三）电视广告时间价格的变化

1. 提价与降价

电视台在制定了基本价格之后，在广告经营中，还需要根据市场环境的变化适时地对广告价格进行调整，在销售旺盛时适当提高价格，在经营惨淡时适当降低价格。无论提高或降低价格，都不能使价格变化太大，而要控制在规定的范围内。提价太多，会给客户造成一种乘机哄抬价格，赚取高额利润的印象；降价太多，又会给客户造成一种品牌形象和影响力下降的印象。这两个极端都不利于电视台广告的经营，所以管理者要把握好提价和降价的分寸。

2. 打折促销

除一些权威性很大、影响力极强，广告业务非常充足的大型媒体单位能做到定价与实际售价一致外，绝大多数媒体单位，都会采取降价或打折的策略来争取客户，这样，一些电视台广告时间的实际售价就会低于定价，这也是比较常见的一种现象。

从现实情况看，一般电视台的实际广告时间售价往往低于定价的10%～40%，有的甚至是按定价的50%或更低价格出售。价格折让的多少，通常根据电视台广告来源的多少来决定。广告来源少的时候，可以多给客户一些折扣，以激励客户购买。广告来源多的时候，则可以少给客户一些折扣，以充分利用有限的资源。

电视广告时间打折促销应注意的问题是：长时间用大幅打折的方式来促进广告时间的销售，可能引起广告主对广告定价合理性的怀疑，甚至可能使广告客户对媒介失去基本的信任。大幅打折使电视台的业务员在推销广告时间的时候，在价格上有很大的伸缩性。如果不同的业务员或同一个业务员对不同的广告客户给予不同的折扣，这可能造成广告价格的混乱。而且各电视台之间进行恶性价格竞争，也会影响电视台的广告收益。

价格优惠或打折，是一种常用的促销方法，对于电视广告时间的销售也是一样。但是过大的折扣，比如30%以上，可能会导致消极的结果。此外，对客户最好采用大体相同的折扣标准，以免使客户对电视台的公平性产生怀疑。

五、遵守法律法规，严格广告审查

电视台在从事广告经营的过程中必须遵守《中华人民共和国广告法》及其他相关的法律、法规。同时还负有对广告主或其代理公司送播的广告进行审查的责任。

（一）依法经营，规范播放

由于电视广告市场竞争激烈，许多地方电视台的收视份额不断被抢占，自身又缺乏资源，无法制作高质量的节目，于是就采取了粗放经营的模式。

电视媒介粗放经营主要表现在以下几个方面：把延长广告时间作为增加广告收入的主要途径，严重超时播出。某些地方电视频道在黄金时段每小时播出的广告竟然多达20多分钟；在电视剧中间无节制插播广告；就餐时间播放容易引起群众反感的广告；在转播节目过程中插播流动字幕广告等。

为了加强宏观调控，规范广告播放，控制广告价格战；同时鼓励电视台进行节目创新，遏制电视剧滥播的局面，引导电视媒介脱离粗放经营模式，走上提升媒介品质，打造核心竞争力的健康发展道路，国家广播电影电视总局、国家工商管理总局颁布了一系列法令。比如，国家广电总局2009年9月颁布、2010年1月1日起施行的《广播电视广告播出管理办法》（简称“第61号令”），就是规范国内电视广告环境的一个重要举措。

“第61号令”第十五条规定，播出机构每套节目每小时商业广告播出时长不得超过12分钟。其中，广播电台在11:00～13:00、电视台在19:00～21:00，商业广告播出总时长不得超过18分钟。

第十六条规定，播出机构每套节目每日公益广告播出时长不得少于商业广告时长的3%。其中，广播电台在11:00～13:00、电视台在19:00～21:00，公益广告播出数量不得少于4条（次）。

第十七条规定，播出电视剧时，可以在每集（以45分钟计）中插播2次商业广告，每次时长不得超过90秒。其中，在19:00～21:00播出电视剧时，每集中可以插播1次商业广告，时长不得超过1分钟。

第十九条规定，除电影、电视剧剧场或者节（栏）目冠名标志外，禁止播出任何形式的挂角广告。

第二十一条规定，电影、电视剧剧场或者节（栏）目不得以治疗皮肤病、癫痫、痔疮、脚气、妇科、生殖泌尿系统等疾病的药品或者医疗机构作冠名。

第二十四条规定，播出商业广告应当尊重公众生活习惯。在6:30～7:30、11:30～12:30以及18:30～20:00的公众用餐时间，不得播出治疗皮肤病、痔疮、脚气、妇科、生殖泌尿系统等疾病的药品、医疗器械、医疗和妇女卫生用品广告。

此外，“第61号令”还禁止播出法律、行政法规和国家有关规定禁止播出的所有广告。

目前，大多数电视台都在积极调整广告经营战略，努力提高节目品质，合理编排节目，注重打造品牌形象，严格控制广告时长，强化客户服务。随着国家立法的进一步完善，电视广告市场将会进一步规范，那种狂轰滥炸的劣质电视广告必将成为历史。优质的广告，科学的媒介策略，丰富的广告投放渠道，将是今后厂商广告行销的法宝。

（二）负起责任，搞好审查

电视台是电视广告的发布者，也是电视广告的审查者。《中华人民共和国广告法》规定，广告发布者应依据法律、行政法规检验有关证明文件、核实广告内容。对内容不实或证明文件不全的广告，广告发布者不得发布。由此可见，电视台作为广告的发布者，在广告内容的审查方面负有主要的责任和义务。电视台在电视广告资源的销售中，切实搞好广告播出之前的审查，是一个至关重要的环节。

广告审查，是指对广告内容是否符合法律规定进行的审查。广告审查的主体包括法律、行政法规规定的国家有关行政主管部门、广告经营者和广告发布者。广告审查的客体是广告内容的合法性。广告审查是国家制定的广告发布标准得以顺利实施的基本条件，它可以有效地避免、控制、减少或制止虚假、违禁广告的产生，是广告业有序发展的重要保障。

电视台对广告内容进行审查的范围较广，凡是电视台发布的广告，不管是时段广告、栏目广告、特别节目广告还是电视剧广告，都必须经过审查。

一般来说，在广告销售协议达成以后，广告协议的具体执行包括以下环节：首先是企业委托广告公司将广告带拿到电视台广告部进行审查，广告带审查合格之后，再鉴定版本播出协议，同时审核广告购买协议以及广告款是否到位，上述程序完成之后，才制作并播出广告。电视台应由懂得广告法律、法规的人专门负责广告内容的审查。

第五节　电视台广告之外的营销传播经营

随着电视传媒业体制改革的推进，我国电视业进入了一个全新的市场化经营时代，电视媒介间的竞争日趋激烈。近年来，网络广告的崛起，也给电视媒介的经营带来了压力。在这样的形势下，各电视台的营销传播经营人员必须不断探寻，寻找出适合电视台营销传播经营的新方式，才能在激烈的竞争中立于不败之地。

除经营广告以外，电视台还可以借助自身的品牌开展其他的营销传播经营活动，如为企业策划和实施促销、公关活动等。

一、借助电视台或栏目品牌帮助企业开展活动营销

活动营销又叫事件营销，指企业介入重大的社会活动或社会事件，确定这些活动或事件的主题，并通过一系列的策划和实施，在一定阶段展开强力和密集的传播，以提高产品的知名度和美誉度，最终促进产品或服务销售的营销传播方式。运用这种营销传播方式，不但能够吸引大量的受众，在短时间内使信息传播效果最大化，而且可以节约大量的宣传成本，所以活动营销逐渐成为国

内外流行的一种公关传播与市场推广手段。

电视传媒企业帮助企业开展活动营销，能够在最短时间和最大范围内形成最大的影响。它通过制造热点事件、热点人物、新奇概念，并将这些事件、人物、概念反复宣传来最大限度地捕获公众的注意力，从而为广告主带来最大的广告效益。广告主借助电视媒介开展的活动营销具有很大的传播价值，蕴含着巨大的商机，同时也能极大地提升媒介自身的品牌价值。

有些企业由于受到自身影响力和营销传播策划水平的限制，单独无法开展有效的活动营销，而电视媒体却可以为客户提供咨询、结合客户的营销目标和资源状况为其量身定做传播方案，并发挥自身巨大的影响力，联合平面媒体、网络媒体及相关政府部门和单位，一起帮助客户进行活动营销。

二、为其他电视台代理广告业务

目前，电视台基本的收入来源首先是广告，其次是节目产品，然后是其他经营。在这三个方面的收入中，广告收入所占的比例最大，因此，电视媒介经营者总是把增加广告收入放在十分重要的地位。以城市电视台为例，近些年来，不少城市电视台的广告年创收总量持续增长，除了广告创收的人员构成、创收激励机制等因素外，立足本地，积极开拓外地广告客户市场是形成这种局面的一个重要原因。现在的城市电视台都有专门的广告经营机构，如广告部、广告中心等，并且都拥有一批较为固定的广告客户，其中包括本地客户和外地客户，这些客户与广告部门保持着经常的、长期的合作关系，是不可多得的广告资源。城市电视台的广告部门除了完成本台的广告联系、策划、制播以外，如果能认真代理其他电视台的广告业务，那么既可增加本台的广告总量，也能减少广告客户多头联系的麻烦。

三、通过建立网络电视台为企业提供营销传播服务

国内在网络社区内开展的营销传播活动，主要有普通品牌广告、引擎搜索广告、效果联盟推广、帖子营销等。市场研究公司 JuPiter Research 的调查显示，77%的网民在线采购商品前，会参考网上其他人所写的评价；超过 90%的大公司相信，用户推荐和网民意见在影响用户是否购买的因素中是非常重要的。由于社区是一个交流的场所，所以口口相传将成为网络社区最主要的营销传播方式。电视台可以借助互联网社区的优势，建立自己的网上电视台，在为企业提供营销传播服务的同时也扩大自身的影响。

第十三章　网站的营销传播经营

随着互联网的高速发展、众多网站的建立、企业对网络广告作用认识的提高和对网络广告需求的增长，网络广告经营已成为网站获取经济效益的一个主要来源，如何搞好网站的广告经营也就成了许多网站不得不认真研究的一个重要问题。

第一节　网络媒介

一、网络媒介的产生与发展

（一）网络媒介的产生

互联网（Internet）是全球最大的计算机网络，它延伸到世界180多个国家和地区，是继传统四大媒体之后崛起的最具发展前途的新媒体。

互联网的前身，是1969年美国国防部为建立一个军事指挥系统，将几个用于军事及研究的计算机主机联结而成的网络（名为ARPANET）。任何一台计算机在本地接入该网络，就可以共享其中的资源。20世纪80年代中期，美国国家基金委员会建立了一个名为NSFNET的网络，并使该网与ARPANET及其他一些网络联结，以利于大学和研究机构共享网络资源，这个新的计算机网络就是Internet。20世纪90年代，由于商业性网络的联结和大量商业性公司的进入，互联网飞速发展，用户持续猛增。

（二）我国网络媒介的发展

中国网络媒介的发展与世界互联网的发展紧密相连，但又具有自身的特色。其发展大约经历了以下几个阶段：

1. 研究试验阶段

1987—1994年，是我国互联网发展的研究试验阶段。这一阶段，科研部门和高等院校开始研究Internet联网技术，并开展了专项课题研究和科学技术合作。这个阶段的网络应用仅限于小范围的电子邮件服务。1994年中国被国际上正式承认为有互联网的国家。

2. 初级发展阶段

1995—1998 年是我国互联网发展的初级阶段。1995 年邮电部正式开放因特网业务，此后多个互联网络项目相继启动，互联网开始进入公众生活并迅猛发展。网络媒介正式步入中国传播领域。

3. 快速增长阶段

1999 年至今年是我国互联网快速增长阶段，网络媒介成为中国重要的媒介形态之一。中国传统新闻媒介共建立了数千个网站和网页，涵盖了中央、省、区、直辖市、计划单列市、地市、县市级各类新闻媒介。此外，还出现了行政区域内众多主流新闻媒体合力共建大型网络传播平台的新模式。比如北京千龙新闻网、上海东方网、天津北方网等。

2004 年在意大利威尼斯举行的 2004 年宽带世界论坛上公布的数据显示，在全球 1.23 亿户的宽带用户中，中国宽带用户数最多，当时已有 1270 万 DSL 用户。网络的发展为网络广告提供了切实有力的支撑。

2004 年以来，中国本土又掀起了一股互联网的上市热潮，Tomon lite、灵通网、携程网、慧聪国际等纷纷上市，这是中国的互联网产业在经历 2000 年"寒冬"之后的又一次新的发展。截至 2004 年 12 月底，我国上网用户总数已达 9400 万，是 2003 年同期的 18 倍，是 1997 年的 146.9 倍。上网用户中使用宽带上网的人数达到 4280 万。

中国互联网络信息中心（CNNIC）发布的第二十次中国互联网状况发展报告显示，截至 2007 年 6 月，中国网民人数已经达到 1.62 亿，仅次于美国 2.11 亿的网民规模，与 2006 年同期相比，中国网民增加 3900 万人，增长率达到 31.7%。其中宽带上网的人数达到 1.22 亿。当年我国网民数和宽带上网人数均仅次于美国，位居世界第二。

中国互联网络信息中心（CNNIC）2011 年 7 月 19 日发布的《第 28 次中国互联网络发展状况统计报告》显示，截至 2011 年 6 月底，中国网民规模达到 4.85 亿，互联网普及率攀升至 36.2%. 我国已毫无疑问地成为互联网大国。

经过二十余年的发展，中国互联网已经形成规模，人们在工作、学习和生活中越来越多地使用互联网。尽管我国互联网络的大环境经历了高潮、低潮的反复，但我国上网用户人数一直保持着较强的增长势头。从上述中国网络媒介发展历程来看，中国用户数量在几年间增加很快，在数字增加的同时，网络业的质量也在改善。全国各大中城市正加快网络基础设施的建设步伐，网络企业通过各种融资渠道如雨后春笋般增加；而传统企业也正以其坚实的传统产业为依托，积极拓展自己的电子商务及其他互联网业务。随着我国经济的持续快速发展，网络媒介将在中国得到长足的发展，成为极富挑战性的媒介，并将逐渐改变传统的信息传播方式。

二、网站的主要类型

互联网经过10多年的发展，到今天已经拥有了许许多多的网站。正是这些不同类型的网站造就了形形色色的网络世界。按照不同的标准可以把网站分成不同的类型，目前主要的分类方法有两种，具体划分情况如下：

（一）按照网站主体的性质划分

按照主体性质的不同，可以把网站分为政府网站、企业网站、商业网站、教育科研机构网站、个人网站、其他非盈利机构网站等。这种分类方法带有非常强烈的yahoo烙印，目前大多数网站都采用这种分类方法。

（二）按照网站提供的服务划分

根据提供服务的不同，可以把网站分为资讯网站、交易网站、互动游戏网站、有偿服务网站、功能网站、综合网站等。采用这种方法为网站分类，能给网站定位带来帮助。

资讯网站，即以提供信息为主要目的的网站。投资者建设这种网站，是为了在互联网上开设一个宣传的窗口，而不要求开展具体的业务或工作。这类网站所包含的功能比较简单，通常有检索、论坛、留言等，也有一些提供简单的浏览权限控制，比如，好多企业的网站中就有只对代理商开放的栏目或频道。这类网站技术构架简单，目前大部分的政府和企业网站都属于这一类。

交易网站，即以收取订单，实现交易为目的的网站。这类网站中最著名的有亚马逊、易趣、卓越等。企业为配合自己的营销计划而搭建的电子商务平台，也属于这一类，如海尔的网上商城等。人们通常把这类网站称为电子商务网站，但根据电子商务的正式定义，其外延实际上要比订单交易大得多，所以把这类网站叫做交易网站更名副其实。

互动游戏网站，即为玩家提供互动游戏服务的网站。这是近年来在国内逐渐风靡起来的一种网站，其代表有传奇、仙剑情缘、联众等。这类网站的投入是根据所承载游戏的复杂程度来决定的，现在的趋势是向超巨型方向发展，有的已经形成了独立的网络，网站的投入非常惊人。

有偿资讯网站，即提供资讯并要求直接回报的网站。这类网站都有一个业务模型，通常的做法是要求访问者按次数，或按时间、数量付费。这类网站的代表有101网等。

功能网站，即具有某个强大功能的网站。这种网站的特点是，开发一套强大的支撑体系，将一个具有广泛需求的功能扩展开来，将该功能的实现推向极值，把一个看似人人都会的功能做到大多数人难以企及的程度。这种网站的著名代表是google（谷歌），国内的百度、天极网、空中网等也都属于这类网站。

综合网站，即为网民提供两个以上典型服务的网站。这类网站好像一个网站服务的大卖场，不同的服务由不同的服务商去提供。这类网站的首页包含了其所能提供的多种服务，一般看起来非常拥挤，如雅虎、新浪、搜狐等。

三、我国网络媒介的竞争态势与发展趋势

（一）国外网络媒介纷纷进入

中国互联网市场发展迅猛，截至2011年6月底，上网用户人数已达到4.85亿。这样一个巨大的市场必然引起国外网络公司的兴趣。美国互联网市场分析家萨法·拉什奇说："大网络公司的紧迫意识在加强。它们认为如果在中国没有大的赌注，就有可能被淘汰出局。"亚马逊公司的CEO贝佐斯也认为，虽然在中国网络市场投资需要多年才能成功，但"在一个快速增长的国家进行的投资是有价值的"。

2003年后，中国按照对世界贸易组织承担的义务，放宽了对外国公司不能在中国网络公司投资的限制，允许外国公司可以直接拥有中国网络公司50%的股份。这种有利的投资环境使得美国的网络巨头纷纷进入中国互联网市场。

雅虎是率先进入中国市场的网络公司之一。2004年，它以1.2亿美元购买了一家香港公司的股票，从而取得了对中国搜索引擎3721的控股权。统计显示，2004年雅虎公司在中国的广告销售额达到2400万美元，并且占有1/4的搜索市场。

2004年，拍卖网站eBay公司支付给特拉华的易趣网公司1.8亿美元，取得对中国网上拍卖商易趣网的控制权，在此后的一年中，易趣网的销售额增长了70%，达到1亿美元。

2004年8月，亚马逊公司以7500万美元购买了一家英属维京群岛的公司，取得了对中国主要的网上售书商卓越网的控制权。

2005年2月，美国Google公司与腾讯公司达成了为中国企业提供搜索服务的合作协议。5月下旬，它又在上海开设了一家办事处。Google在中国主要的搜索公司百度也占有小量股份，对百度形成了一定的压力。

2005年5月11日，微软公司的MSN门户网站与上海联合投资有限公司签署合同，共同经营汉语MSN。这个合作项目将为《北京青年报》和"上海媒体集团"提供各种内容的汉语服务。

（二）国内网络媒介竞争激烈

中国互联网网络信息中心发布的报告显示，截至2010年12月底，中国的互联网网站数量为191万个。用户需求的总体相同性，产品开发技术创新的滞后，以及产品样式易于复制的特性，令互联网竞争日渐激烈。总体来说，当前中国互联网企业之间的竞争，主要表现在以下两个方面：

1. 各类型网站中强者之间的竞争

由于网民总体需求有限，网站产品容易仿制，导致各网站产品矩阵相互重叠，行业内部竞争激烈。大型门户、搜索门户、社区门户、即时通信、电子商务等各类网站中的领先者们，为了摆脱目前业务模式发展的局限性，实现收入模式的多样化，不断开发新产品、新业务，通过扩充企业产品服务矩阵的方式，延长产品价值链，提升网站竞争力，增强网站粘贴度，巩固用户基础。例如，网易、搜狐、新浪、腾讯四大门户网站在新闻资讯、电子邮件、博客、网络游戏、即时通信等方面都存在激烈的竞争。2003—2004年，看到QQ、MSN在即时通信工具方面的成功与市场效益，网易、新浪、搜狐分别推出了各自的即时通信工具网易泡泡、新浪UC、搜狐搜Q等，并通过免费发手机短信等手段试图争夺即时通信市场。2006年“五一”期间，新浪、搜狐针锋相对地推出针对对方的博客搬家行动。2008年，网易、新浪、腾讯三方为了与作为奥运合作伙伴的搜狐争夺在奥运新闻报道上的主动性，结成奥运营销同盟，以抗衡搜狐拥有的上百张奥运采访证的优势。

在中文搜索领域处于领先地位的百度和谷歌，为克服单一业务模式的局限，都不遗余力地开发新产品、新服务，不断完善产品矩阵，进行全方位的竞争。MP3搜索服务一直是百度的业务支柱，MP3搜索流量一度占据其总流量的30%。面对竞争对手百度依靠MP3搜索取得的巨大流量，谷歌再次调整其本地化竞争策略，2008年初，谷歌与巨鲸音乐网合作进入MP3搜索市场与百度直接竞争。

在C2C市场，淘宝凭借免费策略和众多中小网站推广方式，挤掉了易趣的在华市场，占据了第一的地位。

2. 各类型网站中领先者对其他竞争者的压制

各类型网站中拥有巨大用户基础和种类资源的领先者，通过延长产品线，进行市场圈地运动，其产品直接挤压着各类垂直细分网站的生存空间。比如，腾讯凭借即时通信客户端QQ和上亿的用户优势，成功实现了门户网站转变，它所推出的游戏平台，成功挤掉了中国游戏中心、联众等，成为行业老大，而QQ空间突破两亿注册量，成为网络个人空间、博客类的流量龙头。2005年9月，腾讯的C2C业务——拍拍，同样依靠庞大的用户资源，成为淘宝的强有力竞争对手。

2006—2007 年，在中国股市疯狂上涨的过程中，东方财富网、和讯、金融界等专业财经网站的价值得到了极大的体现，搜狐、腾讯、网易、新浪四大门户，同样依靠用户群体、资源优势，成为市场强劲的挑战者。在网络游戏方面，网易、搜狐与盛大、九城、巨人等游戏运营商同台竞技。2007 年 10 月，百度正式宣布进入 C2C 市场，推出了百度“有啊”，并且针对淘宝的支付宝支付系统推出了对应的“百付宝”。因为百度的针对性竞争，也导致了淘宝针对卖家收取佣金这一酝酿许久的盈利计划实施的拖延。此后，百度 C2C 电子商务平台的招商巡展活动开始在全国展开，标志着百度、淘宝、易趣、拍拍正式展开竞争。

（三）我国网络媒介发展的新趋势

门户网站将在变化中寻求调整。经过十多年的发展，门户网站已不再是互联网中最核心的部分。尽管门户网站的影响力依然强大，但越来越多网站的参与使市场更加多元化，门户网站的市场份额还将继续下滑。在这种形势下，各大门户网站将努力寻求调整，新浪微博、搜狐白社会、腾讯朋友都表现出门户网站希望在社会化媒介上有所作为的意图。

搜索引擎市场的竞争将更为激烈。百度框计算落地、搜狐搜狗与阿里合作、淘宝——淘搜索推出、人民搜索上线、新华社与中国移动搜索合作意向达成，这些都为未来几年搜索市场的发展提供了基础，搜索的市场规模也会受此影响在未来有更大的增长。

第二节 网络广告

一、网络广告的含义与分类

（一）网络广告的含义与作用

网络广告，是指利用国际互联网这种载体，通过图文、多媒体形式发送的旨在推广产品、服务或站点的信息传播活动；它是一种由广告主自行设计、制作或者委托他人设计、制作，在网络上发布或向目标消费者传送的非人员推广形式的信息传播。

在人们打开网站浏览信息的时候，电脑屏幕上会出现另外的一些小窗口，采用的是弹出式界面，而且即使你关闭其中的一个，还会有其他的窗口陆续弹出，一直占据着屏幕的一部分，这就是最为常见的弹出式网络广告。除此之外，网络中还有网幅广告、链接式广告、电子邮件广告、网上分类广告、网站栏目广告、在线互动游戏广告、网页广告等。网络广告几乎是强制性地进入了人们的视野。

随着科学技术和网络营销的发展，网络广告的形式越来越多。Web 主页、电子邮件 1、BBS、新闻组、专业网站数据库、公共黄页、聊天室、网络传真等都可以用来传递营销信息。

网络广告是网络营销发展初期采用的主要方法之一。在所有与品牌推广有关的网络营销手段中，网络广告的作用最为直接，同时网络广告也常用来促销产品、推广网站，它已成为网络营销中最重要的营销促进手段。

（二）网络广告的类型

我国网络广告的类型是随着网络广告的发展不断变革和增加的。最初出现的是横幅广告、按钮广告、插页广告等，后来又产生了电子邮件广告、MSN/QQ 广告、论坛广告、博客广告、植入式广告、搜索引擎广告、视频广告等新类型。网络广告类型的多样化给广告主提供了更多的选择。下面是几种常用的网络广告：

（1）横幅广告，又被称作“网幅广告”或“旗帜广告”，它是横跨于网页上的矩形公告牌，当用户点击这些横幅的时候，通常可以链接到广告主的网页。横幅广告最常用的尺寸是 486×60 像素，称为全横幅广告；234×60 像素的，称为半横幅广告；120×240 像素的，称为垂直旗帜广告。横幅广告是网络广告最早采用的形式，也是目前最常见的形式。

（2）按钮广告，又称“图标广告”，也是网络广告最早和常见的形式之一，通常是一个链接公司的主页或站点的公司标志，并注明“Click me”字样，希望网络浏览者主动来点选。按钮广告最常用的尺寸有四种，分别是：125×125 像素、120×90 像素、120×60 像素、88×31 像素，由于尺寸偏小，其表现手法较简单。

（3）墙纸广告，是把营销信息表现在墙纸上，并将其安放在具有墙纸内容的网站上，以供感兴趣的人下载的广告形式。这里的墙纸指电脑显示屏幕所使用的各种背景图片，它可以根据大小和分辨率来做相应调整，墙纸可以让电脑看起来更好看或者更有个性。

（4）电子邮件广告，是指通过互联网，将营销信息发送到用户电子邮箱的广告。电子邮件广告一般采用文本格式或 html 格式。文本格式就是把一段广告性文字放置在新闻邮件或经许可的电子邮件中间；也可以设置一个 URL，链接到广告主公司主页或提供产品、服务的特定页面。html 格式的电子邮件广告可以插入图片，但是因为它与许多电子邮件的系统不兼容，所以 html 格式的电子邮件广告并不是每个人都能完整地看到的。

（5）竞赛和推广式广告，是广告主与网站合办网上竞赛或网上推广活动，以达到营销信息传播目的的广告形式。

（6）插页广告，是广告主选择自己喜欢的网站或栏目，并在该网站或栏目出现之前插入一个新窗口来显示其想要传播的营销信息的广告。因为新窗口会自动弹出，所以又称“弹跳广告”。

（7）植入式广告，是指把产品及其服务具有代表性的视听品牌符号融入影视或舞台产品中，以达到营销信息传播目的的广告。它起先在电影、电视剧和综艺类节目中得到运用，后来又出现在网络中。视频网站较早引入这种广告形式。此外，在网络原创小说、网络新闻、网络论坛文章中都可以植入产品和企业信息。植入式网络游戏广告现在也很受广告主的青睐。互动式网络游戏广告则可在一段页面游戏开始、中间、结束的时候随时出现，并且可以根据广告主的要求，为其产品量身定做。

（8）搜索引擎广告，也可以叫做关键词广告，在访问者用某一关键词进行搜索时，它就会出现在搜索结果的页面上。随着中国搜索引擎用户数量的快速增长，搜索引擎广告市场的规模也迅速扩大。

（9）博客广告，是指发布在博客网站或个人博客上的广告。发布在博客网站上的广告主要有三种形式：一是普通的网络广告；二是企业募集专业写手发表的与企业产品相关的专业性博客日志；三是由企业提供内容，网站负责设计、注释、链接的企业或行业专题。个人博客广告则是指企业利用个人博客的“人气”在个人博客上付费投放的广告。

（10）网络视频广告，是指采用数码技术将传统视频广告融入网络的广告。与传统的网络广告相比，它具有更强的感官效果。网络视频广告的特点是：用户体验度更高，播放时间更长，播放时间、位置和频率的可控性更强，用户的重复浏览率更高，信息含量更大。

二、网络广告的特点

（一）网络媒体的长处

（1）覆盖地区广。通过因特网发布的广告，可以被世界上任何一台与因特网相连接的计算机用户查询或接收到，所以网络广告是不受国界限制、覆盖地区最广的广告。

（2）传播速度快。网络广告信息通过光缆传递，不受时间和空间的限制，可以及时将广告信息传送给网民。

（3）信息容量大。一个网络站点的信息承载量一般在几十到几百 Mb 之间，相当于数千页纸的容量。在每一个站点的主页下，有许多个链接页面可以发布广告，只要企业认为必要，它可以为网络用户提供尽可能多的有关产品或企业的文字说明、图片或动画。由于网络广告具有超强的链接功能，可以利用网上巨大的信息空间收集、存放、发送各种相关信息，这也给网络广告进行理性诉求提供了条件。

（4）作用视听觉。网络可以用图、文、声、像等多种形式传送视、听感官皆能接受的信息，使客户产生亲身体验产品或服务的感觉。

（5）内容更改快。网络广告的内容如果需要更改，既方便又迅速，而且几乎不需要什么成本。

（6）针对性强。由于有着相同兴趣、爱好的网络用户会经常浏览他们所喜欢的同一个网站，所以企业可以针对目标消费者，选择他们喜欢浏览的网站发布广告，做到有的放矢。

（7）信息易被搜索。因特网上有许多信息查询工具，它们可以帮助用户方便地搜索到自己需要的信息，凡是具备上网条件的人，都可以方便地浏览广告信息，所以发布网络广告，还有“等鱼上钩”的作用。

（8）实时双向沟通。网络用户不仅能够接收企业传送的信息，还可以通过企业提供的电子信箱，及时与其沟通，或在企业参加的讨论组中与其对话。网络用户不再是营销信息的被动接受者，他们可以主动查询信息，或根据自己的兴趣与需要点击图标，对企业发布的营销信息进行层次化的阅读。互联网使广告从传统的单向传播变成了双向沟通。厂商与消费者之间的实时互动，能使用户在参与和体验中强化对于广告信息的记忆，并导致最终的行动。

（9）到达情况易测定。利用设置在服务器端的 Log 访问记录软件或其他软件，企业可以获得访问者的详细访问记录。此外，企业还可以根据互联网上的访客流量统计系统，准确地得知接收到广告的人数，以及他们的分布地区和查询时间。这对其他媒体来说是不大可能的。

（10）费用低廉。网络广告的制作和发布费用都比较低，据分析，网络广告的平均费用只占传统媒体的3%，这就使得促销经费不足的中小企业也有可能通过网络来发布广告信息。

（二）网络广告的不足

（1）受众量有限。接收或搜寻网络广告，必须有一台与因特网相联结的电脑，而我国目前有条件使用电脑上网的人数占人口总数的比例还不太高，这一方面是经济条件的限制，另一方面也是文化和技术水平的限制，因此受众面狭窄就成了网络广告的弱点。如果企业的目标消费者与网络媒体的使用者重合面小，该企业就不会选择网络广告。不过，随着我国网民人数的增加和互联网普及率的提高，网络广告的这个弱点正在逐渐被克服。

(2) 吸引力欠佳。网络媒体虽然是视听结合的媒体，但由于技术手段的限制，画面的精美度和趣味性都不及电视，所以网络广告对受众缺乏吸引力。然而，随着网络技术的提高，富媒体包括视频广告的出现，网络广告的表现力和吸引力现在也有所提高。

(3) 信息发布者被动。企业发布网络广告，只有等到用户愿意点击或主动查询时才能被接收，它不像插播的电视广告那样有强迫收看的效果，所以广告的到达率较低。

(4) 难以管理。由于在网上发布广告比较自由，缺乏统一的管理，所以容易产生违反道德或法律的现象。

(5) 安全性差。由于网络广告具有交互性，所以也带来了安全与隐私方面的问题，网络安全日益引起人们的重视。

第三节　网络广告经营概况

一、网络广告市场的构成

网络广告市场，由要求做网络广告的广告主、代客户制作或购买网络广告时间的广告代理、为客户或广告代理发布网络广告的网站构成。广告主是买方，网站是卖方，广告代理是中间商。

(一) 网络广告主

从国际上看，最早一批广告主实际上就是网站自身。微软是 2000 年广告支出最多的网络广告主。1997 年中国网络广告起步的时候，网络广告主也是局限于几大 IT 厂商。随着互联网产业的迅猛发展，越来越多的传统产业广告客户不敢小视互联网日益增大的影响力，逐渐开始认同网络广告，将网络广告确定为推广产品和服务的有效途径。

艾瑞咨询研究数据显示，我国 2010 年前 11 个月，广告主总计达到 17716 个。中国网络广告主数量的放量增长，表明网络媒体的广告投放价值正得到越来越多广告主的认可。与广告主数量激增相伴随的是投放网络广告的行业逐渐扩展，由原先大多集中在 IT、汽车、房产领域，扩展到食品、服饰、消费类电子产品等领域。广告主数量激增的主要动力是广大中小企业进入了网络广告主的阵营，它们大量选择搜索引擎作为广告投放的载体。

在 2010 年中国的网络广告市场中，广告投放费用排名前十的行业依次是交通、网络服务、房地产、IT 产品、食品饮料、金融服务、服饰、消费类电子、通信服务、化妆和浴室用品。这十大行业的网络广告投放额占了整个网络广告市场的85.59%。其中居第一位的交通类网络广告投放费用为33.58亿元，占22.58%的市场份额；居第二位的网络服务类网络广告为21.39亿元，占14.38%；居第三位的房地产类网络广告为18.29亿元，占12.30%。在交通类网络广告中最突出的是汽车类品牌广告，其中一汽轿车、凡客诚品、东风日产、一汽大众和上汽通用分别以2.4047亿元、1.9244亿元、1.8878亿元、1.8584亿元、1.8066亿元占据着2010年我国网络广告市场TOP30广告主的前五位。

（二）从事网络广告经营的网站

网络广告媒介的卖方主要是因特网出版商，他们创立网站并出售广告空间和时间。卖方还包括广告网与企业自己创立的网站。广告网经常替因特网出版商出售广告，企业自己的网站一般集中宣传自己的产品、品牌和服务，但其影响力不大，远比不上商业网站。CNNIC统计显示，2010年我国互联网网站数量已突破300万。排名前几位的网站来自广告的收益越来越多。

1. 网站从事广告经营的模式

网站可以通过自行运作或委托网络广告公司代理两种方式经营网络广告。一般来说，大型网站浏览者众多，技术和经济实力雄厚，有条件设置广告部门或直接收购网络广告公司经营网络广告；小型网站浏览者较少，缺乏技术和资金，没有条件自行经营网络广告，但很多专业性的网站，浏览者虽然较少，但受众相对固定，具有广告价值，可以通过网络广告公司代理经营网络广告。

近些年来，由于网络广告市场的快速发展和网络广告盈利能力的逐步凸显，网络广告公司成为网络巨头竞相抢购的目标。比如，Google、雅虎和微软都不约而同地盯上了网络广告公司，它们接二连三的收购行为更是让网络广告公司的身价不断上涨。2006年10月，雅虎购得网络广告公司Right Media20%的股份后，又与Right Media达成最终协议，以6.8亿美元收购了后者剩余的全部股份。Google则以31亿美元的高价收购了Double Click，并表示"整合Double Click之后，我们将可以为客户提供更出色的网络广告目标、服务和分析工具"。在雅虎和Google先后收购了网络广告公司之后，微软也坐不住了，它以60亿美元的天价收购了网络广告公司aQuantive，该公司旗下的Avenue A Razorfish是美国最大的网络广告代理商。微软的CEO史蒂夫·鲍尔默说："通过收购aQuantive，我们的广告网络将进入下一个阶段，从最初的MSN，发展至包括Xbox Live、windows Live和Office Live的微软网络，现在则覆盖了整个互联网。"

网络巨头们之所以不断地渗透到网络广告领域，并全力争夺网络广告市场份额，就是希望充分利用网络广告这种重要的盈利方式。它们都认为网络广告公司对自己的网络发展有着举足轻重的作用。三家巨头在网络搜索方面的投入都很大，也都希望能通过在搜索方面的影响力来获得足够的利润，而收购网络广告公司，则可以为它们提供一个更合理的盈利渠道和方法。

2. 我国从事网络广告经营网站的类型

目前我国从事网络广告经营的网站主要有以下几类。

（1）综合性网站。国内知名的大型综合性网站有新浪、搜狐、网易等，它们在提供综合性内容及服务的同时，提供网络广告服务。

（2）专业网络广告社区。这类网站提供网络广告相关内容服务，如网络广告知识、咨询、调研等，同时也从事网络广告设计制作、代理发布等业务，如网络广告先锋（www. wisecast. com）、中华广告网（www. cnad. com. cn）等。

（3）专业网络广告营销及电子商务公司网站。这类网站提供网络广告及网络营销和电子商务的一体化作业，包括一些网络商店，比如盈科广告网（www. lstbanner. com）、易趣网（www. eachnet. com）、淘宝网（www. taobao. com）等。

（4）专业网络广告交换网。这类网站提供大量的类目广告和广告交换服务。目前国内比较大型的专业网络广告交换网有网盟（www. webunion. com）、联盟（www. linkunion. com）、太极链（www. textclick. com）等。

（5）其他专门性网络广告公司网站。其他专门性网络广告公司指那些只从事网络广告某些方面经营的公司，比如专业从事广告信息咨询服务的中国黄页（www. chinapage. com）、专门以电子邮件为传送方式提供互联网络广告信息服务的索易网络杂志（www. soim. com）等。

（三）网络广告代理

在广告主和网站之间起连接作用的经常是互动代理商。互动代理商并不是诞生在美国的广告代理商云集之地——麦迪逊大街，而是在旧金山的多媒体峡谷以及纽约城的硅谷。当大的广告代理商对网络媒介的潜力和前途还抱着观望态度的时候，一些有眼光的中小广告公司却在网络广告代理方面领先了一步。

互动式的广告代理商有三个来源：由网站发展而来的广告代理商、专业网络营销商和传统的广告代理商。

第一，由网站发展而来的广告代理商有很强的技术背景，其创立初期的联合网站，引进市场营销和广告技巧，使得自己的经营颇具特色，在广告市场上能够独当一面，美国的互动广告代理商 Organic Online 公司和 Avalanche 公司就属于这一类。

第二，专业网络营销商在我国的历史不长，大约都成立于 21 世纪初，比如获得由《互联网周刊》颁发的2010年中国网络广告十佳奖的“北京腾信”、“科思世通”、“易传媒”等都是专业网络营销公司，它们也都承揽网络广告代理业务。

第三，传统的广告代理商也占互动代理商的很大一部分，比如我国4A广告公司下设的互动部门都承揽网络广告代理业务。

此外，也有从传统广告公司彻底转变为网络营销商的，比如获得由《互联网周刊》颁发的2010年中国网络广告金奖的“华扬联众”就是从建立之初的全服务传统广告公司，成功转型为数字营销专家的。凭借着优质的数字媒体资源和超强的执行能力，该公司目前已经成为中国互联网广告的领头羊。

需要指出的是，在网络广告市场中，卖方和买方的界限是比较模糊的，最普遍的现象是，网站自己也要购买广告对其网站进行宣传，广告主也可以创立自己的网站对自己的产品和服务进行宣传或促销活动。

二、网络广告经营的历史

（一）国外的网络广告经营

1994年10月14日，美国的Wired杂志在其网络版上首次发布网络广告，标志着网络广告的诞生。1995年美国网络广告支出为5000万美元，到2000年上升至79亿美元。市场调研公司eMarketer发布的消息显示，2010年美国网络广告支出为258亿美元，而印刷版报纸广告支出为228亿美元，网络广告市场首次超过印刷版报纸广告市场。日本的网络广告支出则在2009年就超过了报纸，网络已经成为仅次于电视的第二大广告媒体。eMarketer发布的消息还显示，2011年美国网络广告支出将达到285亿美元，预计到2014年将达到405亿美元。

艾瑞分析认为，2011—2014年，美国网络广告支出将持续出现两位数增长率（见图13-1），其主要原因有两个：一是受到全球经济回暖的影响，广告主对经济发展的良好预期促使其增加广告预算，包括网络广告预算；二是广告主意识到网络在人们生活中的重要地位，因此，他们将更加重视在网络广告市场的投入。

随着网络广告投放量的增加，网络广告的形式也日益多样化，从最初的旗帜广告、按钮广告、浮动广告，发展到赞助广告、互动游戏广告、电子邮件广告、博客广告、搜索引擎广告、视频广告等。据eMarketer分析，网络广告投放费用中，大品牌商以视频广告投放费用居多，而中小企业的投放费用则更集中于品牌图形广告和搜索引擎广告。

图 13-1

(二)我国的网络广告经营

从互联网在中国出现至今，我国的网络广告经营大致经历了两个阶段：

1. 产生与初探阶段

从1997年到2000年，是我国网络广告的产生和摸索发展阶段。

中国第一个网络广告产生于1997年3月，即Chinabyte网站为IBM公司所做的旗帜广告。IBM和Intel是最早在我国互联网上投放广告的广告主。1998年，中国的网络广告有所发展，经营额为3000万元。1999年，北京三元牛奶在网易上发布网络广告，这是中国传统企业使用网络广告的开端，当年我国的网络广告经营额为9000万元。2000年5月，国家工商行政管理局向全国27家知名度较高的网络公司颁发“广告经营许可证”，开展网络广告经营登记试点工作。这一时期，我国的网络广告市场实现了从无到有的突破，并初步成长达到亿级规模。

2. 下滑与调整阶段

这个阶段大约从2001年到2002年。互联网泡沫破裂致使互联网行业遭遇“寒冬”，网络广告市场规模的增长率也随之迅速下滑。2001年，我国网络广告市场规模的增长率从上一年度的峰值250%，一下子跌入到11.43%的最低谷。这一年，新浪、搜狐、网易三家门户网站由于受国际互联网危机的影响，广告营业收入增速也都放缓甚至下降。

但是，这一阶段网络企业对广告经营高度重视，2001年初，大部分商业网站都开始推出特殊形式的大尺寸广告；2001年新浪在中国网络门户中率先推出分类广告，并采取代理制来进行业务推广；其他网站也纷纷推出自己的网络广告业务模式。虽然增长率下滑，但2002年我国网络广告的市场规模仍然增长到了3.5亿元，不过它占网站经营总收入的比例仍然较小。

3. 复苏与成长阶段

这个阶段大约从2003年到2006年。随着互联网迎来新的发展机遇，网络广告也开始复苏与成长。网络经济的复苏、重大事件对互联网的促进、Web2.0应用的增多，都为网络广告的发展提供了契机。

2003年，汽车行业、房地产业开始大规模发布网络广告。数据显示，2003年中国网络广告总额突破了10亿元大关，达到10.8亿元，较2002年增长120%，是当年增幅最高的媒体。网络广告已成为互联网创收的主要来源。新浪、网易、搜狐等商业网站走出网络“寒冬”的第一个盈利支撑点就是网络广告。以新浪为例，它是中国三大门户网站中营业收入最高的，也是广告收入最多的网络媒体。据iResearch统计，在2003年中国网络广告收入的10.8亿元中，新浪的网络广告收入超过了3亿元。2003年后，我国网络媒体进一步强化了广告经营，在产品、定价、推广等方面均实现了突破；网络广告公司和网络广告客户也都迅速增加；搜索引擎广告市场的粗具规模，使网络广告的市场结构发生了重大的变化。

2003年，我国网站在自身的监测与评估方面也进行了卓有成效的努力。2003年11月，网易投入巨额资金与DoubleClick公司签订一系列合作协议，带来了全球领先的广告投放、管理和在线营销报告工具，这使得网易在更大程度上获得了广告客户的认可，并扩大了自身网络广告平台的影响力。同年12月，国内各大门户网站先后与Nielsen（尼尔森互联网测评）签订互联网测评服务合约。尼尔森测评服务在我国推广，预示着更健全、更成熟的网络广告监测与评估体系在我国得到广泛应用。

到2006年，我国网络广告收入已达到49.8亿元。

4. 高速发展阶段

2007年至今，是我国网络广告的高速发展阶段。这一阶段“奥运经济”给网络广告带来历史性的机遇，新兴的网络媒体形式为广告主有效地展开营销提供了更多的选择，随着SUS网站和视频网站的兴起，相关的网络公司也发展迅速，社区广告、病毒广告成为网络广告的新亮点。我国网络广告的市场规模在2007年突破百亿元后，继续稳定高速增长，2010年达到321.2亿元，接近作为第二大媒体的报纸的广告市场规模，网络广告在广告产业中的强势地位开始凸显。在这一阶段，我国网络广告客户与代理公司的数量也有了快速的增长。

三、我国网络广告的发展前景

2011 年 1 月，艾瑞咨询发布的 2008—2014 年中国网络广告市场规模预测显示：2011 年，我国网络广告市场仍将保持稳定增长，预计市场规模将达到 468.8 亿元，届时将实现对报纸广告市场规模的超越，成为我国的第二大广告媒体；2012 年我国网络广告市场的规模将达到 676.1 亿元；2013 年将达到 949.3 亿元；2014 年将达到 1296.4 亿元（见图 13-2）。

推动中国网络广告市场持续稳定增长的原因主要有以下几个方面：

第一，经济形势的完全好转是市场增长的基础性要素。2010 年，除 GDP 外，各行业投资总额和社会消费品零售总额都有较大的增长，我国整体宏观经济的良好表现保证了企业主在广告营销上的投入。

第二，垂直类网站的成长成为推动网络广告市场发展的新动力。随着用户行为的分化，垂直网站的吸引力和价值日益凸显。社交网站开始从广告中盈利，以搜房网、易车网、东方财富网为代表的各类垂直媒体进入增收期，视频网站广告收入更是成倍增长，网络广告市场将从主要依靠门户网站和搜索引擎拉动，逐渐向门户网站、搜索引擎、垂直网站共同拉动的局面转变。

第三，国内企业已经逐步接受网络广告。随着我国互联网的快速普及和网民数量的剧增，我国广告主的网络营销意识也不断增强，它们更加重视网络广告的投放。艾瑞咨询的监测数据显示，2010 年我国品牌广告主的数量比 2009 年有大幅度的增加，这个趋势在未来一段时间内还会延续。我国的网络广告主从最初的电脑、电信行业，发展到了今天的房地产、汽车、药品、教育、家电等行业，今后还将有更多的生产普通消费品的企业投放网络广告，网络广告的客户将进一步趋向多元化。

艾瑞咨询认为，在未来一段时间，电子商务、微博、移动，将成为互联网广告市场的热点。电子商务行业在互联网上广告投放量的迅速攀升，将彻底改变网络广告市场的广告主格局。微博可以跨平台应用，在手机平台上也能接触，门槛低，使用方便，所以无论是基于微博平台自身，还是与电子商务、移动营销结合，微博领域营销都大有潜力可挖。此外，智能机及其他新兴移动终端用户的大量出现，将给移动营销的发展提供良好的环境。

随着网络广告主的日渐成熟，“旗帜”广告已失去了原有的吸引力，为了

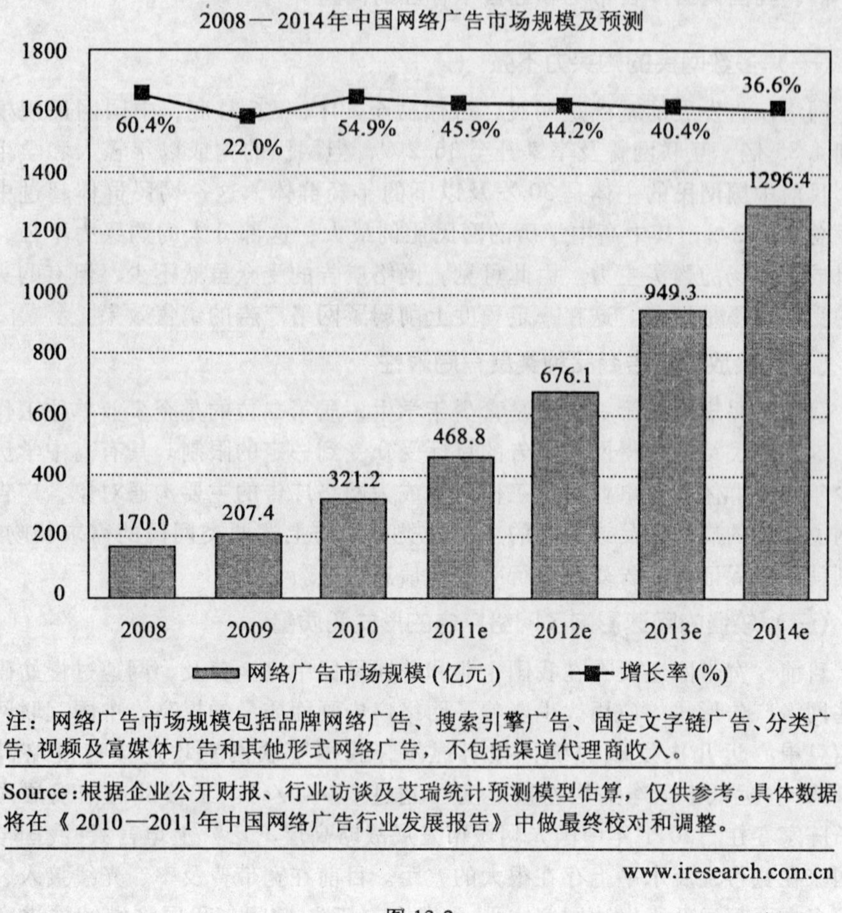

图 13-2

增强网络广告的效果，网络广告的形式也在不断地变革，各种新颖的网络广告形式将应运而生。比如，从2011年初起，网络视频广告开始受到广告客户与广告公司的重视，网络视频广告的投放量大幅攀升，特别是许多视频网站的长视频前贴片广告，更是被许多广告客户及广告公司当做电视广告的替代或补充。有些知名视频网站的贴片广告从一个增加到两个，还出现流量吃紧的状况，由此可见网络视频广告市场的火热。

此外，随着我国网络法制的建设与完善，网络广告市场也将进一步趋向有序状态，并最终实现网络广告经营的规范化。

四、我国网络广告市场和经营中存在的问题

（一）多数网民的购买力不强

网络广告发展的基础是网民，虽然截至2011年6月底，中国网民规模已达到4.85亿，互联网普及率攀升至36.2%，但网民的构成以年轻人和学生为主。目前中国网民的主体是30岁及以下的年轻群体，这一网民群体超过中国网民总数的2/3，其中高中学历的网民比例最大，这部分人的购买力不强，不足以成为市场的购买主力。由此可见，网络广告的受众虽然不少，但有购买能力的受众并不是很多。这在一定程度上削弱了网络广告的销售效果。

（二）投放的广告商品种类具有局限性

我国网民规模居第一位的是青少年学生，居第二位的是企事业单位工作人员，这种网民结构使得网络广告的目标受众受到一定的限制。具有高中学历的青少年学生群体和企事业单位工作人员成为网络广告的主要沟通对象，广告主在网上投放的广告商品或服务的主要种类必须与上述两类网民的需求相吻合，否则就不能保证与广告受众进行有效的信息沟通。

（三）较慢的网速影响了网络广告的形式和质量

目前，宽带网还没有在我国企业和普通网民中完全普及，网速过慢妨碍了某些网络广告形式的应用，也影响了网络广告画面质量的提高。中国互联网网络信息中心近几次发布的统计报告显示，我国互联网平均连接速度略高于100KB/s，远低于全球平均连接速度（超过230KB/s）。工信部通信发展司副司长陈家春在“2011年中国光网城市发展战略高层论坛”上坦言：“我国与发达国家在宽带发展水平上存在很大的差距。目前在宽带普及率、光线接入、网速等多方面都远低于发达国家水平。”“十二五”期间，我国将继续推进宽带提速，扩大宽带覆盖范围，优化宽带网络结构，积极引入宽带新技术，促进宽带的普及。

（四）缺乏网络广告人才

网络广告优势的发挥，有赖于优秀的广告策划、创意、制作和经营人员。由于我国网络广告的历史不长，高等院校对网络广告专门人才的培养也还有一个探索的过程，所以目前我国网络广告人才还比较缺乏。特别是网络广告创意水平普遍不高的问题，已经成为网络广告发展的瓶颈。只有广告创意水平高的网站才能在网络广告市场激烈的竞争中脱颖而出。

（五）广告代理不规范

很多企业由于缺乏专业人员，因而需要通过广告代理发布网络广告，但目

前我国还缺乏相应的法规管理，网络广告代理方式多元且混乱，很多附属于传统广告公司或媒体的网络广告代理并不能提供更具专业性的服务，这不能不影响网络广告策划、创意、发布的水平。

（六）违法、虚假广告泛滥

目前，网络广告中还充斥着大量虚假、违法、庸俗的信息，这不仅严重妨碍了网络广告的健康发展，也使广大客户对网络广告望而却步。

（七）缺乏成熟的第三方认证机构

独立、权威的网络广告第三方认证机构，能为广告主和广告代理商提供真实可靠的网络广告数据监控报告，报告中的统计数据既是广告投放决策的依据，又能帮助广告主评估网络广告的效果。国外已有成熟的第三方认证机构，它们提供的数据报告一般不会引起争议。而我国目前对网络广告效果进行评估所依靠的数据，主要是由网站自己提供的，它具有一定的主观性，且各网站测评的标准不一，其公正性也受到质疑。

第四节　网站的广告经营策略

中国互联网网络信息中心发布的报告显示，截至2010年12月底，中国的互联网网站数量已达191万个。网站数量的增多，为广告主的网络广告投放提供了更多的选择，同时也使网络广告媒介之间的竞争日趋激烈。除了网站之间的竞争，电视、报纸、广播、杂志四大传统媒介依然控制着大多数的广告客户资源，因此，各网站要从客户的广告投入中争取到更多的份额，就必须创新网络广告经营的模式，提高网络广告经营的策略水平，努力提高服务质量，增强网站的核心竞争力。

一、建设网站品牌，提高网站声誉

将自己的网站建设成为具有一定品牌形象的知名网站，是增加浏览人数和固定浏览人群的重要举措，也是适应网络广告主的要求，增加网络广告投放量的关键所在，所以，建设网站品牌是发展网站广告业务的基础。

具有品牌的产品在消费者心目中有较高的信誉，因而可以卖得更多，卖得较贵，网络广告也是这样。随着我国网站的增多，企业选择网站的余地也越来越大。虽然有些网站为了提高知名度或扩大业务量，免费或低价为企业做网络广告，但考虑到广告的效果，很多企业，特别是大企业不再把网络广告的价格作为选择网站的决定因素，而宁可选择那些有一定的品牌形象，更具备实力的网站作为自己的宣传窗口。对 Intel、IBM、联想、摩托罗拉和诺基亚这样一些有实力的网络广告主而言，宣传效果显然是它们选择网络广告投放站点的唯一考虑因素。

尽管我国的网站和网络广告投放量都在迅速增加，但大量的网络广告费只是被新浪、搜狐、TOM 在线、网易等少数几个网络公司瓜分。种种迹象表明，我国的网络广告经营目前已发展到了品牌经营的阶段。为网站正确定位，做好网站的宣传推广，以及提高网站的服务质量，是建设网站品牌的三项重要工作。

（一）为网站正确定位

为网站定位就是确定网站的基本受众或浏览群，并根据受众的需要来决定网站的主要内容或主题，也就是要使本网站有区别于其他网站的特色，能够为特定的受众提供其他网站所提供不了或是优于其他网站的服务，使特定的受众在需要某种信息服务的时候，首先想到的就是本网站，而不是别的网站。

给网站定位不仅要确定网站的基本受众和主题，而且要确定一个与主要内容相应的为受众易记且能正确联想其特色的名字。只有这样，该网站才能吸引住受众，才可能提高网站的浏览量。比如，一个原名“激安万岁”的网站，改名为“价格比较网”后，配合一些简单的推广，半个月内，其流量就增长了 8 倍。

网站的定位不是随心所欲的，而是要综合考虑信息的市场需求、网站现有的资源以及是否具有与其他网站竞争的优势等，因此，在为网站定位之前需要进行认真的调查研究。比如，51EA 根据自身的资源，定位为中国首家培训搜索引擎，经过短短半年，在没有进行大力推广的情况下，就获得了很大的发展，成了中国最大的培训搜索引擎。

确定了网站的浏览群和内容范围，即给网站定位之后，还要将比较笼统的定位具体化，也就是把网站的内容或主题进行细分，将其扩展成一组关键词。比如，新闻可以细分为国内新闻、国际新闻、财经新闻、科技新闻、娱乐新闻等，IT 可以细分为硬件、软件、游戏、数码等，娱乐可以细分为电影、电视、音乐、游戏等。

关键词的确定要根据浏览群的需要。通过对目标浏览群的调查，将其需要的内容细分成一组关键词，然后，再用这组关键词去串联更多的关键词，并最终完成定位具体化的工作。关键词的选择除要考虑浏览群的兴趣和需要之外，还要考虑是否更有利于商业运作。

通过对本网站内容的第一次细分，就可以确定频道，第一次细分所得到的关键词就是频道的名称；通过对频道内容的再次细分就可以确定栏目，再次细分所得到的关键词就是栏目的名称。网站首页实际上就是本网站内容或主题的频道分类页；频道首页实际上就是本频道内容的栏目分类页。

（二）做好网站的宣传推广

建立网站品牌形象，除了要有明确的定位，即有明确的浏览群体和有特色的内容之外，加大网站宣传推广的力度也很重要。网站的知名度虽然不等同于品牌，但没有知名度的网站肯定没有品牌，任何一个网站都需要让访客知道自己的存在。

首先，可以借助大众媒体的公信力来宣传网站和推销网络广告，比如在报刊上刊登或电视屏幕下方的流动广告栏里打出站点广告等。新浪、搜狐从1999年下半年开始在报纸、电视、广播等媒体上推出自己的品牌广告；2005年春节期间，易趣网在中央电视台大打广告，给观众留下了深刻印象。通过这些可信度高的大众媒体培育和扩大自己的受众群，可以提高人们对网络和网络广告的认识，争取更多的广告客户资源。

此外，一个网站还可以用在同类网站上做广告或安插链接等方式来宣传自己。

（三）提高网站的服务质量

网站属服务行业，服务质量的高低直接关系到网站的声誉和品牌。根据网站提供的是信息资源这个特点，其服务质量主要表现在信息内容、操作使用和个性服务三个方面。

在信息内容上，网站要努力使提供的信息真实、准确、完整、独特，更新及时，具有针对性，能够满足用户的需求；同时信息还要分类合理，并以图形、声音、视频和文本等的良好结构组织与呈现。

在操作使用上，要努力做到网站登录速度快捷，合理的导航设计能够使浏览者容易发现信息，链接有效性高，信息下载或上传速度稳定，网络资源安全，界面布局美观、合理，使用方便。

在个性服务上，要加强网站的互动性和提供、处理个性化信息的能力，对用户的需求或问题能够快捷地响应或解决；网站工作人员的态度好，能够得到用户的信任；用户的隐私能够得到保护。

以上是对网站服务质量的一般要求，对于不同类型的网站，各项要求的重要性程度是不一样的。比如，对于大型门户网站来说，信息内容的质量更重要；对于电子商务型网站来说，个性服务的质量更受用户重视；对于游戏网站来说，操作使用方面的要求会更加突出。

二、提高策划制作水平，赢得广告主的信任

成功的网络广告经营离不开众多广告主对网站的信任与选择，“客户就是上帝”在这里与在商店同样适用。广告主信任并选择某个网站的主要原因，是该网站为广告主发布的广告能够收到很好的传播或销售效果，而广告效果的好坏又取决于策划与制作水平的高低，所以网站为客户策划与制作广告，也要像进行传统广告策划那样，从市场调查入手，设定广告目标，界定广告对象，确定广告主题，然后针对目标受众、围绕广告主题进行创意，安排发布，并在广告发布之后进行广告效果的测定。

（一）注重策划的科学性，增强广告的针对性

经营网络广告，技术本身的表现形式和音频、视频效果固然不可忽视，但只注重表现的技巧而缺乏科学的策划，广告效果往往不佳。提高网络广告的策划水平是一个关系到能否抓住客户，搞好网络广告经营的重要问题，网络广告经营者必须高度重视。

广告策划不是拍拍脑袋就能想出好点子，而是以市场调查作为基础或前提的科学分析和策略制定。市场调查的重要目的之一是通过对市场进行细分，找出广告产品或服务的目标消费群，并确定适合他们的信息内容和传播渠道，使广告主在特定的细分市场中面对较少的竞争者并凸显自己的优势，以获得满意的传播效果。

网络广告经营是注意力经济，受众是网络媒体的稀缺资源，就网站的广告经营而言，网络内容的提供只是为了吸引受众的注意力，其最终目的是要通过吸引尽可能多的受众来吸引广告主，以达到向其出售广告版位和时间并赢得利润的目的。因此，经营网络广告应以目标消费群为中心来进行精心策划。广告策划在很大程度上是要解决广告针对性的问题，所谓网络广告的针对性，就是指网络广告的信息内容、表现形式和发布的页面、版位及时间等都要和目标受众的信息需要、认知特点和媒介接触习惯相吻合。

1. 科学的市场细分是加强网络广告针对性的前提

网络广告经营者要潜心发展自己的信息收集和处理系统，其中包括剪报资料、消费者追踪调研以及互联网、局域网等资源，以保证对目标消费群分析的科学性。网民们在互联网中往往会根据相同的兴趣组成网络社区或社团，这为广告主寻找自己的目标消费群创造了条件。网络广告经营者要了解社区与社区人群之间的差别，熟悉他们的消费习惯，以便提供个性化的信息来满足他们的不同需求。

建客户数据库，是加强广告发布针对性的一个重要方法。网络中存在大量

的用户信息，聊天室里、BBS 上有着各种专题的讨论，网络广告经营者应帮助广告主最大限度地利用这些资源，对用户进行分类、整理、细分，将其中的目标消费者变成广告主关系营销客户中的一员，并对其进行定向广告传播。

网站在从事电子商务活动的过程中，能通过计算机软件收集到大量的交易数据和用户注册数据，将所有这些数据集中到中央数据库，并用 RM（关系管理）营销程序加以管理，就可以帮助广告主建立与客户长久的关系。

2. 注意广告内容的针对性和真实性

我国网民中最多的是青少年学生，其次是企事业单位工作人员，也就是说这两类人群是网络广告的主要受众，所以，一般来说，网络广告所发布的商品或服务信息也主要是能够满足他们需要的。同时，不同类型的网站或不同的网络社区都会聚集兴趣、爱好、习惯不同的网民，所以，只有通过科学的调查分析之后才能知道什么样的信息在什么样的网站或网络社区里发送，才能瞄准目标受众。

如果仅就广告的类别而言，CNNIC 的调查显示，在吸引用户点击的广告类别方面，排在前五位的依次为公益性活动、有奖销售活动、新闻信息、商品信息和娱乐活动。所以对于网民来说，含有上述信息的网络广告针对性比较强。

除了要考虑网络广告的信息是否与网络受众的需要相吻合外，还要注意网络广告信息的真实性。虚假的信息不但不能满足受众的需要，而且可能损害受众的利益，造成他们对网站的不信任，不利于网站的广告经营。目前，网络广告仍然存在着比较严重的欺诈现象，致使人们普遍不太信任网络广告。网络广告点击率低，必然导致广告客户对网络广告的期望值下降。为了克服阻碍网络广告发展的这个障碍，网络广告经营者和广告主都必须坚持广告真实第一的原则。对于网络广告经营者来说，对广告内容依照《中华人民共和国广告法》的规定进行审查是必要的。确保网络广告内容的真实性，网站就能赢得消费者的信任；网络广告的点击率高，在线购买率高，网站就会得到广告主的青睐。由此可见，确保网络广告内容的真实性也是网站拓展其广告业务的一个重要前提。

3. 注意广告投放时间和方式的针对性

为了有针对性地向目标消费群投放网络广告，在投放的时间和方式上都应该注意与目标消费群的浏览习惯相吻合。网络广告甚至可以考虑在合适的时段投放，以达到与目标消费群更有效的接触，例如可以考虑在 9:00～10:00 投放针对上班族的广告等。

向目标消费者发送电子邮件是一种针对性很强的网络广告手段，电子邮件中可以安插相关工具，以随时知晓邮件是否被打开，收件人是否点击邮件中的链接。一旦收件人通过邮件登录到商务网站后，新的工具将一直伴随着他。事实证明，电子邮件作为广告推广手段十分有效。例如，一家经营茶叶或与茶叶类有关的网站，可以向高收入，高学历，关注生活质量，讲究饮茶或茶道的45岁以上人群发送招募会员的电子邮件。这种有针对性的广告投放，效果远远大于随机的电子邮件广告。

运用上下文广告也能实现网络广告的定向传播。上下文广告是指和网页（或网站中）上下文内容相关的文字广告。发布上下文广告，能使网民在浏览他们感兴趣的文章时，接触到与文章相关的广告，从而使得广告潜在点击率大为提高。上下文广告是在低成本运作下精准定向的广告形式。

4. 注意页面和版位安排的合理性

广告安排在哪个页面，放在页面的什么位置，以及采用什么样的规格，也是网络广告策划所要考虑的问题。

一个网站的首页展示的是该网站最重要的内容，并且内容还会不断更新。网民一般首先打开的就是网站首页，然后通过网站首页的导航以及内容链接，进入相关的频道或重点内容页面。因为网站首页是整个网站流量最大的单一页面，所以也是收费最高的页面。广告主主要通过选择网站首页，特别是门户网站的首页来实现广告最大限度的曝光，所以网站广告经营者对首页广告的布设要精心策划，以便充分发挥其在广告经营中的重要作用。

网站应根据一定的标准，对IT产品、日用品、食品等不同类型的广告等进行整体布局，将其合理地分配在相关频道或某一频道的相关位置；页面上各种漂移广告、弹出广告和按钮广告、旗帜广告要根据受众的浏览习惯，按比例分配，不要安排过多的弹出广告、漂移广告，以免影响受众的阅读兴趣。

广告在页面上的布设，既要考虑广告主的要求，又要考虑网民的感受，还要考虑广告内容与受众浏览内容的相关性。要按照网页内容对受众注意力的吸引程度来布设广告以及控制同页面广告的个数，并做到既使广告受到关注，又不影响网民正常的浏览速度。此外，在不同的页面播发广告，广告的规格也应有所不同，比如，在汽车频道播发的汽车广告大多为横幅，竖长的广告就不太适合汽车行业的客户使用。

（二）创新网络广告形式，提高广告创意水平

1. 随着网络技术的发展，网络广告的新形式不断出现

创新网络广告的表现形式是为了吸引用户浏览和点击广告。网络广告必须引起浏览者的注意，才可能进而产生效果，因此，利用先进技术，开发新的广告表现形式，是赢得客户的一个重要方法。2000年，宝洁公司在网上推出洗

发水“润妍”广告，由于采用当时的新技术“弹出广告”和“漂移广告”，点击率达到了35.97%，创造了当时网络广告投放的奇迹。

然而，由于受到网络安全、用户界面友好度等因素的影响，一些旧的网络广告形式受到前所未有的阻击，首当其冲的就是弹出式窗口广告，因为它强制阅读引起了受众的反感。那些过去依靠弹出式广告的广告商们不得不创造新的网络广告表现形式，比如采用受众欢迎的FLASH动画技术进行网络广告形式的设计，采用悬念表现方式吸引受众的注意等。

随着宽带的逐步普及和网络新技术的应用，制约网络广告表现的瓶颈不复存在，多媒体广告将逐步取代原有的广告形式。一些视频和动画形式的富媒体网络广告，由于能在网页、显示屏上自由运动，受到了越来越多浏览者的关注，也获得了更多广告主的青睐，它打破了传统网络广告单纯依靠画面来吸引受众眼球的局限。富媒体广告属于宽带广告的一种，除了提供在线视频的即时播放之外，内容本身还可以包括网页、图片、超链接等其他资源，与影音作同步播出，大大丰富了网络媒体播放的内容与呈现的效果，它的点击率是普通广告形式的6倍。

从2011年初起，网络视频广告开始逐渐受到广告客户的重视，网络视频广告的投放量大幅攀升，特别是许多视频网站的长视频前贴片广告，更是成为紧俏的广告产品。为了满足广告客户定向投放的要求，有的网站正在考虑在长视频中，除了前贴片广告之外，再增加两个15秒钟的中插贴片广告。

就视频广告而言，除硬广告（如贴片广告）以外，还可考虑其他形式的运用，比如拍客、原创征集、网剧植入、种子视频等。运用这些形式可以让用户更加深入地体验品牌，也可以拓展视频网站的广告盈利模式。

关于网络广告的视觉表现形式，有人归纳为以下几种：时尚另类型、时空表现型、清新自然型、卡通式表现型。时尚另类型针对中国年轻网民的心理特征，定位于闪光的动画，使用很COOL的画面；时空表现型给人一种超现实、超时空的感觉；清新自然型给人以自然轻松，富于人情味的纯朴感觉；卡通式表现型是结合了卡通画的趣味性、艺术性的一种表现形式。网络广告设计制作者应该根据广告受众的喜好来选择恰当的表现形式，以取得更好的广告效果。

目前，最吸引人的网络广告形式是图片形式的网络广告，其后依次是分类广告、搜索引擎广告、文字链接广告、电子邮件广告。在图片形式的网络广告中，最吸引人的网络广告形式则是视频广告，其次是大尺寸广告，以后依次是传统Banner广告、悬浮广告、弹出式广告、全屏广告。

2. 网站要不断探索和创造网络广告的新形式

随着网络技术的发展和网络基础建设的加强，很多网站都在不断探索或推出网络广告的新形式，以满足广告主的新要求。新浪网在这方面的努力值得借鉴。2001年2月20日，新浪率先在我国推出360×300像素规格的“巨型广告”，这种广告一直延续至今，在新浪被称为“画中画”广告，它一般出现在流量巨大的新闻内页中，其后又发展出“摩天大楼”等形式。

2002年12月，新浪引入视频广告，开中国门户网站视频广告之先河。在《英雄》首映前后一周，新浪在新闻中心、娱乐频道等以视频方式播放《英雄》的精彩片断，联想、多普达、摩托罗拉等企业则以贴片方式发布广告，这使得《英雄》和网络视频广告形式一炮走红。

2003年年底，新浪与多家中外富媒体技术提供商紧密合作，推出了在业界领先的多项富媒体广告产品。现在，新浪的富媒体产品已有扩展类、超载类、视频类、疯狂流媒体、超大流媒体等，并且都有单独的报价单提交给广告主。

2004年年底，新浪率先推出焦点插页广告，即利用新闻焦点图播放器，在几帧新闻焦点图中，增加一帧客户的广告。新闻焦点图，在页面最显著的位置，也是网民相当关注的区域。广告主可以在此区域发布公关性的文章，以吸引网民的关注。2006年，焦点插页广告升级为2.0版本，Flash焦点图增强了对浏览者的视觉冲击力，因而也得到众多广告主的青睐。

2005年9月，新浪又结合神六成功发射的网络视频，正式推出了类似电视广告的视听广告，该广告贴片的内容是：BMW X5以完美驱动完美（宝马越野车广告）。

2005年底，随着Web 2.0技术的推广，新浪还与合作伙伴推出了涂鸦产品，即网民可以在网上用画笔、颜色等给产品涂颜色、做造型。水晶之恋广告主在圣诞、元旦、春节、情人节借助这种广告形式，让网民在体验中拉近了与广告商品的距离。

3. 网站要努力提高网络广告创意的水平

除了网络广告的形式需要创新之外，提高网络广告的创意水平也很重要。这里所说的创意是指表现广告信息内容的具体文字、形象和音乐等。优秀的广告创意能够吸引受众的注意，并有助于受众对广告内容的理解和接受，因此也是广告获得成功的关键。然而，由于网络广告专业设计人才缺乏，致使我国网络广告的创意水平普遍不高，广告缺乏创意成为网络广告发展的瓶颈。在互联网环境中，面对海量的信息和多元化的内容，企业的广告信息很容易被淹没，所以也可以说，在互联网上没有创意就没有传播。网络广告的效果，不仅依靠科学的策划，也离不开优秀的创意。拥有优秀的广告创意设计人才，往往能使一个网站在与其他网站的竞争中脱颖而出。

进行网络广告创意，还要注意发挥网络广告互动的长处。网络传播的即时互动性使网络广告与目标受众之间的沟通从传统的单向变成了双向。广告主做传统广告只是单方面地向受众发布信息，而很难得到受众的反馈；做网络广告则不仅可以发布信息，而且可以通过对网民点击的统计来分析其反应，并据此改善网络广告的制作与发布，以提高网络广告的效果。网络广告经营者应根据网民的点击行为及信息反馈，不断改变网络广告的内容和形式，尽可能采用趣味、娱乐的方式来吸引他们。

三、宣传网络广告价值，拓展网络广告业务

争取更多的网络广告业务是搞好网络广告经营的前提；没有一定的广告业务，网站就无法从网络广告经营中获取足够的利润。下面是拓展网络广告业务的几个主要思路。

（一）加强网络广告的宣传推广

对于网络广告经营来说，提高策划水平，创新广告形式非常重要，但仅仅做到这些还是不够的，除此之外，还要充分挖掘网络广告的价值，使广告客户了解并且认同，也就是说，还需要大力加强网络广告的推广。网络广告推广的对象主要是广告代理公司和广告客户。针对不同的推广对象，推广的内容和形式应该有所不同。针对广告代理公司的推广不仅要有广告价值的一般描述，还要有为其带来回报的分析；针对广告客户的推广，则应重点阐述网络广告对其营销信息传播特有的优势。

网站可以设计和制作广告推广书，从定性和定量两个角度，清晰、准确、可信地对网络广告的价值进行描述，把网络广告对于客户的潜在价值明晰地传达出来。

与传统媒体相比，网络媒体虽然缺乏权威性，但广告价格较低，同时还具有实时、灵活、发布及时、内容变更容易等优点，所以网站可以针对中小型企业展开积极的宣传攻势，注重向客户推广网络营销知识，宣传网络广告价值，积极开发新的客户资源。

（二）通过多种方式拓展网络广告业务

1. 把网络广告与在线销售结合起来

如果网络广告能为对广告信息产生兴趣的浏览者提供链接，方便其进行在线购买，那么网络广告的经济效益就会得到提高。网站应充分运用网络媒体信息传播的定向性与可测量性来帮助广告主更主动、更准确地与消费者沟通，促成其销售行为的产生。如果网络广告经营者能够从广告主的角度出发，利用网

络自身的优势，为广告主量身定做相应的在线产品广告，必将增强网络广告对企业的吸引力，从而使网络广告业务得以拓展。

比如，“网易”就推出了“网易网络营销中心”，为广大广告主、广告代理公司、行业同仁提供了一个专业的交流、互动平台。“网易网络营销中心”定位于“普及行业知识，分享营销经验”，将“网络媒体分析”和“网络营销服务”放在了重要的地位。

2. 把网络广告与传统媒介广告结合起来

不同的媒介有不同的特色及功能，网络媒介不能完全取代传统的电视或平面媒介。网络广告经营者应善于发挥网络媒介与传统媒介结合所产生的效力，即协同增效作用；要实现跨媒介互动，其中尤其应注重与电视媒介的互动，目前有许多网络广告就是电视广告的删节版本。当宽带的普及使网络视频广告成为主流媒介广告形式之一时，许多大型广告客户和有线电视公司尝试将电视广告和网络视频广告融合在一起并取得成功。这种融合使网络视频广告成为电视广告的延伸，二者一前一后互为补充，以达到最佳的传播效果。

麦当劳率先尝试这一融合方式，将一半以上的广告预算投放到吸引年轻人的网络广告上。其他如 IT、汽车等产业也正在将更多的经费投放到网络广告中，将网络广告与其他媒介广告配合，以期产生协同增效作用。网站要充分利用这种有利的形式来拓展自己的广告业务。

除了与电视媒介互动之外，与报纸媒介互动也是广告经营手段的一种创新。例如，大河网和《大河报》就尝试推出了“报网广告套餐”，由大河网与《大河报》共同成立传媒运营部。这种形式一方面为广告客户提供了便利和增值服务，同时也发挥了大河网和《大河报》各自的媒介优势，增强了彼此广告的竞争力。在通过报网互动进行广告运作的时候，应该注意的是，报纸更适合在本地集中投放的广告，而网络更适合全国性的、低成本的广告，广告经营者应根据广告客户的需要来发挥两种媒介优势互补的作用。

3. 把网络广告与互动游戏结合起来

虚拟体验游戏与网络广告的结合有三种方式：第一，广告商品是游戏道具或场景；第二，广告商品是登录网络游戏的界面；第三，将现实的广告商品促销转换为游戏内部的虚拟促销活动。

将网络广告与互动游戏结合的好处是：第一，利用受众重复玩游戏的心理反复传播广告信息；第二，通过隐蔽的信息传达、潜移默化的形象塑造、虚拟的品牌体验，诱使受众由游戏者变成潜在消费者甚至品牌忠诚者。

网络游戏广告所具有的上述优点吸引了众多商家，比如可口可乐在游戏 Anarchy 与 Corncast 中宣传自己的雪碧、芬达，世界最大录音公司 Universal

Music 加州分公司在游戏中宣传自己的摇滚乐队 Motley Crue。Massive 在线游戏广告公司宣称：已有十余家广告主与其签约游戏广告。在国内，盛大 CEO 陈天桥曾表示：将广告纳入游戏平台以进一步拓展盛大收入来源是其一个重要战略目标。盛大已签下多个广告合约，其中包括与 eBay 易趣在网络广告方面的合作。

4. 把网络广告与“搜索引擎”结合起来

“搜索引擎”是人们在互联网上最常用的工具，将搜索行为所隐含和揭示的网民偏好与广告发布有机结合，可以使网络广告的目标更准、效率更高、成本更低。这种定向广告，大大提高了广告发布的效率，标志着网络广告进入了个性化定制时代。

四、合理收取网络广告费用，创新网络广告售卖方式

（一）网络广告的评估与计价

1. 网络广告收费的依据

网络广告的收费标准主要是由广告印象、点击和点击率三个因素决定的。

（1）广告印象，是指含有广告的页面被访问的次数。当浏览者访问某一个含有广告的网页时，广告管理系统就记录下该用户对广告产生了一次“印象”。

（2）点击，是指某个网络广告被来访者点击的次数。当浏览者访问某一个含有广告的网页时，如果他对广告内容产生了兴趣，就会点击该广告，链接到下一层的内容。

（3）点击率，是一个广告在网上发布一定时间内，它被点击的次数与它在网页上出现的总次数的比值，即广告印象除以广告点击。比如，一个广告在网页出现了一万次，而该网页上的广告被点击一百次，那么点击率即为1%。点击率越高说明广告越吸引人，投放效果就越好。点击率还可以帮助广告设计者判断一组广告设计中哪一个更吸引人。

上述三个因素是网络广告收费的基本依据。

2. 网络广告的计价方法

网络广告的计价方法主要有两种，第一种是基于广告显示次数的每千人成本计价法，第二种是基于广告所产生效果的每千人点击或每千人行动，但目前主要使用的是前者。

（1）每千人成本（CPM），是以网站上的广告被用户的电脑载入 1000 次为基准的网络广告计价方式。这种方式可以准确地得知广告的暴露频率。

（2）每千人点击（CPC），是以网站上的广告被用户点击进入下层网页

1000次为基准的网络广告计价方式。这种方式能更好地反映用户是否真正对广告内容感兴趣。

(3) 每千人行动(CPA),是以网站上的广告被用户点击进入下层网页并达成商业行为(如定购)1000次为基准的网络广告计价方式。这种方式直接反映广告效果,广告主的广告回报明确。

除了按上述计价方法收费外,网站还可以根据自己的内容和广告主的目标业务方向提出一些相关的赞助项目,但这应该以广告主对该网站的流量和内容导向有事先的认可为前提。

一般来说,广告主倾向于按每千人点击或每千人行动计价,而广告媒体则偏爱按每千人成本计价,因为它更能体现媒介价值,并且广告收入也更有保障。

其他的网络广告收费方式还有包时制(比如一些网站的首页广告按每星期或每月买断)、买断每个关键字的链接等。

3. 网络广告效果的监测与评估

从实际上讲,网站是应该根据广告效果向广告主收取广告播发费用的,因为点击率一直是评估网络广告效果的主要标准,所以点击率就成为网络广告计价的主要依据。那么,广告主怎么知道自己广告的点击率呢?一般来说网站会给客户一个用户名和口令,客户在广告投放开始后,可以随时查阅自己的广告被点击的情况。此外,在客户广告投放的过程中,网站也会为客户埋设完备的数据监测点,客户广告投放完后,经过对采集数据的分析,就可以让客户了解该广告投放的效果。

在过去很长一段时间内,我国网络广告效果监测和评估的手段比较单一,主要是通过对网络广告流量本身的监测统计,产生广告本身的浏览/印象数、点击量、点击率、受众数、受众地区分布等一些简单的数据。这种广告监测与效果评估的方法只是局限在投放瞬间的数据统计这一个环节上,而不能在广告与销售之间建立动态可见的关系,因而无法有效评估广告的营销效果。现在的情况有所变化,广告主希望更全面地了解网络广告的投资回报。此外,单纯地追求点击率的片面心态,也开始引起门户网站以及广告代理商对网络广告评估方式的反思。随着广告主对网络广告认知的不断成熟,他们已经由过去的追求点击率转变为注重品牌形象的曝光度,网络广告的"阅览率",成为另外一个受到关注的网络广告评估的重要标准。

科学的网络广告效果监测与评估也是赢得广告主信任,使网络广告经营获得成功的一种保证。随着广告主对广告效果监测和评估要求的提高,网站也要不断探索、完善网络广告效果监测与评估的方法,使评估的结果更加准确,更能反映真实的传播效果。

（二）网络广告的售卖方式的创新

2001年以前，我国以新浪为代表的门户网站一直采用美国网络广告的CPM售卖方式。CPM是Cost Per Thousand Impressions的缩写，即广告显示1000次的费用。采用CPM售卖方式，客户可以根据市场细分，按照访问者所在的地域、浏览器种类、时间等，要求网站精准地播发广告；网站则使用DOUBLE CLICK提供第三方监测服务，使客户可以通过监测、报告，了解到广告播放的次数和获取广告点击数目。

由于新浪等网站为了与市场接轨不断进行网络广告售卖方式的创新，网络广告的售卖又有了“全流量”、“轮播”、“分时段”、“候补”等新方式。

（1）“全流量”广告售卖，即把某一频道的某个广告位置出售给一个客户，全天播发该客户的一个广告，价格则随页面浏览量以及访问者人群的不同而不同。用这种售卖方式播发广告的好处是，广告主不会因为看不到自己的广告而对网站的投放产生怀疑，而CPM售卖方式下的广告“轮换”流程有时会使客户感觉不踏实。

（2）“轮播”广告售卖，即在同一天，把网站同一个版位出售给2~4个客户播发广告。以首页顶部通栏2轮播售卖为例，假设该位置全流量售卖为10万元/天，现在则可以用两个6万元/天的价格分别卖给两个广告主轮播（对网站来说，该位置的实际价格变成了12万元，增长了20%），而一个广告主也可以用12万元的价格，分别在两天购买该位置与另一个广告主轮流播出其广告，这与一天全流量购买相比，达到的点击及曝光量均要增加30%，同时还增加了广告覆盖的人数，获得的广告效果会更好。播发两个广告的效果，要大于原来播发一个广告效果的50%，这是因为对于流量较大的网站页面来说，一个网民同一天可能不止访问一次，这样，在一天出现两个不同的广告时，就多一次点击的可能。

“轮播”广告售卖方式是在网络广告市场需求激增造成网络资源匮乏的情况下，为避免广告主不能接受过高幅度的涨价而创造出来的。

从广告形式上看，轮播又有刷新轮播、滚动轮播、定向轮播几种。刷新轮播即广告创意，随着网民刷新一次页面而得到一次变换；滚动轮播即不需刷新页面，不同的广告创意就能在页面上滚动出现；定向轮播是就文字链接的广告而言的，即分别按照网民的访问IP地址，辨别不同地域，提供不同广告主的创意。比如，同样的一条文字链接，北京网民访问时出现的是一个广告创意，上海网民访问时看到的则是另一个。

（3）“分时段”广告售卖，即在一天内有限制地出售广告时段，这种售卖方式主要用在冲击力大的网络广告形式上，如对全屏、超大流媒体、疯狂流媒体播发时段的售卖。比如，将全屏限定以一个小时为售卖单元，每天最多售卖4小时，并且在访问量大的频道，还限定全屏时段只能在14：00以后出现。又比如，将富媒体的售卖限定为4个小时，并且实行IP控制，即一个访问机器，一天内最多只能看到两次该广告。媒体在收费时，也按照流量计算价格，而不是按照全天售卖的价格计算，这样也能有效地降低广告主的单位成本。

(4)“候补”广告售卖，即在规定时间内，还没有客户购买某个广告版位的时候，允许另外的客户用事先商议好的，低于正常的价格购买该广告版位，也就是用较低的价格出售剩余的广告版位。由于这种售卖方式可能造成网络市场价格的混乱，所以没有成为主流，而只是在一部分电子商务广告主中尝试。电子商务广告主一般会根据自己对某网站不同广告版位以及广告产品或服务的分析，圈定广告效果好的版位，事先和网络媒体商定，如果这个位置在规定的时间内还没有售卖出去，则发布该广告主的广告。

五、引进培养广告人才，提高广告经营水平

由于缺乏网络广告人才，一些网站在协助广告主改进广告效果方面显得力不从心，既不能为广告主提出行之有效的广告方案，对广告计划的执行也缺少足够的经验。我国目前制作网络广告的大多是一些只懂网页技术的网络专业人才，而不是广告专业人才，因而存在着广告策划与网页制作分家的情况。网络技术人员由于受到专业的限制，在制作网络广告时难以考虑到行销、传播、美术设计等广告要素，从而使网络广告的效果大打折扣。由此可见，搞好网络广告经营，引进和培养网络广告人才是亟待解决的关键问题。

网络广告人员既要具备广告专业知识，又要掌握网络专业技术，此外还要有不断创新的能力和先进的经营管理知识。

六、开拓广告之外的营销传播经营领域

网站可以根据自身的规模和实力，考虑只为客户或网络广告代理公司提供网络广告发布的平台，或者成立自己的广告部门为客户提供包括网络广告策划、创意、制作、发布在内的广告及其他营销传播服务，少数大型网站甚至可以出资建立专业网络广告公司。比如新意互动广告有限公司就是汽车互联网企业“易车公司“的全资子公司，它致力于为客户提供全面的网络营销服务，除提供网络广告服务外，还提供网络公关、互动营销、无线营销及其他数字营销服务，是专业的网络整合营销解决方案提供商。由于广告主选择广告投放会越来越理智，网络广告市场的竞争将由比拼“媒介价格”，转向比拼“媒介效

果”。这种趋势使得网站和网络广告公司突破了单一广告服务的范围，更热心于为客户提供基于互联网的整合营销和各种互动营销活动的解决方案。

创新营销传播经营模式是网站谋求发展的一个重要途径。营销传播经营模式的创新应在社会活动的策划上做文章。社会活动策划就是抓住社会的难点、热点、焦点等重大问题，巧妙地与网络新闻和广告联系起来，从而达到让客户选择投放广告的目的。社会活动策划淡化了广告行为，强化了社会行为，是层次较高的营销传播策划活动。在社会活动策划中，网站要注意凸显自身优势，整合相关资源，以利于营销传播活动的展开。比如，与地方政府、企业以及商会联办节庆活动，提供包括形象宣传、广告策划、产品推介、招商引资、旅游观光等在内的“一条龙”服务。此外，还可大力开发会展市场，和有关部门一起从筹备、招展、宣传、推介到展览、开幕式的组织等，提供会展的全程服务。

后 记

2003年，在申报传播学硕士点的时候，我们将原有的广告学研究方向改成了营销传播研究方向，这一方面是受到舒尔茨整合营销传播思想的影响，另一方面也是为了避免广告专业学生产生本科和研究生阶段所学知识雷同的误解。为了满足教学的需要，我们在武汉大学出版社的支持下，于2010年出版了《营销传播策划实务》，其后又开始了《营销传播经营实务》的撰写。

之所以两本书的书名中都有“实务”二字，是因为无论经营也好，策划也好，不仅需要理论，更加需要实践；此外，这两本书的读者对象也不只是学生、教师和研究人员，而是包括了在业界从事营销传播工作的员工和管理者，所以，我们尽可能使这两本书理论与实务并重，兼具知识性和操作性。

市面上不乏广告公司经营与管理方面的书，但涉及公关公司、市场调查公司经营管理的却是凤毛麟角，本书则尽量做到兼而有之。市面上关于媒介经营管理的书也不少，但本书阐述的报社、杂志社、广播电台、电视台、网站等单位的营销传播经营，只是媒介经营中的一个重要部分，其中主要是广告经营，此外也涉及广告之外的其他营销传播经营活动，如出售行业信息，举办行业产品展览会、技术研讨会等，但不包括营销传播经营之外的其他经营活动，如报刊发行，剧本、剧集销售，以及投资经营传媒之外的其他产业等。不同类型的公司和不同类型的媒介，其营销传播经营的特点和方式有所不同，但也有相通之处，相互了解可以从中得到启发和借鉴。此外，从整合营销传播和媒介互动的角度来讲，对各种公司、各种媒介的营销传播经营有一个全面的了解，也是很有必要的。

本书由夏晓鸣提出构想，拟定大纲，夏颖和杨婷参与撰写。其中第一章、第二章、第三章、第四章、第五章由夏晓鸣执笔，第六章、第七章、第八章、第九章、第十三章由夏颖执笔，第十章、第十一章、第十二章由杨婷执笔，夏晓鸣统稿并修改。

作 者

2011年7月26日于武汉